# 日本の教育経験
## 途上国の教育開発を考える

*The History of Japan's Educational Development:*
What implications can be drawn for developing countries today

独立行政法人
**国際協力機構**
［編著］
**JICA**

東信堂

# はしがき

　教育は万人の基本的権利であり、平和で安定した世界を構築するための基礎となるとともに、貧困撲滅への有効な手段である。しかし、世界には読み書きや簡単な計算ができない非識字者が今なお8億人以上も存在し、1億人以上の子どもたちが学校に通えないでいる。このような現状を背景に、国際社会は1990年にタイのジョムティエンで開催された「万人のための教育世界会議（World Conference on Education for All: WCEFA）」を契機として「すべての人に教育を（Education for All: EFA）」を共通の目標に掲げ、基礎教育を中心に開発途上国の教育開発を推進していくこととした。さらに、2000年の国連ミレニアム・サミットでは「ミレニアム開発目標（Millennium Development Goals: MDGs）」の一部として「2015年までの初等教育の完全就学と修了の達成」と「2005年までの初等・中等教育における男女格差解消と2015年までの教育のおける男女平等の実現」が採択された。

　このような国際的な思潮に呼応して、日本も1990年以降、基礎教育を中心に途上国への教育協力を積極的に展開してきた。2002年には、日本はカナナスキス・サミットで「成長のための基礎教育におけるイニシアティブ（Basic Education for Growth Initiative: BEGIN）」を発表し、また「国際教育協力懇談会 最終報告」をまとめるなど、途上国への教育協力を拡充していく姿勢を示している。それらの中で、日本は自国の教育開発の経験を活かして途上国への協力を実施していくとしている。

　日本は、明治初期の近代教育導入時には、現在の途上国と同様、教育の「量的拡大」、「質的向上」、「マネジメント改善」という課題に直面していたが、積極的にこれらに取り組んだ結果、比較的短期間のうちに学校教育を普及・発展させてきた。このような経験は、途上国における教育開発を考える上でも大変有用であると考えられるが、日本の教育経験の何が途上国の教育開発に

参考になりうるのかについては、体系的な整理・検討が十分にはされてこなかった。

このような背景から、国際協力事業団（現国際協力機構：JICA）は教育を専門とする有識者とJICA関係者からなる研究会を2002年11月に設置し、主に基礎教育に関する日本の経験について検討を行った。研究会では、まず「日本の教育経験」を「日本国内において、教育上の政策や実践を通じて一定規模の集団に蓄積・共有されてきた知識・技術・ノウハウなどを指し、ある程度体系化・抽象化されたもの、及びその総体」と定義し、途上国が現在直面している基礎教育の「量的拡大」、「質的向上」、及び「マネジメントの改善」に対し、日本がどのような時代背景の下でどのような取り組みを実施してきたのか、途上国の教育開発の観点から見ると何がポイントであるのかについて整理・分析した。そして、それらを踏まえて日本と歴史・文化・社会が異なる途上国において、日本の教育経験がどのように応用できるのか、またその経験を応用する際の留意点は何かについて考察を行った。これらの検討の結果として調査研究報告書『日本の教育経験――途上国の教育開発を考える――』をまとめ、2003年11月に発行した。この報告書は当初JICA関係者向けの執務参考資料として作成されたが、JICA外部からも関心が多数寄せられたため、内容を一般向けに若干加筆修正し、今般出版することになった。

本書は、途上国の教育課題を整理した序章、日本の教育史を概観した第Ⅰ部、教育の各課題ごとに日本の経験を整理分析した第Ⅱ部、日本の経験の途上国への応用可能性をまとめた第Ⅲ部から構成されている。

序章「開発途上国の教育課題」では、途上国が現在直面している課題について概観し、さらに日本がかつて直面した教育課題との共通性について検討している。また、途上国への教育分野での国際協力を考える上で不可欠な情報として国際社会や日本の教育協力の動向についても簡単に整理している。

第Ⅰ部「日本の教育史の概観」では、途上国の教育開発に何が参考になりうるかという観点から明治期の近代教育制度導入以後の日本の教育史について通説した。この部分を一読することにより、第Ⅱ部で記述される各章の背景がより鮮明になると同時に、各章で取り扱われているテーマが教育開発の変遷においてどのような位置づけにあったのかを知ることができる。

第Ⅱ部「日本の教育経験」では、序章及び第Ⅰ部を踏まえ、途上国が直面している教育課題を「量的拡大」、「質的向上」、及び「マネジメントの改善」の3分野に分類し、各課題に対する日本の取り組みについて分析し、途上国への教育協力を考える上での示唆や留意点などについて検討した。第Ⅱ部では、まず教育全般にかかる事項として「マネジメントの改善」について取り上げ、「教育行政」、「教育財政」、「学校経営」について官民双方からの取り組みをまとめた。次に「量的拡大」については、「教育アクセスの拡充」と「教育機会の均等」といった途上国の課題に対し、日本の経験として、「明治期の就学促進」、「女子教育」、「留年・中途退学」を取り上げ、近代教育導入期における国民皆就学に向けた取り組みをまとめた。また、就学困難な状況にあり、「最後の5〜10％（Last 5〜10％）」といわれる子どもの就学促進に向けた対策として「戦後の就学困難児童対策」や「へき地教育」を取り上げた。「質的向上」については、教育の質を左右する「教育内容の改善」と「教員の質の向上」という途上国の課題に対し、「教育課程」、「指導計画」、「教員養成・研修」、「授業研究」についての取り組みについてまとめている。補章では、日本の学校教育が成立するための文化的なコンテクストを明らかにすべく「学校文化」について述べている。ここまでの章が学校教育というフォーマルな側面に焦点を当てているのに対し、この章はインフォーマルな側面について考察している。

　第Ⅲ部「開発途上国における日本の教育経験の応用」では、第Ⅰ部・第Ⅱ部のまとめとして日本の教育開発の全体的な特徴について取りまとめ、どのような日本の教育経験が途上国の教育開発にとって参考になりうるのか、またその際の諸条件や留意点は何かについて分析・考察を加え、今後の日本の教育協力の取り組みに関する課題について整理した。日本においては、制度としては学校教育の全段階を一括して検討してきたものの、近代教育導入当時は初等教育の量的拡大に力が注がれ、初等教育がほぼ普及すると教育開発の重点は教育の質的向上や中等・高等教育の拡大に移った。教育マネジメントに関しては一貫して重点的に取り組んできたが、教育行政においては中央集権から地方や学校へといった権限・責務の委譲が見られる一方、教育財政については当初は保護者や地方の負担が大きかったものが次第に国庫負担が増

加していくという傾向が見られた。このような教育開発の流れは途上国の教育開発を考える上でも参考になる。

また、日本の教育開発の特徴としては、伝統的教育が普及していたなどの比較的恵まれた社会文化的背景の下、国家が教育政策を優先政策と位置づけ、一貫した教育改善を実施してきた一方、国民も教育の重要性を理解して教育財政を支えてきたというように、官民協働であたってきたことが挙げられる。現場レベルにおいては、教員自身が創意工夫を重ねながら、教育の質的向上に取り組み続けていることも特筆に値する。このような特徴は国の教育開発を考える際の視点を提供する。

このような日本の教育経験は教育の発展段階に応じた教育開発を検討する際に有用な情報になるだけでなく、ケーススタディとして参考にするなど教育開発活動の選択肢として活用することができる。

今回、各章の執筆者には、限られた紙面の中で途上国の教育開発に役立つと思われる情報を過不足なく、客観的に簡潔に記述するという難題に挑んでいただいた。もし、内容に不足があれば、それは選択的に記述した結果であり、この点についてあらかじめご了承いただければ幸いである。

なお、本書は途上国の教育開発の参考になるような日本の教育経験を洗い出し、また日本の経験を応用する際の留意事項を明確にすることを目的としたものであり、日本の教育経験を途上国に移転することを目的とするものではないことを念のため申し添える。

また、途上国の教育開発の観点から日本の教育経験を整理した本書は日本の教育経験をより客観的に理解することにも役立つであろう。

最後に、今回の調査研究にご協力いただいた委員・タスクフォース・執筆協力者の方々や出版に際してご尽力をいただいた東信堂の皆様に厚く御礼申し上げる。

本書が今後の開発途上国への教育協力の参考となり、近い将来、世界中のすべての人が等しく教育を受けることができるようになることを願って止まない。

2005年2月

編集者一同

日本の教育経験——途上国の教育開発を考える——／目　次

はしがき ……………………………………………………………………… i
　Box・図表一覧（xiv）
　写真出所・提供先（xvii）
　凡　例（xviii）
　調査研究の実施体制（xix）
　執筆者一覧（xx）
　用語・略語解説（xxi）

序章　開発途上国の教育課題 ………………………………………… 3
　1　途上国が直面している教育の課題 ……………………………… 3
　　1-1　「教育の量的拡大」における課題(4)
　　1-2　「教育の質的向上」における課題(6)
　　1-3　「教育マネジメントの改善」における課題(7)
　2　日本と途上国における教育問題の共通性 …………………… 8
　3　教育に関する援助の動向 ………………………………………… 9
　　3-1　国際的援助動向(9)
　　3-2　日本の取り組み(11)
注(14)
引用・参考文献(14)

## 第Ⅰ部　日本の教育史の概観 …………………………………… 15

第1章　日本の近代化と教育の発展 ………………………………… 17
　1　近代的教育の導入の時期 ………………………………………… 18
　2　教育の発展と拡充 ………………………………………………… 26
　3　第二次世界大戦後の教育改革とその見直し ………………… 34
　4　教育の拡張と問題 ………………………………………………… 43
　5　「第三の教育改革」とその挫折 ………………………………… 49
　6　臨時教育審議会での教育改革論議 …………………………… 54
　7　1990年代の教育改革 ……………………………………………… 56
引用・参考文献(61)

# 第Ⅱ部　日本の教育経験 ……………………………………… 63

## 〈教育マネジメントの改善〉 ………………………………… 64

### 第2章　教育行政 ……………………………………………… 65

1　教育行政組織の整備と確立 …………………………………… 66
  1-1　学制による教育行政機構の構想 (66)
  1-2　地方自治制度の整備と教育行政・一般行政の一元化 (67)
  1-3　内閣制の導入と勅令による教育行政方式の確立 (68)
  1-4　戦前における教育行政制度の基本的枠組みの確立 (68)
  1-5　教育課程行政と教科書行政 (69)
  1-6　官僚制の整備と官僚任用試験制度の導入 (70)

2　戦後教育行政改革 ……………………………………………… 71
  2-1　戦後教育行政改革の基本方針 (71)
  2-2　基本的な教育法制の整備 (72)
  2-3　文部省設置法と教育委員会法 (73)
  2-4　私立学校法の制定 (74)

3　教育行政制度の見直し ………………………………………… 74
  3-1　教育委員会制度の見直し (75)
  3-2　教員定期人事異動制度の導入 (76)
  3-3　教育課程行政、教科書行政 (76)
  3-4　教員組合の結成と政府の文教政策への抵抗 (77)

4　臨時教育審議会以降の教育行政改革論議 …………………… 78

5　結　語 …………………………………………………………… 80

**引用・参考文献** (81)

### 第3章　教育財政 ……………………………………………… 83

1　戦前期の教育財政 ……………………………………………… 84
  1-1　地域住民と保護者に大きく依存した教育行政 (84)
  1-2　市町村への教育財政負担の一本化と国庫補助の開始（再開）の動き (85)
  1-3　義務教育国庫負担法の成立 (85)

2　戦後期の教育財政 ……………………………………………… 86
  2-1　戦後復興と教育財政 (86)

2-2　私立学校に対する助成(87)
　　2-3　各種の振興法の制定と特定分野への財政支援(87)
　　2-4　人材確保法と教員給与の優遇(88)
　3　臨時教育審議会での教育財政改革論議 …………………………… 88
　4　結　語 ………………………………………………………………… 90
　引用・参考文献(91)

## 第4章　学校経営 …………………………………………………… 93

　1　概　観 ………………………………………………………………… 94
　　1-1　日本における学校経営の変遷(94)
　　1-2　保護者・地域住民の学校経営への参加の変遷(98)
　2　日本の学校経営の現状 ………………………………………………101
　　2-1　学校経営における学校機能(101)
　　2-2　学校活動(年間行事)(103)
　　2-3　日本の学校経営の特徴(104)
　　2-4　校長、職員会議の役割(106)
　　2-5　PTAの活動・学校評議員制度(108)
　3　結　語 …………………………………………………………………109
　注(109)
　引用・参考文献(110)

## 〈教育の質的拡大〉 …………………………………………………… 112

## 第5章　明治時代の就学促進策──地方の取り組みを中心に── …… 113

　1　「学制」に見る教育政策 …………………………………………… 114
　　1-1　地方教育行政の就学解釈(114)
　　1-2　「学制」における小学校の種類と実態(114)
　2　小学校への就学状況 ………………………………………………… 115
　　2-1　小学校への就学の実態(115)
　　2-2　就学格差(117)
　3　地方における就学促進の取り組み ………………………………… 118
　　3-1　就学督促担当者の配置(118)
　　3-2　地方での具体的な取り組み(代表例)(118)
　4　結　語 ………………………………………………………………… 121
　注(122)

引用・参考文献(122)

## 第6章　女子教育 ………………………………………………… 125

### 1　明治初・中期の女子教育振興策の試行錯誤 ……………… 126
――「学制」と欧化政策的女子教育――

### 2　明治後期のナショナリズムに根ざした女子教育の拡充 ……… 128

2-1　政府の政治的コミットメントと女子不就学の原因・対策に関する討議・研究(128)
2-2　義務教育無償化(129)
2-3　裁縫教育など女子に適合した教育の提供(130)
2-4　女性教員の養成と増員(130)
2-5　子守学校(学級)の創設(131)
2-6　学齢簿の整理・就学督励(131)

### 3　考　察 ………………………………………………………… 132
### 4　結　語 ………………………………………………………… 134

注(135)
引用・参考文献(135)

## 第7章　戦後の就学困難児童・生徒に対する就学促進策 ………… 137

### 1　背　景 ………………………………………………………… 138
### 2　戦後の就学状況 ……………………………………………… 138
### 3　就学困難児童・生徒への対応 ……………………………… 140

3-1　学校教育関連費用の公的負担(140)
3-2　へき地での教育普及(141)
3-3　障害児への教育機会の提供(142)
3-4　奨学金の提供(144)

### 4　結　語 ………………………………………………………… 145

注(146)
引用・参考文献(147)

## 第8章　へき地教育 ……………………………………………… 149

### 1　へき地における学校の普及 ………………………………… 150
### 2　へき地における教育の質的向上 …………………………… 151

2-1　へき地教育振興法によるへき地の教育改善(152)
2-2　へき地における教員の確保と質の改善(156)

3　結　語 ………………………………………………………… 159
注(160)
引用・参考文献(160)

第9章　留年・中途退学問題への取り組み………………………… 161
　　1　等級制(学年制)の導入と試験進級制度の採用 ………… 162
　　2　留年(原級留置)・中途退学の多発……………………… 163
　　3　試験進級制度を必要とした要因 ………………………… 166
　　4　自動進級方式への転換はいかなる条件、背景の下に可能と
　　　　なったか ……………………………………………………… 168
　　　4-1　教育条件の整備、教職の専門能力の向上(168)
　　　4-2　教育目的、学校観の変化(171)
　　5　結　語 ………………………………………………………… 173
引用・参考文献(173)

〈教育の質的向上〉…………………………………………………… 176

第10章　教育課程（カリキュラム）………………………………… 177
　　1　教育課程の定義 …………………………………………… 178
　　2　教育課程の変遷——初等教育課程を中心に——………… 178
　　　2-1　「修身」と「実用」偏重の教育課程(明治期)(179)
　　　2-2　国家主義的な色彩を強める教育課程(大正・昭和期(戦前))(180)
　　　2-3　民主主義教育の理念を持つ教育課程(昭和期(戦後))(181)
　　　2-4　基礎学力の充実と「ゆとり」を重視した教育課程(182)
　　　2-5　現行の教育課程(183)
　　3　教育課程の現況 …………………………………………… 185
　　　3-1　教育課程の統制(185)
　　　3-2　教育課程の改訂(186)
　　　3-3　教育課程の実施(189)
　　4　結　語 ………………………………………………………… 191
注(192)
引用・参考文献(192)

補章1　数学教育の発展 …………………………………………… 193
　　はじめに ………………………………………………………… 193

1　江戸の数学教育文化 ……………………………………………… 194
　2　明治初期：和算から洋算へ ……………………………………… 195
　　2-1　お雇い外国人の活躍とその影響 (195)
　　2-2　用語・訳語統一に向けた動き―東京数学会社の訳語会 (196)
　　2-3　入学試験の激化と数学教育の安定 (196)
　3　明治後期：初等教育の普及と国定教科書 ……………………… 197
　　3-1　教育方法 (教授法) (197)
　　3-2　使い続けられた国定教科書 (尋常・高等小学算術書) (197)
　4　大正における数学教育改良運動と指導法改革 ………………… 198
　　4-1　中等数学教育会と改良運動 (198)
　　4-2　生活算術 (200)
　5　戦前、戦中の数学教育から戦後の数学教育へ ………………… 201
　　5-1　大正以来の運動成果を盛り込む教科書作り (201)
　　5-2　活動論に基づく戦後の数学教育の発展 (202)
　　5-3　数学教育現代化運動の頓挫と数学教育の人間化運動 (204)
　6　結　語 …………………………………………………………… 205
注 (206)

**引用・参考文献** (207)

**補章 2　理科教育の発展** ……………………………………………… 208
　はじめに …………………………………………………………… 208
　1　明治維新前後の状況 …………………………………………… 209
　2　初等教育の普及と実業教育 …………………………………… 209
　3　2つの世界大戦の影響 ………………………………………… 211
　4　第二次大戦後の生活単元学習 ………………………………… 212
　5　系統学習から探求学習へ ……………………………………… 215
　6　教育内容の精選と個性重視 …………………………………… 216
　7　理科ぎらいと学力低下論 ……………………………………… 218
　8　結　語 …………………………………………………………… 220

**引用・参考文献** (221)

**第11章　指導計画――授業の構造化――** ………………………… 223
　1　指導計画の概要 ………………………………………………… 224

    1-1 授業設計の概要(224)
    1-2 年間指導計画の作成(225)
    1-3 単元指導計画の作成(226)
    1-4 本時の学習指導案の作成(227)
    1-5 学習形態・指導方法の選択(230)
    1-6 板　書(231)
    1-7 授業の実際―授業の構造化(231)
  2 結　語 ……………………………………………………………… 233
注(234)
引用・参考文献(234)
　付録1　年間指導計画例(236)
　付録2　単元指導計画例(237)
　付録3　本時指導計画例(239)
　付録4　本時展開案例(241)
　付録5　付録4に基づく授業実践例(242)

第12章　教員養成・研修 ……………………………………………… 247
  1 教員像の変遷 ……………………………………………………… 248
  2 教員養成・確保の歴史的変遷 …………………………………… 249
    2-1 近代教育創始期(1870年代)(249)
    2-2 近代教育整備期(1880～1930年)(250)
    2-3 戦時下体制における教員養成(1930～1945年)(253)
    2-4 戦後の教育改革(1945～1960年)(254)
    2-5 高度経済成長期以降(1960年～)(255)
  3 教員養成・研修の現状 …………………………………………… 257
    3-1 教員養成制度(258)
    3-2 教員養成大学・学部における教員養成の現状(258)
    3-3 現職教員研修の概要(261)
  4 結　語 ……………………………………………………………… 267
注(269)
引用・参考文献(269)

第13章　授業研究 ……………………………………………………… 271
  1 授業研究とは何か ………………………………………………… 272
    1-1 授業とその3要素(272)
    1-2 授業研究とは何か(273)

2　授業研究の発展過程 …………………………………………… 276
　3　授業研究の意義 ………………………………………………… 278
　　3-1　学習指導要領の具体化(278)
　　3-2　教授技術や教員像の継承・開発(279)
　　3-3　教員の能力と自信の形成(280)
　4　結　語 …………………………………………………………… 280
注(281)
引用・参考文献(282)

## 補章　学校文化 …………………………………………………… 285
　はじめに ……………………………………………………………… 285
　1　日本の学校文化の特徴 ………………………………………… 287
　　1-1　集団意識(287)
　　1-2　規　律(287)
　　1-3　自主活動(288)
　　1-4　「活字文化」(289)
　2　学校文化と「社会の文化」……………………………………… 290
注(292)
引用・参考文献(292)

## 第Ⅲ部　開発途上国における日本の教育経験の応用に向けて …… 293

## 第14章　開発途上国における日本の教育経験の応用に向けて …… 295
　1　日本の教育施策の変遷 ………………………………………… 295
　　1-1　教育開発課題別に見た変遷(299)
　　1-2　学校教育段階別に見た変遷(301)
　2　日本の教育開発の特徴 ………………………………………… 303
　　2-1　教育開発の促進要因としての初期条件の存在(303)
　　2-2　国家重点政策としての教育政策(304)
　　2-3　包括的・漸進的な教育改善(304)
　　2-4　行政における中央集権と財政における地方分権(305)
　　2-5　教育現場の創意工夫(305)
　3　「日本の教育経験」の途上国の教育開発への応用に向けて …… 306

3-1　教育の発展段階に応じた協力(307)
　　3-2　ケーススタディとしての活用(307)
　　3-3　活動のオプションとしての活用(308)
　4　日本の教育経験を応用する際の留意点 …………………………… 308
　　4-1　「日本の教育経験」の応用には労力が必要(309)
　　4-2　各種取り組みの導入・実施のための主な前提条件(311)
　5　日本の教育経験の活用に向けた今後の検討課題 ………………… 311
　　5-1　日本の教育経験に関する情報の発信(311)
　　5-2　歴史的側面を含む教育セクター分析の実施(312)
　　5-3　社会配慮に基づく教育協力の実現(312)
　　5-4　技術協力のあり方についての検討(312)
注(313)
引用・参考文献(313)
　付表　「日本の教育経験」の応用の可能性 ………………………… 314-320

## 付録Ⅰ　年表：日本の教育の変遷 ……………………………………… 321

## 付録Ⅱ　教育統計 ………………………………………………………… 328
　1　学校教育 ……………………………………………………………… 328
　　1-1　初等教育の就学率の推移(328)
　　1-2　教育段階別の就学率の推移(330)
　　1-3　小学校数の推移(331)
　　1-4　小学校1校当たりの児童数の推移(332)
　　1-5　教育段階別教員数の推移(333)
　　1-6　教員1人当たりの児童数(334)
　　1-7　1教室当たりの児童・生徒数の推移(335)
　　1-8　有資格教員数の推移(小学校)(336)
　2　教育費 ………………………………………………………………… 337
　　2-1　教育段階別教育費の割合の推移(337)
　　2-2　国・地方の負担別公教育費の推移(340)
　　2-3　国・地方の歳出総額に対する教育費の割合の推移(340)
　3　教育行財政 …………………………………………………………… 341
　　3-1　教育行政(341)
　　3-2　教育財政(342)

　索　引(345)

# Box・図表一覧

Box 序-1 ダカール行動の枠組みの目標(10)
Box 序-2 成長のための基礎教育イニシアティブ(BEGIN)の重点分野(12)
Box 序-3 基礎教育におけるJICAの開発戦略目標(12)
Box 4-1 学校教育による子どものしつけ(95)
Box 4-2 家庭・学校・社会が連携・協働した学校づくり(108)
Box 5-1 就学を促すための方策の事例(参考)(119)
Box 6-1 子守をしながら授業を受けた人の回顧(131)
Box 8-1 第二次世界大戦直後のへき地学校の状況(1945~50年頃)(152)
Box 8-2 振興法制定に向けた中央・地方の協働努力(153)
Box 8-3 へき地学校における授業実践(156)
Box 8-4 徹底した人事ローテーションの例(158)
Box 8-5 教員の希望を重視した人事の例(159)
Box10-1 新しい学習指導要領(1998年)のねらいと特徴(184)
Box10-2 作問による算術学習(199)
Box10-3 問題解決型指導における看板を利用した自力解決成果の発表(203)
Box12-1 教員の経済的待遇の低さを表す事例(252)
Box12-2 教員免許制度の変遷(257)
Box12-3 児童100人当たりの教員数の変化(259)
Box12-4 教育実習の意義と学び(262)
Box12-5 教員にとっての研修の意義(264)
Box12-6 校内研修の長所(266)
Box13-1 授業研究の代表的事例(278)

図 4-1 学校運営体制の例(103)
図 4-2 PTAの組織図と機能(例)(107)
図 7-1 不就学の内訳(139)
図 7-2 長期欠席の内訳(139)
図10-1 教育課程の統制(186)
図10-2 教育課程の改訂及び実現の仕組み(187)
図10-3 社会のニーズに対応した理科カリキュラムの変遷(219)
図11-1 授業設計の構造化概念図(226)
図11-2 本時授業実施における教授モデル(229)
図11-3 授業展開の流れ(例)(232)

| | | |
|---|---|---|
| 図12-1 | 研修の構図・場の概要 | (264) |
| 図13-1 | 授業における3者の関係 | (273) |
| 図13-2 | 学習指導要領から授業まで | (274) |
| 図13-3 | 授業研究のサイクル | (274) |
| 図補-1 | 学校文化と社会の文化 | (291) |
| 図14-1 | 教育施策の変遷 | (296-297) |
| 図付-1 | 就学率の変遷（小学校） | (329) |
| 図付-2 | 教育段階別の就学率の推移 | (330) |
| 図付-3 | 小学校数の推移 | (331) |
| 図付-4 | 小学校1校当たりの児童数の推移 | (332) |
| 図付-5 | 教育段階別教員数の推移 | (333) |
| 図付-6 | 教員1人当たりの児童数の推移 | (334) |
| 図付-7 | 1教室当たりの児童・生徒数の変遷 | (335) |
| 図付-8 | 有資格教員の割合の推移（小学校） | (336) |
| 図付-9 | 教育段階別教育費の割合の推移 | (337) |
| 図付-10 | 国・地方の教育負担の割合の推移 | (339) |
| 図付-11 | 国・地方の歳出総額に占める教育費の割合の推移 | (340) |
| 図付-12 | 現行の教育行政システム(1)：主な行政機構・権限 | (341) |
| 図付-13 | 国の予算内訳（2004年（平成16年）度） | (343) |
| 図付-14 | 文部科学省一般会計予算の構成（2004年（平成16年）度） | (343) |
| | | |
| 表序-1 | 初等教育純修了率による開発途上国の分類（2000年） | (5) |
| 表序-2 | 初等教育の修了率 | (6) |
| 表序-3 | 日本と途上国の教育課題の共通性 | (9) |
| 表序-4 | 基礎教育の各課題に対する日本の経験 | (13) |
| 表 1-1 | 戦前期日本の中等・高等教育機関の数の増加 | (31) |
| 表 1-2 | 教育段階別の生徒・学生数の推移（1948～1990年） | (45) |
| 表 1-3 | 高等教育機関の種類と数の増加（1955～1990年） | (46) |
| 表 4-1 | 年間行事の例 | (104) |
| 表 4-2 | 主任の職務 | (104) |
| 表 5-1 | 「学制」に定められた小学校一覧 | (114) |
| 表 5-2 | 就学率、出席率と通学率（1873～1886/90/95/99年） | (116) |
| 表 5-3 | 府県別就学率の分布状況（1873～1880年） | (117) |
| 表 5-4 | 地方での具体的な就学促進の取り組み（代表例） | (120-121) |
| 表 8-1 | 「へき地教育振興法」に基づく取り組み | (155) |
| 表 9-1 | 小学校の等級別の在籍児童数（愛知県の例）（1876～1880年） | (164) |
| 表 9-2 | 京都府における小学校児童の年齢別等級在籍数（1877年） | (165) |

| | | |
|---|---|---|
| 表10-1 | 教育に関する法令の内容と特徴 | (179) |
| 表10-2 | 小学校の授業時数 | (184) |
| 表10-3 | 中学校の授業時数 | (185) |
| 表10-4 | 小学校の理科教育の設備の基準（2002年度）単元別 | (214) |
| 表11-1 | 授業設計の基本となる指導計画 | (225) |
| 表11-2 | 本時の学習指導案の項目 | (228) |
| 表11-3 | 児童観の分析及び教材観の分析 | (229) |
| 表11-4 | 学習形態の種類と特質 | (230) |
| 表11-5 | 指導方法の種類 | (231) |
| 表12-1 | 教員の免許・養成・待遇に関する重要関連法案 | (251) |
| 表12-2 | 小学校・中学校教員初任給（東京都の例（2003年）） | (257) |
| 表12-3 | 免許状の取得要件(例) | (260) |
| 表12-4 | 教職に関する科目(例) | (261) |
| 表12-5 | 実施主体ごとの研修の種類 | (262) |
| 表12-6 | 教職経験年数に応じた研修の概要 | (263) |
| 表12-7 | 職能に応じた力量形成項目と研修例 | (265) |
| 表13-1 | 授業研究会の種類 | (276) |
| 表14-1 | 教育開発段階別に見た日本の教育経験 | (298) |
| 表付-1 | 国・地方の負担別公教育費の推移 | (338) |
| 表付-2 | 現行の教育行政システム(2)：教育機構・権限一覧表 | (342) |

## 写真出所・提供先

本書に掲載の写真の出所・提供先は下記のとおりです（執筆者によるものおよび文中に明記してあるものを除く）。記して感謝申し上げます。

- 寺子屋の授業風景(カバー・19)　軍事教練(34)　日本国憲法(表紙)(36)　国定教科書(37)　短期大学の設置・私立大学の助成(47)……国立教育政策研究所
- 学制(20)　初代文部大臣森有礼(38)　学習指導要領(試案)(38)　1956年学校給食法(41)　1958年学校保健法(41)……毎日新聞社情報サービスセンター
- 明治初期の小学校(カバー・21)……川越市立博物館
- 外国人専門家(22)……大洲市立博物館
- 明治初期の留学生(22)……鹿児島県立図書館
- 当時の教科書(23)……東京書籍株式会社
- 働く子ども(23)……小沢昭巳編著『子どもたちの100年—とやま』新興出版社、1987年
- 1872年東京師範学校設立(24)　東京帝国大学(25)　大正自由教育(33)　日教組の大会(39)　教育研究集会(39)　国民の教育要求運動(43)……財団法人日本教育会館付設教育図書館
- 暴走族(49)　受験競争(54)　体験学習(58)　ボランティア活動(58)……神奈川新聞社
- 1978年兵庫教育大学(53)……兵庫教育大学総務部
- 1978年上越教育大学(53)……上越教育大学総務部
- 1981年鳴門教育大学(53)……鳴門教育大学総務部
- 総合的な学習の時間(58)……新宿区立西新宿小学校

## 凡　例

・本書は独立行政法人国際協力機構（2003年10月に独立行政法人化により国際協力事業団から改称）国際協力総合研修所が2003年11月に国際協力機構関係者を対象として発行した調査研究報告書「日本の教育経験―途上国の教育開発を考える―」を基に一般読者向けに一部加筆・修正したものである。

・本書の内容は、上記の調査研究を実施した「教育・保健分野における日本の政策及びアプローチ」教育分野研究会の見解を取りまとめたものであり、必ずしも国際協力機構の統一的な公式見解ではない。

・本書においては、2001年に文部省と科学技術庁が再編統合されて名称が変わるまでを「文部省」とし、それ以降の記述について「文部科学省」と表記している。

・本書では、原則として初等教育（小学校）在学者を「児童」、中等教育（中学校及び高等学校）就学者を「生徒」と表現している。また、「教員」「教師」「教諭」などは基本的に「教員」に統一している。

# 調査研究の実施体制

(2003年11月現在)

| | | | |
|---|---|---|---|
| 座　長 | 村田　翼夫 | 筑波大学教育開発国際協力研究センター　教授 | |
| 委　員 | 斉藤　泰雄 | 国立教育政策研究所国際研究・協力部　統括研究官 | |
| | 黒田　一雄 | 早稲田大学大学院アジア太平洋研究科　教授 | |
| | 馬場　卓也 | 広島大学国際協力研究科教育開発講座　助手 | |
| | 礒田　正美 | 筑波大学教育開発国際協力研究センター　助教授 | |
| | 中田　英雄 | 筑波大学教育開発国際協力研究センター　教授 | |
| 主　査 | 村田　敏雄 | JICA 特別嘱託 | |
| タスクフォース | 田中　茂行 | JICA アジア第一部インドシナ課　ジュニア専門員 | |
| | 三浦　愛 | JICA アジア第一部インドシナ課　ジュニア専門員 | |
| | 小島　路生 | JICA ホンデュラス派遣専門家　ジュニア専門員 | |
| | 山口　直子 | JICA 社会開発協力部社会開発協力第二課　ジュニア専門員 | |
| | 小林　和恵 | JICA 社会開発協力部社会開発協力第二課　ジュニア専門員 | |
| | 進藤　優子 | JICA 社会開発協力部社会開発協力第二課　ジュニア専門員 | |
| | 足立佳菜子 | JICA 国際協力総合研修所調査研究第二課　職員（事務局兼務） | |
| | 伊勢路裕美 | JICA 国際協力総合研修所調査研究第二課　ジュニア専門員（事務局兼務） | |
| 執筆協力者 | 塚原　修一 | 国立教育政策研究所高等教育研究部　総括研究官 | |
| | 山本　伸二 | JICA バングラデシュ派遣専門家 | |
| | 梅宮　直樹 | JICA 国際協力総合研修所調査研究第二課　職員 | |
| 事務局 | 半谷　良三 | JICA 国際協力総合研修所調査研究第二課　課長 | |
| | 佐藤　和明 | JICA 国際協力総合研修所調査研究第二課　課長代理 | |
| | 銅口　泰子 | JICA 国際協力総合研修所調査研究第二課　JICA 研究員 | |

# 執筆者一覧

| | |
|---|---|
| 監　修 | 村田敏雄 |
| 編　集 | 村田敏雄・足立佳菜子・伊勢路裕美 |

| | |
|---|---|
| はしがき | 村田敏雄・足立佳菜子 |
| 序章　開発途上国の教育課題 | 山口直子・村田敏雄 |
| 第Ⅰ部　日本の教育史の概観 | |
| 　第1章　日本の近代化と教育の発展 | 斉藤泰雄 |
| 第Ⅱ部　日本の教育経験 | |
| 　第2章　教育行政 | 斉藤泰雄・三浦愛 |
| 　第3章　教育財政 | 斉藤泰雄・三浦愛 |
| 　第4章　学校経営 | 山口直子・進藤優子・村田敏雄 |
| 　第5章　明治時代の就学促進策─地方の取り組みを中心に─ | |
| | 小林和恵・村田敏雄 |
| 　第6章　女子教育 | 黒田一雄 |
| 　第7章　戦後の就学困難児童・生徒に対する就学促進策 | |
| | 村田敏雄 |
| 　第8章　へき地教育 | 山口直子 |
| 　第9章　留年・中途退学問題への取り組み | 斉藤泰雄 |
| 　第10章　教育課程（カリキュラム） | 礒田正美・村田敏雄 |
| 　　補章1　数学教育の発展 | 村田敏雄・礒田正美 |
| 　　補章2　理科教育の発展 | 塚原修一 |
| 　第11章　指導計画─授業の構造化─ | 小島路生 |
| 　第12章　教員養成・研修 | 田中茂行・山本伸二・村田敏雄 |
| | 足立佳菜子・伊勢路裕美 |
| 　第13章　授業研究 | 馬場卓也・小島路生 |
| 　補　章　学校文化 | 村田翼夫・足立佳菜子・梅宮直樹 |
| 第Ⅲ部　開発途上国における日本の教育経験の応用に向けて | |
| 　第14章　開発途上国における日本の教育経験の応用に向けて | |
| | 村田敏雄 |
| 付録Ⅰ　年表：日本の教育の変遷 | 斉藤泰雄 |
| 付録Ⅱ　教育統計 | 山口直子 |

# 用語・略語解説

| 用　語 | 概　　要 |
|---|---|
| 生きる力 | 1996年（平成8年）の中央教育審議会答申に示された教育理念のひとつ。「自分で課題を見つけ、自ら学び、自ら考え、主体的に判断し、行動し、よりよく問題を解決する資質や能力であり、また、自らを律しつつ、他人とともに協調し、他人を思いやる心や感動する心など豊かな人間性である」と定義されている。 |
| 開発途上国 | 開発途上国は一般には国民総所得（GNI）、国民総生産（GNP）、国内総生産（GDP）といった経済指標が一定水準に満たない国とされるが、援助機関によって基準は異なっている。日本は経済協力開発機構（OECD）開発援助委員会（DAC）が作成する「DACリスト（DAC List of Aid Recipients）」のパートⅠに分類されている政府開発援助（ODA）対象国・地域を開発途上国としている。 |
| 開放システム | 1947年（昭和22年）以降、すべての国公立大学及び私立大学の教育学部以外の学部にも教員養成コースが設置され、所定の単位修得を条件に、特定の教科の教員免許の取得を可能にした教員養成の方式をいう。 |
| 学習指導案（授業案） | 教科の授業の指導手順を事前に構想した授業計画のことである。教員は単元全体の指導計画を作成した後、本時の学習指導に関して学習指導案を立てる。本時の学習指導案は、単元の指導計画の項目に示した各時間の指導内容について実際に子どもにどのように教えるか考えつつ、具体的に各授業につき、授業の開始から終了までの展開を計画したものである。なお、教員は大筋では学習指導案に沿って授業を進めるが、子どもの変化に合わせて、そのときどきの状況を的確にとらえて子どもに働きかけることが必要となる。 |
| 学習指導要領 | 小中高校及び養護学校などの教育内容と教育課程の要領・要点を記したもので、文部科学省が作成する。また、教科書や教材の編集・作成などの基準を示すものでもある。最初の学習指導要領は1947年（昭和22年）に作成された。1958年（昭和33年）の改訂にあたり、法的拘束力を持つものと位置づけられた。1998年（平成10年）告示の学習指導要領では最低基準であることが明示された。 |
| 学　制 | 明治政府が発した全国的学校組織に関する法令。1872年（明治5年）文部省布達第13号別冊として公布。1879年（明治12年）、教育令の制定により廃止された。行政の方式においてフランスの制度が取り入れられ、学校体系の上では米国の影響を強く受けており、欧米各国の学校制度を選択して摂取したものと見られる。この法令に基づき、小学校の建設と就学の督促、大学の建設などが促進された。 |
| 学校教育の水準の維持向上のための義務教育諸学校の教育職員の人材確保に関する特別措置法（人材確保法、人確法） | 通称は人材確保法。義務教育諸学校の教育職員の給与について特別の措置を定めることにより、優れた人材を確保し、もって学校教育の水準の維持向上に資することを目的に1974年（昭和49年）に制定された法律。 |

| 用　語 | 概　要 |
|---|---|
| 学校評議員制度 | 地域住民の学校運営への参画と学校の地域に対する説明責任を担保する制度として、中央教育審議会答申「今後の地方教育行政の在り方について」(1998年（平成10年）)で提言され、学校教育法施行規則の改正を経て2000年（平成12年）4月に導入された。 |
| 学校文化 | 学校にあって、教育課程という言葉だけではとらえきれない、朝礼などの学校慣行、校訓・校則、規範、意識、校風など、人間形成の諸要因総体が学校文化と考えられる。 |
| 基礎教育 | 1990年（平成2年）に開催された「万人のための教育世界会議（The World Conference on Education for All: WCEFA）」以降に、基礎教育という概念が注目を浴びるようになった。そこでは、基礎教育は「人々が生きるために必要な知識・技能を獲得するための教育活動」と定義されている。具体的には、就学前教育、初等教育、前期中等教育及びノンフォーマル教育（宗教教育、地域社会教育、成人教育、識字教育など）を総じて基礎教育と称している。 |
| 教育委員会 | 「地方教育行政の組織及び運営に関する法律（地教行法）」に根拠をもつ地方教育行政機関をいう。都道府県と市（区）町村などに設置され、地方の教育事務に関し、自治体の長から独立した権限を行使しうる合議制の行政委員会である。 |
| 教育課程（カリキュラム） | 英語の「カリキュラム」に該当する用語であるが、厳密な一般的定義は確立しておらず、国レベルと学校現場レベルでは、教育課程の指す内容が異なる。国レベルでの「教育課程」とは、文部科学省が法令に基づいて定めた教育課程の基準、すなわち「学習指導要領」のことを指す。他方、学校現場レベルにおける「教育課程」とは、学年教科ごとの年間指導計画や、学校の時間割を指す。 |
| 教育課程審議会 | 文部省設置法の規定に基づき、「文部大臣の諮問に応じ、教育課程に関する事項を調査審議し、及びこれに関し必要と認める事項を文部大臣に建議する」のが教育課程審議会である。1950年（昭和25年）に政令として教育課程審議会令が公布された。以来、日本の小学校・中学校・高等学校の教育課程は、この教育課程審議会の答申に基づいて改善されてきた。 |
| 教育基本法 | 日本国憲法の精神に基づき、第二次大戦後の新しい日本の教育の根本理念を確定した法律。1947年（昭和22年）制定。教育の目的、教育の方針、教育の機会均等、義務教育、男女共学、学校教育、社会教育、政治教育、宗教教育、教育行政を規定、教育法令の基本をなす。 |
| 教育実習 | 教育に関する理論的な学習を、教育現場の実践的な問題を媒体にして検証・応用し、教職に関する専門的な知識・技術の習得を目的とする教員養成段階における教育研究方法。師範学校発足とともに重視されてきたが、「教育実習」の名称は1907年（明治40年）の「師範学校規定」で初めて用いられた。教育職員免許法で教員免許状取得の際の教職専門科目の必修単位として規定されている。 |

| 用　　語 | 概　　要 |
|---|---|
| 教育ニ関スル勅語（教育勅語） | 明治憲法発布の翌年（1890年（明治23年））に、道徳の根本、教育の基本理念を教え諭すという建前で出された勅語（天皇が直接国民に発する言葉）で、戦前、学校教育などを通じ、国の祝祭日に朗読を義務づけられた。 |
| 教科用図書検定制度（教科書検定制度） | 民間で著作・編集された図書につき、文部科学大臣が教科書としての適正を審査し、これに合格したものを、小・中・高等学校等の教科書として使用を認める制度。現行の制度は、1987年（昭和62年）の臨時教育審議会答申を受けて、検定の手続きと基準の大幅な簡素化・重点化等を行い、簡明でわかりやすい制度の実現とより公正で適切な審査を目指している。 |
| 教材研究 | 授業の実施を前提に、教材の発掘・選択、教材の解釈、子どもの実態に即した授業構想の立案という教員が行う一連の活動。 |
| 系統学習 | 科学、学問の基本を、児童・生徒の発達を踏まえ、体系的に教える学習指導法をいう。戦後体系的に編成された教科内容を伝達・注入的にではなく、子どもの主体的・能動的な活動を学習条件としながら、系統的・順次的に習得させることを目指している。 |
| 研究授業 | 授業方法の改善や新計画・新教材による教育の効果測定などの目的で、参観者を前にして行う授業。 |
| 校内研修 | 学校内の全教職員が学校の教育目標を達成していくために設定された研究課題の下、教育実践を通じて計画的に取り組んでいく研究活動。 |
| 国際教育協力懇談会 | 今後の教育協力に関して文部省（現：文部科学省）の方向性を明らかにするために、同省が2000年（平成12年）に設置した文部大臣の私的懇談会。これまで、2000年6月から11月に第1回懇談会が、2001年10月から2002年（平成14年）7月に第2回懇談会が実施されている。 |
| 試験進級制度 | 筆記試験によって児童の学習到達度を判定し、それによって次の等級あるいは学年への進級の可否を決める制度のこと。 |
| 指導主事 | 教育委員会の事務局で上司の命を受けて学校教育法1条に規定される学校の「教育課程、学習指導その他学校教育に関する専門的事項の指導に関する事務」に従事する専門的教育職員。この「専門的事項」には生徒指導、職業指導、教科書その他の教材の取り扱い、教職員の研修等に関する事務が含まれ、各指導主事は、学校訪問や資料の作成、各種委員会への出席、研修の企画立案等に携わる。 |
| 就学困難な児童及び生徒に係る就学奨励について国の援助に関する法律 | 経済的理由によって就学困難な児童及び生徒について学用品を供与する等、就学奨励を行う地方公共団体に対し、国が必要な援助を与えることを目的として、1956年（昭和31年）に定められた法律。 |

| 用　語 | 概　　要 |
|---|---|
| 授　業 | 学校で教員が子どもを対象に教材を使って教授することをいう。日本独特の用語であり、広い内容を包み込んだ言葉である。最も多用されるのは、教員の教授活動を指す場合であり、その場合は教授（Teaching）と同義。 |
| 授業研究 | 授業の質を高めるために、授業を対象として教員同士が互いに批判・検討しながら効果的な教授方法や授業のあり方などを研究するもの。 |
| 授業の構造化 | 教員が教室において児童が最も効果的に学習できるよう、指導計画を立案し、教材を選択するなかで、板書の計画、発問の選択、子どもの反応の予測等を前もって検討すること。 |
| 純就学率 | 在学者数における学齢児童・生徒数の割合。 |
| 初任者研修 | 教員採用後の職域における最初の現職研修の機会として位置づけられるものである。1988年（昭和63年）の教育公務員特例法の一部改正により、小学校等の教員等の任命権者には、1年間の実践的な研修と指導教員の配置が義務づけられた。 |
| 新教育運動 | 19世紀末から20世紀にかけて欧米を中心に展開された教育運動で、児童を中心とする自発活動を重んじた教育思想及び教育実践のこと。明治30年代に日本に普及した。 |
| 大正自由教育 | 大正期において、それまでの画一主義的な教授、権力的な取り締まり主義を特徴とする教育に対し、子どもの自発性・個性を尊重しようとした自由主義的な教育。しばしば大正自由教育と新教育運動は同義とみなされる。 |
| 対日米国教育使節団（United States Education Mission to Japan） | 戦後日本の教育改革の全体構想を検討するために、日本に派遣された米国の教育専門家の調査グループ。民主化と機会均等を柱とする戦後日本の教育改革は、基本的にこの使節団の勧告を基に実施された。 |
| ダカール行動の枠組み（Dakar Framework for Action） | 2000年（平成12年）の世界教育フォーラム（World Education Forum: WEF）で Education for All: EFA（すべての人に教育を）達成のためには各国の政治的意思に基づく取り組みが重要だとし、合意・設定された6つの目標を定めた行動の枠組みのこと。①就学前教育の拡大と改善、②2015年までの初等教育の完全就学と修了の達成、③青年と成人の教育ニーズの充足、④2015年までの識字水準（特に女性）の50％改善、⑤2005年までの初等教育における男女格差解消と2015年までの教育における男女平等の達成、⑥基礎教育の質の向上の6つの目標が定められた。 |
| 探求学習 | 科学の知識を系統的に教え込むのではなく、科学者が行うように探求させることをねらいとした学習方法。 |
| 単元学習 | 単元によって行う、ひとまとまりの学習のこと。教科別の単元学習と、教科の枠にとらわれない総合的な単元学習とがある。 |
| 単元指導計画 | 年間指導計画を実施するにあたり、各単元を細分化し、実際にその単元の学習指導を展開できるように、学習活動の区分に従って時間配分を行った指導計画。 |

| 用　語 | 概　要 |
|---|---|
| 地方教育行政の組織及び運営に関する法律（地教行法） | 戦後日本の独立回復後、実情に合わせた制度改正を目的として1956年（昭和31年）に制定された法律で、教育委員会の設置や地方教育行政の組織・運営の基本を定めたもの。1999年（平成11年）の「地方分権一括法」の制定を受けて再度見直しが行われ、教育改革国民会議報告（2000年12月）の提言等に基づき、保護者や地域住民の多様な意向をより的確に教育行政に反映させ、教育委員会の活性化を図るとともに、校長のリーダーシップ発揮の観点から、所要の措置を講じることが規定された。 |
| 中央教育審議会（中教審） | 教育刷新審議会の建議に基づき、1952年（昭和27年）「教育、学術または文化に関する基本的な重要施策」を調査審議するために設置された文部大臣の諮問機関。 |
| 寺子屋 | 江戸時代から明治初年にかけて、庶民、武士、浪人、僧侶、神官などの有識者が、庶民の子どもを対象に読み書きと実用的な生活技能を教えるために任意に開いた教育機関。 |
| 日本教職員組合（日教組） | 教職員が、経済的社会的地位の向上、及び教育労働条件の改善や教育の質の向上を目的として団結する労働組合組織。1947年（昭和22年）に結成。 |
| 年間指導計画 | 教科ごと及び学年ごとの年間における基本的な指導計画。 |
| 板　書 | 教員が黒板を使って、児童の思考、課題や資料、教員の質問と応答などの1時間の学習内容を構造化し、表現すること。 |
| へき地教育振興法 | 国・自治体が実施すべきへき地教育振興の施策として、教材教具の整備、教員研修、教職員住宅、健康管理、通学援助措置（以上、市町村の任務）、学習指導・教材教具の調査研究、教員養成、市町村への指導助言、定員の優遇、教員研修条件の整備、へき地教育手当の支給（以上、都道府県の任務）、へき地教育に関する指導、助言、あっ旋、経費補助（補助率2分の1）（以上、国の任務）を定めた法律。1954年（昭和29年）に制定。 |
| ミレニアム開発目標<br>(Millennium Development Goals: MDGs) | 2000年（平成12年）9月の国連ミレニアム宣言と1990年代の主要な国際会議で採択された国際開発目標を統合し、一つの共通の枠組みとしてまとめたもの。2015年までに達成すべき国際社会の開発目標として、①極度の貧困と飢餓の撲滅、②初等教育の完全普及、③ジェンダーの平等、女性のエンパワメントの達成、④子どもの死亡率削減、⑤妊産婦の健康の改善、⑥HIV/AIDS、マラリアなどの疾病の蔓延の防止、⑦持続可能な環境づくり、⑧グローバルな開発パートナーシップの構築が設定された。 |
| ゆとり教育 | 1980年代からの「落ちこぼれ」、「青年の無気力」等の社会・教育諸問題の一因を高度経済成長期の過密な教育内容の詰め込みに求め、これを改善するために教育内容の精選と授業時数の削減を行い、教育課程の基準を弾力化し、学校が自由に創意を活かせるようにすることによって教育にゆとりと充実をもたらすことをねらいとした新しい教育方針のこと。「ゆとり教育」は、子ども・青年の学力低下をもたらしているのではないかとの議論が21世紀に入って沸騰している。 |

| 用　語 | 概　　要 |
|---|---|
| 臨時教育審議会（臨教審） | 1984年（昭和59年）9月「我が国における社会の変化及び文化の発展に対応する教育の実現を期して各般にわたる施策に関し必要な改革を図るための基本的方策」についての答申を求めて、3年間の時限で設置された内閣総理大臣の諮問機関。 |
| Basic Education for Growth Initiative: BEGIN（成長のための基礎教育イニシアティブ） | 自助努力に基づく教育への投資こそ、途上国の貧困を削減し、経済成長を促進する有効な手段であるとの認識に基づき、日本政府が2001年（平成13年）のカナナスキス・サミット（カナダ）の機会に発表したイニシアティブで、日本の今後の基礎教育分野での支援のあり方を示したもの。自助努力支援、文化の多様性への認識、国際社会の連携・協調に基づく支援、等を基本理念とした方針が示された。 |
| BHN（Basic Human Needs） | 人間の基本的なニーズ。食料、住居、衣服など、生活する上で必要最低限の物資や安全な飲み水、衛生設計、保健、教育などをいう。BHNアプローチは低所得層の民衆に直接役立つものを援助しようとする概念。 |
| Education for All: EFA（すべての人に教育を） | 1990年（平成2年）、タイのジョムティエンにて行われた「万人のための教育世界会議（The World Conference on Education for All: WCEFA）」で提唱された理念。これにより「すべての人々に教育を」が国際的なコンセンサスとなった。 |
| IEA（International Association for the Evaluation of Educational Achievement: 国際教育到達度評価学会） | 1958年（昭和33年）に結成された、国際的な教育到達度調査を行う機関。国際数学教育調査をはじめ、理科教育調査など幅広い範囲で、各国の教育到達度を国際レベルで評価している。 |
| PTA（Parent-Teacher Association） | 学校における児童・生徒の親と教員の連絡協議体。1897年米国で結成。日本では第二次世界大戦後設立。PTAは理念的に父母と教員の共同の組織であること、教育を民主化するための自立的団体であることなどが戦前の父兄会との違い、戦後、PTAは地域と学校を結ぶ組織として新しい役割を期待された。 |
| The World Conference on Education for All: WCEFA（万人のための教育世界会議） | 1990年（平成2年）のタイのジョムティエンで行われた国際会議。基礎教育の重要性が再確認され、2000年までにすべての人々に基礎教育を提供するという国家的・国際的な開発目標が合意された。 |
| World Education Forum: WEF（世界教育フォーラム） | 1990年（平成2年）の「万人のための世界教育会議（The World Conference on Education for All: WCEFA）」のフォローアップとして、2000年（平成12年）にセネガルのダカールにて開催された国際会議。WCEFA後のEFAに向けた取り組みの進捗状況の把握と今後の展開の方向性等に関する討議を行った。 |

# 日本の教育経験
―― 途上国の教育開発を考える ――

# 序章　開発途上国の教育課題

　開発途上国の教育開発に参考となりうる日本の教育経験[1]を考察する上では、現在途上国がどのような教育課題を抱え、国際社会はどのように対応しようとしているのかを理解しておくことが必要である。そのため、本章では、現在途上国が直面している教育の課題を整理し、途上国の課題と日本が直面してきた教育課題との共通性について述べる。最後に現在の途上国教育開発に対する国際的な援助動向及び日本の援助動向を概観する[2]。

## 1　開発途上国が直面している教育の課題

　教育は基本的人権のひとつであり、個人が主体的に生きていくために不可欠なものであるということが、近年国際的に広く再認識されてきている。教育は健康状態の改善や人口抑制、貧困の撲滅など、他の社会的問題の解決に密接にかかわっており、ひいては国家の社会経済的発展をもたらすものとして、国際協力における最重要分野のひとつに位置づけられている。特に初等教育は、日常生活の質の向上、公衆衛生の改善、乳幼児死亡率の低減などに寄与するものとして重視されている。また、全体として学校教育の普及に問題が見られる国ほど経済開発が遅れている傾向にある。

　これまでさまざまな機関の援助努力により、途上国の教育状況は改善されてきたが、依然として1億1300万人の不就学児童と1億5000万人の小学校中退者が存在しており、不就学児童の3分の2は女性という深刻な状況にある。

　以上のような背景から、本書では途上国の教育開発において本質的かつ緊急性の高い「初等」教育に焦点を当て、教育開発上の主要課題である教育の量的拡大と質的向上、そしてそれらの課題と密接に関連し、教育制度の構築・維持・発展に不可欠な教育マネジメントの改善について見ていく。

## 1-1 「教育の量的拡大」における課題

1990年(平成2年)以降、初等教育の就学者数はめざましく増加したが、多くの国はいまだに教育への普遍的かつ公正な参加という目標の達成には至っていない。

**表序-1**は、2000年(平成12年)における各国の純就学率を基に、途上国を地域別・教育普及段階別に分類したものである。これを見ると、アジア、中南米、大洋州といった地域を中心に全体の67.9%にあたる74カ国において純就学率が8割を超えるようになったことがわかる。一方、アフリカ全域と中近東、南西アジア、ヨーロッパの一部地域においてはいまだ児童の就学に問題を抱える国々が多く、17.4%にあたる19カ国で純就学率が6割以下となっている。これらの国では家庭の貧困、学校の不足、子どもの家事労働への従事、保護者・コミュニティの教育への関心の低さ、女子への就学制限などが就学阻害要因として存在しており**就学促進**に向けてこれらの問題解決が急務となっている。なかでも、女子への就学制限は「家事手伝いなどの労働に従事しなくてはならない」、「文化的・宗教的価値観により女子の学校教育参加が認められない」、「経済的余裕がない家庭では男子の教育が優先される」などが主な要因とされ、教育における深刻な男女格差を発生させている。しかし、**女子教育**は乳幼児死亡率や妊産婦死亡率などの改善に影響を与えるといった効果が認められるにつれて、教育のみならず国家開発においても最重要課題として認識されるようになってきた。そして、現在では各援助機関により女子教育支援が積極的に実施されているものの、教育における男女格差の解消にはさらなる努力が必要とされている。

一方、中南米地域を中心に全体の26.6%にあたる29カ国では純就学率は95%を超えており、「Last 5%」の子どもの就学をどう達成させるかに教育開発の焦点が当てられている。不就学層の多くが、**へき地**の子ども、少数民族の子ども、障害児など、地理的・経済的・社会的・文化的な背景から**就学困難児童・生徒**であることから、彼らに対する教育機会の提供は容易ではなく、これらの国々ではこのような子どもが就学できるようなきめ細かな就学促進策が必要となっている。

表序-1　初等教育純就学率による開発途上国の分類（2000年）

| 地域 | 純就学率（Net Enrolment Ratio：NER） | | | |
|---|---|---|---|---|
| | NER≦60% | 60%＜NER≦80% | 80%＜NER≦95% | 95%＜NER |
| アジア | | ネパール、パキスタン* | インドネシア*、フィリピン**、ラオス、ミャンマー、カンボジア、タイ**、モンゴル*、中国*、キルギス*、アゼルバイジャン*、カザフスタン**、バングラデシュ、インド* | マレーシア***、タジキスタン*、グルジア**、モルディブ |
| 中近東 | スーダン、サウジアラビア*** | イエメン、モロッコ**、オマーン*** | エジプト**、イラン**、イラク**、ヨルダン**、レバノン*** | シリア**、パレスチナ自治地域**、アルジェリア**、チュニジア**、バーレーン*** |
| アフリカ | ニジェール、ブルキナファソ、アンゴラ、エリトリア、タンザニア、エチオピア、ギニア、ギニアビサウ、ブルンジ、モザンビーク、中央アフリカ、コモロ、チャド、ジブチ、モーリタニア、ガーナ* | ザンビア、マダガスカル、ガンビア、ベナン、赤道ギニア、レソト、ジンバブエ*、ケニア*、コートジボアール*、セネガル* | トーゴ、ナミビア**、南アフリカ**、スワジランド**、ボツワナ***、ガボン***、モーリシャス*** | カーボヴェルデ |
| 中南米 | | | ニカラグア*、グアテマラ**、ホンジュラス*、コスタリカ**、ドミニカ共和国**、ジャマイカ**、グレナダ***、トリニダード・トバゴ***、コロンビア**、パラグアイ**、ベネズエラ***、チリ***、ウルグアイ*** | キューバ**、ベリーズ**、メキシコ***、バルバドス***、セントルシア***、パナマ***、ボリビア**、ガイアナ**、スリナム**、エクアドル**、ペルー**、アルゼンチン***、ブラジル*** |
| 大洋州 | | | バヌアツ、トンガ**、パプアニューギニア**、クック諸島*** | サモア、ニウエ**、フィジー**、パラオ*** |
| ヨーロッパ | セルビア・モンテネグロ（**） | モルドバ* | マケドニア**、クロアチア***、スロベニア**** | アルバニア**、マルタ**** |

注1）後発開発途上国（LLDC）：無印、低所得国（LIC）：*、低中所得国（LMIC）：**、
　　高中所得国（UMIC）：***、高所得国（HIC）：****
注2）初等教育純就学率のデータが存在する開発途上国のみ記載。
出所）*EFA Global Monitoring Report 2003/4,* UNESCO, 2003のデータを基に作成。

表序-2　初等教育の修了率

|  | 平　均 | 男 | 女 |
|---|---|---|---|
| 低所得国平均 | 69 | 77 | 61 |
| アラブ・北アフリカ地域 | 84 | 88 | 80 |
| 南アジア地域 | 74 | 84 | 63 |
| サブサハラアフリカ地域 | 53 | 59 | 48 |

注1）データは1992年から2000年の間で最近のものを使用している。
注2）ラテンアメリカ・カリブ地域についてはデータなし。
出所）The World Bank (2002) p.96.

　教育の量的拡大については就学だけが課題ではない。多くの途上国では、家庭の貧困により授業料が払い続けられない、家計を支えるために働かなくてはならない、進級試験に合格できない、学校のカリキュラムと日常生活との乖離により教育への興味・関心が失われるなどのさまざまな理由により、せっかく入学しても、**留年**や**中途退学**をする子どもが後を絶たない。しかしながら、初等教育課程を修了させるための有効な対策が講じられていないことが多い。

　**表序-2**は初等教育の修了率を示している。低所得国においては初等教育の修了率は69％と低く、特にサブサハラ・アフリカ地域においては半数近くの児童が初等教育を修了できていない状況にある。また、南アジア地域では、男女間において20％以上の格差が存在している。

### 1-2　「教育の質的向上」における課題

　教育環境は、教育の質を向上させていく上で重要な要素となる。しかしながら、多くの途上国では、劣悪な施設設備、教科書・教材の不足、教員数の不足など、脆弱な教育環境下での教育活動を余儀なくされている。さらに、予定外の休校や教員の欠勤などにより、実際の授業時間数の損失が極めて大きいことも、子どもの学習を阻害する主要因となっている。

　このような教育環境の未整備とともに、教育内容における問題も無視できない。子どもの成長段階や生活環境への結びつきを無視した教科書編成など、**教育課程（カリキュラム）**に問題を抱えている途上国は多く、一貫性のない教科書による学習は、子どもの適切な学力形成を阻む要因となっている。また、途上国では、教員の一方的な講義や暗記中心の授業など、児童・生徒の授業

への主体的な参加があまり見られない場合が多く、子どもの興味・関心を引き出し、学習成果を高めるために効果的な**指導方法(指導計画)**のあり方が模索されている。

　また、教育の質を左右する重要な要素として、**教員**がある。途上国では、教員の雇用が就学者の急増に追いつかず、教員数が不足している。その要因として、教員の地位・待遇が低く、優秀な人材が集まりにくい状況にあることなどが挙げられる。教員不足のため、無資格教員が教鞭をとっていたり、指導力のない教員により授業が実施されるなどの問題を抱えている。特に南アジアにおいて教員の不足は深刻であり、教員1人当たりの児童数は66人と高い。また、アラブ・北アフリカ諸国では24％の教員が無資格で教壇に立っている（World Bank (2002)）。

　中等教育以上の学歴を有する教員の比率は徐々に増加しているが、教員養成大学などの養成機関に入学しても、教育課程の不備により、教育学的知識・技能が適切に習得されない場合が多く、**教員養成**の制度的改善が必須である。

　このように途上国では、無資格教員が授業を行っていたり、免許を有している教員でも教授能力の強化が必要であることが共通課題として認識されているが、研修のシステムやカリキュラムの未整備などに多くの問題を抱えており、子どもの学習の質を高めるためにも**現職教員の研修**を充実させることが重要視されている。また、教育予算の制限などにより行政が提供できる研修機会が限られている状況下では、スクール・クラスター制[3]を導入するなど、地域レベルで教員自らが同僚の教員と協働して効果的な授業実践を図る**授業研究**のような新しい研修形態を積極的に取り入れることが求められている。

## 1-3　「教育マネジメントの改善」における課題

　現在、多くの途上国では**教育行政**における地方分権化が推進されており、州・郡・県レベル以下の教育行政機関への権限委譲、学校の裁量権の拡大、地域社会との連携の強化などの措置が施行されている。しかし、新しい取り組みがなされる一方で、関連法規の整備は遅々として進まず、行政組織も効率的に機能しているとはいえない。教育計画の策定や実施を適切に遂行でき

る人材の数や能力も不足しており、必要な施設や資機材も十分整備されていないなど問題が山積している。また、経済停滞や債務超過により**教育財政**は逼迫している。教員給与などの経常支出が拡大傾向にある一方、教育開発予算は慢性的に不足しており、それらは効果的な教育政策の実施を阻む要因となっている。

昨今の地方分権化の流れを受けて学校単位の主体的な教育改善の必要性が叫ばれているが、学校によってその経営状況や校長のリーダーシップに差が見られ、教育環境に学校間格差が生じている。しかしながら、校長を対象とする**学校経営**改善のための研修も十分に整備できていない状況であり、効率的・効果的な学校経営を行うための体制整備や校長の経営能力の改善が必要とされている。

## 2　日本と途上国における教育問題の共通性

日本の教育経験を途上国の教育開発協力に効果的に生かしていくためには、日本がこれまで直面し、解決に向けて取り組んできた教育課題が、前節で整理したような途上国の課題と共通性を持っていることが前提となる。この点に関し、これまでのJICAの調査研究報告書（国際協力事業団（1997）、（1998））を基に教育開発上の問題点との共通性を検討したところ、かつて途上国であった日本が抱えていた教育問題と現在の途上国が抱えている教育問題との間には、高い共通性があることが明らかになった（**表序-3**参照）。とりわけ、日本が近代学校教育制度の導入時期に直面した問題、例えば保護者が学校教育や教員に対して無理解・非協力的であること、子どもが労働力として期待されていることなど、地域社会、家庭、児童・生徒に内在する問題や、学校施設・教育用備品などが不足しているという教育インフラ整備の問題、教育内容と国民の生活実態が乖離していた、優秀な教員がいなかったことなど、教育の内容や質にかかわる問題等においては、極めて高い共通性が見られた。教育行財政に関する問題については、教育予算に占める人件費が高いなどの共通性がある一方、日本では一貫性のある教育政策・計画が存在し、自主財源による教育予算の確保とその責任ある運用を行ってきたことなどは途上国とは異

表序-3 日本と途上国の教育課題の共通性

| | 共通性の度合い | 共通課題の例 |
|---|---|---|
| 教育行政 | △ | 社会的弱者に対する政策・計画<br>教育における各種格差の存在 |
| 教育財政 | △ | 教育予算に占める人件費の高さ<br>教育予算の不足と非効率的な運用 |
| 教育内容 | ○ | カリキュラムと地域の生活実態との乖離<br>画一的で暗記中心の一方的な授業 |
| 教員 | ○ | 優秀な有資格教員の不足<br>教員の待遇の悪さと社会的地位の低下 |
| 教育インフラ | ◎ | 学校(特に安全な学校)の不足<br>学校施設・設備不足と不十分な維持管理 |
| 学校経営 | ○ | 学校運営予算の不足<br>学校運営管理の未熟さ |
| 地域・家庭・児童 | ◎ | 保護者の学校教育・教員に対する不信感<br>児童労働力に依存した生活 |

注1) 日本については1868〜1945年頃の近代教育導入・拡充に取り組んでいた時期を想定。
注2) ◎ 共通性が高い　○ 共通性がある　△ 一部共通

なっており、日本の教育開発の特徴であるといえよう。

このように日本は現在の途上国と同様の課題に直面してきたものの、それらの課題に積極的に取り組んできた結果、比較的短期間のうちに基礎教育の普及を実現することができた。そのため、日本と途上国の間で共通性が見られる課題に対する日本の教育経験や途上国に参考になりうる日本の特徴的な経験について開発協力の観点から詳細に検証を行うことは、日本の経験を効果的に生かした途上国への教育協力を考える上で有益だと考えられる。

## 3　教育に関する援助の動向

### 3-1　国際的援助動向

1960年代以降、開発援助において教育は経済成長を促進させるための手段とする「人的資本の開発 (Human Resources Development)」として認識され、生産性の向上に直結した職業訓練などに対する援助が重視されていた。1970年代後半に入ると、BHN (Basic Human Needs) アプローチが提唱され、BHNを満たす重要な要素として教育が再認識されるようになり、生活に必要な基本的な知識や技能の習得を目的とする初等教育が重視された。1980年代は、多く

の途上国が経済危機に対応する構造調整の一環として教育予算を大幅に削減し、サブサハラ・アフリカ地域を中心に教育開発は危機的な状況を迎えることになった。しかし、1990年代になると、教育それ自体の開発を目的とした「人間の開発（Human Development）」という見方が重視されるようになってきた。

1990年（平成2年）にタイのジョムティエンにて「万人のための教育世界会議（World Conference on Education for All: WCEFA）」が開催され、「すべての人に教育を（Education for All: EFA）」を世界共通の目標とする世界宣言が採択されたのをきっかけに、教育協力における世界の焦点は基礎教育に当てられることとなった。ここでは、いまだ実現されていない基礎教育の完全普及という問題があらためて論じられた。また、途上国が直面する深刻な教育の遅れの現状についての認識が共有され、教育の質的向上のための具体的方策が必要であることが打ち出された。これを境に、基礎教育への援助が拡大するとともに、施設建設などのハード支援からカリキュラム開発・教員研修・教育行政機能強化などのソフト支援へと協力の重点が移行してきている。

しかし、EFAから10年後の2000年（平成12年）にセネガルのダカールにて開催された「世界教育フォーラム（World Education Forum: WEF）」では、これまでの努力にもかかわらず世界の現状はEFA達成にはほど遠い状況であることが確認され、参加各国・各援助機関は、「ダカール行動の枠組み（Dakar Framework for Action）」として新たな国際的目標を設定した（Box 序-1参照）。なお、Box 序-1の目標のうち、②と⑤については2000年（平成12年）9月に国連総会にて発表されたミレニアム開発目標（Millennium Development Goals: MDGs）にも盛り込まれている。

---

**Box 序-1　ダカール行動の枠組みの目標**

①就学前教育の拡大と改善
②2015年までの初等教育の完全就学と修了の達成
③青年と成人の教育ニーズの充足
④2015年までの識字水準（特に女性）の50％改善
⑤2005年までの初等及び中等教育における男女間格差解消と2015年までの教育における男女平等の達成
⑥基礎教育の質の向上

## 3-2　日本の取り組み

　1960年代以降、日本は高等教育や職業訓練を中心に、専門家派遣、プロジェクト方式技術協力、青年海外協力隊派遣、無償資金協力による施設建設や機材供与、研修員受け入れ、留学生受け入れなどの教育協力事業を展開してきた。

　1990年(平成2年)のWCEFAにおいて基礎教育普及が教育協力の優先課題になるのに伴い、日本においても基礎教育分野を中心とする教育援助のあり方や方針が活発に議論されるようになった。1993年(平成5年)度のODA白書以降、教育援助方針として「基礎教育の重視」が追記されるようになり、1999年(平成11年)の「政府開発援助に関する中期政策(ODA中期政策)」では「基礎教育」を援助重点課題のひとつとし、施設・設備等のハード分野での協力とともに学校運営管理への支援やカリキュラム開発、教員研修などのソフト分野での協力の強化を図り、特に女子教育支援を重視していくことなどが述べられている。

　また、留学生受け入れを中心に教育協力を実施してきた文部科学省においても、1995年(平成7年)度から数回にわたって開催された「時代に即応した国際教育協力のあり方に関する懇談会」において、国際教育協力の意義や今後の果たすべき役割を明確にするとともに、効果的・効率的な教育協力のあり方が検討された。さらに、2001年(平成13年)より開始された「国際教育協力懇談会」では、教育を国づくりの根幹としてきた日本の教育経験を活用し、得意な分野に対して重点的に協力を進めていくことが重要であるとし、途上国のニーズを踏まえた日本の教育経験の適用可能性について討議された。

　2002年(平成14年)のカナナスキス・サミットにおいても、日本は「成長のための基礎教育イニシアティブ(BEGIN)」を発表し、ダカール行動枠組みの目標達成に向けた途上国の努力に対する支援を強化するとともに、基本理念のひとつとして日本の教育経験を途上国の教育発展に効果的に役立てていくという方向性が打ち立てられた(Box 序-2参照)。

　JICAは1990年(平成2年)以降、世界的な基礎教育支援の流れを受けて、1992年(平成4年)の「開発と教育分野別援助研究会」、1996年(平成8年)の「DAC新

> **Box 序-2　「成長のための基礎教育イニシアティブ（BEGIN）」の重点分野**
>
> ○教育の「機会」の確保に対する支援
> 　学校建設、女子教育、ノン・フォーマル教育、情報通信技術（ICT）の活用
> ○教育の「質」向上への支援
> 　理数科教育、教員養成・訓練、学校管理・運営への支援
> ○教育の「マネジメント」の改善
> 　教育政策及び教育計画、教育行政システムへの支援

開発戦略援助研究会」などの研究会を設置し、基礎教育支援のあり方について議論を行ってきた。これらを踏まえ、2002年（平成14年）に作成された『開発課題に対する効果的アプローチ　基礎教育』報告書では、途上国が抱えている基礎教育の課題とそれに対するアプローチを総合的・体系的に整理した「開発課題体系図」を作成し、5つの開発戦略目標を設定した（Box 序-3参照）。

> **Box 序-3　基礎教育におけるJICAの開発戦略目標**
>
> ①初等・中等教育の拡充
> 　初等・中等教育への就学促進、初等・中等教育の質の向上
> ②教育格差の是正
> 　男女格差の是正、都市－農村間の地域格差の是正、特別な配慮を要する児童への教育機会の保障
> ③青年及び成人の学習ニーズの充足
> 　青年及び成人の識字の獲得、青年及び成人の生活に必要な技能の習得
> ④乳幼児のケアと就学前教育の拡充
> 　乳幼児のケアの拡充、就学前教育の拡充
> ⑤教育マネジメントの改善
> 　政治的コミットメントの確立、教育行政システムの強化
>
> 出所）国際協力事業団（2002b）

　JICAの基礎教育分野への支援としては、従来、学校建設や機材供与などのインフラ整備[4]や教員養成・研修を中心とした理数科教育改善プロジェクトなどが実施されてきた。また、少数ながらも男女格差是正のための女子教育

への協力やへき地教育施設の整備なども実施されている。これらに加え、近年、教育の地方分権化の流れを受けて、地方教育行政能力や学校の管理運営能力の改善といった教育マネジメントの改善を目指した協力やNGOとの連携による識字教育の振興などが新しく試みられており、教育協力の形態が多様化している。

　以上のような基礎教育協力重視の流れの中で日本の教育経験を活用することの重要性が指摘されているが、その効果的・効率的な活用のためにも、まずは、かつて途上国であった日本がどのように近代教育の導入・整備を行ってきたか、その過程を開発課題の文脈に沿って整理することが重要であろう。教育の課題は大きく分けて「量的拡大」、「質的向上」及び「マネジメントの改善」の3つがあり（国際協力事業団(2002b)）、各課題に対する日本の経験を本書では**表序-4**のように整理した。本書の第Ⅱ部では個々のテーマについて途上国の課題を念頭に置きつつ日本が採った主な諸政策・活動の歴史的変遷や現状を整理・分析する。また、第Ⅰ部では日本の教育史を通説し、第Ⅱ部で解説している個別の取り組みに関する時代背景や全体的な教育発展の流れを紹介する。これらを踏まえ、第Ⅲ部では今後、日本が教育援助を実施していく上で参考となりうる教育経験についてのインプリケーションを導き出す。

**表序-4　基礎教育の各課題に対する日本の経験**

| 途上国の課題 | 日本の教育経験 |
| --- | --- |
| <u>量的拡充</u><br>・教育アクセスの拡充<br>・教育機会の均等 | 明治時代の就学促進策<br>女子教育<br>戦後の就学困難児対策<br>へき地教育<br>留年・中途退学 |
| <u>質的向上</u><br>・教育内容の改善<br>・教員の質の向上 | 教育課程<br>指導計画<br>教員養成・研修<br>授業研究 |
| <u>マネジメントの改善</u><br>・教育行財政の改善<br>・学校経営の改善 | 教育行政<br>教育財政<br>学校経営 |

出所）国際協力事業団(2002b)を基に筆者作成。

注
1 本書では「日本の教育経験」を「日本国内において、教育上の政策や実践を通じて一定規模の集団に蓄積・共有されてきた知識・技術・ノウハウ等を指し、ある程度体系化・抽象化されたもの、及びその総体」と定義している。
2 「基礎教育」とは、「人々が生きるために必要な知識・技能を獲得するための教育活動」と定義される。具体的には、就学前教育、初等教育、前期中等教育及びノンフォーマル教育を総じて基礎教育と称している。本書では、基礎教育の中でも主に初等教育に焦点を当てて調査研究を行う。
3 「コア・スクール」と呼ばれる比較的規模の大きい中心校と「サテライト・スクール」と呼ばれる小規模な周辺校数校によって構成される学校群(学校グループ)であり、クラスター内に存在する人材・物資・資金・情報などの資源を効果的・効率的に運用することにより、各校の教育上の問題を解決していこうというシステム。
4 JICAは、外務省の指示に基づいて無償資金協力のうち、一般プロジェクト無償、留学研究支援無償、水産無償、文化遺産無償、食糧援助、食糧増産援助の事前調査、実施促進、フォローアップを実施している。

**引用・参考文献**

江原裕美編 (2001)『開発と教育―国際協力と子どもたちの未来―』新評論。
外務省 (2002)『成長のための基礎教育イニシアティブ (BEGIN)』。
国際協力事業団 (1994a)『開発と教育分野別援助研究会報告書』。
──────── (1994b)『開発と教育分野別援助研究会報告書 現状分析資料編』。
──────── (1997)『教育援助にかかる基礎研究―基礎教育分野を中心として―報告書』。
──────── (1998)『プロジェクト研究 教育分野における開発調査ガイドライン』。
──────── (2002a)『国際協力事業団年報』。
──────── (2002b)『開発課題に対する効果的アプローチ 基礎教育』。
文部科学省 (2002)『国際教育協力懇談会 最終報告書』。
文部省 (1962)『日本の成長と教育:教育の展開と経済の発達』。
UNESCO (2000) *Statistical Document.*
UNICEF (1998)『1999年 世界子供白書(教育)』ユニセフ駐日事務所・日本ユニセフ協会。
World Bank (2002) *World Development Indicators.*

# 第Ⅰ部　日本の教育史の概観

# 第1章　日本の近代化と教育の発展

　日本において、西洋諸国をモデルとした近代的な教育制度の導入が本格的に開始されたのは19世紀後半のことであった。近代化への着手の時期は遅れたものの、その後の日本の教育は、次のような特有の社会文化的環境（初期条件）にも恵まれて、短期間のうちに急速な発展を遂げることになった。

### [文化的成熟と伝統的教育の遺産]
　それ以前の約250年間の徳川時代に、国は鎖国政策と幕藩体制の下で安定と平和を享受し、この間、国民の間には、かなり水準の高い文化的成熟があり、庶民の識字率も当時としては世界的に高い水準にあった。中国の古典の学習を中心とした武士階級向けの公的な教育機関（藩校）、民間のアカデミー（私塾）、庶民層のための読み書きと実用的な技能の学習機関（寺子屋）など固有の伝統的な教育機関がかなりの普及を見せていた。商人や職人の間での徒弟制度の発達、茶道・華道・音曲などのお稽古ごとの流行など教育熱心な国民性の基盤がすでに形成されていた。

### [教育の世俗的性格と単一言語による教育]
　教育は世俗的な性格が強く、仏教、神道などの伝統的宗教は、独自の宗教系の教育機関を持つことはなかった。また比較的同質な文化的・言語的伝統のゆえに、最初から、日本語を単一の教授用語とすることに問題がなかった。

### [教育による国民統合の課題の認識]
　幕藩体制、身分的階級制度により、共通の国民意識の形成は阻害されており、幕末期の対外的な危機を経る中で、教育による国民統合、国民意識の形成の課題が強く意識されるようになっていた。近代化に着手するにあたって、

伝統的な身分的階級制度を廃止し、すべての国民に開かれた平等な教育の機会を提供しようとする合意が形成されていた。

[学歴による人材登用システムの萌芽]

すでに幕末期には、伝統的な身分的階級制度に代わって、個人の知識や能力をベースにした人材の登用が導入され、明治期以降に重視されるようになる近代的な学校制度における学歴取得によるエリート人材の選抜、学歴による雇用と社会的地位の決定という学歴社会の到来を準備する状況が用意されていた。

[多様なモデル選択の可能性]

日本は、独立を維持し被植民の経験を有しなかったため、他の多くの開発途上国のように、植民地時代に旧宗主国によって導入された教育の遺産を持たなかった。このため近代的な教育制度の導入にあたって、欧米諸国の各教育のモデルを取捨選択して採用する政策的選択肢を持っていた。

## 1　近代的教育の導入の時期

[開国と明治維新]

1868年(明治元年)、日本では、長らく日本を支配してきた武士の棟梁である将軍(徳川家)による政権が崩壊し、天皇を頂点とする新しい政権が誕生するという政治的革命が生じた。「明治維新」と呼ばれるこの変革とともに日本の近代化が開始されることになる。

17世紀初頭から約260年にわたる徳川家による支配の時代は、その本拠地であった江戸(現在の東京)の名をとって江戸時代と呼ばれる。将軍は、江戸、大阪、京都など政治上の要地を直轄領として統治し、この他の地域は、約250の藩に分かれ、それぞれを将軍に忠誠を誓った封建領主が支配した。江戸時代に、日本は鎖国政策をとり、外国との通商・交通を事実上禁止していた。19世紀前半の江戸時代末期になると、徳川家による政権運営に対する批判が高まり、いくつかの有力な藩は倒幕運動を展開し、日本は内乱状態に陥った。

また、この時期になると、欧米諸国の艦隊が、しばしば、日本周辺に来航し日本に開国を迫っていた。明治維新の変革は、こうした幕末の政治的混乱、欧米列強による外圧・軍事的脅威の危機意識の中から生じたものであった。

［文明開化政策］

　新たに誕生した政権（天皇の称号から明治政府と呼ばれることになる）では、倒幕運動の中心になった、薩摩藩（鹿児島県）と長州藩（山口県）出身の改革主義的な下級の武士階層が実権を握ることになった。新政権は、「文明開化」、「富国強兵」、「殖産興業」をスローガンに掲げ、欧米諸国をモデルにして、近代的な社会、経済的な諸制度を採り入れることによって、日本を統一的・近代的な国民国家へと脱皮させる政策を推進する。こうした近代化政策の中に教育改革も位置づけられることになる。

［江戸期の教育の遺産とその限界］

　江戸時代においても、日本の教育文化は決して低調ではなかった。幕府や多くの藩は、武士階級の子弟を対象に、主として中国の古典（儒教）を教育するための専門的な教育機関（昌平坂学問所、藩校）を設立していた。漢学、国学、そして幕末期には蘭学や洋学を教える民間のアカデミー（私塾）が各地に数を増やしていた。庶民に読み書きと実用的な生活技能を教える教育機関（寺子

寺子屋の授業風景

屋)が都市部だけでなく農村部においてもかなり広く普及を見せていた。しかし、こうした教育諸機関には、古典重視の教養主義的な偏向、身分階級による教育の相違と差別、就学期間や学習内容の不統一、個別対応的な教授方法、試験・進級制・履修認定の不備など近代的な学校制度が備えるべき特色を欠いていた。近代的な国民国家を形成するための教育システムとしてはその欠陥は明らかであった。中央政府によって統制・指導された国家的な教育制度の導入が緊急の課題として意識されていた。このため、明治維新が始まるとすぐに、文部省の創設に先だって、西欧諸国の学校制度についての情報収集と調査が開始されることになる。

［学制の構想］

　1871年(明治4年)に中央省庁として文部省が設置される。そして、その翌年の1872年(明治5年)、日本で最初の体系的な教育法制として「学制」が公布される。学校制度は、米国をモデルにして小学、中学、大学の3レベルから構成された。一方、教育行政の中央集権制と学区制をフランスから採り入れた。学制による学校設置計画は次のようなものであった。全国を8つの大学区に分ける。各大学区を32の中学区に分け、さらに各中学区を210の小学区に分け、それぞれの学区に1校の学校を設置するとされた。このため、全国で、8校の大学、256校の中学校、5万校を超える小学校を設置する計画であった。当時にあっては、極めて壮大かつ野心的な教育計画である。小学校は、上級と下

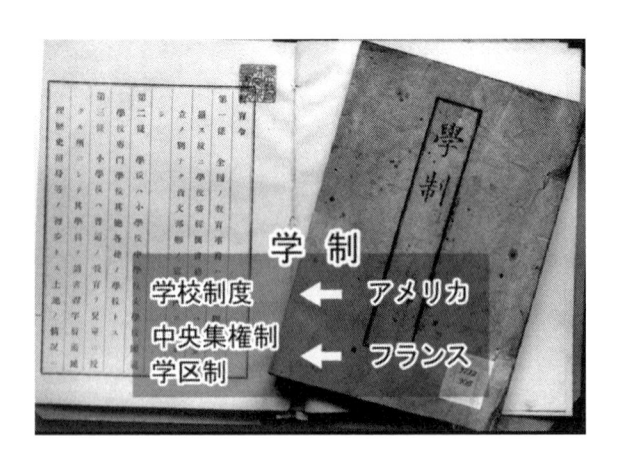

明治初期の小学校

級各4年合計8年間とされ、ここには、性別、親の職業や社会的地位にかかわりなく原則としてすべての子どもが通うことが要求された。

　一部には、西洋建築を模倣した近代的な新しい校舎の建設も見られたが、多くの学校は、寺子屋の建物をそのまま使用したり、民家を借り入れたりしたものであった。教員も多くは寺子屋の師匠がそのまま横すべりしたり、明治維新で失業した武士、読み書きのできる僧侶や神官などがその職に就いた。藩校の多くは、地方の中学校に転換された。また、幕府の儒教の教育機関、昌平坂学問所は廃止されたが、同じく幕府が江戸時代末期に設立していた洋学の教育機関であった開成所と医学校は、明治政府に引き継がれて存続した。

[お雇い外国人と留学生の派遣]

　実際の教育政策においては、一般国民の知的水準を向上させることを目的とした初等学校の普及と、西洋から進んだ学問、技術、制度を吸収するために高等教育の整備に力が注がれた。明治時代の初期に、政府は、迅速に西洋の知識・技術を取り入れるために、破格の高給を支払いながら数多くの外国人専門家を雇い入れた。初期の高等教育機関では、これらの外国人教員により外国語で講義が行われた。また、同時に、政府は、数多くの有能な人材を留学生として海外に派遣した。数年間の勉学の後、帰国したこれらの若者は、やがて、外国人教員に取って代わることになった。こうした事業に政府は、教育予算の多くの部分を注ぎ込まざるをえなかった。このために小学校の建

外国人専門家

明治初期の留学生

設や運営は、地方政府の資金、学区の住民へ課徴金、授業料収入に依存することになった。

[欧米学校の模倣と就学の低迷]

小学校の教育の内容としては、米国の小学校をモデルにして、そこで教えられていた各教科をそのまま採り入れた。教科書も西洋の教科書を翻訳したり、模倣したものが使われた。

こうした教育内容は、多くの教員にとっても、また日常生活のニーズに対応した寺子屋での教育に馴染んで父母にとっても、違和感があり抵抗のあるものであった。従来、寺子屋での勉学期間は、通常1〜2年であったとされており、学制が定めた8年間という就学期間は、当時の社会慣行とかけ離れた

当時の教科書

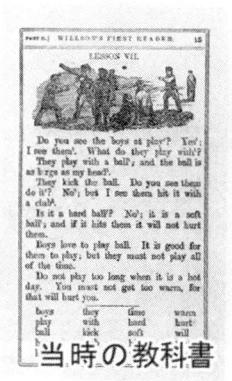

ものであった。家族労働に依存する小規模の農業従事者が多数を占める当時にあっては、子どもの就学による労働力の喪失の問題も大きかった。これにかなりの授業料の負担が加わった。

　政府は、国民に教育の功利的な効果を説き、就学を督励したが、就学は伸びず、学制施行の10年たった1883年（明治16年）でも就学率は47％にとどまった。実際の通学率はさらに低いものであった。学制の男女平等主義にもかかわらず、女子の就学率は低く、1883年（明治16年）には30％に満たなかった。学校では、学力不振で進級試験に合格できずに留年する者が頻発し、また中途退学者も数多く出現した。地方では、学校設立のための資金調達の重圧や新しい教育内容に反発した住民が学校を焼き討ちするような事件まで発生した。

働く子ども

1872年 東京師範学校設立

[師範学校の設立]

政府は、初等教育の内容と方法を近代化するための手段として、教員の養成と供給に大きな注意を払った。早くも1872年（明治5年）、政府は、教員養成教育の専門家として米国からマリオン・スコット（Marion Scott）を招聘して、東京に師範学校を設立した。スコットは、すべての設備や教材を米国から輸入し、米国の公立学校で活用されている教授法を生徒たちに教え込んだ。さらに、師範学校は、教科書の翻訳、新しい教育課程の編成、教員や児童向けのハンドブックの作成などを行い日本の初等教育に大きな影響を及ぼした。東京師範学校から卒業生が出ると、文部省は、8つの大学区の中心都市に国立の師範学校を設置した。これらの師範学校は、教員養成を行うとともに、寺子屋の師匠などから転身した小学校教員に、順次、新しい教授法について1～3カ月の緊急の現職訓練を提供した。こうした緊急プログラムの不備や訓練された教員の不足に対処するため、1870年代末までには、各県に少なくとも1～2校の県立師範学校が設立されていた。

[現実との妥協]

明治初期の学制による教育発展計画は、野心的で壮大なものであったが、あまりにも画一的かつ非現実的なものであった。8校の設立が計画されていた大学は、1877年（明治10年）に創設された東京大学1校にとどまった。1879

東京帝国大学

年(明治12年)、政府は、現実との折り合いをつけるために学制を廃止し、新しい教育令を公布する。教育令は、米国の民主的な教育システムを採り入れ、地方住民の要求に応えるものとされた。学区制を廃止し、住民によって公的に選出された教育委員会によって学校が管理されることになった。学校のカリキュラムも地方の状況に応じて、各教育委員会が決定するものとされた。就学期間も8年から、「学齢間少なくとも16カ月」と実情に合わせて大幅に短縮され、就学の強制も緩和される。

しかし、こうした「自由」教育令の下では、就学の一層の不振を招くという批判の声が高まり、わずかに1年後の1880年(明治13年)に教育令は改正された。改正された教育令では、再び中央集権制が強化され、また小学校3年間、毎年16週以上の就学を厳密に規定した。

[イデオロギーの対立]

また、1870年代末期になると、教育をめぐるイデオロギーにも変化が表れ始める。維新以来の西欧化路線に対する反動として、保守的な宮廷官僚らを中心として、教育政策の転換を図ろうとする動きが出現してくる。彼らは、西洋化による風紀の紊乱を指摘し、伝統的な儒教をベースにした道徳教育の復活を主張した。こうした方向性に沿って、1879年(明治12年)、明治天皇から文部卿に対して「教学聖旨」が下される。それは、教育の基本的方針として、

仁義・忠孝・愛国心などの儒教倫理を強調することが示されていた。こうして、明治政府の内部でも、維新以来の西洋化志向の啓蒙主義的な教育政策を展開しようとするプラグマティストの官僚たちと、保守的な宮廷官僚との間で、教育の基本方針をめぐる論争が生じてくる。

[自由民権運動と教育の統制]

一方、藩閥政府の強権的な政権運営に反発する者や、政府内部での権力闘争に敗れて下野した政治家たちは、各地で、政治の民主化（民選による国会議院の設立）を求めて「自由民権運動」を展開し始めた。政府はその対策に苦慮していた。教員の中には自由民権運動に積極的にかかわる者も多く、学校はしばしばその集会のための場所とされた。政府は、民権運動に対処するために、教育の内容や教員の言論や行動の統制を強化する必要に迫られ、次第に保守的な儒教のイデオロギーとの妥協を図る姿勢を強めていった。1880年（明治13年）の改正教育令では、小学校で教えるべき教科として「修身読書習字算術地理歴史等ノ初歩トス」と規定し、修身を教科の最上位に位置づけている。

## 2　教育の発展と拡充

[森文相の教育制度構想]

1885年（明治18年）、旧来の宮廷政治体制を模した太政官制に代わって内閣制度が導入された。伊藤博文が初代首相に任命される。憲法制定が政治日程に上ると、伊藤は、自由民権派が理想的なモデルとみなした英国、フランスではなく、日本と国情が似ているドイツ・プロイセンの憲法にそのモデルを求めた。この頃から、学術や技術の面においてもドイツの影響力が強くなってくる。

初代文部大臣には、米国、英国などで外

交官を経験していた開明主義者の官僚、森有礼が任命された。この森文相によって、この後の日本教育の発展の基盤となる教育制度の基本的骨格が形成されることになる。森は、国の発展において教育の果たすべき役割を深く考察していた。1886年（明治19年）、森は、教育全体を包括する規定である教育令に代えて、学校種別ごとに、「小学校令」、「中学校令」、「師範学校令」、「帝国大学令」という4つの個別の政令を公布した。そして、各学校類型ごとに、それぞれ異なる目的を明示した。それまで東京大学と呼ばれていた唯一の大学は、「帝国大学」と改称される。帝国大学は「国家ノ須要ニ応スル学術技芸ヲ教授シ及其蘊奥ヲ攻究スル」ことを目的とする機関と位置づけられた。国の近代化に必要とされる欧米の先進的学術を身につけたテクノクラート、エリート指導者を独占的に養成するための機関として特権とかなりの学問的自由を与えられた。また帝国大学を強化するために、司法省法学校、工部省の工部大学校、農商務省東京林業学校、駒場農学校など他省が管轄していた専門的な高等教育機関が順次、帝国大学に統合されることになった。中学校は、帝国大学への入学準備教育を行うものとされた。

　一方、小学校は、天皇に忠実な臣民の育成・教化のセンターという性格が強く打ち出されることになる。小学校は、尋常・高等の2段階に分け、前者の尋常小学校4年間の就学を国民の義務と定めた。この小学校令で、日本で初めて義務教育の規定が法制上明確にされることになった。ただし、地方の事情によっては3年間の小学簡易科を設けてそれで義務教育を代替することも認められていた。

[師範教育の重視]

　また森文相は、国民教育における初等学校教員の重要性を認識しており、師範学校の役割を重視した。森は、未来の教員に、徹底して国家的イデオロギーを注入することを目指した。師範学校の生徒が身につけるべき理想的な資質は「順良、信愛、威重」という3つの言葉で表現された。すなわち、上長の命令に従属すること、同僚に愛情あふれた信頼を寄せること、児童の行動や態度を厳格に規制するという態度である。生徒は、軍隊式の体操プログラムで身体を訓練し、また全員が寄宿舎生活をして帰属意識や集団的規律を身

につけた。生徒には、兵役の免除、授業料や食費の無償、衣服や雑費の支給などの特権が与えられた反面、卒業後一定期間の教職への奉職義務が課されていた。

　このような教育制度を組み立てることで、森は、一方では、国の近代化、もう一方では、国民道徳の強化による国民の精神的統一という2つの目的を教育において調和させようとしたのである。また師範学校令により、中等学校教員及び師範学校の教員を養成するための機関として、新たに高等師範学校が設置された。

[教育勅語と天皇制公教育の推進]

　天皇制公教育の推進は、最終的に1890年（明治23年）に「教育ニ関スル勅語」が公布されることによって大きく強化されることになる。教育勅語は、儒教の教義、日本の古典などから引き出した理念に立脚して、国民に望ましい行動規範を示し、また天皇への忠誠や愛国心を強調するものであった。勅語のコピーと天皇と皇后の写真（御真影）が全国の学校に配付され、勅語は学校行事や国民的な儀式の際に、厳かに児童生徒に読み聞かせられた。道徳教育の教科書は、勅語に示された道徳的原則に従って編集された。教育勅語は、この後、第二次世界大戦の終了時に至るまでほぼ50年間にわたって日本の教育と社会に大きな影響を及ぼした。

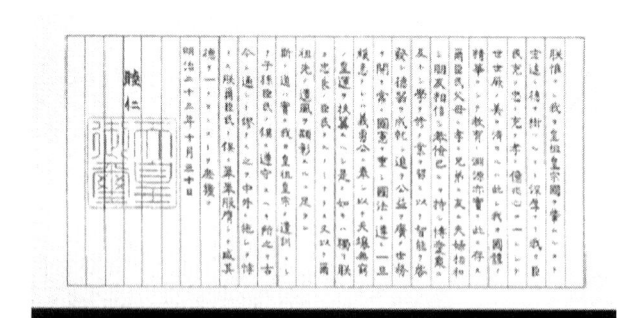

教育勅語

[産業の発展と教育制度の整備]

　明治維新以来、政府は、外国の先進技術を導入したり、国営企業を設立することで産業の近代化を図ってきたが、1890年代になると、軽工業を中心に民間企業にも急速な拡大発達が見られた。日本で初めての産業革命状況が生まれた。こうした背景の下、労働者に対して一定水準の技能の訓練を行う産業教育への需要も拡大してくる。このために日清戦争（1894～1895年（明治27～28年））の直前の1893年（明治26年）に、政府は、実業補習学校規定や徒弟学校規定を公布して、初歩的な産業教育の整備を図る。また中等教育段階の教育を整備するために、1899年（明治32年）には、「実業学校令」（工業・農業・商業・商船・実業補習の各学校）と「高等女学校令」が相次いで公布される。中等教育は、中学校、実業学校、高等女学校という三本立てのシステムが確立されることになる。

　また社会の発展に伴い帝国大学の水準まではいかなくとも高度の専門的な教育を身につけた人材への需要が高まった。このため1903年（明治36年）に「専門学校令」が公布される。専門学校は、中学校・高等学校を経て進学する帝国大学とは異なり、中学校・高等女学校の卒業を入学資格として医学・薬学・法律・工業・商業などの専門教育を行う機関であり、実業系のものは実業専門学校と呼ばれた。これにより、日本の高等教育制度は、主として官界にトップ・エリートを送り込む帝国大学と産業界や社会に実践的マンパワーを供給する専門学校との二重構造となった。長らく1校のみであった帝国大学も、1897年（明治30年）に京都に2校目が、さらに1907年（明治40年）仙台、1910年（明治43年）福岡に、相次いで帝国大学が創設される。

[聖職者的教員像と社会的地位]

　1897年（明治30年）、新しく「師範教育令」が公布されるとともに、教員養成制度の拡充に力が注がれた。師範学校、女子師範学校の設立が急速に増加する。また、教員不足に対処するために、中学校（高等女学校）の卒業生のうち教員を志望する者に特別のコースで1年間の教員養成教育を提供して小学校教員となる道を開いた。教員免許制度も整備が進み、これらの教員養成学校を卒業した者、それ以外の学歴の者でも教員検定試験に合格した者に、教員免

許を交付した。近代学校制度の創設期には、もちろん教員免許を所持しない無資格教員も多数存在しており、その比率は、1890年（明治23年）に全体の58％と半数を超えていたが、1895年（明治28年）には20％、1900年（明治33年）には23％、1905年（明治38年）に16％にまで減少していた。

　当時は、教職＝「聖職」とみなす教員観が支配的であり、教員たちには、高潔な人柄と高い職業倫理が要求された。一般的にいえば、教員は、父母や住民から尊敬され感謝される職業であった。一方で、教員の身分は、市町村の雇用人（官吏待遇）であり、給与、待遇は必ずしも良いものではなかった。教員は、しばしば、聖職としての職業倫理と劣悪な経済的待遇とのジレンマ（「清貧に甘んずる」）に悩まされ、不安定な社会的地位に置かれていた。1896年（明治29年）、全国規模の教員団体として「帝国教育会」が設立される。さらに各県や郡単位に地方教育会が組織される。これらの教員団体は、各種の教育研究調査活動、教員の待遇改善のための国庫補助の制度化運動などを推進した。

［義務教育の年限延長］

　1880年代には低迷していた就学率も、1890年代に入ると順調に拡大を見せてくる。1898年（明治31年）に、義務教育の就学率は69％に到達していた。1900年（明治33年）には、3年間の小学簡易科が廃止され義務教育は4年間に統一される。この年、小学校では授業料を徴収しないことが決定された。また試験による進級制度が廃止され自動進級制へと切り替えられたのもこの年であった。1907年（明治40年）に、義務教育の年限が4年から6年に延長された。

［国民への識字の普及］

　当時の日本で、国民の識字率がどの程度であったかを示す統計資料は存在しない。断片的な資料（壮丁教育程度調査）によれば、1901年（明治34年）に、20歳の青年男子のうち非識字者（読方算術ヲ知ラザル者）の比率は約20％であったと報告されている。女性や年長者の非識字率はまだこれをかなり上回っていたと推測される。19世紀末から20世紀初頭にかけての初等教育の急速な普及によって、この時期以降は、少なくとも若い世代の間に新たな非識字者が生み出されることはほぼ解消されてきた。同じ調査によれば、明治時

代末の1911年には、20歳青年男子の非識字率は3.4%にまで低下している。1948年に行われた日本で最初の識字調査(「日本人の読み書き能力」)では、国民の識字率は、97.9%と報告されている。

**[中等・高等教育の拡張]**

　日露戦争(1904〜1905年(明治37〜38年))と第一次世界大戦(1914〜1918年(大正3〜7年))に刺激され、日本の資本主義は急速に発展した。これに伴い国民の教育需要も増大し、教育制度の拡張、再編を求める声が高まった。

　1917年(大正6年)、政府は、内閣に直属する審議機関として「臨時教育会議」を設置して、教育制度全体の問題を見直す作業を開始した。同会議の勧告に従って特に高等教育の分野で改革が導入された。1918年(大正7年)、「大学令」が公布される。これによって、従来の総合制の帝国大学のみならず、単科大学や私立大学の設置が認められることになった。これにより、官立の東京商科大学が認可され、早稲田、慶応、明治、法政、同志社などの専門学校が私立大学に昇格した。専門学校、高等学校などもその数を増加させた。また、従来、中等教育レベルに位置づけられていた師範学校も、次第に専門学校レベル、すなわち高等教育に近づいていた。**表1-1**は、戦前期における日本の中等及び高等教育機関の種類と数の増加の様子を示している。

表1-1　戦前期日本の中等・高等教育機関の数の増加

| 年 | 中学校(旧制) | 高等女学校 | 実業学校 | 師範学校 | 高校(旧制) | 専門学校 | 大学(旧制) |
|---|---|---|---|---|---|---|---|
| 1886年 | 56 | 7 | 25 | 47 (1) | 2 | 66 | 1 |
| 1890年 | 55 | 31 | 23 | 49 (2) | 7 | 36 | 1 |
| 1895年 | 96 | 15 | 55 | 49 (2) | 7 | 52 | 1 |
| 1900年 | 218 | 52 | 139 | 54 (2) | 7 | 52 | 2 |
| 1905年 | 271 | 100 | 272 | 69 (3) | 8 | 63 | 2 |
| 1910年 | 311 | 195 | 481 | 84 (4) | 8 | 79 | 3 |
| 1915年 | 321 | 366 | 541 | 96 (4) | 8 | 88 | 4 |
| 1920年 | 368 | 514 | 676 | 98 (4) | 15 | 101 | 16 |
| 1925年 | 502 | 805 | 797 | 103 (4) | 29 | 135 | 34 |
| 1930年 | 557 | 975 | 976 | 109 (4) | 32 | 162 | 46 |
| 1935年 | 557 | 974 | 1,253 | 106 (4) | 32 | 177 | 45 |
| 1940年 | 600 | 1,066 | 1,479 | 107 (4) | 32 | 193 | 47 |
| 1945年 | 776 | 1,272 | 1,743 | 63 (7) | 33 | 309 | 48 |

注) 師範学校の欄の( )内は、高等師範学校の数。
出所) 文部科学省(2001)『2001 我が国の教育統計』「学校種別 学校数」から作成。

また、臨時教育会議は、すでに就学率が99％に到達していた6年間の義務教育を8年間に延長することを勧告していたが、この政策は採用されるには至らなかった。要するに、1920年（大正9年）頃までに、日本の近代的な学校システムはほぼ完成するに至っていたといえる。

[ 義務教育経費への国庫補助とその限界 ]

学制以降、一貫して、初等義務教育の財政負担は、もっぱら学区に、1888年（明治21年）に「市制・町村制」が制定された後には、もっぱら市町村に委ねられた。就学率が拡大し、また授業料の徴収が廃止され、さらに義務教育の年限が延長されたことは、市町村財政にとって大きな負担となっていた。教員の給与や待遇は劣化する傾向にあった。

このため、主として優良教員を確保することを目的に、教員給与改善のための費用の一部に国庫補助を求める請願が出されていた。それは、1900年（明治33年）の「市町村小学校教育費国庫補助法」で一部実現を見る。しかし、その額はわずかなものであり、問題の解決にはほど遠かった。1919年（大正8年）には再び「市町村義務教育費国庫負担法」が制定された。これは、市町村立の小学校教員の給与に対する特別財源として、国庫から毎年1千万円を支出し、これを教員数と児童数に比例して各市町村に配分するというものであった。しかしながら、こうした措置をもっても市町村の義務教育費財政負担は容易ではなく、1929年（昭和4年）の経済恐慌以来、市町村によっては、教員給与の遅配や寄付の強要が行われた。義務教育教員費が都道府県の負担となり、さらにその半額を国庫から補助するという戦後まで継承されることになる地方教育財政のシステムが導入されるのは、第二次世界大戦中の1940年（昭和15年）のことであった。

[ 大正自由教育 ]

教育理論や方法に関しては、20世紀の1910年代、1920年代になると、ジョン・デューイの思想が日本に紹介されるなど、世界的な新教育運動の理念が日本にも影響を及ぼすようになる。新教育の理念は、国の公教育の中心的な潮流となることにはなかったが、一部の師範学校付属小学校や新教育の理念

**大正自由教育**

に共鳴して相次いで設立された私立の成城小学校、自由学園、明星学園、玉川学園などでは児童中心主義や活動主義の教育が実践された。また児童の自由な表現を重視する自由画運動や雑誌『赤い鳥』に代表される児童文学運動が興隆した。これらは、総称して「大正自由教育」と呼ばれるものであった。

[超国家主義・軍国主義の台頭]

　しかしながら、1930年代を迎えると、日本の教育政策は、急速に超国家主義的な色彩を強めることになる。それは、第一次大戦後の国際的な運動の一部として、日本に波及しかけていた民主的な傾向に反発して成長してきた。1920年代末に始まった世界的な景気後退のため、日本も深刻な経済危機に陥った。こうした環境の下で、民主的な傾向に反目する勢力が急速に力をつけた。主として軍部によって推進された軍備拡張という国家政策が教育に影響を及ぼし始める。1937年（昭和12年）に「日華事変」（日中戦争）が始まると、軍国主義が台頭する。日本が第二次世界大戦に参戦した後は、軍国主義的教育が強化された。中学校以上の学校には、現役の軍の士官が配属され、学生たちに軍事教練を行った。超国家主義的な内容を盛り込んだ国定教科書が編集された。思想や学問に対する統制も強化され、リベラルな傾向を持つ学者への抑圧や大学からの追放が相次いだ。1941年（昭和16年）、従来の小学校を「国民学校」と改称する。国民学校令は、「国民学校ハ皇国ノ道ニ則リテ初等普通教育ヲ施シ国民ノ基礎的練成ヲ成スヲ以テ目的トス」と定めており、初

軍事教練

等教育の段階から国家主義的教育を一層強化することを明確にしていた。戦争の末期になると、学生は食料や軍事物資の増産に動員された。学生の兵役免除の特権が廃止され、教員も招集され、また都市部の児童は空襲を避けるために農村部に疎開させられた。終戦時の1945年(昭和20年)には、日本の学校システムはほぼ完全に麻痺していた。

## 3　第二次世界大戦後の教育改革とその見直し

### [敗戦、占領下の教育改革]

　1945年(昭和20年)の敗戦の後、日本は連合国軍によって占領され、この時から1951年(昭和26年)まで、日本の統治は、連合国軍総司令部(GHQ)の統制の下に置かれた。その体制の下で、日本の非軍事化、民主化、国家再建が推進された。1946年(昭和21年)、平和主義、民主主義を掲げた新憲法が公布される。この日本の民主化の一環として、教育の改革にも手がつけられた。まず、軍国主義を鼓舞した修身、日本歴史、地理の3教科の授業停止と教科書の回収、さらに軍国主義に関係した教育関係者の追放が命じられた。さらにGHQは、戦後日本の教育改革の全体構想を検討するために、米国に対して、教育専門家で構成される調査グループ、「対日米国教育使節団」の派遣を要請する。1946年(昭和21年)3月に来日した調査団は、日本側が準備した教育家の委員会と協力して精力的に日本の教育の分析と調査を行い、約1月後に一連の勧

告を含む報告書を提出した。民主化、機会均等を柱とする戦後日本の教育制度の大幅な改革は、基本的にこの教育使節団の勧告を基礎として行われた。1946年(昭和21年) 8月には、教育使節団の調査に協力した教育家たちを中心にして、教育改革のための特別委員会「教育刷新委員会」が設置された。以後、戦後の教育の改革はこの刷新委員会の決定に沿ってなされることになった。

[教育改革の要点]

　改革の中核となったものは、1947年(昭和22年)の教育基本法の制定であった。この法律は、日本の戦後教育の基本的諸原則を明示したものであり、実質的に戦前の教育勅語に取って代わるものであった。教育基本法に次いで、学校教育法(1947年(昭和22年))、教育委員会法(1948年(昭和23年))、社会教育法(1949年(昭和24年))、私立学校法(1949年(昭和24年))など、新しい教育制度の組織と運営を定めた教育関係法規が制定される。新しい教育制度の基本的骨格は次のようなものであった。(1)戦前期の複線型の学校体系を単線型の6・3・3・4制に転換する。(2)義務教育を小学校と中学校の9年間に延長する。(3)男女共学を原則とする。(4)県・市町村レベルに教育委員会を設置する。(5)師範学校を廃止し教員養成を大学で行う。戦後の疲弊した財政事情の中で、こうした教育改革を実施することには、困難なことであった。とりわけ、新制の中学校のための校舎の建設と教員の確保は極めて難題であり、6・3制導入の延期を主張する声もあったが、その実施を求める国民世論の支持もあり直ちに完全に実施されることになった。

[教員養成制度の改革]

　教員養成制度も大きく転換された。戦前の師範学校は、孤立した閉鎖的な機関であり、それは、職務熱心な反面、視野が狭く権威に従順な、いわゆる「師範タイプ」の教員を生み出したという批判や自己批判が聞かれていた。1949年(昭和24年)にすべての師範学校は廃止され、それに代わって新設の45校の国立大学の中に教育学部が設置され、また6校の国立教育大学が設置された。さらに、1947年(昭和22年)以降は、すべての国公立大学及び私立大学の教育学部以外の学部でも教員養成のコースが提供され、特定の教科の教員免

許の取得が可能となった。こうした方式による教員養成は「開放システム」と呼ばれる。

［教育行政の民主化］

　教育行政の側面では、戦前、文部省に権限が集中され、教育への過度の支配と中央統制を招いたという反省から、教育の内容や方法に関する中央集権的な統制は廃止され、これに代わって新たに「学習指導要領」が作成された。学習指導要領は、カリキュラム編成や教科書作成の指針となるものであった。これには「試案」という副題が付いていた。教育行政官と教員は、これを基準に地方の状況や児童のニーズに応じて、教育内容や方法を決定し、また教科

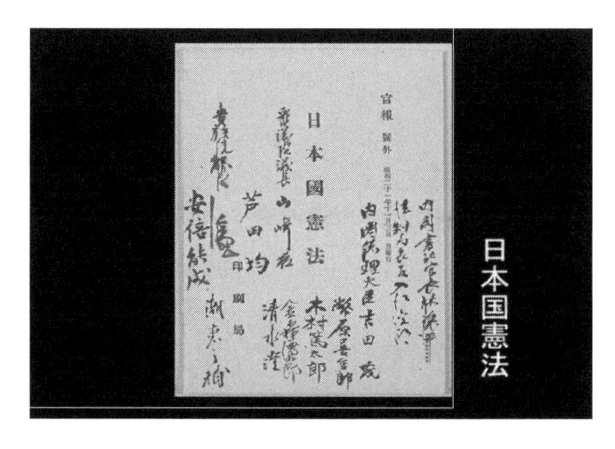

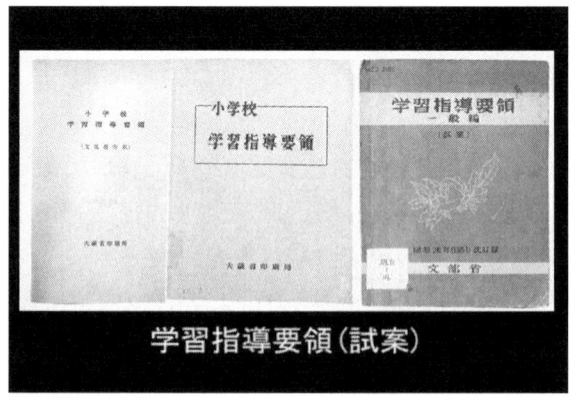

日本国憲法

学習指導要領（試案）

書を選択することが可能となった。また教育政策決定の民主化と地方分権化を推進する観点から、地方教育行政機関として米国流の教育委員会制度が導入された。教育委員会は、公選制で住民から選出される数名の教育委員とその決定を執行する教育長とで構成されていた。教育委員会は、学校その他の教育機関の設置と廃止、管理と運営、校舎の営繕と保全、教科内容とその取り扱い、教科書の採択、教職員の任免、教育関係予算の作成と執行などの権限を付与された。県教育委員会には、この他に教員免許の発行、県内のすべての学校の教科書の検定、市町村教育委員会への技術的専門的な助言と指導など権限が与えられた。

[ 国定教科書制度の廃止 ]

教科書制度も改正された。戦前の1903年（明治36年）以来、初等教育レベルでは、国定教科書の制度が採用されていた。原則として、1教科について1種類の国定教科書しか存在してこなかった。この国定教科書制度が廃止され、これに代わって教科書検定制度が発足することになった。検定とは、民間の学者などが執筆した複数の教科書を、国（当初の構想では県教育委員会にもその権限を認めていた）が検定して、教科書としての適性合否を決定するものであり、地方教育委員会は、それぞれ、検定に合格した教科書のリストの中から、それぞれ使用する教科書を採択するというシステムである。国は、教科書検定のための基準を作成して公表することになった。

[日教組の結成]

　戦前にはしばしば政府によって弾圧されてきた教員の組合運動も合法化され奨励されるようになった。1947年（昭和22年）には、日本教職員組合（日教組）が結成された。日教組は、まもなく組合員50万人を抱える巨大な組織となり、戦後の財政難の中での教員の生活改善、教育の民主化の推進、特に6・3制の完全実施に向けて力を注いだ。

[戦後改革の見直し]

　戦後は、米国教育使節団の影響もあり、1920年代に一時隆盛を見せた新教育運動が再び日本の教育界で人気を集めた。児童中心主義の教授法、地域の実情や問題を学習に取り入れた地域学校計画（コミュニティ・スクール）、生活問題解決のための単元学習を中心としたコア・カリキュラム運動などが展開された。

　しかしながら、1950年代になると、時代環境に変化が見られる。次第に東西の対立、冷戦構造が明らかになるにつれて、対日占領政策の基本路線も、民主化・自由化を強調するものから、次第に、反共路線を鮮明にしたものに転換する。社会主義や共産主義に共鳴する教員を教職から追放する「レッド・パージ」も開始される。1950年（昭和25年）の朝鮮戦争の勃発、1951年（昭和26年）のサンフランシスコ講和条約による日本占領の終了、独立の回復を転機に、保守派を中心に戦後の教育改革を再び見直そうという動きが出現する。天野貞祐文相は、学校の祝日行事に君が代を斉唱し、国旗を掲揚することを勧める談話を発表し、また修身科の復活、国民実践要領の必要性などを表明し、大きな論争を巻き起こした。

[教員の組合運動]

　日教組は、こうした占領教育政策の見直し、保守回帰の流れを「逆コース」とみなし、これに反対する運動を展開する。1951年（昭和26年）に採択され、その後長らく日教組の活動の中心とされたスローガンは「教え子を再び戦場に送るな」というものであった。日教組は、この後長らく、さまざまな教育政策

日教組の大会

教育研究集会

をめぐって政府・文部省と対立しながら、戦闘的な運動を展開することになる。文部省も「教育の政治的中立性の確保」を掲げて、教員の組合運動との対決姿勢を強めていく。1950年代、1960年代は、教員の勤務評定の実施や全国一斉学力テストの実施をめぐって文部省と日教組の対立がピークに達した。急進的な学生の運動組織「ゼンガクレン」とともに、「ニッキョウソ」は、日本の戦闘的な教員運動として外国人研究者たちから注目される存在であった。

　また、同時に、日教組は、独自に大規模な教育研究活動を組織し始める。教員の自主的な教育研究・研修活動が各学校単位、市町村単位、県単位と順次組織され、さらにそれは、年1回開催される全国的な「教育研究集会」へと集

約された。こうした教員による自主的な研修活動、とりわけ職場における日常的な「校内研修」活動の充実は、日本の教員の教育活動の質を維持し高めるのに大きな役割を果たしてきた。

[教育委員会制度の見直し]

1956年（昭和31年）、戦後制定された教育委員会法が廃止され、新たに「地方教育行政の組織及び運営に関する法律」（地教行法）が公布される。この改正により、旧教育委員会法の柱のひとつであった教育委員の公選制が廃止され、首長による任命制となる。また文部省・県教委・市町村教委との間で上下関係的連携が強化されることになる。教育委員会制度そのものは残されたたものの、地方教育委員会の独立性と権限はやや縮小され、再び中央指導の様相が強められた。

[ナショナル・カリキュラムへの回帰傾向]

1958年、文部省は、10年ぶりに学習指導要領を改訂するが、先の指導要領が「試案」とされ、いわば参考資料という位置づけであったのに対して、今次の改訂は、正式に官報に告示され、国家基準としての法的拘束力を強化するものであった。この改訂により、教育課程の中に新しく「道徳教育」の時間が特設された。また、戦後、米国から導入された新教育の隆盛により児童生徒の学力が低下したという批判から、特に理科や数学で生活単元学習を廃止し、系統的学習を取り入れたことが特色であった。

[就学環境整備のための関連法律の制定]

1950年代には、就学環境の整備・改善のためのいくつかの法律が制定される。1954年（昭和29年）、山間や離島などへき地における教育条件を改善するために「へき地教育振興法」が制定される。これにより、へき地における学校施設設備の充実のための優遇措置、へき地校勤務の教員に対する特別手当の支給などが定められた。同じく1954年（昭和29年）、戦後の食料不足が改善されてきたことを受けて、学校給食の内容向上、基準を整備するために「学校給食法」が制定された。1956年（昭和31年）には、学校給食が中学校にまで拡大さ

1954年　へき地教育振興法

1956年　学校給食法

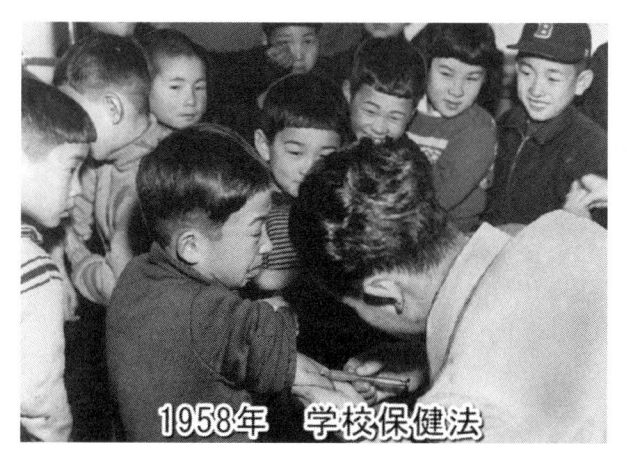

1958年　学校保健法

れた。1956年（昭和31年）には、主として経済的理由から就学の困難な児童生徒への国からの補助を定めた「就学困難な児童及び生徒に係る就学奨励について国の援助に関する法律」が制定された。1958年（昭和33年）には、児童生徒の健康保持、学校の環境衛生の管理、保健教育の推進などを目的に「学校保健法」が制定された。

### 「産業教育・理科教育の振興」

戦後復興、日本の産業の再生を目指して、特にこれと関連の深い教育分野を振興するための特別法も制定された。1951年（昭和26年）の「産業教育振興法」、1953年（昭和28年）の「理科教育振興法」である。

実業教育に対する国家補助は、1894年（明治27年）制定の「実業教育国庫負担法」以来の長い歴史を持っていたが、戦後の財政改革によって廃止が決定した。実業学校も、一部は中学校に、大部分は、新制の高等学校に移行されることになった。しかしながら、戦後の混乱によって、実業教育関係の実習や実験に必要な施設・設備の整備は遅れていた。

産業教育振興法は、産業教育の振興を図るために、中央・地方に産業教育審議会を設置すること、国が産業教育に必要な施設設備の基準を設定し、公立・私立の学校がこの基準を達成するために設備の改善を行う場合には、国がそれを負担あるいは補助することを定めている。

理科教育振興法は、科学技術の発展の基盤となる小・中・高校の理科教育を振興するための法律である。特に、理科教育における実験・実習の重要性を認識し、各学校において設置すべき理科の実験実習用の教材・教具等について基準を定めた。この基準に達しない学校が、設備の拡充を行う時には、その設備購入経費の2分の1を国が補助することを定めている。

### 「義務教育段階の教科書無償制の導入」

児童生徒の使用する教科書は、有料であり、保護者が購入するのが原則であった。例外的な措置として、主として経済的理由から就学が困難な児童に対しては、教科書が無償で供与されていた。しかしながら、憲法に定められた義務教育の無償制の原則性に従って、教科書の無償支給を国の政策として

実施すべきであるという要望が強くなっていた。1963年(昭和38年)「義務教育諸学校の教科用図書の無償に関する法律」が制定され、教科書の無償配布制が導入された。年次計画で無償配布が順次拡大され、1969年(昭和44年)には、義務教育段階での教科書の無償制が完成した。

## 4　教育の拡張と問題

[国民の進学需要の拡大]

　こうした教育政策をめぐる揺らぎとイデオロギー的対立はあったが、戦後の教育改革をベースにする日本の教育制度は、1950年代以降、量的には、急速な拡張を遂げることになる。新制中学校は、財政難から生みの苦しみを経験したが、1950年(昭和25年)頃には、すでに9年間の義務教育はほぼ完成を見せていた。第二次世界大戦によって壊滅的な打撃を受けた日本の経済も、朝鮮戦争(1950～1953年(昭和25～28年))による特需を契機として、次第に戦後復興を遂げ、工業生産は回復の歩調を早めた。1950年代半ばには、すでに戦前の生産力を超え、さらに1960年代に入ると、一層の高度経済成長の路線をつき進んでいくことになる。家計経済の安定、都市部の中間層の拡大、第一次産業人口の減少による雇用労働の増加、学歴主義の浸透などにより、より高いレベルの学歴を求める国民の進学需要は増大する。それはまず、後期中等教育レベルへ、そして次に高等教育レベルへと順次波及していくことにな

国民の教育要求運動

る。1962年(昭和37年)には、父母の教育運動として高校進学希望者全員の進学機会を確保することを求める「高校全入」運動がすでに開始されている。

[経済界からの教育要求]

　一方、経済の戦後復興を受け、また、より一層の急速な成長を展望して、企業・経済界からも教育に対する要求が出されてくる。1956年(昭和31年)、日経連は、「新時代の要請に対応する技術教育に関する意見」を発表し、その中で、技術者・技能者の計画的育成、理科教育・職業教育の振興、理工系大学教育の拡充を要求した。

　1962年(昭和37年)には、文部省自身が『日本の成長と教育―教育の展開と経済の発達』と題する白書を公表している。これは当時、出現しつつあった教育経済学の理論を紹介しながら、教育がいかに経済の発展に貢献してきたかを、日本の歴史や外国の状況を比較しながら力説している。ここには、当時流行していた教育投資効果や教育発展計画の用語が頻繁に使用されていた。

　さらに、翌1963年(昭和38年)、政府の経済審議会は「経済成長における人的能力開発の課題と対策」の答申を提示した。ここでは、今後の重化学工業を管理運営していくために、3～5％の少数のハイタレント、多数の中堅技術者、それを支える膨大な技能者が求められるとして、階層的な人材の計画育成とそれに見合う教育訓練制度の多様化を要求した。こうした経済界の教育要求は、一部は、高校教育の多様化と職業技術系高校の拡大、高等専門学校の創設、理工系大学・学部の増設という形で教育政策に採り入れられていく。

[教育需要を後追いする教育政策]

　しかしながら、日本の教育制度全体を見れば、こうした教育発展計画論をベースに計画的合理的に発展してきたということは必ずしもいえない。国民の進学需要は、こうした経済界の教育要求とは必ずしも一致せず、時には政府の教育政策を骨抜きにする圧力となった。例えば、この時期、高校教育の多様化を掲げて富山県などで実施された「3・7体制(普通高校3割、産業高校7割)」に対しては親や生徒自身から強い批判がなされていた。

　後期中等教育、高等教育レベルでは、私立の機関の比率が大きく、これら

の機関は、政府からの財政補助を受けない苦しい経営の中で、水増し入学やマスプロ教育との批判を浴びながらも、国民の進学需要を吸収していった。こうした私立の機関に対する政府のコントロールには限界があった。また、戦後の高等教育改革において、大学昇格の困難な専門学校の救済のための暫定措置として発足した2～3年の短期大学も、主として女子の高等教育進学需要を満たす機関として人気を集めていた。政府は、この短期大学を、大学とは別の職業または実際生活に必要な能力育成を目的とする後期中等教育と一体化した5～6年の「専科大学」に転換させることを意図したが、この構想は、短大関係者の強い反対により実現しなかった。政府の専科大学の構想は、やや形を変え、1962年(昭和37年)に工業・商船を中心とした技術教育系の「高等専門学校」の設置として一部実現を見た。1964年(昭和39年)には法改正によって短期大学は恒久的な制度として承認された。

1960年代、1970年代の日本教育の発展は、政府の計画・統制の下に実施されたというより、国民の進学需要が大きな圧力となり、政府の教育政策がそれを後追いするような形で追認したという側面が強いのではないかと思われる。

[教育の急速な拡張]

表1-2は、戦後の日本における教育制度の量的拡張の推移を概観したものである。

小学校と中学校9年間の義務教育の就学率は、1950年(昭和25年)には99.20％を達成していた。新制高校への進学率は、1950年(昭和25年)に42.5％、1960年(昭和35年)には57.7％であったが、1960年代に急速に伸び、1970年(昭

表1-2 教育段階別の生徒・学生数の推移(1948～1990年)

(単位千人)

| 年 | 幼稚園 | 小学校 | 中学校 | 高校 | 短大 | 大学 |
| --- | --- | --- | --- | --- | --- | --- |
| 1948年 | 199 | 10,775 | 4,793 | 1,203 | ― | 12 |
| 1950年 | 224 | 11,191 | 5,333 | 1,935 | 15 | 255 |
| 1960年 | 742 | 12,591 | 5,900 | 3,239 | 83 | 626 |
| 1970年 | 1,675 | 9,493 | 4,717 | 4,232 | 263 | 1,407 |
| 1980年 | 2,407 | 11,827 | 5,094 | 4,622 | 371 | 1,835 |
| 1990年 | 2,008 | 9,373 | 5,369 | 5,623 | 479 | 2,133 |

出所) 文部省『文部統計要覧』各年度版から筆者作成。

表1-3 高等教育機関の種類と数の増加（1955〜1990年）

| 年 | 大学（うち私立） | 短期大学（うち私立） | 高等専門学校 |
|---|---|---|---|
| 1955年 | 228 (122) | 264 (204) | — |
| 1960年 | 245 (140) | 280 (214) | 19 (2) （62年） |
| 1970年 | 383 (274) | 479 (414) | 60 (4) |
| 1980年 | 446 (319) | 517 (434) | 62 (4) |
| 1990年 | 507 (498) | 593 (498) | 62 (4) |

出所）文部省『文部統計要覧』各年度版から筆者作成。

和45年）には82.1％となり、1980年（昭和55年）には94.1％に到達していた。一方で、小学校への入学の前に、1〜2年間の就学前教育を経験する子どもの数も増えてきた。幼稚園就園率は、1950年（昭和25年）にはわずかに8.9％であったが、1960年（昭和35年）に28.7％、1970年（昭和45年）53.8％、1980年（昭和55年）64.4％と急速に向上している。就学前教育は、幼稚園のほかに、厚生省の所管する保育所もあり、これら両方をあわせると、日本の4〜5歳児の大多数が何らかの就学前教育を受ける機会を持つことができる体制がほぼ完成したことになる。

一方、高等教育の拡張も著しいものがある。**表1-3**は、設立された高等教育機関の数の推移を示したものである。

とりわけ、1960年代における高等教育機関の増加は著しいものであった。この10年間だけで、四年制大学が138校、短大199校が増設されたことになる。1962年（昭和37年）に新設された高等専門学校もこの10年間でほぼ出そろっている。70年代に入ると、短大、高等専門学校の増設のスピードは減速する。しかし、大学の増加傾向は持続しており、1970年代、1980年代ともに60校を超える大学の増設が見られた。大学・短大への進学率も急速に拡大している。高等教育進学率は、1954年（昭和29年）には、わずかに10.1％（男子15.3、女子4.6）であった。1960年（昭和35年）にもまだ10.3％とほとんど変わらず、高等教育への進学はかなり選抜されたエリート主義的な色彩を帯びていた。しかし、1970年（昭和45年）になるとその数値は23.6％（男子29.9、女子17.7）へと急上昇していた。高等教育の大衆化が語られる時代となっていた。1980年（昭和55年）にはさらに37.4％まで（男子41.3、女子33.7）上昇した。すでに日本は、米国と並んで、高等教育のユニバーサル化が現実的課題として指摘されるようになっていた。

[私学助成の制度の発足]

　1949年(昭和24年)の「私立学校法」には、私立学校に対して必要な公的助成をすることができるという規定があったが、私立学校への公的補助は長らく行われてこなかった。しかし1960年代になると、特に就学前教育や高等教育の分野での私立機関の量的拡大、私立機関の果たしている公共的役割の認識、私学経営の健全性の確保、父母の教育費負担の軽減などを理由に私学助成を求める声が高まってくる。こうした要望に応えて、1970年(昭和45年)、私立の高等教育機関への公的助成が開始される。1975年(昭和50年)には「私立学校振興助成法」が公布され、これによって、私立大学等に対する国からの経常費助成、高等学校以下の私立学校に対する県からの助成の方式が法律で規定されることになった。これによって、国は私立高等教育機関の教育研究条件の維持向上に必要とされる経常経費の2分の1までを助成することができることになった。補助金は、各機関の教員数と学生数を基礎に、学生定員の管理状況、教員組織の充実度などを教育研究条件の整備状況に応じて傾斜的に配分される。助成法制定時の1975年(昭和50年)に私立高等教育機関の全体の経常経費に占める国の助成は20％であった。1980年(昭和55年)には、最高の約30％にまで上昇した。しかし、この後は減少に転じて、1990年代はほぼ12～13％台で推移している。

・短期大学の設置
・私立大学の助成

[日本の成長と教育の役割]

　このような急速な教育の量的拡張は、経済界が要求し続けてきたことであり、また政府の予測、計画したものと必ずしも一致しなかったが、こうした教育の発展が、広い意味で、日本の経済的、社会的、文化的発展の推進力となってきたことは疑いがない。全体的に見て、日本の教育は、産業界、そして日本の社会が求める資質を備えた人材、すなわち、技能の変化に対応しうる基礎的な知識と技能、規律、勤勉さ、忍耐力、集団の中での協働作業能力を身につけた人材を数多く供給することができた。

[国際的教育評価調査での好成績]

　日本の学校教育の成果は、国際的な教育到達度調査においても証明されている。1964年〜1967年（昭和39〜42年）にかけて実施された国際教育到達度評価学会（International Association for the Evaluation of Educational Achievement: IEA）の第1回目の国際数学教育調査に日本は参加した。ヨーロッパ各国、米国、イスラエルの合計12カ国の中で、日本の13歳生徒の数学成績は、イスラエルと並んで参加国トップ・クラスの極めて優れたものであった。また、続いて行われた理科教育調査（1970〜73年）でも、日本の小学校5年生、中学校3年生の理科の成績は、参加19カ国中第1位であった。

[教育問題の顕在化]

　しかしながら、他方では、日本の教育はさまざまな問題にも直面した。過度の画一性、児童や生徒の行動に過剰な統制を強いる管理の強化が問題とされてきた。また、有名高校や一流大学への入学を目指す受験競争の激化が、子どもやその親たちに大きな心理的ストレスを与えている。厳しい入試競争は、しばしば「受験地獄」と表現されてきた。1970年（昭和45年）に来日した経済協力開発機構（Organization for Economic Cooperation and Development: OECD）の日本教育調査団の報告書は、日本の厳しい入試競争が、初等・中等教育に「ゆがみ」をもたらしていると指摘していた。同報告書の中で使われた「18歳のある一日に、どのような試験成績をとるかによって、彼の残りの人生は決まってしまう」という記述は大きな反響を呼んだ。丸暗記の強制や詰め込み

暴走族

教育が、児童の探究心や創造力を奪っていると批判された。学校の授業についていけない子ども、いわゆる「落ちこぼれ」の増加が指摘されていた。学校での勉強を補完するために、多くの子どもが、「塾」と呼ばれる民間の補習教育機関に通っていた。また、校内暴力、青少年非行、青少年の自殺、シンナーなど薬物依存などの問題の深刻化も指摘されるようになる。

一方で、ひとたび厳しい入学試験をクリアすると、日本の高等教育機関は、学生に厳しい勉学を要求することはなく、学生は生涯の中で最もリラックスした時間を過ごしていると指摘されていた。学年の進級にそれほどの努力は要求されず、学生はクラブ活動やレクリエーション、アルバイトに精を出す。中途退学をする者の数は極めて限られており、ほとんどの者が卒業に至る。大学の「レジャーランド化」が指摘された。初等・中等教育の質の高さとは対照的に、高等教育の質の凡庸さが問題とされていた。OECD 報告書もその大部分を日本の高等教育の現状分析と改革勧告に当てていた。

## 5 「第三の教育改革」とその挫折

### [中教審と第三の教育改革]

1970年代に入ると、1960年代に経験した急激な社会、経済状況の変化、急速な教育制度の拡張を受けて、日本の教育制度のあり方を全面的に見直すべきであるという議論が高まってくる。1971年(昭和46年)、文部大臣の諮問機関

である中央教育審議会は、「今後における学校教育の総合的拡充のための基本的施策」を答申した。この答申は、確かに、幼稚園から大学に至る全学校体系の再編成を意図した包括的な教育改革案であり、当時は、明治初年の教育改革、戦後の教育改革と並ぶ、「第三の教育改革」を提唱するものであった。

　答申の要点は次のようなものであった。初等・中等教育改革の基本構想として次の10点を挙げる。①人間の発達過程に応じた学校体系の開発（4、5歳児と小学校低学年を結合した幼児学校、中学校・高校一貫制の中等教育、中等教育と前期高等教育を結合した機関等の先導的試行）、②学校段階の特質に応じた教育課程の改善、③多様なコースの適切な選択に対する指導の徹底、④個人の特性に応じた教育方法の改善（グループ別指導、個別学習、無学年制、飛び級制度の実施）、⑤公教育の質的水準の維持向上と教育の機会均等、⑥幼稚園教育の積極的な普及充実、⑦特殊教育の積極的拡充整備、⑧学校内の管理組織と教育行政体制の整備（教頭・主任職の職制の確立、公・私立学校に関する地方教育行政の一元化）、⑨教員の養成確保とその地位の向上のための施策（初任者研修の導入、社会人教員の採用、教育系大学院の設置、教員給与の改善）、⑩教育改革のための研究推進。

　一方、高等教育の改革については次のような構想を示した。①高等教育の多様化（高等教育を目的・性格に応じて、短大から研究院までの5種に分類する）、②教育課程の改善（一般教育・専門教育の統合化）、③教育方法の改善、④高等教育の開放と資格認定制度の必要（放送大学の設置）、⑤教育組織と研究組織の機能的な分離、⑥研究院のあり方、⑦機関の規模と管理運営体制の合理化（学長・副学長の権限強化）、⑧教員の人事・処遇の改善、⑨国・公立大学の設置形態（法人化の検討）、⑩国の財政支援・受益者負担・奨学金制度の改善、⑪高等教育の拡充整備に関する国の計画的な調整、⑫学生の生活環境の改善充実、⑬大学入学者選抜制度の改善（調査書の活用、共通試験の開発、論文・面接の活用）。

［抵抗と挫折］

　この答申は、賛成、反対の双方の立場から大きな議論を呼ぶことになった。特に、日教組は、この答申が、戦後の教育改革及びその後の推移と現状を批

判的に検討することなく改革案を提示している、その事態を招いた教育行政の責任が指摘されていない、教育全体を能力主義に立脚して再編成することを目指している、学校内の管理組織の強化を目指していることなどを理由に、反対の立場を表明した。日教組は、中央教育審議会への対抗策として、学者などを中心とした「教育制度検討委員会」を設置し、独自の教育改革案を公表した。幼児学校・初等学校・中等学校の4・4・6年の学校体系の先導的試行には、校長協会などの組織からも準備不足と不安が表明された。高等教育関係に施策については、高等教育関係者の多くが反対論を表明していた。結果として見ると、1971年の中教審の答申による教育改革は、その後、一部の施策を除いてほとんど実施されずに棚上げされることになった。日教組や大学関係者の反対や抵抗が根強かったばかりでなく、1973年（昭和48年）に発生した「石油ショック」による景気の後退、政府予算の制限により、大規模な教育改革に必要とされる財政的措置を行うことが極めて困難になったことも大きな原因であった。

[人材確保法]

中教審答申の提案の中で実施に移された数少ない施策の中に、特に、教職に関係するものとして注目されるものがある。教員人材確保法の制定と教頭・主任職の法制化、そして新構想の教育大学の設置である。1974年（昭和49年）に制定された「人材確保法（人確法）」は、正式には「学校教育の水準の維持向上のための義務教育諸学校の教育職員の人材確保に関する特別措置法」と呼ばれる長い名称の法律である。これは、先の答申の中で「教員の給与は、優れた人材が進んで教職を志望することを助長するにたる高い水準とし、同時により高い専門性と管理指導上の責任に対応する十分な給与が受けられるように給与体系を改めること」と勧告していたのを受けたものである。高度経済成長の中で労働市場が活況を呈し、民間企業に優秀な人材が集中する傾向に対抗して、優れた人材を教職にリクルートすることを目指していた。法律の施行後、1974年（昭和49年）から1978年（昭和53年）にかけて、義務教育学校の教員給与は、3回にわたって改定され、最終的に、教員給与は約30％引き上げられ、一般公務員の給与を上回るレベルにまでなった。確かにこの教員

優遇策の後、かつての「デモ・シカ先生」(先生にデモなろうか、先生にシカなれないという消極的教職志望者) という言葉とともに、教員＝安月給という伝統的なイメージは一掃された。これ以降、県教育委員会の実施する教員採用試験の競争率は一挙にはね上がり、教職は若者とって、経済的にも魅力的な人気ある職業となった。

[学校管理運営体制の整備]

　従来、学校には、校長を補佐する職として教頭、教職員の校内組織編制として各種の主任(学年主任、教務主任、生徒指導主事等) が置かれていた。だが、その地位、職務内容、待遇等に関しては、法制上、明確な規定が定められていなかった。中教審答申において学校管理組織の整備を指摘された文部省は、相次いで、これらのポストを教育法に明記し「制度化」することに踏み切った。また、主任職には、新たに主任手当が支給されることになった。こうした動きに対して、日教組は、管理体制を強化し民主的な学校運営を阻害する、中間管理職を設けることによって学校組織を階層構造的なものに転換させるものとして反対運動を展開した。日教組は主任手当の返上を行って抵抗したが、主任職は次第に日本の学校に定着していった。

[新構想の教育系大学院の設立]

　新構想の教育系大学は、教員の職能成長を促進するために現職教員に2年間大学院で研修を受ける機会を与えることを目的に設置された大学院中心の教育大学である。1978年(昭和53年) に、兵庫教育大学と上越教育大学、1981年(昭和56年) に鳴門教育大学が設置された。大学院の定員1学年300人という規模であり、大学院生の多くは、各県の教育委員会から、長期研修生として教員の身分と給与を保障されたまま大学院に在籍している。卒業後は教育学修士の学位が授与される。また、これらの新構想教育大学の設置に刺激され、既存の国立大学の教育学部にも、主として現職教員への継続教育の機会の提供を目的として大学院修士課程を設置する動きが広がった。

1978年　兵庫教育大学

1978年　上越教育大学

1981年　鳴門教育大学

# 6　臨時教育審議会での教育改革論議

**［中曽根首相の教育改革意欲］**

　1970年代の中教審による「第三の教育改革」の提案は、事実上、棚上げされその課題は1980年代に持ち越された。1982年(昭和57年)末に中曽根内閣が発足する。中曽根首相は、政権の主要政策課題として「行政改革」とともに「教育改革」を取り上げることに強い意欲を示した。そして、行政改革を推進するための内閣に設置した臨時行政調査会(臨調)をモデルとして「教育臨調」を設置することを宣言した。1984年(昭和59年)、首相直属の諮問機関として「臨時教育審議会(臨教審)」が発足する。当時は、従来とは様相を異にする教育問題、すなわち「学校嫌い」を理由にした登校拒否(不登校)、校内暴力、生徒間のイジメ、体罰など「教育の荒廃」と呼ばれる現象が頻繁に報道されていたこともあり、臨教審の教育改革論議はマスコミからも大きな注目を集めた。臨教審は、3年間継続し、この間、4回にわたって首相に答申を提出した。

**［教育の現状認識と検討課題］**

　1986年(昭和61年)に提出された第一次答申は、日本の教育の現状を次のようにとらえている。(1)日本の教育は国家社会の発展の原動力となってきた。諸外国と比して初等・中等教育の水準が高いこと等は評価されている。(2)他方、国際化の対応の遅れ等の問題があり、制度、運用の画一性、硬直性による

受験競争

弊害が生じている。受験競争や、いじめ、青少年非行等の教育荒廃は憂慮すべき事態で、その根は、学校・家庭・社会のあり方などに絡み合っている。その要因・背景には、(3)科学技術文明がもたらした物質中心主義と心の不在、自然との触れ合いの希薄化、生命を尊重する心の不足等の問題がある。(4)明治以降欧米諸国へ追いつくことを国家目標のひとつとし、教育も先進国の科学技術、制度の導入等を急速に推進するため効率性を重視し、画一的なものになった。近年の日本の教育は時代の変化と社会の要請に立ち遅れてきている。

そして、審議会は、教育改革を推進するための基本的な方針として次のような8点を挙げた。①個性重視の原則、②基礎・基本の重視、③創造性、考える力、表現力の育成、④選択の機会の拡大、⑤教育環境の人間化、⑥生涯学習体系の移行、⑦国際化への対応、⑧情報化への対応。

［改革論議の白熱］

内閣直属の審議機関として大きな意欲と期待を担って設置された臨教審は、発足当初は、「自由化」「個性化」などをキータームとして刺激的な華々しい教育改革議論を展開する。しかしながら、やがて議論が抽象化して拡散していく中で、委員同士の意見の対立も表面化し、具体的な提案の取りまとめに苦慮するという経過をたどる。こうした経過を反映して、第二次答申、第三次答申は、いずれも、十数万字に及ぶ膨大な答申となったが、その記述は「教育評論的で、具体的指摘は少なかった」と評されるものであった。

［最終答申］

1987年（昭和62年）8月には、それまで発表された分厚い第二次、第三次の答申の内容を要約する形で第四次の最終答申が報告された。ここでは、教育改革のための基本的視点として、(1)個性重視の原則、(2)生涯学習体制への移行、(3)国際化や情報化などの変化への対応、という3つの原則を提示した。さらに6つの分野に分けて「改革のための具体的方策」を提言した。

臨教審の答申は確かに、体系的、網羅的であった。教育行財政の改善に関

しては、地方分権の推進や官・民の新しい役割分担と協力体制を求めているほかに、日本では従来数が少なかった私立の小・中学校の設置を積極的に推進していることや、塾など民間の教育産業の存在を認知しながら「学校と塾など民間産業の関係のあるべき姿や教育行政の対応の仕方等についても、基本的な検討を行う」ことを求めていることなどが注目される。

　しかしながら、これらは「改革のための具体的方策」と題されているにもかかわらず、各項目を詳細に見ると、本当に具体的な提案をしているものは意外と少なく、改革の方向性を指し示して、その「見直し」「検討」を求めることにとどまっている項目が多かった。臨教審自体、1987年（昭和62年）8月の最終答申において、「本審議会の審議は、教育改革についてのいわば一大シンポジウムともいうべき、かつてない国民的な討議を呼び起こす契機となったが、このこと自体教育改革の前進のため大きな意義があったとも考えられる」と具体的成果の乏しさを自ら認めるような記述を行っている。

　ただし、審議会が具体的に提示した、文部大臣に勧告権を持つ大学審議会の設置、初任者教員研修義務づけ、6年制中等学校の設置、単位制高校の創設、大学入試センターの共通一次試験に代わる「共通テスト」の導入、教員免許制度の改正などは直ちに政策として実施に移された。

## 7　1990年代の教育改革

### [1990年代の教育改革]

　臨教審の提案した具体的方策それ自体は乏しかったが、臨教審が提示した「個性重視の原則」、「基礎・基本の重視」、「大学設置基準の大綱化や学習指導要領の基準の見直し」などの教育改革の方針や理念の多くは、文部省へと引き継がれ、1990年代になると文部省の中央教育審議会、教育課程審議会、教育職員養成審議会、大学審議会、生涯学習審議会などの審議を経て、教育改革が具体的な形で動き出すことになる。

　1991年（平成3年）に「大学設置基準」の改定が行われる。これによって、大学のカリキュラムの大綱化（開設授業科目の科目区分の廃止、科目区分ごとの最低修得単位数の廃止、課程の設置の弾力化）が行われ、各大学は、かなり独自なカ

リキュラムを編制する自由が拡大した。これを契機に、従来の一般教養課程を廃止したり、外国語教育や体育の授業を削減する大学が続出した。一方で、大学側には、自らの教育研究活動を詳細に「自己点検・自己評価」して報告することが義務づけられた。

[生きる力とゆとり]

1996年(平成8年) 7月、「21世紀を展望した我が国の教育にあり方について」を審議してきた文部省の中央教育審議会が、第一次答申を発表した。報告書は、日本の将来像について述べ、日本の社会は、今後、国際化や情報化の一層の進展、科学技術の発展、地球環境問題、エネルギー問題、さらに、高齢化、少子化の急速な進展などにより、「変化の激しい、先行き不透明な、厳しい時代」が来ると予測する。こうした展望に立ち、審議会は、このような不透明な社会を生きることになる子どもたちには、(1)自分で課題を見つけ、自ら学び、自ら考え、主体的に判断し、行動し、よりよく問題を解決する能力や資質、(2)自らを律しつつ、他人とともに協調し、他人を思いやる心や感動する心など、豊かな人間性、(3)たくましく生きるための健康や体力、が必要になると指摘した。審議会はこうした資質や能力を「生きる力」と呼んだ。生きる力を育むためには、学校・家庭・地域社会の教育が十分に連携し、相互補完しつつ、一体となって営まれることが重要であると主張する。さらに、「生きる力」を育むためには、子供たちも、学校にも、家庭や地域社会を含めた社会全体にも「ゆとり」が重要であると付け加えた。生きる力を育むためには、子どもたちに、自然や社会の現実に直接触れる機会が与える必要がある。今、多忙な生活を送っている子供たちに「ゆとり」を持たせることによって、初めて彼らは、自分を見つめ、自分で考え、また、家庭や地域社会で様々な生活体験や社会体験を豊富に積み重ねることが可能になるというのが審議会の意見であった。この後、しばらく「生きる力」と「ゆとり」が教育改革を論ずる際のキーワードとされるようになった。こうした言葉は、時代の雰囲気を反映したものかもしれないが、情緒的で、定義の難しい用語が登場したことで、この後の教育改革論議をいくぶん混乱させることになったことも否定できない。

体験学習

ボランティア活動

総合的な学習の時間

[学校教育の改革]

　学校教育の改革に関して、中教審は、次のような勧告を行った。(1)単なる知識や暗記に陥りがちな内容、教科間での重複等を精選し、教えるべき教育内容を厳選し、基礎・基本を確実に身につけさせる。学校生活に「ゆとり」をもたせるために授業時間数を縮減する。(2)一人一人の個性を生かす教育を行うために、教育課程の弾力化、指導方法の改善、特色のある学校づくりを推進する。(3)豊かな人間性とたくましい体を育むため、ボランティア活動、自然体験、職場体験などの体験活動を充実する。(4)国際理解、情報教育、環境教育、ボランティア活動、自然体験など横断的・総合的な学習を推進するために各教科とは別に「総合的な学習の時間」を設ける。総合的な学習の時間は、いわば教科書のない授業であり、各学校は、自らの判断と創意工夫を生かしてこの総合的学習の時間の学習活動を展開すべきである。また、これと関連して、1992年（平成4年）以来、順次導入されてきた学校週5日制（1992年（平成4年）以降月1回、1995年（平成5年）以降月2回実施）を21世紀初頭を目標に完全実施すべきことを勧告した。

[新教育課程の制定と実施]

　こうした答申を受けた、文部省は、教育課程審議会に教育課程の改正について諮問する。1998年（平成10年）7月、同審議会は、総合的な学習時間の創設、選択学習の幅の一層の拡大、道徳教育の改善充実などを柱にした教育課程の基準の改善に向けた答申を提出した。これを受けて文部省は、新学習指導要領の告示（小・中学校1998年（平成10年）12月、高校・特殊教育1999年（平成11年）3月）を行った。それは、年間の授業時間を小学校6年で、1,015時間から945時間に、中学校3年で、1,050時間から980時間に削減する。小学校・中学校向けの教育内容をおおむね3割程度削減する。小学校3学年から高校まで「総合的な学習の時間」（小学校週3時間、中学校週2〜3時間）を導入するというものであった。新しい学習指導要領と完全学校週5日制は、2002年（平成14年）から実施されることになった。

[学力問題論争の発生]

しかしながら、新学習指導要領の実施を目前にして、1990年代の教育改革論の基調であった「ゆとり教育」論に対する批判や見直しが公然と表明され始める。一部の理科系や工学系の大学教授たちが、新しい教育課程に対して不満や不安を表明し始めた。彼らによれば、現在の大学生の理科や数学の知識の水準は、前の世代と比べて明らかに低下しており、これ以上の理数科の授業時間数や教育内容の削減は、将来、さらに大きな学力低下もたらすことになると警告した。こうした議論の背景には、日本の経済発展の停滞、科学技術をベースにした国際競争の激化、最近の国際的な教育到達度評価調査におけるアジア諸国（シンガポール、韓国、台湾）の躍進などがあろう。これに対しては、児童・生徒の学力が低下していることを示す客観的なデータは存在していない、大学生の学力低下の原因は受験科目数の削減や推薦入学枠の拡大など安易な学生選抜法を採用した大学側にも責任があるといった反論もなされ、学力問題が大きな論争になっている。こうした議論を受けて、文部省は、新学習指導要領について解説した教員用のパンフレットにおいては、「学習指導要領は、全国どこの学校でも、必ず児童生徒に指導する必要のある最低基準である」ことを強調する姿勢を示している。そして、学習指導要領の内容の理解が十分でない児童生徒に対しては「補充的な学習」を行い、他方、十分に理解している児童生徒に対しては個別指導や習熟度別のグループ指導などを通じて、その理解をより深める「発展的な学習」を行うことが必要であるとしている。学習指導要領＝ミニマム・エッセンスであり、能力と関心のある児童生徒には、これに限定されず発展的な学習で力を伸ばすことができるという解釈である。しかしながら、発展学習の内容や程度については学習指導要領そのものには明記されていない。新学習指導要領をベースにした教科書検定によって教科書そのものの「スリム化」も始まっている。学習指導要領の弾力的運用を学校や教員に委ねるという方式は、実際の教授学習活動や評価をめぐって教育実践の現場に混乱をもたらすという懸念も払拭できない。こうした議論の中、新学習指導要領は、2002年（平成14年）4月に全面的に実施に移された。

〈斉藤泰雄〉

**引用・参考文献**

天野郁夫(1992)『学歴の社会史―教育と日本の近代』新潮社。
――――(1997)『教育と近代化』玉川大学出版部。
伊ケ崎暁生・松島栄一編(1990)『日本教育史年表』三省堂。
OECD教育調査団／深代惇郎訳(1972)『日本の教育政策』朝日新聞社。
太田堯編(1978)『戦後日本教育史』岩波書店。
海後宗臣監修(1971)『日本近代教育史事典』平凡社。
土屋忠雄他編(1968)『近代教育史』(教育学全集3) 小学館。
永井道雄(1969)『近代化と教育』東京大学出版会。
仲新他編『小学校の歴史』(学校の歴史 第二巻) 第一法規。
ハーバード・パッシン／国弘正雄訳(1980)『日本近代化と教育』サイマル出版。
深谷昌志(1996)『子どもの生活史―明治から平成』黎明書房。
ベンジャミン・デューク／市川博訳(1976)『日本の戦闘的教師たち』教育開発研究所。
文部科学省編(2001)『2001 我が国の教育統計―明治・大正・昭和・平成』財務省印刷局。
文部省(1962)『日本の成長と教育』帝国地方行政学会。
―――(1971) 中央教育審議会答申『教育改革のための基本的施策』大蔵省印刷局。
―――(1972)『学制百年史』帝国地方行政学会(ぎょうせい)。
―――(1996) 中央教育審議会第一次答申『21世紀を展望したわが国の教育の在り方について』。
――――編(1999)『平成11年度我が国の文教政策 進む「教育改革」』大蔵省印刷局。
臨時教育審議会(1985～87)『教育改革に関する答申』(第一次～第四次)。
山住正己(1987)『日本教育小史』岩波書店。
National Institute for Educational Research (1978) *Modernization of Education in Japan Research Bulletin*, No.17, NIER.

# 第Ⅱ部　日本の教育経験

## 〈教育マネジメントの改善〉

　教育行財政は一国の教育制度を支える重要な基盤であり、その安定はあらゆる教育施策・実践の前提になっている。近年、多くの開発途上国においては地域への適切な対応や意思決定の迅速化、予算の効率的執行などを目指して行財政システムを対象とした民主化・地方分権化・効率化などが推進されており、この傾向は教育行財政にも波及している。しかし、もともとの教育行財政システムが脆弱である国が多く、全体の行財政システムが整備される前に民主化や地方分権化といった流れへの対応を迫られており、関連法規の未整備、権限委譲の空洞化、教育行政官の人数や能力の不足、必要な資機材の未整備といった問題が起こっている。

　また、行政レベルだけでなく学校レベルでのマネジメント（学校経営）についても効果的効率的な教育の実施という観点から注目が集まっている。学校経営については、「参加型開発」という現在の開発上の志向性とも相まって、保護者や地域住民を巻き込んだ形でマネジメントの強化が図られている。

　このような途上国における教育マネジメントの課題や取り組みに対し、日本はどのような経験を参考として提示できるのか、以下の「第2章 教育行政」「第3章 教育財政」「第4章 学校経営」で歴史的な考察や現状紹介を通じて考察する。

# 第2章　教育行政

**途上国の課題**

途上国における教育行政の課題として、しばしば、教育法制の不備、過度の中央集権制、地方教育行政の組織の弱体、政治的任命制による幹部職員の頻繁な交代、政策の継続性の欠如、教育行政職員の専門的能力の欠如、教員組合との取引や妥協、父母や地域社会の教育への参加の欠如などの問題が指摘されている。

**ポイント**

本章では、近代的な教育制度の導入以来、日本の教育行政がどのように整備され、どのような変化を遂げてきたかを、大きく戦前と戦後に分けてその発展を概観する。①教育行政の法律主義と勅令主義、②中央省庁としての文部省の権限と責任の変化、③地方教育行政の組織と権限の変化、④教育行政の民主化と効率化の葛藤、⑤一般行政と教育行政の分離と一元化、⑥教育行政職員のキャリアとリクルートなどの視点を設定する。分野としては、教育課程行政、教科書行政、視学・督学行政、教員及び教員組合対策、私学行政などに焦点を当てる。日本は中央集権的な教育行政といわれているが、地方教育行政組織の整備もすでに戦前から行われており、義務教育段階は市町村、中等教育は県、高等教育は国が主として担当するという分業体制が構築されていた。最後に現行の教育行政の機構、教育行政の改革課題について触れる。

## 1　教育行政組織の整備と確立

### 1-1　学制による教育行政機構の構想

　江戸時代、日本には全国的な学校体系は存在していなかったので、教育行政組織も存在しなかった。武士階級のための公立学校は存在したが、各藩に1〜2校と数が少なく、その管理運営は容易なものであった。民間のアカデミーや庶民のための寺子屋には公的な管理や統制は全く行われなかった。明治維新後の19世紀の後半、西洋諸国をモデルに全国的な学校体系を導入した時に初めて、教育行政の組織も同時に設立されることになった。

　最初の近代的な教育法である1872年（明治5年）の「学制」においては、教育行政組織はフランスのそれを模範として構想された。1871年（明治4年）、教育行政をつかさどる中央官庁として文部省が設置される。なお、創設期の文部省には、米国人デビッド・モルレー（David Murray）が最高顧問として招聘され、1873年（明治6年）から1878年（明治11年）まで日本の教育政策について指導助言を行った。一方、地方では全国を学区（大、中、小の各学区）に区分し、この学区を学校の設立や管理運営などの機能を担う地方教育行政の単位とした。小学校の設置単位である小学区は住民人口600人を目安に設定された。また各大学区には督学局を設け、督学を置くこととした。各中学区には土地の有力者から12〜13人に学区取締を任命し、それぞれに20〜30の小学区の教育事務を分担させることを目指した。小学区は、学区取締の指導の下に、区長（市長）や戸長（町村長）が中心となって小学校の設置のための資金の調達、就学の督促などを行った。小学区には戸長を助けて小学校の管理運営にあたる学校役員や学校世話役が住民の間から任命された。

　しかしながら、学制の構想はそのまま実現しなかった。結局、大学は1校しか設立されず、大学区の督学は文部省に吸収される。また、学制には規定されていないが、県が事実上、地方教育行政の最高の単位となった。県庁には学務課が置かれ学務専任の職員を配置した。学区は県や町村のような一般の行政区分とは異なり、教育行政のために特別に制定された単位であった。しかし、小学区の経済状況から単独で小学校の設立が困難な場合などには、2〜3の小学区が連合して学校を設立する場合もあった。実態は、旧来の郡・

町村を基礎単位として小学区・中学区が設けられることが多かった。また便宜上、学区取締を戸長が兼任することも多く、教育行政担当者と一般行政担当者の区分はあいまいであった。

### 1-2　地方自治制度の整備と教育行政・一般行政の一元化

　一方、政府は、1878年（明治11年）に、郡区町村編成法、府県会規則、地方税規則を定めて地方自治制度の整備を行い、県・郡・区（市）町村の権限と機能を明確にした。1879年（明治12年）に、学制は廃止され、これに代わって「教育令」が公布された。この「教育令」によって新しい教育行政制度が構想される。学区制度が廃止され、地方教育行政の単位は、県・郡・区町村という一般行政の枠組みと一元化される。原則として、初等教育は区町村に、中等教育は県にその経営を一任する方法をとった。

　学制の画一的実施が批判され、教育を地方に自由に任せるという方針が打ち出される。地方教育行政は学区取締に代わって町村住民の直接選挙で選出される学務委員によって担われることになる。この学務委員の制度は米国の教育委員会制度を模範にしたものといわれている。しかし、この「教育令」は、あまりに地方に自由裁量の余地を与えすぎて就学率の低下を招いたという批判を受け、わずか1年後には改正される。

　この1880年（明治13年）の「改正教育令」は再び地方の教育行政に対する文部省の権限を拡大し、県知事の教育行政に関する権限を明確にした。また、学務委員は住民の直接選挙方式から県知事が任命する方式に転換され、戸長が学務委員に加えられることになる。教育行政の地方分権化や民主化の意図は、わずか1年間の試行で後退した。1885年（明治18年）には学務委員制度そのものが廃止され、以後、町村の教育事務は戸長（町村長）の権限に属することになった。

　文部省には、小学校の教則綱領（カリキュラムの基準）の制定権、県知事が制定する教育関連の諸規則（就学督責、学校設置・廃止、小学校教員俸給、学務委員選挙）の認可権、県立学校の設置・廃止認可権が明記されることになる。また、県知事には、前記の諸規則の制定、小学校教則の編成・施行、中学校・専門学校・農・商・職工学校の設置、町村立学校教員の任免（学務委員の申請に基

づく）などの権限が与えられることになった。「改正教育令」の教育行政制度の下で、文部省は1881年（明治14年）に「小学校教則綱領」を制定した。また、同年、文部省は当時高揚していた政治運動（自由民権運動）への教員の参加を規制するために、「小学校教員心得」、「学校教員品行検定規則」を制定している。1886年（明治19年）には文部省に5人の視学官のポストが設置された。

### 1-3　内閣制の導入と勅令による教育行政方式の確立

1880年代になると、帝国憲法の制定、国会の開設、内閣制度の導入など日本の統治制度に大きな転換が見られた。1885年（明治18年）、従来の太政官制に代わって、内閣制が導入された。これにより、旧来の文部省は新しい文部省となり、その長の名称も文部卿から文部大臣へと転換された。

この初代文部大臣に任命されたのが森有礼であり、彼の下で日本の教育制度は基本的骨格を整えることになる。1889年（明治22年）に公布された「大日本帝国憲法」には教育に関する条項は含まれておらず、教育に関する権限は天皇の大権に属すると考えられていた。新しい統治体制の下で教育に関する法規の形式を立法府の関与する法律の形にすべきか、天皇とその政府の命令＝勅令の形とすべきかについて論争が見られたが、最終的には教育財政に関係する一部の法律を除き、戦前期に日本においては、教育行政に関しては勅令において定める方式が支配的なものとなっていった。1890年（明治23年）に発せられた天皇による「教育ニ関スル勅語」が事実上、戦前期日本の最高の教育法規となった。

### 1-4　戦前における教育行政制度の基本的枠組みの確立

憲法の発布に前後して、市制・町村制（1888年（明治21年））、及び府県制・郡制（1890年（明治23年））が制定され、戦前期における日本の地方行政制度の骨格が決定されることになった。これに伴い、1890年（明治23年）に「第二次小学校令」、及び「地方学事通則」が公布され、地方教育行政の機構と権限が明確に規定され、戦前における日本の地方教育行政制度の基本的な枠組みが成立することになる。

これにより、教育は市町村の固有の事務ではなく、それは本来国の事務で

あり、市町村は国からの委任を受けてその事務を行う責任があるという原則が確立された。この原則に従い、教育行政における文部大臣・県知事・郡長・市町村長の権限が明確にされた。初等・中等教育の場合、教育の目的・教育課程・教科書・教員の服務など教育の内的事項に関しては文部大臣が権限を持ち、学校の設置と維持・設備・教員給与・学務委員や視学に関する教育経費は地方自治体、特に市町村が責任を負うべきものとされた。府県の教育行政は知事が文部大臣の指揮監督を受けて行うものとされ、その補助機関として県庁内に学務課が置かれた。郡長は、県知事の指揮監督を受けて郡内の教育行政事務について町村長を指揮監督し、その補助機関として各郡に1人の郡視学が置かれた。また、1897年（明治30年）に各県に地方視学が置かれ、さらに1899年（明治32年）には視学官や視学（地方視学の改称）が置かれることになる。こうした視学官や視学は、地方では教員人事の権限などを実質的に握り、地方教育行政を指揮監督するのに大きな役割を果たした。市町村長は国からの委任事務として教育事務を担当することになり、1890年（明治23年）以降、その補佐機関として市町村に学務委員が置かれることになる。通常、学務委員には小学校長や地域の名望家が選ばれた。1926年（昭和元年）、地方制度の改正により行政の単位としての郡が廃止されると、郡長及び郡視学が担当してきた教育事務はすべて県に移管されることになった。郡視学の廃止に伴い、県視学が350人増加されることになった。

### 1-5　教育課程行政と教科書行政

　1881年（明治14年）、文部省は小学校教則綱領を定めた。これによってそれまで県や地域の状況によってかなりの相違が見られていた教育課程の統一化のための基準が提示されることになった。教則綱領は小学校の各段階で教えるべき教科名、各教科の教授内容、授業日数、授業時間数などを定めていた。国による教育課程の基準の設定は、さらに1886年（明治19年）の「小学校ノ学科及其程度」、1891年（明治24年）の「小学校教則大綱」などでより明確なものとなり、1900年（明治33年）の「第三次小学校令」の施行規則の制定において、戦前期における教育課程編成のための国家基準の制定はほぼ完成したといわれている。

　第二次大戦中の1941年（昭和16年）に小学校は国民学校と改められた。国民

学校は戦時色・軍事色を一層強め、皇国民の練成を理念に従来の諸教科を統合して、国民科（修身・国語・国史・地理）、理数科（算数・理科）、体練科（体操・武道）、芸能科（音楽・習字・図画・工作・裁縫・家事）の4教科に、さらに高等科ではこれに実業科（農業・工業・商業・水産）を加えて5教科とした。しかし、実際にはこれらの教科統合は実施されないままに終戦を迎えることになる。

　教科書に関しては、文部省は、最初は自ら外国教科書の翻訳編集に着手するとともに、民間編集の教科書の中から適当と思われるものを指示してその普及を積極的に支援した。しかしながら、1880年（明治13年）頃から復古的なイデオロギーが台頭するにつれ、教科書行政にも変化が見られた。省内に編輯局を設けて標準教科書の作成に着手する。ここで編集された「小学修身訓」はその後の修身教科書の見本となった。さらに、地方学務局に取調掛を置き、各県で使用している小学校教科書を調査し、不適切と認めたものに関して使用を禁止している。また、上記の小学校教則綱領によって各県は使用する教科書を定めることになり、1882年（明治15年）頃から小学校教科書は県ごとに統一されるようになる。文部省は各県に対して小学校で使用する教科書を文部省に報告することを義務づけ、1883年（明治16年）に教科書採択は文部省の認可制とされた。加えて、1886年（明治19年）の「小学校令」は「小学校ノ教科書ハ文部大臣ノ検定シタルモノニ限ルヘシ」と定めて、教科書の検定制度が成立し、教科書に対する国家の監視と統制は一段と強化されることとなる。

　1902年（明治35年）、教科書の採択をめぐる贈収賄で知事・視学官・学校長・教科書出版関係者など100人以上が検挙されるという大規模な教科書疑獄事件が発生する。これが直接的な契機となって、1903年（明治36年）からは教科書の国定制度が採用されることになる。これ以降、国が著作権を持って教科書を編集し、その出版と供給を民間の出版社に委託するというシステムとなった。

## 1-6　官僚制の整備と官僚任用試験制度の導入

　内閣制度の導入や帝国憲法の発布と並行して官僚の任用制度も整備されることになる。それまで中央・地方の官僚の任用や昇進の基準が定められていなかった。官僚は明治維新を勝ち抜いた藩閥をベースにした有力政治家との個人的なコネや情実によって任命されていた。官僚は事実上、政治的任命で

あり、政変や有力政治家の失脚に伴って官僚も辞任するという事態も生じていた。1880年代になると官僚機構の近代化と整備は政府にとって緊急の課題とされるようになる。1887年（明治20年）、官僚の試験任用制度が導入されることになる。これにより従来の縁故主義的な官僚の任命に代わって、選抜的な試験制度によって官僚を任命する方式が採用されることになる。ただし、この試験はすべての者に平等に開かれていたわけではなく、受験資格は官僚のランクに応じて一定水準の学歴の保持者に限定されていた。帝国大学卒業者には試験が免除されるなどの特権が付与されていた。政治的なコネ人事も少なくなり、官僚、とりわけ中央政府の高級官僚は、高学歴と国家試験によって専門能力を認定された者として高い地位と安定した身分を獲得することになる。

　これ以降、日本の官僚は、特定の官庁に採用されると、省内のさまざまな部局・ポストを歴任しながら生涯を専門的行政官として仕事をするという方式が支配的になってゆく。また、視学官や地方視学などの職種への採用には中等学校以上の校長職経験者など所定の教育職の経歴が求められたが、文部省の官僚機構全体としては、教育分野の専門知識よりも法令の作成や解釈、予算の獲得や配分など一般行政官としての能力が重視される傾向がある。

## 2　戦後教育行政改革

### 2-1　戦後教育行政改革の基本方針

　1945年（昭和20年）の戦争終了、連合軍による日本占領の下で、日本の非軍事化・民主化・国家再建が推進された。連合軍総司令部は、戦後日本の教育改革の全体構想を検討するために、米国に教育専門家から構成される「対日教育使節団」の派遣を要請した。1946年（昭和21年）に来日した使節団は精力的な調査活動を行い、日本の教育改革に対する一連の勧告を含む報告書を提出した。報告書は日本の戦前の教育行政を次のように批判し、その改革を迫った。「文部省は、日本人の精神を支配した人々のための権力の座であった。われわれは、この官庁がこれまで行ってきた権力の不法使用の再発を防ぐために、カリキュラム、教育方法、教材、人事に渉るこの官庁の行政支配を、都道府県

や地方の学校行政単位に委譲することを提案する。従来は、視学制度によって統制が強いられてきた。この制度は廃止されるべきである。この制度に代わって、取り締まったり、行政権力を行使したりせずに、激励したり指導したりするようにコンサルタントや有能な専門的アドバイザリー制度を設けるべきである」、「各都道府県には、政治的に独立の、一般投票による選挙で選ばれた代表市民によって構成される教育委員会、あるいは機関が設置されることを勧告する」、「もし学校が強力な民主主義の効果的な道具になるべきものだとすれば、学校は住民と密接な関係をもたなくてはならない。教員、校長、および学校組織の地方責任者は、より上位の学校関係官吏によって管理あるいは支配されないことが重要である」。

このように教育行政の民主化と分権化が教育改革の中心課題のひとつとして提示された。文部省の権限の縮小と米国の教育委員会制度をモデルとした地方教育行政機構の導入がその柱であった。新しい6・3・3・4制の学校体系の導入などと並行して、戦後における教育行政の改革はこの教育使節団の勧告の線に沿って行われることになる。

### 2-2　基本的な教育法制の整備

1946年（昭和21年）に公布された新憲法には、国民の基本的人権のひとつとして「教育を受ける権利」が規定され、また義務教育とその無償制の原則が規定された。また、官僚が教育の基本的方針を決定し、それを天皇の名で公布するという戦前における教育法令の勅令主義に対する反省から、教育行政の基盤となる法令を国会において法律の形で制定するという法律主義が採用されるようになった。このため、1947年（昭和22年）から1949年（昭和24年）にかけて、「教育基本法」、「学校教育法」、「教育委員会法」、「社会教育法」、「私立学校法」など、新しい教育制度の組織と運営を定めた教育関係の法律が相次いで制定された。また、教育勅語に関しては、1948年（昭和23年）に国会においてその排除と失効確認の決議がなされた。

### 2-3　文部省設置法と教育委員会法

1949年（昭和24年）、文部省設置法が制定され、新たに文部省の組織と任務が

定められた。これにより文部省の性格は大きく転換されることになる。1948年（昭和23年）に地方に教育委員会制度が導入されたのに伴い、許可や認可を必要とする事項を整理して、できる限りその権限を地方に委譲し、文部省の仕事は、専門的・技術的な指導、助言及び援助を主な機能とするようになった。しかしながら、全国的な教育水準を維持する必要から、教育の基準設定・基準維持のための財政援助を行うことは文部省の権限として残された。

　1947年（昭和22年）3月、新しい学校制度の下で教育課程・教育内容の基準を定めるために、学習指導要領が発表される。この学習指導要領は「学校が指導計画をたて、これを展開する際に参考とすべき重要な事項を示唆しようとするものである。したがって、指導計画の全部を示すものではないし、またそのとおりのことを詳細に実行することを求めているものでもない」という意味で「試案」という副題がつけられていた。地方の教育行政官と教員は、これを基準として、地方の状況や生徒のニーズに応じて独自に教育課程を編成することが可能とされた。同時に、国定教科書制度も廃止され、教科書は再び検定制に戻された。

　1948年（昭和23年）6月、教育行政の民主化、地方分権化、教育の自主性確保を基本理念とする「教育委員会法」が成立する。新しい教育委員会制度の骨子は次のようなものであった。

①教育委員会は地方公共体の行政機関であり、かつ合議制の独立的な機関である。

②委員会は県及び市町村に設置される。ただし、町村は連合して一部事務組合を設け、その組合に教育委員会を設置することができる。

③県教育委員会は7人、市町村委員会は5人の委員で組織する。うち1人は地方議会の議員の互選で選び、残りの6人または4人は住民の選挙で選ぶ。

④委員会は従来県知事・市町村長等に属していた教育・学術・文化に関する事務を管理・執行する。小・中学校教員の人事権は市町村委員会の所管とする。

⑤委員会に教育長を置き、委員会が一定の有資格者の中から任命する。委員会の事務処理のため事務局を設ける。県委員会には教育の調査統計に

関する部課と教育指導に関する部課を必ず置く。
⑥教育に関する予算は、教育委員会が必要な経費を見積もり地方公共団体の長の査定を受けるが、意見が整わない場合は長が査定した予算案に教育委員会の見積もりを添えて議会に提出し、議会の判断を待つ。

　一般行政から教育行政の独立、住民の直接選挙による委員の選出、教育の専門家である教育長による事務の執行、教育関係予算の独自の編成権など従来の地方教育行政のあり方を根本的に変革するものであった。1948年（昭和23年）に各県と5大都市に、そして1952年（昭和27年）までにはすべての市町村に教育委員会が設置された。

### 2-4　私立学校法の制定

　私立学校に対する行政も大きく転換された。戦前は、私立学校には、教員資格、施設・設備、教科編成等に関し、原則として公立学校と同じ法令が適用され、その設立・運営には監督官庁によりさまざまな規制が設けられていた。私立学校においても宗教教育は禁じられていた。教育基本法では私立学校が公共的性格を持つことを明確に規定するとともに、その設置者を特別な法人に限定することを定めた。また私立学校に対して宗教教育の自由を認めた。1949年（昭和24年）、「私立学校の特性にかんがみ、その自主性を重んじ、公共性を高めることによって、私立学校の健全な発達を図ることを目的」に、「私立学校法」が制定された。「私立学校法」は、私立学校の自主性尊重という立場から、私立学校に対する監督官庁の権限を大幅に縮小し、また、私学の設置者を従前の財団法人に代えて私立学校の設置を目的にして設立される学校法人とした。私学に対し補助金を支出するなどの公的な財政援助も可能とされるようになった。

## 3　教育行政制度の見直し

　1951年（昭和26年）、連合軍による日本の占領統治は終了し、日本は主権を回復する。1950年（昭和25年）には朝鮮戦争が勃発し、東西の対立＝冷戦構造が深刻化するにつれて日本を取り巻く状況も変化を見せる。独立を回復すると間

もなく、日本政府は占領下に行われた政策を見直す作業を開始する。戦後に導入された教育改革の基本的な骨格は維持されたものの、制度は日本の実情に合わせて見直しが行われた。教育行政改革の柱であった民主化・自由化・地方分権化の流れにもやや修正が加えられることになる。

### 3-1　教育委員会制度の見直し

　新たに導入された地方教育委員会に関しては、設置直後から、設置の単位、委員の選任方法、一般行政と教育行政との関係などをめぐって運営上さまざまな問題が指摘されてきた。政府は1956年（昭和31年）、教育委員会制度の見直しに着手し、地方教育行政の改革を目指す新しい法案を国会に提出する。この法案の趣旨は、教育委員会制度そのものは存続させるものの、その独立性と権限を縮小し、国（文部省）・県教委・市町村教委の上下関係的な構造を強化するものであった。また、地方行政の総合的・効率的運営を主張して、教育行政の独自色を弱めようとするものであった。この改革に対しては、当時、教育行政の民主化に逆行するものであるとして、教員組合や大学の学長などから強い反対論が出された。国会での議論も紛糾し、最終的には議場に警官隊を導入しながら強行採決を行うという異例な形で法案は可決される。こうして、教育委員会法は廃止され、これに代わって現行の「地方教育行政の組織及び運営に関する法律（地教行法）」が成立した。この改正により教育委員会制度は次のように改正された。

　①教育委員の選任は、直接公選制を廃止し、地方公共団体の長が議会の同意を得て任命する。
　②委員定数は5人とし、町村の教委の場合3人とすることもできる。
　③県の教育長は文部大臣の、市町村の教育長は県教委の承認を得て、それぞれの教育委員会が任命する。
　④教育委員会の予算・条例原案の送付権を廃止し、教育財産の取得・処分権、教育事務関係の契約等は地方公共団体の長の権限とする。
　⑤公立学校の教職員の任命権は、市町村教委の内申を待って、県教委が行使する。
　⑥文部大臣は県及び市町村に対し、県教委は市町村に対し、教育事務の適

正な処理を図るために必要な指導、助言、援助を行う。文部大臣は、地方の教育事務の処理が違法または著しく不適切な場合には、必要な是正措置を要求できる。

### 3-2　教員定期人事異動制度の導入

　旧「教育委員会法」の下では、教職員の人事権は市町村教委に置かれていたが、「地教行法」では市町村立小・中学校の教職員の任命権が県教委に移された。これによって、従来は、困難であった市町村を超えて広域的に教員の異動を行うことが可能になった。これ以降は、各学校の校長がそれぞれの学校で要望する教員に関して市町村教委に意見を具申し、市町村教委はそれを県教委に内申するという手続きを経て、県教委による教職員の人事行政が実施されることになる。ここに、①都市部と農村部との人事交流、②へき地と非へき地との交流、③学校の教員の年齢構成の適正化、④同一校における長期勤務の回避などを原則として、公立学校教職員が数年ごとに勤務校を代えて異動するという日本独特な教員人事の制度的慣行が成立するようになる。

### 3-3　教育課程行政、教科書行政

　1949年（昭和24年）、文部大臣の諮問に応じて教育課程に関する重要な事項を調査審議して答申する諮問機関として教育課程審議会が設置された。この審議会の答申を受けて、1958年（昭和33年）に学習指導要領の大きな改正がなされた。この改訂では、戦後、米国の影響で盛んになっていた生活経験主義・児童中心主義の教育課程が児童の学力の低下を招いたという批判を受けて、基礎学力の充実を目指して教科の系統性を重視するものへと転換させた。また同時に、戦後初めて「道徳」の時間が教育課程の中に組み入れられた。さらに、この改訂を機会に、これまで「試案」とされていた学習指導要領を官報に「告示」するという形で公表し、学習指導要領の法的拘束力を強化した。この後、時代の状況や教育要求への変化に対応して学習指導要領は、ほぼ10年ごとに改訂されている。

　「教育委員会法」では県教委に教科書検定の権限を与えていた。しかし、県単位での検定には実施上の困難から反対論が多く、1953年（昭和28年）の法改

正で検定は文部大臣に一本化された。その後、検定に合格した教科書の内容に政治的な偏向があるという批判を受けて、文部省は教科書検定制度を強化してきた。1965年（昭和40年）、高等学校の日本史教科書の記述をめぐって文部省の検定を不服とした執筆者が、教科書検定制度が憲法に違反しているとして訴訟を起こした。この教科書裁判を通じて教科書検定は法廷の内外で大きな論争を引き起こした。長らく続いた裁判の結果、最終的に教科書検定の違憲性は否定されたが、この間の議論を受けて検定手続きの体系化、不合格処分に関する救済措置など部分的な改訂が行われている。

また、憲法の定める義務教育の無償制の原則に従って、1963年（昭和38年）には義務教育段階学校の教科書の無償配布制度が導入された。年次計画で無償配布が順次拡大され、1969年（昭和44年）には義務教育段階での教科書の無償配布が完成した。

検定された教科書から使用する教科書を採択する権限は、国立と私立の場合はその学校の校長、公立学校では教育委員会にある。実際の教科書の採択では、県教委が複数の市や郡で構成される「採択地区」を設定し、この地区ごとに広域的に教科書が採択されるシステムとなっている。全国で約500の教科書採択地区が設定されている。

## 3-4 教員組合の結成と政府の文教政策への抵抗

戦後教育改革では教員組合運動も合法化され奨励されるようになった。1947年（昭和22年）には日本教職員組合（日教組）が結成される。日教組は、まもなく組合員50万人を擁する巨大な組織となり、戦後の財政難中での教員の生活改善、教育の民主化の推進、特に6・3制の完全実施などを求めて活動を開始した。日教組は政府による戦後占領期の教育政策の見直し、保守回帰の流れを「逆コース」とみなし、これに反対する運動を展開する。1951年（昭和26年）に採択され、その後長く日教組の活動の中心とされたスローガンは「教え子を再び戦場に送るな」というものであった。組合は、社会党や共産党などの左翼政党と連携しながら、戦闘的な組合活動を展開し始める。これに対して、文部省は「教育の政治的中立性の確保」を掲げて教員組合との対決姿勢を強めてゆく。1960年代後半から1970年代前半には、政府が導入しようとした教員

の勤務評定(勤評)や全国一斉学力調査(学テ)の実施の是非をめぐって文部省と日教組の対立はピークに達する。教員組合は全国的なストライキ闘争を組織し、これに対して政府は、多くの教員組合指導者を懲戒処分とした。

　1970年代の後半から1980年代になると、公務員の争議行為の禁止を支持する裁判所の判例の定着、懲戒処分者救済のための組合費の値上げ、労働運動への関心の低下、さらには、「人材確保法」による教員給与の大幅改善などにより、教員組合の活動は停滞し始める。ピーク時に教員の90％近くに達していた日教組の組織率は、1985年(昭和60年)には50％を下回っていた。組織率の低下、とりわけ新任教員の組合離れはその後も続いている。戦後、長らく政府の文教政策に対する強力な批判・抵抗として展開されてきた戦闘的な教員組合運動は、1980年代末頃までには日本の教育界からほぼその姿を消していた。

## 4　臨時教育審議会以降の教育行政改革論議

　1980年代半ばに日本の教育改革の全体像を検討した臨時教育審議会は、教育行政改革の基本的な考え方として次の3点を指摘した。

①従来、過度の画一主義、瑣末主義、閉鎖性等がともすると見られがちであった。それらを打破して、教育の実際の場での創意工夫による教育の活性化と個性重視の教育が実現できるよう、許認可、基準、助成、指導・助言のあり方の見直しなど、大胆かつ細心な規制緩和を進める。

②各学校、都道府県・市町村教育委員会、地方自治体の自主性、主体性、責任体制を強化する方向を重視し、教育における自由・自律、自己責任の原則を確立する。

③学校体系の多様化、学校・家庭・社会の諸教育機能のネットワーク化、年齢制限・資格制限等の緩和、例外の承認など、多様な選択の機会を拡大する。

　このような考え方に基づき、臨時教育審議会は次のような具体的な教育改革を提言した。

①大学設置基準及び学習指導要領等国の基準の見直し

②私立小・中学校設置の促進
③国・地方の役割分担の見直し
④教育委員会の使命の遂行と活性化
⑤学校の管理・運営の改善（各学校の責任体制と校長の指導力の確立）

　1998年（平成10年）、文部省の中央教育審議会は「今後の地方教育行政の在り方について」答申を行い、次の4つの観点から、現行の制度を見直すことを提言している。
①教育行政における国、都道府県及び市町村の役割分担
②教育委員会制度
③学校の自主性・自律性
④地域の教育機能の向上と地域コミュニティの育成及び地域振興に教育委員会が果たすべき役割

　特に、現行の教育委員会制度には、次のような問題があることを指摘している。
①委員会の会議では議決を必要とする案件の形式的な審議等に終始することが多く、さまざまな教育課題についての対応方針等について十分な話し合いや検討が行われていない。
②教育委員の選任についてより民意を反映するための工夫や方策が必要である。
③教育長の任命承認制度は地方分権を推進する観点からは問題がある。
④教育長の選任が地方公共団体の人事異動の一環として行われ、教育や教育行政について必ずしも十分な経験を有していない者が任用される場合がある。
⑤事務局体制が弱体であり専門的職員が不足している。
⑥地域の特色や実態に応じた独自の施策の展開に乏しい。
⑦施策の企画や実施にあたって地域住民への情報提供やその意向の把握・反映が十分でない。

　答申はそれらの問題への具体的な改善方策として、教育委員の選任の基準や理由の公表、教育委員の数の弾力化、教育委員への十分な情報提供、教育長の承認任命制度の廃止、教育長にふさわしい人材の確保・育成、教育委員

会の事務処理体制の充実、地域住民と意見交換を行う公聴会等の積極的な設定、独自の苦情処理窓口の設置、住民への積極的な情報提供、委員会会議の公開・傍聴の推進、教育関係事業へのボランティアの積極的受け入れ、等を提言している。

## 5 結 語

　近代的な教育制度の導入以来、国家的な教育行政制度の整備は日本において重要な課題であった。1871年（明治4年）に中央官庁として設置された文部省は、日本の教育の近代化において主導的な役割を果たした。しかし、地方教育行政システムの構築は容易なことではなく、当初はいくつかの異なる国の制度をモデルにして、さまざまな試行錯誤が行われた。1880年代に入り、一方で中央の統治機構としての内閣制の導入、もう一方で市制町村制など地方自治制度の整備が進められるにつれて、中央・県・郡・町村というピラミッド型の教育行政機構の骨格が作り上げられる。国は教育法令の整備、国家的カリキュラムの基準、教科書作成、教員養成と教員の服務など、教育の目的と方法に直接的に関連する事項に権限を有していた。また、帝国大学、その予備教育機関である旧制高等学校など国の指導的人材の養成にかかわる機関については、国が直接的に管理運営した。

　一方、初等教育・前期中等教育段階の教育の管理運営は地方に委ねられた。校舎や施設の設置と維持、教員給与の負担、就学の督励、教育行政関係の職員の配置などは地方の権限と責任とされた。戦前の国家主義の中では、教育に関する事務（教育行政）は県や市町村の固有の事務ではなく、国の事務を委託されたものという位置づけであり、地方自治をベースにするものではなかった。その意味で教育行政の地方分権という点では限界があったが、実際の学校の管理運営において地方の果たしていた役割は極めて大きなものであった。効率性という点では、日本は戦前において、すでに極めて効率的な教育行政ネットワークを作り上げていた。

　戦後の教育行政改革では教育の地方分権と民主化が最大の課題とされた。戦後改革の中心的な柱であった米国モデルの地方教育委員会制度は、日本の

実情に合わせてかなり修正されたが、導入以来すでに50年近い歴史を有しており、日本に完全に定着しているといえる。しかしながら、最近の教育行政をめぐる改革論議に示されるように、日本の教育界には、前例を踏襲する保守傾向が根強く残っていることも否定できない。今あらためて国と地方の役割分担の見直し、教育委員会の活性化が議論されている。

〈斉藤泰雄、三浦　愛〉

**引用・参考文献**

海後宗臣監修（1971）『日本近代教育史事典』平凡社。
中央教育審議会（1998）『今後の地方教育行政の在り方について』。
土屋忠雄他（1968）『近代教育史』小学館。
村井実（1979）『アメリカ教育使節団報告書』講談社。
森隆夫編（2002）『必携学校小六法　2002年度版』協同出版。
文部省（1972）『学制百年史』帝国地方行政学会（ぎょうせい）。
―――（1992）『学制百二十年史』ぎょうせい。
臨時教育審議会（1985～87）『教育改革に関する答申』（第一次～第四次）。

# 第3章　教育財政

**途上国の課題**

　途上国は教育の整備拡充のために財政資金の確保に努めてきた。しかしながら、最近は経済危機に対処するための「構造調整政策」による公的な教育予算の削減などを契機に、資金のより一層効率的な活用、教育的弱者への優先的資金配分、資金調達源の多元化、競争原理を導入した資金配分方式、民間資金の導入などさまざまな教育財政改革が試みられている。

**ポイント**

　本章では、日本では教育のための資金調達において、国・県・市町村、さらに父母・保護者・地域住民の間で、どのような分担関係が生み出されてきたのかを見る。教育行政の側面では、極めて中央集権的な性格が強かったのとは対照的に、教育財政の面では、近代的な教育制度導入の最初の時期から、かなり分権化された体制で教育資金の調達と配分を行ってきたことが日本の大きな特色である。後半部は現行の教育財政のシステムを説明する。このほかに、教育条件の格差の是正、児童生徒の福祉厚生、理科教育や産業教育の振興、私学の振興など特定の教育分野への国家補助の拡大の動きを見る。特に1970年代に教員給与の大幅改善を実現した「人材確保法」の意図と成果を強調したい。

# 1　戦前期の教育財政

## 1-1　地域住民と保護者に大きく依存した教育財政

　日本で最初の近代的な学校法制である「学制」は、教育行政の単位として学区制を採用しており、原則的に、学区は教育財政の単位ともされた。すなわち、学校の設立と運営のために必要とされる費用は、小学校は小学区によって、中学校は各中学区においてというように、学区ごとに調達するものとされた。

　当時、国の政府は西洋の知識・技能を迅速に取り入れるために高等教育の整備を優先しており、多数の外国人教員を高給で雇用したり、欧米先進諸国に留学生を派遣することに多くの予算を注ぎ込んでおり、小学校の建設や運営は、地方政府の資金、住民への課徴金、授業料収入に依存せざるをえなかったのである。各学区は、税金・寄附金・授業料などによって必要とされる資金を調達することを求められた。国庫から県への補助金交付の規定は存在したが、その額はわずかであり、配分方法も明確ではなかった。1880年(明治13年)には国庫補助そのものが廃止された。政府は新しい時代を迎えて、個々人の自己啓発の必要性、教育による立身出世の機会の提供、教育の実用的価値を強調することで、こうした「受益者負担方式」の教育財政方式を正当化しようとした。

　地域住民と保護者に大きな資金負担を課する教育財政方式には、当然のことながら抵抗や反発もあり、それは近代学校制度の導入の当初における就学率の低さにも表れていた。時には学校焼き打ち事件さえ生じた。しかしながら、こうした財政方式にもかかわらず、学制施行後数年のうちに、日本全国で2万校を超える小学校が設置されたという事実がある。当時の日本の地域住民や保護者の中には、新しい学校に期待をかけ、その設立と維持のためにかなりの費用負担を甘受する意思と資金調達の努力が存在していたといってもいいだろう。このように、中央集権的な教育行政とは対照的に、学校の資金調達という視点から見るなら、日本の小学校はまぎれもなく community-based の学校として出発した。

### 1-2　市町村への教育財政負担の一本化と国庫補助の開始(再開)の動き

1880年代の地方自治制度の整備を受けた1890年(明治23年)の「第二次小学校令」の公布により、小学校の経費は全面的に市町村の負担とされるようになった。授業料収入は基本的に維持されたが、それは市町村の手数料収入に位置づけられた。1893年(明治26年)には財政力のある市町村は授業料徴収を停止することができるようになる。1900年(明治33年)の「第三次小学校令」により、小学校での授業料徴収が原則として廃止されることになる。一方、義務教育制度の整備に伴い、市町村の教育財政負担はますます大きくなっていった。このため、教育界には、1880年(明治13年)以来途絶えていた義務教育費への国庫負担の復活を求める声が高まっていた。1896年(明治29年)、教員の給与改善(年功加俸)への国家補助という形で小学校教育費への国家補助が復活した。さらに1900年(明治33年)、政府は国庫補助の対象を小学校教育費一般に広げた「市町村立小学校教育費国庫補助法」を公布した。この国庫補助金は毎年100万円とされ、学齢児童数と就学児童数に応じて各県に配分された。また、1907年(明治40年)に義務教育が4年から6年に延長されたこと、勅令により市町村立小学校教員の給与が大幅に引き上げられたことに伴い、1908年(明治41年)から国家からの補助金と同額を各県からも支出させて、小学校教員の給与の増加及び市町村立小学校の教員住宅費の補助に充てることが開始された。

しかしながら、こうした国庫補助制度の開始にもかかわらず、公立学校経費全体に占める国庫補助の割合はこの時期を通じてわずかに1％ほどにとどまった。町村の歳出に占める教育費の割合は1900年代には40％を超えるようになって、義務教育費の国庫負担への要望はますます高まっていった。

### 1-3　義務教育国庫負担法の成立

1918年(大正7年)、「市町村義務教育費国庫負担法」が成立した。これにより市町村立尋常小学校教員給与の一部を負担するために国庫から毎年1000万円以上の金額を支出するというものであった。従来の国庫補助法が国からの「補助」を主眼としていたのに対し、新法は国と市町村との間での義務教育費の分担関係を確立したことが特色であった。この国庫負担金は教員数と児童

数をベースにして配分されるものとされたが、特に財政の弱体な市町村に増額して交付する方式をも採用していた。国庫負担金の額は、その後1925年（大正14年）に4000万円、1926年（昭和元年）に7000万円、1927年（昭和2年）7500万円、1930年（昭和5年）8500万円と増額された。

1940年（昭和15年）、中央と地方との財務制度が改革され、国が徴収した税金を地方に還付する財政調整制度が成立した。これに伴って従来の「市町村義務教育費国庫負担法」を改正し、新たに「義務教育費国庫負担法」と「市長村立小学校教員俸給及旅費ノ負担ニ関スル件（勅令）」が公布された。これにより、市町村立小学校の教員の俸給と赴任旅費は従来の市町村負担から県の負担へと移され、またその県負担金額の半分を国庫が負担するという方式になった。すなわち、従来定額方式であった国庫負担が県の支出実績に2分の1という定率負担方式に改められた。小学校教員の給与費の負担を市町村から県に移すことによって市町村財政に対する教育費の重圧を除くとともに、学校の施設整備などの教育条件の充実と教員給与の水準を全国的に適正なものとすることに道を開くものであった（義務教育費の市町村、県、国別割合の推移は**表付-1**、**図付-10**参照）。

## 2　戦後期の教育財政

### 2-1　戦後復興と教育財政

戦後の日本は、戦争によって破壊された校舎や設備の復旧、中学校教育の義務化に伴う校舎建築費などの財源確保の問題に直面した。国は校舎建築費の2分の1と設備費の3分の1を補助することとなった。しかし、戦後のインフレ抑制のために緊縮予算によって教育費の1割削減、中学校の建設関係の予算が全額削減されるなど、混乱が続いた。中学校の校舎建設の予算を確保できないことを苦慮して自治体の長が辞任したり、自殺するなどの事件も相次いだ。また、米国から派遣された税制使節団の勧告に基づいて、戦後の一時期、「義務教育教育費国庫負担法」が廃止されたことにより、教員給与費の確保にも混乱が生じた。教育予算の不足とそれに伴う混乱は1950年（昭和25年）頃まで続いたが、1952年（昭和27年）に「義務教育費国庫負担法」が復活制定

されると、それ以降は、義務教育関係の学校の教員の人件費の2分の1を国庫が負担するという制度が教育財政の基本的方式として確立されるに至る。また1953年（昭和28年）に「公立学校施設費国庫負担法」、「危険校舎改築促進臨時措置法」が制定され、学校施設関係の整備への国庫補助に法的根拠が定められた。これらの法律は1958年（昭和33年）に整理・統合されて「義務教育諸学校施設費国庫負担法」に引き継がれた。これらの法律により、公立の小・中学校の校舎新築・増築の要する経費の2分の1、屋内運動場の新築・増築の経費の2分の1、構造上危険な状態にある校舎の改築費用の3分の1などを国庫が負担することが定められた。

### 2-2 私立学校に対する助成

　戦争の災害や戦後の混乱は私立学校にも大きな打撃を与えていた。このため政府は、1946年（昭和21年）に私立学校建物戦災復旧貸付金を用意し、私立学校への公的な資金貸し付け制度を創設した。また、私学向けに長期低利で資金を貸し付ける公的金融制度の充実を求める要望に応えて、1952年（昭和27年）「私立学校振興法」が制定され、政府が全額出資する特殊法人「私立学校振興会」が発足し、主として私立学校の施設拡充向け資金の貸し付けを恒常的に行うようになった。

### 2-3 各種の振興法の制定と特定分野への財政支援

　このように、1952年（昭和27年）頃までに、戦後の教育財政の基本的枠組みが確立されてくる。また、これと並行して、1950年代に入ると、日本の教育の中でも整備の遅れている分野や教育政策上の優先的課題として特に整備が急がれている分野を取り上げて、それらを教育財政面で優遇するための措置がとられるようになる。そのために特定の教育分野を指定した各種の教育振興法が制定されることになる。「産業教育振興法」(1951年（昭和26年）)、「理科教育振興法」(1953年（昭和28年）)、「へき地教育振興法」(1954年（昭和29年）)、「学校給食法」(1954年（昭和29年）)、「就学困難な児童及び生徒に係る就学奨励についての国の援助に関する法律」(1956年（昭和31年）)、「学校保健法」(1958年（昭和33年）)などが相次いで公布された。これらの法律は、いずれもそれぞれの対

象分野での施設や設備の充実を図るために国が一定の基準を設定し、地方の自治体や学校がその基準を達成するために努力する場合、その費用の一部あるいは大半を国から補助すると定めるものであった。

地方教育費のうち、上記の国庫負担金・補助金以外の経費については、国が徴収する税金（所得税、法人税、酒税、消費税、及びたばこ税）の一定割合を地方団体（県及び市町村）に交付する地方交付税制度によって財源の確保が保障される。

### 2-4　人材確保法と教員給与の優遇

1974年（昭和49年）に制定された「人材確保法」は、正式には「学校教育の水準の維持向上のための義務教育諸学校の教育職員の人材確保に関する特別措置法」と呼ばれる長い名称の法律である。これは、1971年（昭和46年）の中央教育審議会答申が「教員の給与は、すぐれた人材が進んで教職を志望することを助長するにたる高い水準とし、同時により高い専門性と管理指導上の責任に対応する十分な給与が受けられるように給与体系を改めること」と勧告していたのを受けたものである。高度経済成長の継続で労働市場が活況を呈し、民間企業に優秀な人材が集中する傾向に対抗するため、教員給与を大幅に改善して優れた人材を教職にリクルートすることを目指していた。法律の施行後、1974～1978年（昭和49～53年）にかけて義務教育学校の教員給与は3回にわたって全体で約30％引き上げられ、最終的に教員給与は一般公務員の給与を上回るレベルにまで引き上げられた。確かにこの教員優遇策の後、教員＝安月給という伝統的なイメージは一掃された。これ以降、県教育委員会の実施する教員採用試験の競争率は一挙にはね上がり、教職は若者にとって経済的にも魅力的な人気ある職業となった。また、この時期以降、日本の教員組合は戦後長らく維持してきた強力な組織力や影響力を低下させ、その戦闘的な姿勢を弱めることになる。

## 3　臨時教育審議会での教育財政改革論議

1980年代の臨時教育審議会は、教育財政の改革をめぐっては次のような提

言を行った。

### (1) 官・民の新しい役割分担と協力体制

明治以来の欧米工業先進国に追いつくという国家目標を基本とした、近代化の時代を終えて、日本の教育・文化・生活などの水準は飛躍的に上昇し、国民が教育・研究、文化・スポーツの諸活動に求める内容はますます高度化・多様化している。こうした事態に柔軟かつ効果的に対応していくためには、公共サービスの形態と自由な競争と選択を前提とする民間サービスの形態との新しい次元での効果的な協力体制と官・民の役割分担の再構築に着手する必要があり、この観点から教育行財政の関与すべき分野(基本的ニーズへの対応)と基本的に民間の活力に委ねるべき分野(基本的な水準を超え、多様かつ高度なニーズへの対応)とを明確に整理し、教育費負担と受益のあり方、公財政支出教育費のあり方について抜本的な検討を引き続き行う。

### (2) 教育財政の充実と重点配分

教育改革の推進にあたって、教育改革の方向に関して資金の重点的・効率的配分に努めつつ、国家財政全般との関連において適切な財政措置を講じていく必要がある。今後、内外の情勢の変化に対応しつつ、基礎研究の充実、高等教育の質的充実、心身の健康の充実など教育・研究水準の質的向上のために、資金の思い切った重点配分に努めることが課題となっている（国の予算における一般歳出内訳及び文部科学省の一般会計予算の構成は、付録Ⅱ、**図付-13**、及び**図付-14**参照）。

### (3) 教育財政の合理化・効率化

教育にかかわる既存の制度・施策の全般にわたり、国と地方の役割分担と費用負担の見直し、業務の運営の合理化、受益者負担の適正化、資産の活用等の観点から見直しを行い、教育財政の合理化・効率化を図る必要がある。このような考えに立って、義務教育費国庫負担のあり方、学校給食のあり方、資産の活用等について見直しを行う。

### (4) 民間活力の導入

　教育の活性化、合理化を推進する観点から、規制の緩和等により民間活力の積極的導入を図る必要がある。学校の設置・管理・運営に関する規制の緩和、寄付等について税制上の措置の活用、要件・手続きの簡素化、第三セクターの活用、ボランティアの活用、施設の民間委託等を図る。

### (5) 家計の教育費負担の軽減

　学校教育に関連する費用の過度の上昇は、教育の機会均等の確保という観点からも問題である。このため、税制改革においては、高校生・大学生を抱える中高年齢層など教育費負担の重い層への配慮がされる必要がある。優秀な大学院生及び高度の研究に従事する研究者への貸与制・給費制の併用などの検討を含め、奨学制度の一層の充実・改善を図る。

## 4　結　語

　教育行政の側面では、極めて中央集権的な性格が強かったのとは対照的に、教育財政の面では、近代的な教育制度導入の最初の時期から、かなり分権化された体制で教育資金の調達と配分を行ってきたことが日本の大きな特色である。同じ公教育でも原則として、高等教育は国が、中等教育は各県が、そして義務教育の段階では、もっぱら市町村がその財政を負担するという体制が採用されてきた。初期の段階では、義務教育でも、住民への賦課金や授業料の形で父母や地域社会にかなりの教育費負担を強いた。原則として、国は義務教育の財政に関与せず、例外的に校舎建築や教員給与の改善のために分野を限定して国家から補助金を支出するという形で国庫支出を拡大してきた。第二次世界大戦中に義務教育経費を県が負担し、さらにその半額を国家が負担する法律が制定され、この体制は戦後も維持されている。

　初等・中等教育の段階で、教育資金の調達を国が丸抱えすることなく、地方の権限と責任とする体制は、ともすれば教育財政の地域間格差を招く恐れがあるが、日本の歴史的経験によれば、こうした事態はそれほど深刻に表面化することはなかった。確かに、教育財政の捻出は地方政府にとって大きな

負担ではあったが、住民の教育への期待の大きさはそれを何とか克服する方向での努力を生み出した。

　視点を変えるなら、一般経常費の調達を地方に大きく依存した体制の下で、国は戦後における各種の教育振興法の制定による特定分野への国庫補助金の支出、「人材確保法」による教員給与優遇策、私立教育機関への国庫助成などのように、国としての政策の優先分野に国庫助成を集中させていくことが可能になったともいえよう。

〈斉藤泰雄、三浦　愛〉

**引用・参考文献**

海後宗臣監修（1971）『日本近代教育史事典』平凡社。
土屋忠雄他（1968）『近代教育史』小学館。
細谷俊夫他（1990）『新教育学大辞典』第一法規出版。
森隆夫（2001）『必携 学校小六法』協同出版。
文部科学省（2003）『平成14年度文部科学白書』。
文部省（1972）『学制百年史』帝国地方行政学会（ぎょうせい）。
―――（1992）『学制百二十年史』ぎょうせい。
臨時教育審議会（1985～87）『教育改革に関する答申』（第一次～第四次）。

# 第4章　学校経営

**途上国の課題**

　近年、学校経営の果たす役割が重要視されており、地方分権化政策が学校レベルまで施行されている。途上国における課題として、政府の財源配分の限界や行政機能の脆弱さにより学校存続のために各校の自助努力が必要であること、また、教員が適切に授業を行う体制整備や教育資源の効果的な活用のために校長を中心とした学校関係者全体で学校改善を行う必要があることが挙げられる。さらに、学校経営の適正化や自主財源確保のために地域住民の学校教育への参加が重要な課題として認識されている（国際協力事業団（2002）p.137、Shaefler（1994）pp.4-5、Bray（1996）pp.44-46）。教育協力においては、学校経営改善のために校長研修や住民参加型のプロジェクトなどが実施されている。

**ポイント**

　日本は、学校制度の創成期以降、中央政府主導の下に学校を管理・運営してきたが、戦後は地方分権化に伴い学校の主体的な経営が求められるようになった。学校の最高責任者である校長の役割も時代とともに変化し、これまでの単なる管理者的役割から学校改善を主導するリーダーとしての役割が重要視されている。学校経営を効率的に行うための校務分掌組織は明治期の早い段階で形成されており、職員会議や研修も積極的に行われてきた。

　また、日本の地域住民の学校経営への参加に関しては、児童・生徒の保護者を中心とした財政を支える学校後援会的組織から、保護者と教員が協力して児童・生徒の幸福な成長を図ることを目的とした団体＝PTAへと発展してきた。2000年（平成12年）には、児童・生徒の保護者のみならず地域住民も学校経営へ参画できる仕組みとして「学校評議員制度」が導入された。

## 1　概　観

### 1-1　日本における学校経営の変遷

　近代学校教育制度が創設されて以降の学校経営のあり様は、国の政治思想や教育思想の変化に呼応して複雑・多様化してきている。学校教育の確立期である明治期は、国家管理観に基づき学校を法規的・官庁的に管理するという意味で「学校管理」という言葉が使われ、学校は国の強いイニシアティブの下でその役割を忠実に実行してきた。大正デモクラシーと呼ばれる自由思想が入ってきた大正期及び昭和初期には、学校が主体的に教育活動を充実・改善させていくことの重要性が叫ばれ、学校機能を主体的にとらえた「学校経営」という概念が生まれた。戦後の教育改革以降は、これまでの管理的側面に民主化の思想が導入され、基本的には学校の教育目標の達成を目指した「維持・管理機能」と「創意・創造機能」の両側面が内在したものとして学校経営[1]がとらえられている。

#### (1) 学校管理体制の整備

　1872年（明治5年）の学制発布後、国民皆教育の思想の下に全国各地で多くの学校が建設され、それまで日本になかった学校組織や学校管理という概念が学校教育の誕生とともに芽生え始める。小学校創設期においては、まだ校長や教頭などの管理職は存在しておらず、町村の総代が小学校の開設・維持・運営にあたっていた。1879年（明治12年）には「学務委員」が各学区に任命され、教育全般にわたる事務を担当し、教員の勤務を監督し都道府県に内申する管理権と監督権を併せ持っていた。当時の学校は建設から運営維持管理に至るまで地方政府の責任の下に実施されており、そのための資金は授業料や住民からの寄付金や学区内集金(住民の貧富の程度に応じて課した割当金)によってまかなわれていたため、住民は教育に対して多大な負担を強いられていた。

　1880年代末頃になると就学する児童が増え、学校が多学級化し、複数の教員が派遣されるようになり、各地の学校に「職員会」「教員会」「教員会議」などと呼ばれる職員会議が設置され[2]、学校管理上の意思の疎通や統一を行う場

> Box 4-1　学校教育による子どものしつけ
>
> 　1890年代以降、生活即訓育という考え方が学校教育の中で普遍化し、学校で子どものしつけが行われるようになったと同時に、家庭における父母の訓育を学校教育に取り上げる結果にもなった。
> (例)「児童心得（1906年（明治39年））」
> ○忘れ物をしないこと
> ○欠席、遅刻、早退は連絡をすること
> ○雨天には傘を持参すること
> ○登下校時は寄り道、買い食いをしないこと
> ○教室の出入戸の開閉は静かにすること
> ○校内の清潔につとめること
> ○大小便は休み時間の始めにして汚さないこと
> ○学校の物品や植木を大切にすること
> ○飲み水を粗末にせず衛生に注意すること
> ○野卑な歌曲は歌わないこと
> ○家を出るとき帰ったとき父母にあいさつすること
> ○始業時刻までは学用品をもったまま運動場で待っていること
> ○自分と人のためになること以外は言ったりおこなったりしないこと
>
> 　出所) 静岡県立教育研究所 (1972)

が形成されていった。比較的規模の大きい学校では、学校の校規に「職員会議規定」として、その目的・組織・運営方式などを規定するようになった。

　1890年（明治23年）の「第二次小学校令」において郡視学制度が制定され、郡視学は郡長の指揮命令を受けて、学校施設設備や教員の勤惰、児童の成績などを監督するようになった。同時に、学校規則も多様化し、掃除番規定、授業料徴収法規定、級長心得などの学校管理上の細かい規定が作られるようになった（静岡県立教育研究所（1972））。管理化の傾向は児童にも及び、1890年代末から児童の生活に至るまで管理規則が設置されるようになっていった。また、学校行事は1880年（明治13年）頃からさまざまな取り組みが行われ、修学旅行や遠足、運動会などが各地の学校で行われるようになった。

　学校を統轄する立場である校長職が制度の中で姿を見せたのは1881年（明治14年）であり、その後その職の性格が明確化され、1891年（明治24年）の「小学

校長及教員職務及服務規則」では、校長の権限が「校務（学校経営に必要な事務・業務（文部省（2000a））を整理し所属職を監督すべし」と規定された。しばらくは校長職の設置は一般化せず、1893年（明治26年）当時の校長数は小学校総数の20％を占める程度であったが、学校規模の拡大とともに学校管理の整備が急速に実施されるに伴い、1900年（明治33年）の「第三次小学校令」ではすべての公立小学校に校長が設置されることになった。最初、校長の職務とされた学校事務である「校務」は、学校規模の増大による学校管理体系の複雑化に伴い分業の概念が生じ、教員に対して指示命令を出し、校務を分掌させるという形態をとるようになった（国立教育研究所（1974））。

　この時期の学校管理は、中央教育行政－地方教育行政－学校という集権的・階層的な教育構造の末端に位置し、学校の組織運営にかかわる教育法規を学校現場に適用させるという性格を有しており、校長が学校管理の一切の総督権を持ち、教員は校長の命令によって教育や公務の任務を分掌するものとされていた。

### ［「学校経営」概念の萌芽とその萎縮：1918〜1945年］

　この時期、明治期の学校管理の基本的骨格には何ら変化はなかったが、伝統的な「上からの」学校管理方式に対する批判的傾向が見られるようになった。欧米自由教育思想の影響が1918年（大正7年）頃から入り込み、明治期の教育法規の解釈及び運用といった「学校管理」という語に対して、学校の教育思想や教育方策を実現し、地域や児童・生徒に基づいた教育実践を行うという意味で「学校経営」という語が目立って使用されるようになった。

　しかし、当時の集権的・官僚的な教育構造の下では、「学校経営」思想は局所的・技術的な改善に終始し[3]、現場の学校経営に著しい影響を与えることなく、昭和初期前後の国家主義的教育が台頭するにつれて明治期の伝統的管理法へと再帰することとなった。

### ［学校経営の民主化：1945〜1950年］

　戦後の教育改革により教育の地方分権化が実施され、文部省が有していた強大な権限を地方教育行政機関や学校現場、さらには個々の教員に委譲され

ることになった。実際、文部省の権限は縮小され、公選制の教育委員会制度が発足し、以前に比べて学校が主体的に教育活動を実践できるようになった。また教員組合の組織化や自主的な教育研究団体が発足されるなど教育研究活動が活発化した。

　この時期は「学校経営の民主化」の時代と称され、比較的自由な経営活動が行われたが、この民主化は学校現場から生じたものではなく、「上からの」民主化であったこともあり、職員会議における意思決定方法や校長の指導・助言のやり方といった手続き上の民主化論に限定されていた。また、戦前の学級において教員の命令の下に学級の事務を請け負い、他の児童の監視役であった「級長」制が廃止され、児童会の自治に基づき選挙によって選出された「学級委員」が誕生し、他の児童も学級の諸活動に対して「係」としての役割を担うこととなった。

[管理体制の強化：1950～1970年]

　1956年（昭和31年）の「地方教育行政の組織及び運営に関する法律」により、戦後芽生えた民主的な学校経営思想は一転して管理体制強化に変化した。教育委員会が任命制となり、教育行政が実質的に教育長以下の事務局に主導されるようになった。さらに教員に対する勤務評定の実施や学校一斉学力テストの実施など、自主的な学校経営や教育実践が行われにくい状況が次々と生まれてきた。

[経営現代化論の拡充：1971～1998年]

　1971年（昭和46年）の中央教育審議会答申「今後における学校教育の総合的な拡充整備のための基本施策について」の前後から、教育行政や学校関係者の間で地域社会との連携や学校内部の組織・活動の改善といった学校経営の課題に関心が集まっていった。同時に特色ある学校づくりが叫ばれ、地域・子ども・学校の特性や実態に即した目標づくりが重視されるようになった。

　戦前の校務分掌組織は、単に教員を管理し業務を分掌させるためのものとしてとらえられていたが、この時期の校務分掌組織は、学校活動を効率的・効果的に実践していくために機能と実施体制を整備するためのものとして認

識されるようになった。その結果、PTA や教員組合関係の仕事も校務に含められるようになった。

学校行事については、その計画立案過程に児童会を通じて児童が積極的に参加し、子どもの意思が反映されるようになった。そして、学校行事の運営過程にも児童の主体的な参加が見られるようになってきた。しかし、一方では児童に任せすぎて教育的指導制の意義が薄れてしまうという問題も指摘されるようになった。

［最近の取り組み：1999年〜］

これまでの日本の学校経営は、すべての子どもに同様の教育を提供することを重視するあまり、必ずしも学校の自立性・自主性が育成されてこなかった。このような反省から最近では学校の主体的な経営を支援する試みが講じられている。これまでにも増して地域や子どもの実態に応じた特色ある学校や地域住民に開かれた学校づくりが重要視され、保護者や地域住民と学校教育のあり方についての共通理解と意思形成を図るための学校評議員制度の設置や、各学校の主体的な教育課程編成の促進といった学校の裁量権の拡大を図っている。

## 1-2　保護者・地域住民の学校経営への参加の変遷

日本の学校教育を振り返ると、その開始当初から保護者と地域住民が果たしてきた役割は大きい。当初は校舎建設を中心に学校教育にかかわっていたが、今日では、部分的にではあるが、学校経営そのものへの関与まで見られるようになってきた。以下では、主に戦後、米国をモデルとして導入された"Parent and Teacher Association（以下、PTA）"に焦点を当て、時代を戦前、戦後復興期、発展・安定期、現在の4区分に分けて、その特徴や機能について概説してみたい。

［戦前の学校後援会：〜1945年］

1872年（明治5年）公布の「学制」では教育の機会均等と同時に就学義務についても触れており、学校教育開始当初から義務教育の普及について保護者の

関与が重視されていたことがわかる。また、国庫が貧しい当時、受益者負担の原則に基づく授業料徴収制を導入していたため、学校と地域住民のかかわりは極めて密接であったと考えられる。富者の寄進によって「貧人小学」が設けられる等地域住民による協力活動も見受けられ、そのような動きは明治後期に広く見られるようになった。

米国のPTA運動[4]を受けて1899年（明治32年）に東京都に「学校後援会」が結成された後、多くの学校に同様の団体が組織された。1900年（明治33年）には無償制を原則とする4年制義務教育が、1907年（明治40年）には6年制義務教育が実現したが、多くの団体は学校整備や催しへの寄付が主な活動であり、教育の振興を目的としているものの、実際は学校に対する財政支援組織であったと考えられる。

### [戦後復興期におけるPTA：1945〜1959年]

PTAは民主主義教育推進のために戦後占領軍により指導・設置された組織である。文部省はPTA設置を奨励し、1946年（昭和21年）には省内に「父母と先生の会委員会」を設置し、委員会によってPTA結成の手引書や参考規約、パンフレット等が作成された。そして、早くも1948年（昭和23年）には7割近くの全国小・中学校にPTAが設置され、1950年（昭和25年）には小・中学校のPTA結成率はそれぞれ93％、89％となった（社団法人日本PTA全国協議会ホームページ）。さらに、全国の学校に広くPTAが組織されるようになると、地域ごとの地域協議会が結成され、1952年（昭和27年）には「日本PTA全国協議会」の原形となる全国組織が結成された。協議会は機関誌の発行、優良PTAの表彰、PTA週間の設定、PTAの最高諮問機関として調査、審議、具申等を行う「審議会」の設置等を行った。

このように短期間でPTAが広く組織された背景には、メディアの果たした役割も大きいと考えられるが[5]、戦前から存在する「学校後援会」の名称をPTAと変更したにすぎず、その内実は旧組織と変わらなかったというものが少なくなかった（Ibid.）。また、PTA結成の動機は「県の指令によるもの」との回答が最も多く、行政からの指示によりPTAが組織されたようである（Ibid.）。米国指導の下に同国のPTAを手本にして作り上げてきたが、この時

点では米国のように子どもの福祉の向上を目的とした社会教育団体としてのPTA活動は定着していなかった。一方、教育財政が逼迫していた当時、PTA予算は学校職員の給与手当や維持管理費、校舎建設・施設費等公教育、教育活動に要する経費(教材教具・図書費、消耗品費、行事)を支えるものであり、寄付等の形で保護者から徴収していたため、地域の有力者によるボス的支配の傾向が著しかったといわれている。

[発展・安定期における行政制度の整備とPTAの学校経営への参加の変化：1960〜1999年]

1960年(昭和35年)には「地方財政法」の一部改正に伴い、公立小・中学校費のうち人件費と建物の維持・修繕費についての住民負担が禁止され、PTAを通じた保護者の負担が徐々に解消されていった[6]。以後、PTAは導入時にモデルとなった米国のPTAのように保護者と教員とが協力して子どもの幸福な成長を図るべく、自主的に運営される本来の社会教育団体として活動の強化を図っていくことになった。関係機関への要望等の活動だけではなく、子どもの健全育成と福祉の増進のため、研究・研修活動、青少年育成事業、協賛・協力事業といったさまざまな活動を担うようになってきた(具体例については「2-5 PTAの活動」を参照)。

しかしながら、PTA役員のなり手が見つからない、PTA活動が一部の保護者の活動になっている、父親の参加が少ない、教員の協力が得られない等の問題を抱えており、これまでPTAは保護者の学校経営参加促進を可能にする仕組みとはいえなかった。また、子どもの在学期間は保護者がPTAへ自動的に加入することが慣例となっており、地域住民の参加は原則的に認めておらず、PTAは保護者と教員のみで構成する団体として定着してきた。

[地方分権化と保護者・地域住民の学校経営への参加の期待：2000年〜]

2000年(平成12年)には保護者や地域住民の意向を反映させ、学校としての責任説明を果たしていくために「学校評議員制度」が導入された。この制度は地域住民の学校経営への制度的な参画を初めて可能にするものであり、教育委員会の判断により学校ごとに開かれ、学校評議員は校長の求めに応じて学

校経営に関する意見を述べることとされている。学校評議員は、教育に関して一定の理解や識見を持つ者の中から校長及び教育委員会の推薦により選出される。2002年(平成14年)8月現在、全公立学校において「設置済み」の学校は約半数で、「検討中」は30.6％、「検討なし」は22.4％となっている(文部科学省ホームページ)。なお、この新制度導入に伴うPTAの活性化が期待されている。

## 2 日本の学校経営の現状

現在、学校経営とは「学校教育目標を効率的に達成するために必要な諸条件（4M：人、物、金、組織・運営）を、計画－実施－評価（Plan-Do-See: PDS）のマネジメントサイクルを踏まえて整備すること」をいう（牧（1998））。しかしながら、学校によってその実態はさまざまであり、各学校がその実情を適切に把握し、それに見合った学校経営を実践していく必要がある。したがって、子どもと教員が核となる人的条件、教材・教具などのソフト面から施設・設備などのハード面を指す物的条件、学校運営費を指す財政的条件を踏まえた上で、「我が校」としてどんな組織づくりをし、どのように運営するかが重要視されている（牧（1998））。

学校は校長の責任と権限の下に主体的に学校教育活動を展開しつつ、最終的には学校の設置者である教育委員会が学校の管理運営の責任を負う仕組みになっている。なお、PTAは学校の付属機関ではないが、家庭と学校と社会との連携・協働によって子どもの幸福な成長を図るために活動を行っている組織であり、学校経営の改善に向けてPTAが果たしている活動を見逃してはならない。

### 2-1 学校経営における学校機能
**(1) 教育目標の設定**

教育目標は学校の経営方針や組織形成、全教育活動を行う上で重要不可欠なものである。

日本では教育法規（「憲法」、「教育基本法」、「学校教育法」など）の大綱的な枠組みの中で教育実践が行われることから、各学校の教育目標は国家の教育方針

に基礎を置くことが前提となっている（岡東（2000））。学校は各種法規を踏まえ、各学校の実態に即した実践的な教育目標を設定しなければならない。設定された教育目標は教育委員会に届け出る必要があり、学校要覧などにも掲げられる。教育目標が設定されると、学校はそれを達成するために全教育活動の具体的計画を策定する。

　しかしながら、毎年ほとんど教育目標が変わっていないか、少し手直しをしたにすぎない教育目標が見られたり、教育目標が抽象的で実践と乖離していたり、日々の活動の中で教育目標を具現化することが難しいなどの指摘がある（岡東（2000）など）。

**(2) 学校運営組織**
　学校には教育目標を達成するための意思決定を行う職員会議や運営委員会などの審議機関と、その実施にあたる執行機関としての学校運営組織[7]が設置されている。

　学校では校長が校務をつかさどることになっているが、実際には校長一人で校務を処理することは不可能なので、校長は必要な校務の分担を教職員に内部委任させることになる。こうして構成されたのが学校運営組織である。すなわち、学校運営組織は校長をはじめ全教職員が職位・専門性・資質・能力・特性を生かして分担し、分業することによって自校の教育目標を効果的に達成するための組織体ということになり、校長はその責任を外部に対して代表して負っている（奥田他（1987））。

　日本では校長及び教頭が法律上の職として設置されているほか、主任が施行規則に根拠を持つ教諭の職位とされている。校長は学校の最高責任者として校務をつかさどり、所属職員を監督することが法的な職務（「学校教育法」第28条の3）であり、教頭は校長を助け、校務を整理し、必要に応じて児童・生徒の教育をつかさどることを法的な職務（「学校教育法」第28条の4と5）としている[9]。

　なお、日本の公立学校の学校経費は原則として設置者である地方公共団体が負担しており、学校経費を含む教育予算の編成と執行に関する権限は地方公共団体の長にある。このため、学校自らが資金を集め、それを効率的に管

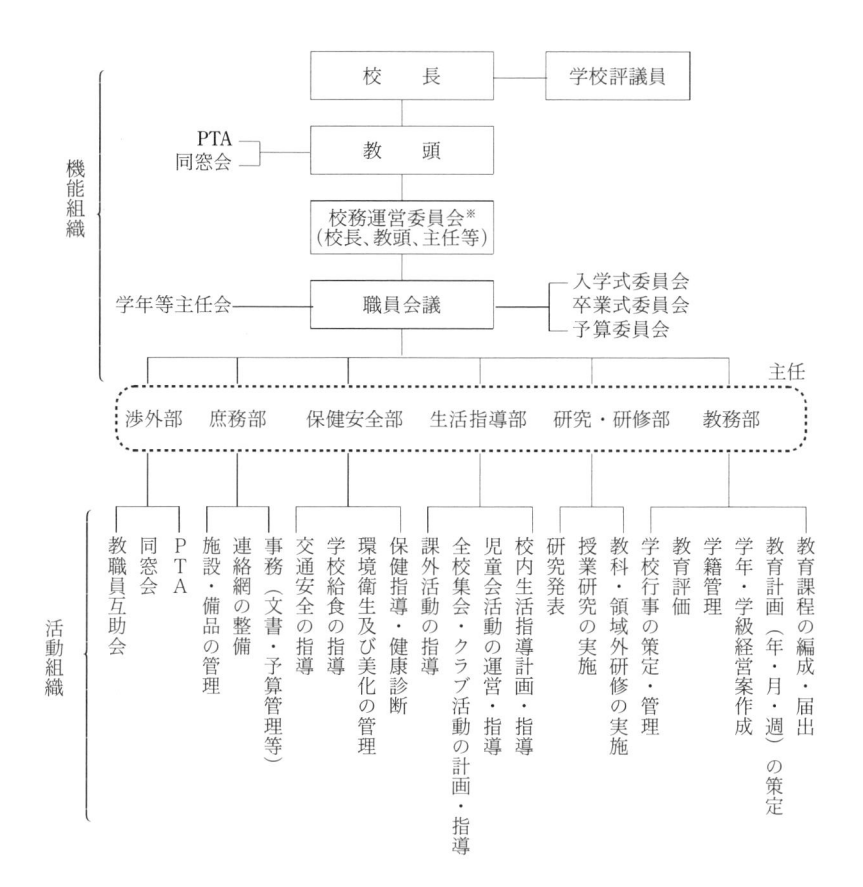

**図4-1　学校運営体制の例**

※校務運営委員会議：通常、校長、教頭、各主任で構成され、学校運営管理の諸計画を策定し、緊急的な問題についても議論する。
出所）筆者作成。

理運営するようなシステムはない（学校運営問題研究会（2000））。

## 2-2　学校活動（年間行事）

　表4-1は1年間にわたる学校行事の例である。日本の義務教育では主に3学期制が採用されている。学校行事の中には、始業式・終業式、入学式・卒業式などの式典、遠足・修学旅行・運動会・学習発表会などの行事が特別活動として組み込まれている。表によれば、1カ月に一度は保護者が何らかの

表4-1　年間行事の例

| 月 | 学期、休み | 学校行事など | 保護者の参加 | 月 | 学期、休み | 学校行事など | 保護者の参加 |
|---|---|---|---|---|---|---|---|
| 4月 | 春休み | | | 9月 | 2学期 | 始業式、夏休み作品展示会 | |
| | 1学期 | 入学式 | ○ | 10月 | | 運動会 | ○ |
| | | 始業式 | | 11月 | | 学習発表会(学芸会、文化祭) | ○ |
| | | 身体検査 | | | | 保護者参観日、保護者懇談会 | ○ |
| 5月 | | 家庭訪問 | ○ | 12月 | | 避難訓練 | |
| | | 遠足 | | | | 大そうじ、終業式 | |
| | | スポーツテスト | | | 冬休み | | |
| | | 修学旅行 | | 1月 | 3学期 | 始業式 | |
| 6月 | | 保護者参観日、保護者懇談会 | ○ | 2月 | | マラソン大会 | |
| 7月 | | 大そうじ、終業式卒業式 | | | | 保護者参観日、保護者懇談会 | ○ |
| | | | | | | 大そうじ、終業式 | |
| 8月 | 夏休み | 臨海学校、林間学校 | | 3月 | | 卒業式 | ○ |
| | | | | | 春休み | | |

出所) 高倉他(1998)を参考に筆者作成。

形で学校行事に参加することになっている。また、1学期に一度は保護者が学校の授業を見学する参観日を設けている。

### 2-3　日本の学校経営の特徴

学校経営の範疇にある活動は多岐に及ぶが、ここでは日本に特徴的な取り組みについて取り上げ、それぞれについて概説する。

#### (1) 主任制度

1985年(昭和60年)のOECD-Japanセミナーにおいて日本の学校組織に特徴的な主任制度[9]が注目された。主任制度が制定されたのは1975年(昭和50年)であり、それまで各学校独自で設置していた各種主任を「全国的に共通した基本

表4-2　主任の職務

| 教務主任 | 学校における教育計画(年間計画、学期間・月間計画)の作成など |
|---|---|
| 生徒指導主任 | 校内における生徒指導のみならず、校外における活動、問題行動、教育相談、児童会、清掃・美化、安全指導、クラブ活動など |
| 学年主任 | 学校教育目標を受けて学年経営計画の策定、実施、評価など |
| 保健主任 | 学校保健安全計画の作成、校内保健組織活動や児童保健委員会の指導など |

出所) 筆者作成。

的なもの」とし、その設置と職務内容を明確にした。

表4-2は小学校における必置主任とその職務を示している。各主任は校長の監督を受け、当該事項について連絡調整及び指導、助言にあたるとされている。

### (2) 学校基本調査と調査結果の行政機関への報告

1911年（明治44年）以来、文部省は全小・中学校の基本的情報を都道府県知事を通じて提出させ、文部省年報に掲載・公表してきた。1948年（昭和23年）に名前を「学校基本調査」と改め、今日に至るまで学校に関する基礎的な統計数値を把握するための調査を実施している。

校長は学級数・児童数・教職員数などの学校の情報を正確に調査し、市町村の教育委員会に報告しなければならない。それによって、その年度、学校に配置される教員数が決定される。1学年の児童数が40人以下であれば1学級が編制されて1人の教員が配置される。1学年に41人以上の児童が在籍していれば、2学級が編成され、2人の教員が配置される。教員の配置人数は学校にとって重要な問題であり、意思決定が校長の報告に基づいて行われる。

### (3) 校内研修

日本では1960年代半ば頃を契機に教育実践の場である学校において、学校が抱えている教育上の課題を全教職員が共同で解決していくことによって教育改善を図ろうという「校内研修」が活発に展開され始めた（奥田他（1987））。なお、校内研修の詳細については第11章及び第12章で概説する。

### (4) 学校教育診断（学校経営診断）

学校が適切に教育活動を行っているかを評価する方法のひとつとして「学校教育診断」と呼ばれる評価方法が開発された。現在、都道府県によっては、学校自らが診断表に基づいて学校教育計画の達成度を点検し、学校教育改善のための方策を明らかにするための指標として用いているところもある。

各学校教育診断表は児童・生徒用、保護者用、教職員用、校長用の4種類があり、学校教育に関する質問に対してそれぞれが5段階評価で回答する。

診断結果は職員会議で報告され、それによってすべての教員が学校についての理解を深め、協働意識が形成される。そのため、「学校教育診断」は学校改善のための経営感覚をつかむ上で有効であると考えられている（牧（1981））。

## 2-4　校長、職員会議の役割
### (1) 日本における校長の役割
校長は学校経営全般についての責任を持ち、その職務権限は「校務をつかさどり、所属職員を監督する」（「学校教育法」第28条の3）と規定されている。明治期から長年の間、校長の役割として、教育法規を忠実に再現し、学校を適切な維持管理に努めることが重要視されてきた（牧（1981））。

しかし、最近の国立教育研究所の調査によると、
①教員の専門的成長に強い関心を示し、
②教授・学習活動の改善向上に支援し、
③校内研修が教育上重要な活動になるよう配慮し、
④教員が直面している問題に積極的に視差と資料を提供し、
⑤教員をよく理解している、
校長が学校において求められていることが明らかとなり、校長はこれまでの単なる管理者の域を超え、学校の教育活動を積極的に支援するスクール・リーダーの資質が求められている（岡東（2000））。

### (2) 職員会議
職員会議は現在においてもその法律的な根拠はないが、1880年代から運営管理の重要な方法として定型化されてきている。教職員の意見を汲み上げ、学校の適切な管理体制の維持と運営の改善を行う上で必要不可欠な機能を果たしており、ほとんどの学校では職員会議を設置するのが慣例となっている。

実際の職員会議の機能として、①校長の諮問に応える場であり機会、②学校の教育計画や教育課程の編成・実施・評価において学校として決定しなければならない協議の場、③教職員が校務の処理について連絡、調整し、共通理解を深める場、④研究・研修などの成果を出す場、の4つに集約される（奥田他（1987））。また、職員会議の特徴としては、職員会議が教職員の研修の場

第4章 学校経営　107

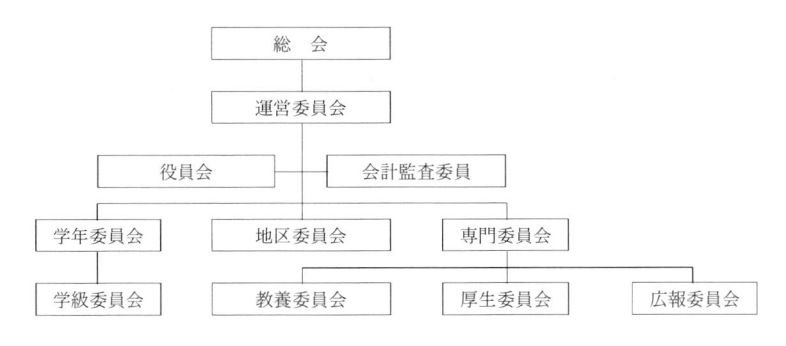

```
                    ┌──────────┐
                    │   総会    │
                    └─────┬────┘
                          │
                    ┌─────┴────┐
                    │ 運営委員会 │
                    └─────┬────┘
            ┌─────────────┼─────────────┐
      ┌─────┴────┐              ┌──────┴─────┐
      │  役員会   │──────────────│ 会計監査委員 │
      └─────┬────┘              └────────────┘
            │
   ┌────────┼────────────┬──────────────┐
┌──┴───┐ ┌──┴───┐  ┌────┴────┐
│学年委員会│ │地区委員会│  │ 専門委員会 │
└──┬───┘ └──┬───┘  └────┬────┘
   │        │         ┌────┼──────┬────────┐
┌──┴───┐ ┌──┴───┐  ┌──┴──┐ ┌──┴──┐ ┌───┴──┐
│学級委員会│ │教養委員会│  │厚生委員会│ │広報委員会│
└──────┘ └──────┘  └─────┘ └──────┘
```

| 名　称 | 構成員 | 機　能 |
|---|---|---|
| 総　会 | 全会員 | ・最高議決機関で活動計画、予算、役員の選出、会則の改訂等を行う。5分の1以上の出席で成立し、多数決で決定する。議長は運営委員以外の者から選出する。<br>・定期総会を4月（決算、役員選出）、6月（活動計画、予算）に開催し、臨時総会は運営委員会が必要と認めた時や会員の10分の1以上から要求があった時に開催。 |
| 運営委員会 | 役員、各学年委員長、各地区委員長、各専門委員会委員長 | ・最高執行機関で各学年・各地区・各専門委員会で立案された活動計画、予算案等を検討し、総会に提出する。<br>・総会での決定事項を実施する。<br>・毎月1回開催であるが、運営委員会が必要と認めた場合と運営委員の3分の1以上から要求があった場合に開催。3分の2以上の出席で成立し、多数決で決定する。各副委員長の代理出席を認める。 |
| 役員会 | 会長1人（保護者）<br>副会長2人（保護者1人、教員1人）<br>書記会計役員3人（保護者2人、教員1人）<br>会計監査委員3人（保護者2人、教員1人） | ・総会、運営委員会を招集する。<br>・総会及び運営委員会の決定に基づき会務を処理する。<br>・役員の任期は1年。再任は、同一役員は2年までとし、選挙で選ぶ。役員はほかの役員、会計監査委員、選挙監理委員等を兼任しない。<br>・会計監査委員は1学期1回の学期末監査であるが、必要に応じ随時会計の監査をし、総会に報告する。 |
| 地区委員会 | 校区をいくつかの地区に分け、選出された地区委員、教員<br>役員：地区委員長、副委員長 | ・子どもたちの校外生活の向上と地区環境の改善を図る。<br>・毎月1回開催であるが、必要に応じて随時開催。 |
| 学年委員会 | 学年ごとの全学級委員、全教員<br>役員：学年委員長、副委員長 | ・各学級からの意見や要望を運営委員会や専門委員会に申し入れる。<br>・運営委員会や専門委員会の決定事項を各学級に伝える。<br>・学年で学習会や懇談会等を開催する。<br>・毎月1回開催であるが、必要に応じ随時開催。 |
| 学級委員会 | 学級委員（数人）、担任の教員<br>役員：学級委員長、副委員長 | ・学級の保護者と教員が学級集会等を開催し、子どもたちの学習や生活等について話し合い学び合って、その解決と向上を図る。<br>・毎月1回開催であるが、必要に応じ随時開催。 |
| 専門委員会 | 正副学級委員長以外の保護者委員から選出された委員、教員<br>役員：各専門委員会委員長、副委員長 | ・教養委員会（活動を充実させるために、後援会、映画、読書会等を企画、実行して、学習、文化活動を推進する）<br>・厚生委員会（健康問題や学校給食問題の学習を進め、改善の活動を行う）<br>・広報委員会（PTA新聞の編集と発行を担当する）<br>・その他（選挙管理委員会等） |

**図4-2　PTAの組織図と機能（例）**

出所）文部科学省作成の参考規約等を参考に筆者作成。

> Box 4-2　家庭・学校・社会が連携・協働した学校づくり
>
> **(1) 森造成活動**
> 　静岡県沼津市立門池中学校PTAは、家庭と学校と社会と一体となり、森を造成し、維持管理活動を実施した。造成場所、名称、規模、具体像等について生徒を交えて話し合い、森造成のためにPTAが中心となりバザーや廃品回収、地元の祭りへの模擬店等の出店を行い、資金を調達した。維持管理はPTA・生徒・地域住民がボランティアで行っている。実践の効果は、生徒の自主活動にも広がりをもたせ、地域で生徒を育てるという体制が整いつつあり、家庭と学校と社会の連携を一層強く密接なものにしている。
>
> **(2) ベルマーク活動**
> 　ベルマーク活動は、2000年（平成12年）現在、幼稚園、小学校、中学校、高校までの2万7000を超える参加PTAと企業とが取り組んでいる運動である。1957年（昭和32年）に全国へき地教育研究連盟が朝日新聞社にへき地学校支援を要請し、1960年（昭和35年）にすべての子どもに等しく、豊かな環境の中で教育を受けさせたいという願いから開始された。PTAは協賛会社の商品に付けている鐘のマークを集め、ベルマーク教育助成財団に送ると1点が1円に換算されて、自分たちの学校に必要な教材備品を協力企業から購入できる。購入金額の10%は財団に寄付され、へき地学校や養護学校、途上国の子どもたちへの教育援助活動に活用される。
>
> 出所）静岡県沼津市立門池中学校PTAホームページ（2003年4月18日付）、ベルマーク教育助成財団ホームページ（2003年4月18日付）を基に筆者作成。

として機能していること、教育内容や方法の改善に関する論議が活発に行われていることなどが指摘されている（牧（1981））。

## 2-5　PTAの活動・学校評議員制度

　PTAは学校の付属機関ではないが、保護者と教員が協力して家庭と学校と社会における子どもの幸福な成長を図るために、PTAが定めた会則に基づき、総会、運営委員会、PTAの基礎組織となる学級委員会、学年委員会、地区委員会を組織し、定期的に委員会を開催するといった活動を行っている自主独立した団体である。また、教養委員会・厚生委員会・広報委員会等の専門委員会等も設置しており、具体的な各機能や取り組みは**図4-2**中の表と**Box 4-2**の例に示したとおりである。

　また、地域に開かれた特色ある教育活動を展開するために校長が学校運営

について保護者や地域住民の意見を聞く学校評議員制度が2000年（平成12年）に導入された。

## 3 結 語

　学校の主体的な経営改善が教育効果をもたらすという考え方が、近年、途上国に対する教育協力においても注目されており、政府からのサポートが満足に得られない途上国においては学校の自助努力によって教育改善を図ることが必要であると認識されている。

　日本の学校経営の歴史を振り返ると、明治期の学校創設以来、中央主導ですべての子どもに同等の教育を提供し、教育の全国画一的な普及とその質の均一な向上を可能としてきた一方、中央の強力なイニシアティブが学校の管理運営体制にまで及んでいた。

　このように中央集権的な体制の中でも、日本では明治期から分掌組織が形成されるとともに、校内研修や職員会議などで教職員全員が学校内部における諸問題を共有し、学校改善に向けた協働体制を築いてきた。これらは教員の問題解決能力やマネジメント能力を育成するとともに勤労意欲を高め、また、児童・生徒の学習環境の拡充に寄与してきたと考えられる。日本の学校経営は、校務実施体制を体系的に整備して効率的に機能させることで効果的な教育を実践してきたといえ、1985年（昭和60年）のOECD-Japanセミナーでは日本の校内組織と運営体制がOECD諸国から高い評価を得た。

　また、PTAは財源の確保を主目的とする学校後援会的な組織から、家庭と学校と社会との連携・協働により、子どもの幸福な成長を目指す実践的な団体へと発展してきた。このような取り組みは「学校経営への住民参加」の例として参考になる部分は多いであろう。

〈山口直子、進藤優子、村田敏雄〉

注
　1　牧（1998）は、教育行政を通じて学校に導入される公教育に関する制度的枠組みを個々の学校に則して設立し、教育実践を間接的に保証（学校水準の維持・向上）する機能（学校管理）と、教育実践を人・金・物・組織の条件の組み合わせにより効率的・能

2　それ以前にも1875年（明治8年）頃から「教育会議」「教員会議」などが各地に設置されていたが、学校を管理運営するにあたって教員の意見を聞かなくてはならないという理由からであっても、あくまで教育行政の直接的要求として各学校から教員数名を代表として選出し、諮問するといった行政管理的性格のものであった（国立教育研究所（1974））。

3　自由教育的発想は教授過程や訓育面の研究や実践にはエネルギーを注いだが、それを支える学校の経営管理自体の構造的な変革までには及ばなかった。

4　米国のPTAは1897年に開始した。(http://www.pta.org/history/mile1890.asp)（2003年4月18日付）

5　1948年（昭和23年）からNHKによりPTAの組織・運営・活動に関する「PTAの時間（週1回放送の30分番組）」が放送され、一般の人々が広くPTAを理解するのに役立ったとの記録もある（社団法人日本PTA全国協議会ホームページ）。

6　学校予算における保護者負担の現状は、2001年度の東京都を例にとってみると、児童1人当たりの保護者負担額は年間45,814円であり、受益者負担額の使途内容として学校給食費が73％と最も多く、次いで教科活動費の12％、遠足・移動費の9％、儀式・学校行事の6.5％となっている（東京都教育委員会ホームページ）。

7　「校務分掌組織」ともいうが、今日では「学校運営組織」のほうが一般的である。教職員が業務を分担して処理し、学校を運営していく仕組み。職員会議や企画調整会議などの意思決定の参加に関する機関あるいは研究組織などを含み、現在それぞれに主任が役割を果たすことになっている。

8　教頭は従前、教員が兼ねる職位であったが、法律上の独立した職として1974年（昭和49年）に設置された。

9　近年、学校経営層である校長及び教頭と実践層である主任以下教員との調整的役として新たに「主幹」を設置する動きが各都道府県で見られる。

## 引用・参考文献

岩手県教育委員会（1981）『岩手県近代教育史　第二巻、第三巻』岩手県教育委員会。
岡東壽隆他（2000）『学校経営—重要用語300の基礎知識』明治図書。
奥田真丈他（1987）『学校改善に関する国際共同研究　日本チーム報告書』国立教育研究所。
学校運営問題研究会（2000）『学校の経営管理の要点』学陽書房。
国際協力事業団（2002）『開発課題に対する効果的アプローチ　基礎教育』。
静岡県立教育研修所（1972）『静岡県教育史　通史編上巻』静岡県教育史刊行会。
社団法人日本PTA全国協議会編（2001）『PTA実践事例集』。
全国PTA問題研究会編（1997）『PTA入門シリーズ1　総論編　PTAとは何か』あすなろ書房。

――――――――――――（1998）『PTA入門シリーズ3　広報編　PTA広報活動の実際』あすなろ書房。
――――――――――――（2001）『PTA入門シリーズ2　活動編　PTA活動を考えよう』あすなろ書房。
高倉翔他（1998）『Education in Japan バイリンガルテキスト　日本の教育』学習研究社。
長野県教育史刊行会（1978）『長野県教育史　第一巻、第二巻』長野県教育史刊行会。
牧昌見（1981）『学校経営と校長の役割』ぎょうせい。
―――（1998）『学校経営の基礎・基本』教育問題研究所。
村田翼夫編（1996）『日本の教育』。
文部科学省（2000a）『Education in Japan』ぎょうせい。
――――――（2000b）『学校評議員パンフレット』。
――――――（2003）『平成14年度文部科学白書』。
文部省（1953）『わが国の教育の現状（昭和28年度）』。
―――（1992）『学制百二十年史』ぎょうせい。
Bray, M. (1996) *Decentralization of Education: Community Financing,* World Bank.
Shaeffer, S. (1994) *Partnerships and Participation in Basic Education:* A series of training modules and case study abstracts for educational planners and managers, UNESCO.
静岡県沼津市立門池中学校PTAホームページ。(http://www2.tokai.or.jp/kadotyu/pta/index.html)
社団法人日本PTA全国協議会『日本PTA50年の歩みと今後の展望』。(http://www.nippon-pta.or.jp/pta-ayumi50/index.html)（2003年4月18日）
東京都教育委員会ホームページ。(http://www. kyoiku.metro.tokyo.jp/toukei/14_noufukin/syo.pdf)
ベルマーク教育助成財団ホームページ。(http://www.bellmark.or.jp/)
文部科学省ホームページ。(http://wwwp.mext.go.jp/monkag2002/index-18.html#ss1.4.2.1.2)（2003年4月18日付）
National PTAホームページ。(http://www.pta.org/)

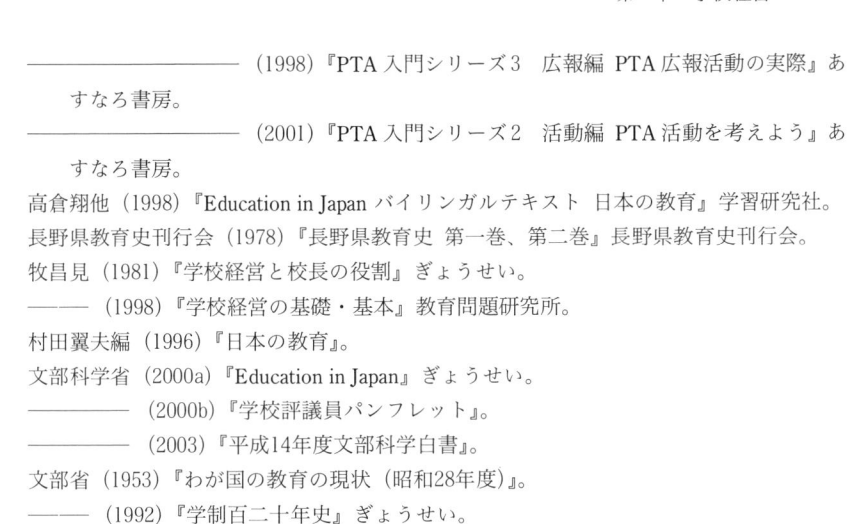

## 〈教育の量的拡大〉

　国際社会においてはすでに1960年代から国民皆教育が標榜されており、国を問わず「教育の量的拡大」が教育開発上の最優先課題として認識されてきた。そして、初等教育を中心に就学率の向上を目指してさまざまな施策が講じられ、一定の成果を上げてきた。特に1990年の「万人のための教育世界会議」で「すべての人に教育を」が世界共通の目標として設定されて以後、各国は包括的な教育政策を立案し、以前にも増して精力的な取り組みを実施してきている。

　しかしながら、なかには就学率が思うように伸張しない国や、「最後の5～10％」と呼ばれる就学が困難で特別な配慮を要する子どもたちへの対策が遅れている国もあり、また就学はするものの留年・中途退学する児童・生徒が多いことが問題になっている国もある。

　このような途上国の現状を踏まえ、就学率向上の取り組み例として「第5章 明治時代の就学促進策」でコミュニティ・レベルの事例を含む具体的な経験を提示し、「最後の5～10％」への対策として「第6章 女子教育」「第7章 戦後の就学困難児童・生徒に対する就学促進策」「第8章 へき地教育」で問題解決に有効だと思われる施策を紹介している。さらに、「第9章 留年・中途退学問題への取り組み」では、いったん就学した児童が遅滞なく課程を修了するために必要な条件や効果的な施策を分析している。

# 第5章　明治時代の就学促進策
## ──地方の取り組みを中心に──

**途上国の課題**

　世界には不就学[1]の子どもが1億1300万人以上存在しており、国際社会では2015年までに初等教育における児童の完全就学と修了を達成することが目標とされている。途上国においては学校の不足により児童の就学機会が限られているほか、学校があっても家庭の貧困に起因する諸事情や就学に対する家族の理解が得られない等の理由から学齢児童が就学を果たせない現状があり、その解決は容易ではない。初等教育の就学率は年々伸びを見せているものの、各国はその達成に向けて全力を注ぐことを期待されている。

**ポイント**

　「学制」の発布からわずか数年で2万3000以上もの小学校が開設された。しかしながら、①学校設立・維持経費及び諸経費が受益者負担であった、②子どもの通学は家内労働力を失う、③小学校の教育内容が民衆の生活と著しくかけ離れていた、等の理由により、就学率はそう簡単には伸びなかった。「学制」発布当初から就学率を向上させるために官民一体となったさまざまな努力があったため、1902年（明治35年）には全国平均就学率は90％に達し、明治末期には大部分の学齢児童が就学を果たした。

　ここでは初等教育に関し、「学制」をはじめとした明治期の教育政策、就学の実態を概観した上で、地方における就学促進の取り組み事例を紹介する。

## 1 「学制」に見る教育政策

### 1-1 地方教育行政の就学解釈[2]

1872年(明治5年)の「学制」の施行に際し、文部省は、学問は段階を踏んで成就しうるものであるとの観点から、第1段階の学校である小学校に力を注ぐことを重視した（土屋（1962）pp.108-109）。また、各府県（local government）は「学制」の公布にあたり、子どもを小学校へ就学させる意味と必要性について民衆に説明するために、「学制」の内容を理解しやすいように解釈を加えた。

これは、学制序文を区切って簡単に説明を加えているもの[3]から、独自の表現をもって「学制」の内容を解釈するものまでさまざまであった。例えば、日常に有用な学問の習得を訴えたもの[4]、児童の就学を国の盛衰や富国強兵に結びつけたもの[5]、学問や教育における身分的差別の廃止を強調するものや学問による立身出世の可能性を喧伝するもの[6]、女性への学問の必要性を訴えるもの[7]等、各府県によって「学制」の解釈にはそれぞれ特徴があった。

### 1-2 「学制」における小学校の種類と実態

「学制」においては民衆の状況に応じた形態での小学校の設置が認められ（表5-1）、そこへの参加はすべて「就学」とみなされることが規定された。しかしながら、その実施にあたり文部省は尋常小学を標準とし、その正規教則のみを示したことから、府県当局においても尋常小学が目指された。そのた

表5-1 「学制」に定められた小学校一覧

| 小学校の種類 | 対　象 | 特　色 |
|---|---|---|
| 尋常小学 | 6〜9歳男女（下等小学）<br>10〜13歳男女（上等小学） | 下等小学と上等小学からなり、男女とも必ず対象年齢内で卒業すべきものとされた。下等小学では14科目、上等小学では18科目のほか、必要に応じた科目による課程。教則あり。 |
| 女児小学 | 女児 | 尋常小学の教科内容に手芸を加えたもの。 |
| 村落小学 | 遠隔地の村落農民の子弟や学齢を超えた者 | 小学教則を省略して教授。仕事の合間に学ぶ夜学の形態も容認。 |
| 貧人小学 | 貧困家庭の子弟 | 富裕層の寄付により設置。別名「仁恵学校」。 |
| 小学私塾 | 不明 | 小学教科の免状を持つ者が私宅で開講したもの。 |
| 幼稚小学 | 6歳未満の男女児 | 就学前教育。 |

出所）「学制（明治五年八月三日文部省布達第十三号別冊）」第二十一章から二十七章までを基に筆者作成。

め、各地において学校は実態とのギャップに起因する児童の就学困難という問題に直面することとなった（仲新（1962）pp.241-244）。

すでに寺子屋等の庶民教育機関が普及していた背景もあり、「学制」が発布されてからわずか3年後の1875年（明治8年）には、当初の小学校設置計画であった5万3760校のうち2万4000校あまりが開設されていた（土屋（1962）pp.110-111）。しかし、1876年（明治9年）の全国での公立小学校の設置状況を見ると、そのうち新築小学校は26％を占めるにすぎず、寺院を利用したものが36％、民家を利用したものが32％、その他納屋や貯蔵米倉庫等を利用したものも含まれていた（Ibid. pp.140-142）。小学校の施設や設備の標準化が制度的に図られたのは1891年(明治24年)の「小学校設備準則」によってであった。

また、当時、小学校設立とその維持経費は学区内集金、寄付金、授業料、国庫委託金等でまかなっていたが、各家庭にとってその経費を捻出するのは大きな負担であった。

## 2 小学校への就学状況[8]

### 2-1 小学校への就学の実態

「学制」発布によって教育制度の整備と学校設置が推進され、「国民皆学」が目指されたものの、しばらく就学率は低迷していた。その主な理由としては、当時の民衆の生活は決して豊かではなく、①学校設立維持経費及び諸経費の受益者負担を原則としていたため民衆にとっては費用の支払いは容易ではなかったこと、②子どもを小学校にやることは家内労働力を失う結果となったこと、③小学校の教育内容が民衆の生活に根ざす教育要求と著しくかけ離れていたこと、等が挙げられる。

このような状況下での「学制」の推進は民衆の不満を呼び起こすこととなった。例えば、1871年(明治4年)から1877年(明治10年)頃には全国規模での農民一揆が起こったが、明治政府の統治政策一般に対する批判や反発と相まって「近代化」政策の象徴として学校が攻撃の対象となり、学校焼き打ち事件なども発生した。

したがって、「学制」発布後の強制的な就学督促方法は、地域の民度に応じ

た条件の緩和、教育内容の簡略化・実用化の方向に向かわざるをえなくなった（「第一次教育令」）(1879年（明治12年))。しかし、1880年（明治13年）の教育令改正により就学督促体制が再び強化され、1881年（明治14年）には地方行政レベルでの督責規則編成の基準（「就学督責起草心得」）が示されたほか、学事統計調査様式の全国統一が図られた。この時期、文部省－地方行政官－官選の学務委員を通じての就学督促行政体制がより強化されており、就学状況の改善につながったと考えられている。

しかし、1877年（明治10年）の西南戦争の戦費処理に端を発した経済不況とそれに伴う授業料徴収の厳格化により、1883年（明治16年）以降就学率は下降する。

その後、1894～1895年（明治27～28年）の日清戦争の勝利による経済的発展と1900年（明治33年）の義務教育の無償化に後押しされ、就学率は一気に上昇

表5-2 就学率、出席率と通学率（1873～1886／90／95／99年）

| 年次 | 就学率<br>(男／女) % | 学齢<br>児童数<br>(A) 人 | 小学校<br>生徒数<br>(B) 人 | 日々出席<br>小学校生徒<br>平均数<br>(C) 人 | 出席率%<br>(C/B×100) | 小学校<br>学齢<br>生徒数<br>(D) 人 | 日々出席<br>小学校学齢<br>生徒平均数<br>(E) 人 | 通学率<br>%<br>(E/A<br>×100) |
|---|---|---|---|---|---|---|---|---|
| 1873 | 39.9／15.1 | 4,205,341 | 1,145,802 | 742,530 | 64.80 | 1,037,501 | 672,361 | 15.99 |
| 1874 | 46.17／17.22 | 4,923,272 | 1,590,561 | 1,165,922 | 73.30 | 1,464,450 | 1,073,464 | 23.18 |
| 1875 | 50.80／18.72 | 5,168,660 | 1,928,152 | 1,428,619 | 74.09 | 1,815,803 | 1,345,331 | 26.03 |
| 1876 | 54.16／21.03 | 5,160,618 | 2,067,801 | 1,547,881 | 74.86 | 1,966,288 | 1,471,880 | 28.52 |
| 1877 | 55.97／22.48 | 5,251,807 | 2,162,962 | 1,530,164 | 70.74 | 2,073,284 | 1,466,662 | 27.93 |
| 1878 | 57.59／23.51 | 5,281,727 | 2,273,224 | 1,596,976 | 70.25 | 2,169,979 | 1,524,473 | 28.86 |
| 1879 | 58.21／22.59 | 5,371,383 | 2,315,070 | 1,607,979 | 69.46 | 2,186,860 | 1,518,897 | 28.28 |
| 1880 | 58.72／21.91 | 5,533,196 | 2,348,859 | 1,655,598 | 70.49 | 2,218,834 | 1,563,878 | 28.26 |
| 1881 | 59.95／24.67 | 5,615,007 | 2,607,177 | 1,686,391 | 64.68 | 2,456,238 | 1,588,749 | 28.29 |
| 1882 | 64.65／30.98 | 5,750,946 | 3,004,137 | 1,948,362 | 64.86 | 2,838,092 | 1,840,618 | 32.01 |
| 1883 | 67.16／33.64 | 5,952,000 | 3,237,507 | 2,104,839 | 65.01 | 3,059,719 | 1,989,283 | 33.42 |
| 1884 | 66.95／33.29 | 6,164,190 | 3,233,226 | 2,126,687 | 65.78 | 3,163,080 | 2,080,538 | 33.75 |
| 1885 | 65.80／32.07 | 6,413,684 | 3,097,235 | 1,957,392 | 63.20 | 3,097,235 | 1,957,392 | 30.52 |
| 1886 | 61.99／29.01 | 6,611,461 | 2,802,639 | 1,827,123 | 65.19 | － | － | 27.64 |
| 1890 | 65.14／31.13 | 7,195,412 | 3,096,400 | 2,248,030 | 72.60 | － | － | 31.24 |
| 1895 | 76.65／43.87 | 7,083,148 | 3,670,345 | 2,829,570 | 80.32 | － | － | 39.95 |
| 1899 | 85.06／59.04 | 7,097,430 | 4,302,623 | 3,461,383 | 83.16 | － | － | 48.77 |

出所）国立教育研究所編（1974a）pp.612-613,1066、(1974b) pp.222-223を基に筆者作成。

した。近代教育制度の発足から約30年後の1905年（明治38年）には就学率が95％を超えており、児童の就学問題がほぼ解消されたことがわかる。

　しかし、就学率の算定対象となった就学者すべてが毎日学校に通っていたわけではなく、名目上の就学者がかなりいたこと、小学校児童数には学齢以外の幼児や青年層が含まれていたことから、小学校制度創成期には学齢児童が毎日通学した割合（通学率）はわずか20％台であり、義務教育無償化以前は半数にも満たなかった（**表5-2**）。就学督促体制を強化する一方で教育に対する民意や社会の機運を高めるのは容易ではなく、時間が必要であったことが推察される。

## 2-2　就学格差

　**表5-2**によれば「学制」公布の翌年にあたる1873年（明治6年）の男女別就学率は男子39.9％、女子15.1％となっており、男女格差が極めて大きかったことがわかる。この傾向は義務教育が完全に無償化される1900年（明治33年）頃まで継続される。これは特に「女性に学問は不要である」という当時の社会の風潮を反映したためだと考えられており、1890年代前半までは女子の就学率が男子の半分にも満たない状況であった（付録Ⅱ、**図付-1**も参照）。さらに、府県によっては女子の就学率が著しく低く、地域格差を助長した一因と考え

**表5-3　府県別就学率の分布状況（1873〜1880年）**

(府県)

| 就学率＼年次 | 1873 | 1874 | 1875 | 1876 | 1877 | 1878 | 1879 | 1880 |
|---|---|---|---|---|---|---|---|---|
| 10％未満 | 2 | 2 | — | — | — | — | 1 | 1 |
| 10−19％ | 11 | 10 | 6 | 2 | — | — | — | — |
| 20−29％ | 7 | 21 | 14 | 5 | 5 | 6 | 2 | 2 |
| 30−39％ | 13 | 10 | 20 | 16 | 18 | 14 | 16 | 14 |
| 40−49％ | 8 | 12 | 12 | 5 | 7 | 9 | 11 | 13 |
| 50−59％ | 3 | 6 | 6 | 9 | 6 | 6 | 6 | 8 |
| 60−69％ | 1 | 2 | 2 | 1 | 2 | 2 | 3 | 1 |
| 70−79％ | — | — | 1 | — | — | 1 | — | — |
| 80％以上 | — | — | — | — | — | — | — | — |
| 府県総数 | 45 | 63 | 61 | 38 | 38 | 38 | 39 | 39 |

出所）国立教育研究所編（1974a）p.616。

られている（女子の就学促進の取り組みについては「第6章 女子教育」を参照のこと）。

また、**表5-3**に見られるように就学率は府県によって大きな格差があった。その理由としては、農業や商業など地域における生産力に起因する経済格差や、地域の教育行政担当官の就学促進に向けた政策的意思や熱意の差異が影響していると考えられている。

## 3 地方における就学促進の取り組み

### 3-1 就学督促担当者の配置[9]

埼玉県を例にとると、同県では就学を督促する方策として、1875年(明治8年)の「不就学督促法」により、不就学児童に対して就学を督促する責任者が決められた。つまり、督促の専務者として「学区取締」[10]と「学校主者」[11]が、兼務者として「正副の区戸長」[12]や「一般公学教員」が指定され、「一般人民」には誘導義務が課された。そして、不就学児童やその両親は就学への誘導に抵抗できないこととされた。さらに、巡査は休日を除く午前8時から午後3時まで見回りをし、学齢児童を見つけた場合は学校に行くように促す、何度促しても行かない場合は、住所や名前を聞き、上述したような督促の担当者や父兄、学校に報告することも定められている。

また、「督学章程」においては警部が後の視学に相当する職務を担当することが規定されており[13]、警察関係者が就学督促上、重要な役割を担うものと考えられていた。

その後、地域や年代によって異なった名称が使われたものの、常時、府県や学校内において就学と出席の督励の担当者が配置されていた。

### 3-2 地方での具体的な取り組み（代表例）

近代的な学校教育制度が「学制」により導入されてから、国の主導によることはもとより、府県や地域コミュニティにおいても就学を促進するための取り組みが盛んに行われた。**表5-4**では各地で実施された代表的な取り組み例についてまとめた。種々の取り組みの内容は、主に、①小学校設立・維持

経費及び教育費の捻出、②地域、児童や保護者の啓蒙、③貧困児童への対策等に分類できる。

　これらの就学を促進するための取り組みの内容は多様性に富んだものであり、年代と就学状況に応じて、「学制」実施当初における「行政当局による督促・強制」から「地域の状況や民度への適応化」を経て「学校や保護者による自主的な対策」へと変化している。その過程においては啓発活動のみな

---

**Box 5-1　就学を促すための方策の事例（参考）**

　就学者が少ないのは、①管理者の督促が行き届いていない、②一般人民が教育の必要を感じず子どもに家事の手伝いをさせている、③授業料を納めることができないからであり、その対処法として、幻灯機を郡役所に備えて、最寄りの教員たちが時には各集落からも父兄を集めて「幻灯会」を開き、通俗教育談を通して父兄の向学心を誘い、児童の就学を奨励した。その結果、就学率は少しずつ増えたが、子どもが家事労働力である場合、また、授業料が納められないなどの場合は適当な方法を設けることが急務である。それには以下の方法が考えられる。

**①子守教育**
　　これは学校にとっては非常に手間がかかることだが、就学している以上は少しでも教育を与えなくてはならない。

**②授業料の財源創出方法を示すこと**
　　一番簡単な方法は児童に家禽を飼わせて卵の売り上げを授業料に充当させる。

**③父母の巻き込みの奨励**
　　試験の答案の中で一般の人がすぐに優劣を判断しやすい絵や習字や作文を、町村役場の布達を回覧すると同様に各戸に回覧する。父母がその答案をすぐに理解できなくても、そのうち家族が寄り集まって答案を批評するようになれば、父母が学校に注意を傾け子どもに学習を奨励する点において、大変影響あるものと確信する。しかし、注意すべきことはその答案には直接点数を記載しないこと。なぜなら学校における採点法はなるべく公平になるように精密に行うことは当然だが、数多くの父母の中には学校に不平を訴えるものも出てくるかもしれないからである。よって点数は別紙に書き、簡単な批評をつけておくくらいにとどめておくことがよい。もし点数をつけるときには、必ず日本数字で書き父母にわかりやすくしておくこと。また、特に女子の就学率を高めるためには、裁縫科で宿題を与えて、娘が母に質問することを通して学校の効能を親に知らしめることが必要であると考える。　　　　（1890年（明治23年）2月発行の雑誌記事より）

　出所）福島県教育委員会（1972）pp.502-503より筆者作成。

らず、常に保護者や地域住民を巻き込んだ活動があった。また、文部視学官が巡回の際に他地方における就学状況や取り組みを紹介したことが、地方における就学の取り組みの強化につながったこともあった。

表5-4 地方での具体的な就学促進の取り組み（代表例）

| 目的 | 名称／年代／地域 | 内容 |
|---|---|---|
| 小学校設立と維持経費・教育費の捻出 | 「論言三則」1873年／愛媛 | 「学制」施行経費を寄付金以外にも各戸から一定の出金を命じたが、実施困難だったため、①「遍路巡礼」への喜捨を沿道諸村で行う慣習を廃止してその費用を教育へ充てる、②たばこ代を節約して教育費へ充てる、③（1873年新暦の採用で節句が廃止になったことから）従来、雛祭りや端午の節句を祝うための費用を教育へ充てる、ことが県により通達された。 |
| | 換金作物の栽培や興行の禁止 1874年／神奈川 | 子どもが生まれたら換金植物を栽培することを奨励。また、農民のレクリエーションであった「地芝居手躍」などの興行を禁じ、学費へ充てるよう命じ、また、芝居小屋を取り壊してその用材を校舎の建築材料として使用。このような取り組みは広い地域で行われていた。 |
| | 「学田」1877年頃〜1880年代前半／青森 | 当時、就学率20％と青森県は全国の最低部類に属していたが、一挙に多額の教育投資が困難なため、不毛の官有地を中心に一定の面積の土地を学区または学校に無償で貸与し（学田）、住民共同で耕作・管理させその収益を学費に振り向けさせた。1880年代前半にかけて、全県規模で「学田」の設置に取り組んだ結果、就学率の向上に成果があった。 |
| | 養鶏 1885年頃／福島 | 15村の戸長役場が合同で貧困家庭の子弟に鶏を飼わせ、その卵からの収入を授業料等に充当させ就学奨励に実績をおさめた。 |
| 地域、児童や保護者への啓蒙 | 「就学牌」1876年頃〜／京都、愛知、静岡、山梨、新潟、秋田、青森、石川、他 | 児童が就学している証明として真鍮製のバッジを襟や帯に付けることが義務づけられた。子どもや保護者の栄誉心に訴えるとともに就学督促に際しての目印となった。偽のバッジが出回ったこともある。 |
| | 「フラフ[14]（就学旗）」1876年頃〜／石川、青森、他 | もともとは小学校の所在を示すための標旗であったが、近隣の学校や地域への目に見える督励策として就学状況を公にするための旗となった。「フラフ」によってその学校の就学状況を知ることができた。 |
| | 「幻灯会」や「通俗教育講演会」全国各地 | 学事関係者による講話を通して、保護者の啓蒙に努力し、子どもの就学の奨励にあたった。これらの活動は全国各地で見られた。 |
| | 「通学団」1911年頃／福島、他 | 校長・教員が当該児童に対して督促や家庭訪問を行って出席督励していた。これを学校経営の一環として、組織的・計画的に実施したもの。児童数のまとまりがあるところで組織され、学校への登下校はその団ごとに上級生の指導のもと行った。団長は常に所属団員の風紀を取り締まり、往復途上の世話や欠席を少なくし出席を督励する。学校は成績の優良なる団体に対して旗を授与したり、表彰状で称えたりした。この通学団は出席奨励の点においても教育上の観点からも相当効果があった。 |
| | 表彰や「就学旗」の授与／全国各地 | 皆勤した児童や学事熱心な保護者に対する表彰。 |

| | | |
|---|---|---|
| 貧困児童への対策 | 地域の「民度」に応じた就学条件の緩和（貧困家庭の子女対策）／全国各地 | 貧困を等級付け、程度に応じて仁恵学校、簡易小学、夜学などの編成方法が採用された。そのほか、授業料免除、書籍の貸与等の措置もとられた。 |
| | 教育内容の簡略化及び実用化　1877年頃／静岡、他 | 授業は読書・習字・算術を2、3時間行い、また学習時間内に男児は縄を綯なったり、草刈りをしたり、女児は子守のまま登校させて授業が終わった後に紡績を学習させたりした。裁縫教科の設置もあった。 |
| | 有志による学校備品の貸し出し　1898年頃／福島 | 貧困児童のために教科用図書や器具を学校備品として有志金で購入し、貸与した。なお、この経費は毎年計上されていた。 |
| | 「児童保護会」による奨励　1906年頃 | 児童保護会は貧困児童の就学・出席の財政的援助を実施。基本金は会に賛同する会員の出資金その他の寄付金をもって充てていた。事業内容は、教科用図書及び学用品の貸与あるいは給与、昼食・被服・防寒具及び履物の給与、雨具の貸与、トラホーム治療費給与、罹病者治療、理髪等、多岐にわたっていた。給与（貸与）すべき児童及び金品は役員会において事前決定するか、必要に応じてそのつど審議決定する仕組みになっていた。1906年（明治39年）ごろの凶作を機会にして多くの保護会が設立された（国立教育研究所編(1974a) pp.942-945）。 |
| 小学校設立と維持経費・教育費の捻出 | 組合による奨励／1900年頃／福島 | 発端は文部省視学官による講演（1899年（明治32年））で、「鹿児島県の村々が組合を組織して就学・出席に好結果を得ている。文具を一度に購入して貸与する、組合の子どもには必ず一斉に文具を与えること、組合の子どもが就学しないときは罰金を払う」という事例を知り、県から就学組合を設けよという意見が出されたからである。結果として明治末から大正にかけて保護者による何らかの組合が設けられ、就学率の促進にあたり功を奏した。既存の納税組合等を就学出席組合とした例は少なく、多くは集落単位に設けられた（Ibid., pp.945-946）。 |
| その他 | 学齢簿の整備 | 就学実態を把握するにあたって学齢簿の整備に関する規定は大きな役割を果たした。 |
| | 教育基金の設立 | 日清戦争の償金で教育基金が設けられ、小学校設備と教育の奨励等に使用した（国家全体が皆就学に向けて全力を尽くしていたことがうかがえる）。 |

出所）国立教育研究所編(1974a)、福島県教育委員会(1972)、静岡県立教育研修所編(1972)を基に筆者作成。

## 4　結　語

　「学制」発布後、一貫して政府は「皆就学」を目指した就学促進の政策を打ち出してきた。「学制」の実施は地域によってその進度や成果に違いがあったものの、国の強い政治的意志の下、地方に対する文部視学官による行政指導、地方教育行政担当者、学校関係者や地域の有志による連携と努力によって支えられたものであった。

　義務教育の無償化を含む行政による就学促進に向けた一連の政策、経済・社会・文化的な変化、子どもの教育への親の意識や態度が複合的に作用して

就学問題の解消につながったといえよう。

　就学を促進するための方策として、児童の就学にかかる費用への対策、貧困児童の就学に関する柔軟な対応等が数多く実施されてきたが、それらの取り組みは行政側のイニシアティブによって行われたほか、地域別の事情に合わせて工夫の上実施されてきたことは特筆すべきであり、児童の「就学促進」には官民一体となった積極的な取り組みが不可欠である。

〈小林和恵、村田敏雄〉

**注**

1　就学免除者、就学猶予者、居所者、志望者、長期欠席児童・生徒など、さまざまな理由により就学していない者の総称。一般に「未就学」が使われているが、本書では「不就学」で統一する。
2　特に出所がない限り、国立教育研究所編（1974a）pp.592-600。
3　大阪府『学制解釈』（1873年1月）や山梨県『学制序文解釈』（1973年6月）。
4　埼玉県『学問の心得』（1872年12月）。
5　富山県（1874年5月）、愛媛県（1875年5月）等。
6　佐賀県『就学告諭』（1873年5月）、青森県『就学告諭』（1873年10月）。
7　鳥取県（1874年5月）、茨城県（1875年11月）。
8　本節ついては、国立教育研究所編（1974a）pp.610-626, 1052-1071を参照した。
9　本項ついては、他の注を除き土屋（1962）pp.113-114、国立教育研究所編（1974a）pp.600-601を参照した。
10　教育行政事務の末端における担当者（後の町村長）。多数の小学校区を担当していたため、各学校レベルの管理は不可能であった。
11　町村民を代表して「学区取締」の補佐役を務めたと考えられ、各学校の維持管理、就学督促を担当した。
12　町村一般行政事務担当（戸長など）が実際の学校の管理者だった。
13　国立教育研究所編（1974a）p.601。本庁の教育会議に出席して意見を述べる、学務主任や学区吏員と連絡を取り合い「学制」の普及に努めること、などが規定されていた。
14　オランダ語が語源で「旗」の意。

**引用・参考文献**

国立教育研究所編（1974a）『日本近代教育百年史　第三巻学校教育1』財団法人教育研究振興会。

―――――――（1974b）『日本近代教育百年史　第四巻学校教育2』財団法人教育研究振興会。

静岡県立教育研修所編（1972）『静岡県教育史　通史篇上巻』静岡県教育史刊行会。

土屋忠雄（1962）『明治前期教育政策史の研究』講談社。
仲新（1962）『明治初期の教育政策と地方への定着』講談社。
福島県教育委員会（1972）『福島県教育史 第一巻』。
文部省調査局（1962）『日本の成長と教育：教育の展開と経済の発達』文部省。
文部省（1972）『学制百年史 資料編』帝国地方行政学会（ぎょうせい）。

**謝辞**

　文献の収集にあたっては、国立教育政策研究所図書館、放送大学講師新井元氏にお世話になりました。この場を借りてお礼申し上げます。

# 第6章　女子教育

**途上国の課題**

　途上国における未就学児童のうち、女児は過半数を大幅に超えるとされる。就学率の男女間格差は特に南アジア、中東・北アフリカ、サブサハラ・アフリカにおいて大きく、これらの地域で、"Education for All (EFA)"の政策的目標を達成するためには、女子・女性の教育に政策的な重点を置くべきことは自明である。また、国際的な学力テストは、教育の内容・質にも男女間格差の存在することを指摘している。

　一方、女子・女性の教育水準の向上が途上国における社会経済開発にとって不可欠であることも、近年急速に認識されてきている。多くの研究が、特に乳幼児の死亡や多産の抑制、一般的栄養・衛生状況の改善、等の社会開発のために、女性の教育水準の向上が重要であることを実証している。

　このような背景から、女子の就学率や教育の質を向上させることの重要性は、「万人のための教育世界会議 (1990年)」、「世界社会開発サミット (1995年)」、「世界女性会議 (1995年)」、「世界教育フォーラム (2000年)」をはじめとした国際会議の場で再三指摘され、国際的な緊急課題として国際社会において位置づけられてきた。

**ポイント**

　日本では、明治期に女子初等教育の普遍化のためのさまざまな政策的努力が払われた。しかし、明治初期の義務教育制度は財政的基盤を伴っておらず、政策では欧化主義的な男女共通教育がうたわれ、地域社会や親のニーズを的確に反映していなかった。そのため、女子初等教育の普遍化の進展は緩やかなものであった。しかしその後、当時の社会の実情

に合った「良妻賢母主義」的な男女別の教育が実施されたことにより、女子初等教育の普遍化は急速に達成された。

　このように、女子教育開発における日本の経験は時代的背景・当時の社会的文化的状況を反映したものであった。この分野における日本の経験を発展途上国に提供することは有意義ではあるが、現代においては男女平等・共通な教育の達成が国際的に共有された価値となっていることを十分に勘案することが肝要であろう。

　日本では古代からそれぞれの時代において、家庭教育を中心とした女子の教育活動が行われていたが、近代教育が導入されたのは明治期以降のことである。明治期においては、女子の初等教育への就学促進は政策課題のひとつとして明確に位置づけられ、中央政府だけではなく個人・地域によっても活発な議論や取り組みがなされた。

　途上国における女子の教育課題において最重要課題とされている女子初等教育の普遍化は、日本ではほぼ明治末年で達成された。よって、本章では明治初期から末期における「学制」以降の女子の初等教育就学普遍化までの動向に的を絞って、女子の就学促進策を検証することとしたい。

## 1　明治初・中期の女子教育振興策の試行錯誤
### ——「学制」と欧化政策的女子教育——

　日本の近代教育制度の原型は1872年（明治5年）の「学制」の発布により形成された。「学制」に先立って、文部省は「学制着手順序」において「人間の道、男女の差あることなし。男子すでに学あり。女子学ぶ事なかるべからず」とし、「一般の女子、男子と均しく教育を被らしむべき事」を表明している。「学制」においては「一般の人民華士族農工商及婦女子必ず邑に不学の戸なく家に不学の人なからしめんことを期す」、「幼童の子弟は男女の別なく小学以下に従事せしめざるものはその父兄の越度たるべき事」とされ、男女の別なく少なくとも初等ることの必要性がさらに強調された。加えて、小学

校教員の採用においても男女の差別をするべきでないことが規定されている。「学制」が日本の女子の教育の原点といわれるゆえんである。

　しかし、この時期の日本に婦人解放・男女平等を求める内発的な運動があったとは考えにくく、日本が「西洋化」とほとんど同義の「近代化」に突き進んでいた時代背景を考えると、このような教育における男女平等の考え方は、当時の西洋諸国における教育政策の影響を強く受けたものであったろうことが推察される。深谷 (1977) は、明治政府が当時のアメリカ東部の教育システムから影響を受け、裁縫や手芸などの規定のない「男女共通教育」を提唱したことによって、各府県でもこれに則った男女同一教則が定められたが、当時の日本の現実に適合しなかったこのような教則は急速に廃れた、としている。そして、現実には「女子の就学率の高い地方では、学制当初から、男女別教育が実施され、逆に、男女共通教則を採用した県は、いずれも、女子の進学者が極めて少なかった」と指摘している。

　1879年（明治12年）は中等教育における男女別学の原則を定めた「教育令」が出され、明治10年代には、男女別教則をとる県が一般化し、裁縫などの家事に関する教育を含めた女子固有の教育の構築が模索された。つまりは、学制発布当初の男女共通教育の政策・理念は急速にその勢いを失い、明治10年代にはすでに男女別学を志向する教育政策・理念が台頭していたのである。1879年（明治12年）の「教育令」では裁縫等の科目設置が奨励され、さらに「凡学校に於いては男女教場を同じくすることを得ず。但小学校に於いては男女教場を同じくするも妨げなし」とし、男女別学主義を原則とすることが打ち出された。小河 (1995) は、1880年（明治13年）の女子師範学校摂理（校長）の保守回帰的な人事を例に、明治10年代のこの時代を「復古時代」と呼び、明治政府はこの時期、女子教育をめぐる西洋的な平等主義から伝統的な価値による女子教育への政策転換を行った、としている。裁縫科の採用や男女別学のみならず、1881年（明治14年）には「小学校修身書編纂方大意」という文書において、「小学の修身書は、男児に用ふると、女児に用ふるとの二種を設くべし」とされ、道徳教育においても儒教的な婦徳が重視されることとなった（片山 (1984)）。

　このような女子教育にかかわる政策の変容は、明治中期の西洋主義的な女

性解放論に基づいた女子教育論の展開と衰退にも似通った形で繰り返された。1883年（明治16年）に鹿鳴館が完成し、社会の西洋化の流れは再び勢いを増し、1887年（明治20年）前後には再び西洋的な女子教育のあり方が主張された。しかし、これは都会の中等教育に若干の影響を与えたのみで、全国的・政策的な影響力を持ちえなかった。

## 2　明治後期のナショナリズムに根ざした女子教育の拡充

付録Ⅱ 教育統計「図付-1　就学率の変遷（小学校）」において、明治期における女子の初等教育就学率の推移を見てみると、1895年頃まではその伸びが順調でなかったことがわかる。しかし、その後1891年（明治24年）から1904年（明治37年）にかけて、30％強からほぼ100％へと短期間のうちに、急速に伸張していることが確認できる。深谷（1990）は、この時期の女子教育の進展は「良妻賢母主義」に根ざした「国家志向型」の女子教育論と密接な関係があると指摘している。そして、その具体的な要因として、①政府が日清戦争を体験したことで、「女性に国家的な意識を植えつける」ことの重要性に気がついたこと、②条約改正に伴う外国人の国内居住により、「女子は無知で、外国人やキリスト教に弱いと見られるだけに、女子に、日本人としての自覚を植えつけねばらなかった」こと、③明治中期からの「婦人労働の量的な拡大、質的な変化」、を挙げている。明治政府はこのような認識の下、女子教育に力を入れ、後述するような全国的な就学督促運動を経て、女子義務教育の普遍化を達成した、としている。以下では、明治中・後期において女子初等教育に効果のあった就学促進のアプローチを考察する。

### 2-1　政府の政治的コミットメントと女子不就学の原因・対策に関する討議・研究

上記のような意図から、明治政府は女子就学の必要性を認識し、明治20年代後半から明治30年代にかけて、女子の義務教育の重要性を繰り返し、訓令という形で発している。これを受けて、全国的に地域ごとの不就学女子就学

促進策の議論が展開されている。これらの議論からは、女子不就学の原因として、①親が女子就学の必要性を認識していない、②貧困、③弟妹等の子守等の家事労働、④女子の教育は家庭ですべきであるという考え方、⑤教育内容が男女同一であること、⑥就学督促が十分でなく、不就学児童の父母に制裁が与えられていないこと、⑦早婚、などが挙げられている。また、その対策としては、1) 学校における裁縫科の設置、2) 子守のための学校（学級）の設置、3) 父母への講話会、4) 男女別学、5) 女子に合わせた教育内容の改訂、6) 義務教育無償制の導入、7) 不就学女子の親に対する督促励行、8) 教材の貸与、9) 女教員の増加等が挙げられている（深谷 (1990)、卜部 (2000)）。

これらの女子不就学の要因と対策は、現在の途上国においてもほとんど同様に議論されていることであり、あらためてその状況の類似性が認識される。それぞれの対策に関しては、後述するとして、明治政府が地方の各県・郡の教育会（教員の職能団体）や郡や市ごとの研究会に女子教育の課題と対策を諮問しながら、地域の実情に適合した議論・研究を喚起し、女子教育奨励に努めたことは注目に値する。こうした研究・議論を経て、地域ごとの取り組みが確認され、中央政府と地方がともに女子教育振興に動き出す素地が整えられていたのである。このような地域ごとの女子教育振興は、都市と農村部の産業構造の違いによる教育ニーズの差や地域的文化特性に対する配慮を可能にすると同時に、地域ごとの女子教育促進意欲を喚起するものであったと推測される。

### 2-2 義務教育無償化

「学制」では「幼童の子弟は男女の別なく小学以下に従事せしめざるものはその父兄の越度たるべき事」と定められ、初等教育は義務教育的な位置づけを持った。1900年（明治33年）には「小学校令」が全面的に改正され、初等教育段階における就学の義務化と授業料無償の原則が打ち出された。当時、男子の就学率は約80％、女子のそれは約50％であり、この改正は、男子の就学普遍化とともに、女子就学の飛躍的増大を目的としたものであった。

しかし、当初は財政的基盤の乏しかったこの政策に地方がすぐに対応するのは困難であり、授業料無償化が即、就学者の増大につながったとは結論し

難い。むしろ「学齢児童数や就学児童数を基準にして、国庫から補助金を配分することが定められていた」ことが就学督促に結びついたのではないか、との指摘もある（卜部（2000））。

### 2-3　裁縫教育など女子に適合した教育の提供

　明治初期の男女共通教育から男女別教育への転換の時期においても、女子固有の教育内容を初等教育に盛り込むことは法律的に意図され、裁縫科はその代表的な教育科目として重視された。1879年（明治12年）の「教育令」においてすでに裁縫科の設置は奨励されていたが、明治20年代の教育における性差の強調の流れを受けて、実際に裁縫教育が裁縫施設の整備や教員の養成を伴って進展したのは明治30年代であった。「良妻賢母主義」という錦の御旗の下、このような裁縫教育の整備はもっぱら女子の就学促進や就学の定着のために、親が女子に望んでいる教育内容を提供するために実施された。

### 2-4　女性教員の養成と増員

　女子就学の振興のためには家事科を教えることができる女性教員の養成と増員が求められた。深谷（1977）によると、1899年（明治32年）の第2回全国教育会の大会において、女性教員は「女児の教育に適しているうえに、養成の費用や給与も安くてすむから、『各府県に必ず女教員養成の方法を立つべき規定を設くる事』を決議」している。1900年（明治33年）には文部省が各県に女子師範または師範女子部を設置する方針を明らかにした。そして、明治30年代には女性教員養成が急速に進展し、1903年（明治36年）にはほぼすべての県で、女性教員が養成されることになった。しかし、女子師範学校における正教員の養成には時間がかかるため、多くの県では尋常小学校卒業の女性に対して短期の小学裁縫正教員養成が行われるなど、女性教師速成法が実施に移された。これに伴い、女性教員の採用も急増した。明治20年代後半には10％程度であった女性教員の割合が、明治30年代後半には20％を超え、着実に女性教員は増加した。これは明治末年までの女子教育の普遍化とも時期を一にしていた。

## Box 6-1　子守をしながら授業を受けた人の回顧

　昔は浜詰では女の子の就学率が悪く、自分の家で子守をしたり、よその子守をしている子もありました。学校や役場から出席するよう督促しても、なにしろ生活がかかっているので、一向に効果なく、時には親が郡役所へ呼び出されたこともあります。そこで小路熊吉先生や中矢金治郎先生が相談して、子守をしながら学校へ来てよいということに改めました。それから生徒が多くなり幼児を背負ったまま、やや大きな子は机の横に立たせて先生の話を聞きました。子どもが泣くと皆から「やかましい」と言われるので、ローカへ連れ出して窓から先生の話を聞いていました。そのころの子守連中のことを「特別生」と言いました。通知簿の成績が悪くても、子守させていた親にも責任があるので、あまり子どもをしかりませんでした。

　出所）『京都府網野町誌』より。

〔子守学級の様子〕

### 2-5　子守学校(学級)の創設

　明治の末になると、女子の義務教育就学率も大きく伸長し、9割を超えるようになった。しかし、最も貧しい状況にある女児は、家業の手伝い、子守、他家へ奉公へ出されるなどしており、督促や学校の体制の変革では就学を確保することができなかった。このような女児のために「子守学校（学級）」が全国的に創設された。子守学校では、勤労少女のため、放課後の学校施設を利用して、裁縫・読み書き・修身などを短時間で教える教育が実施されていた（Box 6-1参照）。

### 2-6　学齢簿の整理・就学督励

　明治30年代には、女子教育に関する地域別の議論を基として、県ごとに相

次いで女子就学のための訓令が出された[1]。熊本県に関する研究によると、同県では学齢簿の整理を手始めに未就学の実態調査がなされ、「明治32年に就学率のよかった学校に就学奨励旗を授与することが定められ」ている（卜部(2000)）。「就学奨励旗」とは、県が学齢人口に対する就学率の高い学校に奨励旗を授けるもので校内に掲げられた。卜部は「このように誰の目にも見える形で就学率が示されることにより、各学校間、地域間で就学督励競争が起こり、父兄の中でも急速に子弟の就学に対する意識が高まったのではないか」と推測している。

熊本県の経験からは学齢簿の整理と活用が挙げられているが、現在の途上国においてもスクールマッピングや教育統計の収集システムの確立が就学率向上の基礎だと認識されている。一方、「就学奨励旗」は非常にユニークな就学促進の手法であり、日本のオリジナルな経験として提示できよう。

## 3　考　察

以上、明治期における女子初等教育普遍化への過程と政策的努力を概観した。ここでは、これを途上国の状況に即して考えた場合、どのようなインプリケーションが得られるかを考察したい。

第一に、明治初期の「男女共通教育」の理念が女子就学の促進に結びつかなかった歴史からは、土着の文化的要因や地域的実情、親のニーズを無視して、女子教育に関する議論をし、政策を策定することは、結局議論の妥当性や政策の継続性を失わせてしまうという教訓が読み取れる。西洋の受け売りでしかなかった「男女平等教育」の提唱が、一過性のものとなり、日本の当時の文化的・社会的状況の適合しなかったことは、現在の途上国の現状においても重要な示唆となりうる。

しかし、明治初期と明治20年代の鹿鳴館時代における、西洋主義的風潮とそれに対する反発の歴史は教育に限ったことではなく、社会のあらゆる分野に及んだ。したがって、欧化をめぐる政府の政策に一貫性が欠けていたことが、男女共通教育や西欧的な女性解放論に根ざした女子教育の発展を阻んだと見ることもできる。

また、現代においては、基本的な人権としての基礎教育という概念や教育における男女平等、女子教育の社会開発への貢献といった考え方は、国連などの国際的会合の場で収斂され、グローバルな概念になりつつある。これは決定的に近代日本が置かれた国際社会の状況とは異なる点である。つまりは、日本のこの時期の女子教育政策の試行錯誤と成果をもって、男女共通・平等教育の普遍的な価値の模索を疑問視するのでは、十分なインプリケーションは引き出せない。しかし、女子教育のような文化的な要因をはらむ課題に関して、単なる援助国からの受け売りや押し付けによってそのあり方を規定することには疑問を呈すべきという単純な教訓は導き出せるであろう。女子の教育の普遍的な重要性が地域に定着できる価値をも内包できるよう、女子教育振興に柔軟な取り組みを行うことが期待される。

　第二に、明治中後期の政府や地方自治体の女子教育への政策的コミットメントが女子教育振興に大きな成果をもたらしたことは明らかであろう。特に、地方自治体レベルで女子教育振興策が検討・実施された歴史は特筆に値する。途上国の女子教育振興政策の研究において、政府の女子教育へのコミットメントの重要性は繰り返し指摘されているところである。また、政府が女子教育振興のために他の省庁やNGOと協力すべきことは頻繁に報告がなされている（例えば、Stromquist (1997)）。しかし、地方における議論喚起・政策の立案に関して触れているものは意外なほど少ない。現在、途上国の多くで地方分権化が着実に進展しており、日本がこのように地方政府のイニシアティブを重んじ、女子就学振興に用いたことの経験は良い先例になろう。

　第三に、女子を学校に送り出す地域社会や家庭などのニーズに沿った教育内容を提示することの重要性が、日本の教育経験からは導かれる。例えば、当時の男女分業社会において女子が学ぶべきものとして、家事教育の重要な一部である裁縫教育が初等教育段階に取り入れられたことは、女子の就学促進・定着に有効であったと考えられる。しかし、本当にこのような日本の経験は、現在の途上国にとって有用性を有するものであろうか。途上国における女子教育振興に関する先行研究では、多くの場合「女子の教育内容の妥当性（Relevance）」の重要性は指摘される。しかし、男女の分業を前提とし、裁縫・調理・育児など女子に対する家事教育を女子にのみ実施することに関し

ては、議論のあるところである（例えば、Tietjen (1991)）。これは、親の女子教育に対する期待を満たし、有効な女子就学促進手段であるかもしれないが、同時に男女の性別による役割分担の固定化を促すことにもなる。よって男女平等のカリキュラムをあくまで主張する識者も多い（例えば、Stromquist (1997)）。したがって、日本の当時の男女分業社会における価値観を前提とした裁縫科導入や女子就学に対応したカリキュラム改革の経験は、途上国において単純に応用できるものではない。しかし、個別の社会において、女子教育が社会的ニーズに合致していることの必要性を一般的に示したものとして、積極的に評価することは可能であろう。

　第四に、日本の教育経験は男女別学と男女共学の実践的な使い分けの一例を提示している。現在の途上国教育開発研究・実践においても、特にイスラム教社会を中心に、男女別学は有効な女子教育就学率の促進手段だと考えられている（Bellew and King (1993)）。しかし一方で、男女共同参画社会を築いていくためには男女共学の人材育成が重要との議論もある。日本の当時のジェンダーをめぐる文化的状況を考慮すると、適度にジェンダー固有の教育内容を取り入れることによって、初等教育の普遍化を男女共学で達成した例として、日本の経験はユニークであろうと考えられる。

　第五に、子守学校（学級）の経験は最貧層の児童のための就学機会促進の一例を提示している。子守学校のような、特に厳しい状況にある学習者のための教育サービスの提供は多くの途上国で実施されている（例えば、Bellew and King (1993) はバングラデシュの成功例を詳述している）。日本でも、このような貧困勤労児童に対する教育活動をより深く掘り起こすことによって、現在多くの途上国で課題となっている初等教育完全普及までの「Last 10％」の対策に知見を得ることができよう。

## 4　結　語

　日本の女子教育をどのように途上国に提示するかは、日本の現在の女子教育・女性の置かれた状況をどのように評価するかにも左右される。日本の現在の女子教育は失敗していると評価するのであれば、その失敗に学ばなくて

はならないし、その反対であれば、成功のモデルとして提示されなければならない。確かに、明治期においては女子の義務教育普遍化が急速に達成され、それが近代日本の発展の礎ともいうべき国民の平均的教育水準の高さにつながったことは事実である。また、明治30年代の女子教育振興策の各論は現在の途上国での実践と基本的に違わないものであった。このような実践は、日本が国際社会に対してオリジナルなアイデアを提供するというよりも、これまで途上国で実践されてきた活動を歴史的に実証・追認する役割を果たしうるのではないか。

しかし、明治期の女子教育の発展過程を鳥瞰してみると、現在の日本における一般的な価値観からは疑問とせざるをえない国家主義的な良妻賢母主義が、その思想的支柱となっていることに気づかされる。これは、女子就学率の向上への効果という皮相的な政策的評価ではなく、日本の女子教育の文化的政治的価値の検証という極めて重いテーマとして受け止めなければならない。このような見方は、明治初中期の欧化主義的で女性解放的な女子教育政策の試行錯誤と、明治後期の国家主義的女子教育政策の実施という歴史によって、現在も男女格差・差別が続く日本社会のあり方が構造化されたという、最も急進的な仮説をも提示しうる。欧化政策の失敗と国家主義的な女子教育政策の成功は、裨益者のニーズや文化的な状況に沿った教育システムを提示することが有効であるとする、それなりに応用への説得力を有する議論である。しかし、これを単純に途上国の現状に当てはめて考えることは、功利的に過ぎて、文化的な影響を軽視するものであり、非常に危険であることはいうまでもない。

〈黒田一雄〉

注

1 これらの訓令は女子のみに対象を限定したものではなかったが、不就学児には女児が多かったことから結果的には女児の就学を促進するものとなった。

引用・参考文献

卜部朋（2000）「明治期の女子初等教育不就学者対策―発展途上国に対する日本の教育経験の移転可能性に関する研究―」『国際教育協力論集』第3巻第2号、広島大学教育

開発国際協力研究センター。
小河織衣（1995）『女子教育事始』丸善ブックス。
片山清一（1984）『近代日本の女子教育』建帛社。
志賀匡（1977）『日本女子教育史』琵琶書房。
深谷昌志（1977）『世界教育史体系34 女子教育史 第二編 日本の女子教育』講談社。
────（1990）『増補 良妻賢母主義の教育』黎明書房。

Bellew, R. and King, E. (1993) "Educating Women: Lessons from Experience," In King, E.M., and Hill, M.A., *Women's Education in Developing Countries Barriers, Benefits, and Politics,* Baltimore and London: The Johns Hopkins University Press.

Odaga, A. and Heneveld, W. (1995) *Girls and Schools in Sub-Saharan Africa,* World Bank.

Stromquist, N.P. (1997) *Increasing Girls' and Women's Participation in Basic Education,* UNESCO/IIEP.

Stromquist, N.P. (1997) "Gender Sensitive Educational Strategies and their Implementation," *International Journal of Education.*

Tietjen, K. (1991) *Educating Girls: Strategies to Increase Access, Persistence, and Achievement,* ABEL Research Study, ABEL Research Study.

USAID/ABEL Project (1996) *Exploring Incentives: Promising Strategies for Improving Girls' Participation in School Development,* 17 (2).

**謝辞**
　本章執筆にあたっては、日本の女子教育史研究の第一人者である深谷昌志先生の研究成果から多くの示唆を得た。ここに特に記して、深謝申し上げる次第である。

# 第7章　戦後の就学困難児童・生徒に対する就学促進策

**途上国の課題**

　"Education for All (EFA)"を達成できるかどうかは、最後の難関といわれる「Last 5〜10％」の子どもたちを学校へ来させることができるか否かにかかっている。一般に、これらの子どもたちは経済的・社会的・文化的に周辺的な存在であることが多く、彼らが置かれている日常は多様性に富んでいる。したがって、これまでのような通常の施策では彼らの就学を実現させることは困難であり、ターゲットを絞って効果的な施策を講ずる必要があろう。

**ポイント**

　1953年（昭和28年）に文部省から刊行された『我が国の教育の現状―教育の機会均等を主として―』には、当時の義務教育における不就学及び長期欠席の実態が報告されている。これらの就学困難児童・生徒は学齢児童・生徒の0.3％にすぎないが、戦後の教育改革においては教育の機会均等が極めて重視されており、国策として法制化を含むさまざまな措置がなされた。それらの措置は、①貧困児童・生徒に対する就学奨励（就学必要経費の負担）、②遠隔地に居住する児童・生徒の学校へのアクセスの確保、③障害児の教育機会の確保、の3つに分類でき、これまで就学困難児童・生徒の減少と高い就学率の維持に重要な役割を果たしてきた。しかし、高度経済成長期を経て経済的・社会的発展を遂げた今日においては、①及び②の施策の重要性は相対的に低下しており、③については新たな展開が期待されている。

## 1 背 景

　1872年(明治5年)の「学制」公布以降、国家の強力なイニシアティブ、地方自治体の強い政治的意思と行動力、国民の理解と寛容と不断の努力が統合され、児童の就学促進を目的とするさまざまな施策が実施された(「第5章 明治時代の就学促進策」参照)。その結果、1873年(明治6年)の時点でわずか28.1％であった義務教育就学率が明治期を通じて漸増し、40年後の1912年(大正元年)には98.2％という高い数値を示すまでに至った。この数値はその後大きく変化することはなく、戦後初めて大規模な教育実態調査が行われた1952年(昭和27年)には99.7％という数値を示していた。

　戦後は教育改革の柱として、「日本国憲法(1946年公布)」の精神に則り、1947年(昭和22年)に「教育基本法」及び「学校教育法」が公布された。前者は新しい日本の教育の根本理念を確立・明示するもので、後者はその根本理念を具現化するために必要な学校教育制度を規定するものであった。これら2つの教育法規では特に「教育の機会均等」の原則とその実現手段としての無償義務教育の普及が強調されていた。また、不就学者が社会的脱落者とならざるをえないような社会状況にあっては、教育を個人の基本的人権として保障するとともに、彼らの非行化に伴う社会不安の増大を回避する必要があった。これらの理由から、1952年(昭和27年)当時、わずか0.3％ではあっても、不就学者への対応が焦点となり、彼らを速やかに学校教育へ組み入れる措置が必要とされた。

## 2 戦後の就学状況

　1953年(昭和28年)に文部省から刊行された教育実態調査報告書『我が国の教育の現状—教育の機会均等を主として—』に基づき、当時の不就学及び長期欠席[1]の状況を見ていくことにしよう。

　小・中学校の不就学の内訳は図7-1のとおりであり、不就学者5万5910人の53％が「精神薄弱」、「肢体不自由」、「虚弱(病弱)」、「聾及び難聴」、「盲及び弱視」、「言語障害」などの理由から「就学免除」ないし「就学猶予」の措置がと

第7章　戦後の就学困難児童・生徒に対する就学促進策　139

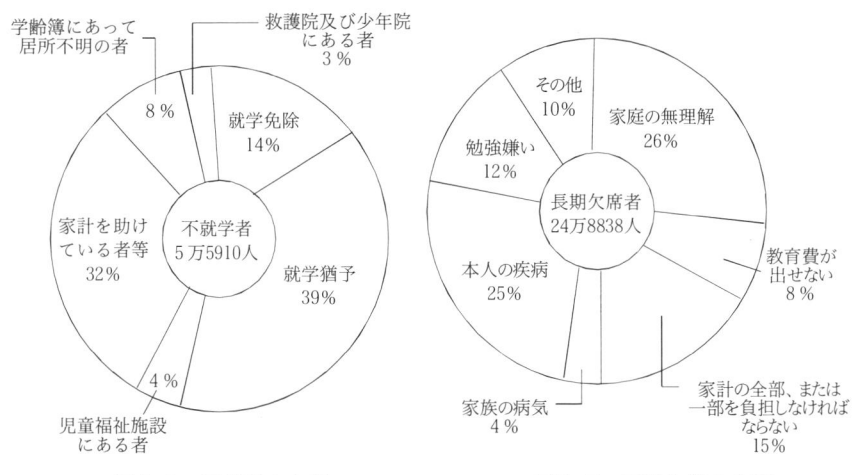

**図7-1　不就学の内訳**

不就学者 5万5910人
- 学齢簿にあって居所不明の者 8%
- 救護院及び少年院にある者 3%
- 就学免除 14%
- 就学猶予 39%
- 児童福祉施設にある者 4%
- 家計を助けている者等 32%

出所）文部省（1953）を参考に筆者作成。

**図7-2　長期欠席の内訳**

長期欠席者 24万8838人
- その他 10%
- 家庭の無理解 26%
- 勉強嫌い 12%
- 教育費が出せない 8%
- 家計の全部、または一部を負担しなければならない 15%
- 家族の病気 4%
- 本人の疾病 25%

出所）文部省（1953）を参考に筆者作成。

られている子どもたちである。このような状況について文部省は「適当な教育施設さえあれば、この数字はもっと減少するのではなかろうか」（文部省(1953)）との見解を示しており、特殊教育施設の未整備を率直に認めている。このほか、「家計を助けている者等」も32％を占めており、貧困に起因する児童労働によって就学が制限されている状況がうかがえる。

次に、小・中学校の長期欠席の内訳は図7-2のようになっており、長期欠席者24万8838人のうち「家庭の無理解」という親の意識の問題や「家計の全部または一部を負担させなければならない」、「教育費が出せない」といった経済的困窮から、多くの子どもたちが就学はしたものの通学できないという状況が浮かび上がってくる。なお、「その他」の理由の中には「学用品がない」、「衣服や履物がない」といった経済的な問題や「学校が遠い」といった学校配置の問題なども見られる。

以上のような調査結果を背景として、教育の機会均等を目指し、経済的・地理的・身体的な問題から就学に困難を抱える子どもたちに対して次節で概説するような法的措置が講じられた。なお、これらの措置が戦後の敗戦に伴う国力の急激な低下とインフレによる国民生活の窮乏の中で講じられたことは特筆すべきであり、国家の開発政策において教育が重視されていたことが

うかがえる。

## 3　就学困難児童・生徒への対応

### 3-1　学校教育関連費用の公的負担

#### (1)　「生活保護法」による教育扶助

　家計の困窮によって就学困難な状況に置かれている児童への対応は、すでに明治・大正期に地域社会や地方自治体を中心とする取り組みが見られるが（「第5章　明治時代の就学促進」参照）、国の施策としては1928年（昭和3年）に「学齢児童就学奨励規定」が「文部省訓令」として公布されたことに始まる。これらは市町村が教科書や学用品などを貧困児童に供与する場合、国及び都道府県が市町村に対して一定額の補助金を交付するという形で行われてきた。しかし、貧困児童の就学困難は家計の困窮に起因するとの考え方から、1948年（昭和23年）に就学奨励費が厚生省管轄の「生活保護法（1946年（昭和21年）制定）」に吸収され、1950年（昭和25年）の改正を経て今日に至っている。

　「生活保護法」の目的は第一章第一条に明記されており、「国が生活に困窮するすべての国民に対し、その困窮の程度に応じ、必要な保護を行い、その最低限度の生活を保障するとともに、その自立を助長すること」と規定されている。保護の基準（いくら受給できるのかの算定の基準）は年齢・性別・世帯構成・所在地域などで決まり、①能力の活用、②資産の活用、③扶養義務の履行、④他法の活用の4つの原則を可能な限り行っても、なおかつ生活ができない場合に保護費が支給される。保護の内容は生活・住宅・教育・医療・出産・生業・葬祭・介護の8種の扶助があり、教育扶助では、義務教育に必要なものに限定されつつも、教科書代、学用品費、通学用品費、学校給食費などの支給（金銭給付もしくは現物給付）が見込まれている。なお、生活保護は厚生労働省管轄の事業であることから、申請は一般に居住する市町村の福祉事務所を通じて行われる。

　厚生労働省の統計によれば、教育扶助の対象者は微増傾向にあり、2002年（平成14年）度においては義務教育在学者の1%に相当する約11万人が扶養人員となっている[2]。

(2)「就学困難な児童及び生徒に係る就学奨励についての国の援助に関する法律」による就学奨励

　「生活保護法」による教育扶助が厚生省により実施される中、文部省は1956年(昭和31年)に「就学困難な児童及び生徒に係る就学奨励についての国の援助に関する法律」を制定した。その背景には教育扶助の対象になるほど極度の貧困ではないが、教科書の購入や給食費の支払いなどが実質的に困難である準貧困児童・生徒への対応が必要であるとの認識があった。同法の目的は、第一条に「経済的理由によって就学困難な児童・生徒について学用品を給与する等就学奨励を行う地方公共団体に対し、国が必要な援助を与えることとし、もって小学校及び中学校における義務教育の円滑な実施に資すること」と規定されている。内容は学用品（費）、通学費、修学旅行費などの就学上必要な経費の補助である。補助の基準は「生活保護法」の要保護者及び要保護者に準ずる程度に困窮している者で政令で定めるものとされているが、「生活保護法」による教育扶助を受けていない者に限られており、重複が避けられている。なお、その認定は市町村の教育委員会が行うこととされており、申請は一般に児童・生徒が在校する小・中学校を通じて行われる。

　このように、家庭の経済的な問題によって就学が困難な子どもたちに対する2つの措置、すなわち「生活保護法」による教育扶助と「就学困難な児童及び生徒に係る就学奨励についての国の援助に関する法律」による就学奨励を見てきたが、それぞれ監督官庁が厚生労働省と文部科学省と異なっているため、予算管理や申請ルートが異なるものの、同じ目的をもって実施されている事業であり、内容面に関してもほとんど違いが見られない。

## 3-2　へき地での教育普及

　1872年(明治5年)の「学制」公布以降、1954年(昭和29年)の「へき地教育振興法」公布に至るまで、「交通条件及び自然的、経済的、文化的諸条件に恵まれない山間地、離島その他の地域」と定義される「へき地」[3]においては、就学猶予の名の下に行政による対応が極めて遅れていた。この間、子どもの教育を心配する「へき地」の人々は、その必要性から無認可の学校を設立・運営する

などの独自の試みを行っていたものの、その実践には数多くの困難を抱えていた。

戦後、現場の教員を中心にへき地の教育改善に向けての組織的な活動が開始され、「教育の機会均等」の実現に邁進する文部省とともに「へき地教育振興法」制定に向けての動きが活発化することとなった。その結果、約2年間という短い期間に同法は公布され、へき地における教育水準の向上を目指してさまざまな施策が実施されるようになった。

なお、これらの具体的な活動や施策については「第8章 へき地教育」にて詳述する。

### 3-3 障害児への教育機会の提供[4]
#### (1) 特殊教育の制度化と教育機会の確保

1878年(明治11年)に盲及び聾の障害を持つ子どもたちを対象とした教育が開始されてから今日まで、日本の特殊教育は125年の長い歴史を有するが、特殊教育が学校教育体系の中に明確に位置づけられたのは「学校教育法」が制定された1947年(昭和22年)のことである。もっとも、1909年(明治42年)には公教育機関として初めての特殊教育学校となる東京盲学校が設置され、1923年(大正12年)には「盲学校及び聾学校令」によって道府県にその設置が義務づけられていたため、これ以降はすべての都道府県に盲学校及び聾学校が存在していた。

このような事情により、盲学校及び聾学校の義務教育化は、当時実体のなかった養護学校に先駆けて1948年(昭和23年)から実施され、学年進行により1956年(昭和31年)に小・中学部の9年の義務制が完成した。一方、養護学校については1956年(昭和31年)の「公立養護学校整備特別措置法」の制定を待たなければならなかったものの、これ以降は急速に全国に養護学校が設置されていった。そして、対象となるすべての学齢児童・生徒を就学させるべく策定された「養護学校整備7年計画(1972年(昭和47年))」が完了した1979年(昭和54年)に養護学校が義務制となり、盲・聾・養護学校からなる障害児の教育機会が確保・保障されるに至った。

### (2) 「盲学校、聾学校及び養護学校への就学奨励に関する法律」による就学奨励

1954年(昭和29年)に制定された「盲学校、聾学校及び養護学校への就学奨励に関する法律」の目的は、第一条に明記されているとおり「教育の機会均等の趣旨に則り、かつ、盲学校、聾学校及び養護学校への就学の特殊事情にかんがみ、国及び地方公共団体がこれらの学校に就学する児童又は生徒について行う必要な援助を規定し、もってこれらの学校における教育の普及奨励を図ること」にある。

この法律には第一条が示す目的以外は何ら具体的な条項が盛り込まれていないが、一般に就学奨励という場合には心身に障害のある児童・生徒の就学を促進するため、保護者が負担する経費の一部または全部を支給する当該事業を指す場合が多く、「生活保護法」による教育扶助や「就学困難な児童及び生徒に係る就学奨励についての国の援助に関する法律」による就学奨励にも増して市町村においては盛んに進められているとの印象を受ける。障害児を持つ家庭のうち、「生活保護法」や「就学困難な児童及び生徒に係る就学奨励についての国の援助に関する法律」の適用可能な家庭はごく一部に限られる。しかし、盲学校、聾学校、養護学校の設置が限定的であり、健常児に比べて障害児にかかる家計負担が大きいことは想像に難くないことを考えると、それらの家庭への支援は障害児の就学を促進し、教育の機会均等を実現する上で不可欠であろう。

### (3) 特殊教育の現状と今後の方向性

現在、障害児への教育は、盲・聾・養護学校における教育、小・中学校の特殊学級における教育、通級による指導の3とおりの特殊教育が実施されている。盲・聾・養護学校は、障害の比較的重い子どものための学校であり、小学部、中学部のほかに幼稚園部や高等部を設置している学校もある。2001年(平成13年)5月時点の文部科学省の教育統計によれば、学校数は盲学校71校、聾学校107校、養護学校818校(知的障害525校、肢体不自由198校、病弱95校)の計996校であり、約9万2000人の障害児が教育を受けている(文部科学省(2002a))。特殊学級は、障害の比較的軽い子どものために小・中学校に置かれている学級であり、全国で約7万7000人が対象となっている。通級による

指導は、小・中学校の通常の学級に在籍している障害の軽い子どもが、普段は他の児童・生徒と同じ授業を受けるものの、障害に応じた特別指導（言語障害、情緒障害、弱視、難聴などが対象）を別教室で受けるという教育形態であり、全国で約2万9000人がこのような教育を受けている。なお、義務教育段階における特殊教育の対象児童は全国で約15万7000人となっており、全学齢児童・生徒の約1.4％にあたる。

2001年（平成13年）以降、特殊教育が培ってきた教員の専門性や学校の設備などを活用し、学習障害（LD）・注意欠陥／多動性障害（ADHD）・高機能自閉症などの問題を抱える児童・生徒に対して積極的な教育的対応を図ろうとしている。すなわち、これまでの特殊教育から新たな考え方である「特別支援教育」へと大きく転換し、今後は従来の特殊教育の対象や場のみならず、多様な教育ニーズを有する者に教育機会を提供していくことになる。

### 3-4　奨学金の提供

児童・生徒を直接に対象とするものではないが、上級学校への進学の可能性を高めることや、教員の確保に一定程度の役割を果たしてきたと考えられることから、「日本育英会法」に基づいて運営される公的な奨学金制度についても、その概要を見ていくことにしよう。

日本の公的な奨学金制度は1944年（昭和19年）の「大日本育英会法」の公布により開始された。すでに1943年（昭和18年）には財団法人として大日本育英会が創立されていたが、同法により新たに特殊法人として発足することとなった。その後、1953年（昭和28年）に現在の名称である「日本育英会」に改名され、1984年（昭和59年）に制度全般の整備改善を目指して「日本育英会法」が改正され、現在のような奨学金制度が整備されるに至った。

「日本育英会法」によれば、奨学金事業は「優れた学生及び生徒で経済的理由により修学に困難があるものに対し、学資の貸与等を行うことにより、国家及び社会に有為な人材の育成に資するとともに、教育の機会均等に寄与することを目的として」おり、その対象は高等学校・短期大学・大学・高等専門学校及び専修学校に在学する学生・生徒となっている。選考は、申込者が学校長の推薦を受けて申請し、日本育英会が人物・健康状態・学力水準・家

計状況などを考慮して採否を決定する。現在、奨学金は、特に優秀な学生・生徒で経済的理由により著しく修学困難な者に無利息で奨学金を貸与する「第一種奨学金」と、やや緩やかな基準によって選考された学生・生徒に利息付きの奨学金を貸与する「第二種奨学金」という2種類の奨学金がある。諸外国の奨学金は給付制が多いなか、返還を前提としている点に日本の奨学金の特徴がある。なお、教育または研究の職に就いた場合には返還が免除されることになっており[5]、これまで教員・教官や研究者の確保に一定の役割を果たしてきたといえよう。

なお、創立以来の貸与人員累計は2002年（平成14年）度末で延べ673万人、貸与額累計は5兆5438億円に達している（日本育英会ホームページ）。

ところで、ここまで概説してきた施策とほぼ同時期に「学校給食法(1954年(昭和29年))」と「学校保健法(1958年(昭和33年))」が公布されている。学校給食については、学校給食開始時(明治期)に掲げられた欠食児童救済という貧困児対策から栄養改善や健康促進といった保健施策へと性格が変化したことや当時の就学率がすでに極めて高い水準にあったことなどから、就学促進に貢献したというよりも、児童・生徒の健康面での影響が大きかったと考えられる。

## 4　結　語

戦後の教育改革によって、それまで対応が遅れていた経済的・地理的・身体的な問題のために就学が困難であった「Last 0.3%」の児童・生徒への措置がシステムとして確立され、1980年（昭和55年）以降は国内にてほぼ教育の機会均等が図られ、義務教育就学率も99.98〜99.99%を示すまでに至った。高度経済成長を経て国民の生活水準の向上に伴って就学困難児童・生徒の絶対数が減少し、障害児への対応を除いて、これらの措置の重要性は相対的に低下してきている。

以上のような、日本の戦後における就学困難な児童・生徒への対応という経験からは、現在の途上国の教育開発の促進に寄与できるような教訓として以下の4点が指摘できよう。

第一に、全国規模の教育の実態調査の必要性である。精緻な実態調査なくして就学困難な児童・生徒が抱える根本的な問題を把握することは困難であり、問題の把握なくしてはその解決策を検討することもできない。特に就学率が90％を超えるような途上国においては、不就学者の特性に応じたきめ細かな対応が必要となるため、このような調査が特に重視されよう。なお、全土を対象とした実態調査にはかなりの時間・労力・資金を必要とするが、このようなやり方のほうが結局は事業効率が高くなるものと予想される。

第二に、教育の機会均等の実現のためには、国家による強いイニシアティブと国民に対する強いコミットメントが不可欠である。就学困難な児童・生徒への支援措置に関する法を整備し、国家事業としての正当性と継続性を確保することが重要であり、これにより実施計画の策定や財源の確保も容易になるものと思われる。

第三に、地方自治体の主体性と施策を実施する能力や財源が非常に重要である。これまでに述べた施策の多くは市町村が中心となって実施するものであり、実質的な権限及び財源の地方への委譲と、それらを用いて有効な施策を実現できるだけのキャパシティが地方教育行政官に備わっていなければ、効果的な取り組みが難しいといえよう。

最後に、近接する他分野との連携強化が望まれる。就学困難な児童・生徒は経済的・社会的・物理的・身体的にさまざまな問題を抱えているため、彼らへの対応は教育分野単独では困難であり、社会福祉や保健衛生といった他分野との効果的な連携が不可欠となる。

〈村田敏雄〉

注
1 文部省は統計調査において50日（出席すべき日数の3分の1）以上欠席した者を「長期欠席者」としていた。
2 「福祉行政報告例（2002年（平成14年）8月分）」厚生労働省及び2002年（平成14年）度「学校基本調査」文部科学省の各統計資料より算出。
3 「へき地教育振興法」第二条のへき地学校の定義より抜粋。
4 本項については、筑波大学の中田英雄氏及び安藤隆男氏からも資料を提供していただいた。

5 1998年（平成10年）4月から、大学（学部）、短期大学もしくは高等専門学校において奨学金の貸与を受けた者が教育の職に就いた場合、返還免除を受けられる制度は廃止された。

**引用・参考文献**
安藤隆男・中田英雄（2003）資料「障害児への教育機会の提供」。
厚生労働省（2002）「福祉行政報告例」（平成14年8月分）。(http://www.mhlw.go.jp/toukei/saikin/hw/gyousei/fukushi/m02/08.html)
国立教育研究所（1974）『日本近代教育百年史』文唄堂。
志村欣一・中谷彪・浪本勝年編（2000）『ハンディ教育六法』北樹出版。
中田英雄（2002）「第一回南および東南アジア諸国における基礎教育開発に関する国際フォーラム」資料 "Selected Models of Special Education in Japan" 筑波大学 CRICED。
文部科学省（2002a）『国際教育協力懇談会 最終報告／資料集（その1／その2）』。
――――（2002b）『平成14年度 学校基本調査』。(http://www.mext.go.jp/b_menu/toukei/001/003/index03.htm)
文部省（1953）『我が国の教育の現状―教育の機会均等を主として―』。
――――（1972a）『学制百年史』帝国地方行政学会（ぎょうせい）。
――――（1972b）『学制百年史 資料編』帝国地方行政学会（ぎょうせい）。
――――（1992）『学制百二十年史』ぎょうせい。

**参照ホームページ**
厚生労働省（http://www.mhlw.go.jp/）（2003年5月）。
東京都（http://www.metro.tokyo.jp/）（2003年5月）。
日本育英会（http://www.ikuei.go.jp/）（2003年5月）。
文部科学省（http://www.mext.go.jp/）（2003年5月）。

# 第8章　へき地教育

**途上国の課題**

　1990年(平成2年)の「万人のための教育世界会議(WCEFA)」以来の基礎教育完全普及に向けた積極的な取り組みにより、基礎教育の量的拡充は着々と達成の一途をたどり、現在、就学率が90％を超えた東南アジアやラテンアメリカなどの諸国では、初等教育の完全普及までに、いわゆる「Last5～10％」の子どもたちの学校教育へのアクセスをどう促進するかに焦点が当てられている。

　都市部との格差が顕著なへき地の教育の改善は途上国において解決されなければならない課題であるが、山間部や島嶼部における低就学率・高中退率・成績不振・教員数の不足などの問題が山積しており、その解決が急務である。

**ポイント**

　日本政府は教育の普及には力を入れてきたものの、人口の少ないへき地の学校教育には明治期より終戦後に至るまで長いこと政策的な重点を置いてこなかったため、へき地の学校普及は地域の自助努力で行われてきた。戦後の9年制義務教育の達成後、教育の地域間格差是正を国家の教育政策における最優先事項のひとつに掲げた政府は、1954年(昭和29年)に「へき地教育振興法」を制定し、へき地教育の改善に本格的に取り組むこととなる。この振興法制定は、へき地の教育の劣悪さにかんがみ、子どもたちにより良い教育を提供しようとする教員と、それを支える政府との協働努力によって実現された。以後、振興法はへき地教育振興の一大原動力となった。また、教員をローテーションで異動させる人事システムは、へき地と非へき地との教員の量及び質の格差是正に貢献している。

## 1 へき地における学校の普及

　1872年（明治5年）の「学制」以来、政府は学校教育の普及に力を入れ、就学率は急激な上昇を見せてきた。しかし、その陰で人口の少ない地域であるへき地にはほとんど注意が払われず、行政による普及方策は何もなされなかった。1886年（明治19年）の「小学校令」では家庭の貧困や疾病などにより子どもを就学させられない場合は期限付きで就学を猶予する策がとられ、さらに1890年（明治23年）には期限のない猶予または免除されることとなった。就学猶予者の多くは貧困を理由としていたが、農業生産性の低いへき地ほど人々は困窮していた（玉井（1996））。また同年に学校設置に関する規定が設けられ、児童数が規定数に満たない場合や町村独自で学校を設置することが困難な場合は、他の町村と共同の学校を設置することとされた。へき地の多くは自ら学校を設置することが不可能な場合が多く、他の町村にある既存の学校に子どもを通学させることとなったが、長い距離を毎日通学することは困難を極め、結局は就学を猶予あるいは免除されることが多かった。

　これらにより、貧困者が多く学校が遠い場所にあり通学困難な状況であった、へき地の子どもの多くは就学を免除されることとなり、事実上、学校制度から取り残される形となった。この時から終戦まで「学校設置免除地域」と呼ばれる小学校を設置しなくてもよい地域が、全国の農村・山間部、離島などのへき遠地域を中心に存在し、それらの地域に対しての行政側の介入はなく、そこに住む子どもの多くは公教育を受ける機会を長い間失うこととなった。

　しかし、学校の設置が義務化されず、子どもの就学も免除されるような状況下にあったへき地においても、住民たちが独自に簡易な私的教育所などを作り、住民が教員となって子どもを教育する例が多く見られた。

　岩手県教育委員会編『岩手近代教育史 第三巻 昭和Ⅱ編』によると、岩手県でも終戦まで「学校設置免除地域」が数カ所残っていたという記録がある。1900年代初めに岩手県の就学率が90％に達した時期であったにもかかわらず、免除地に認定されたある山間の村では1人も就学したものがいないという状況であった。1909年（明治42年）、事業の関係でその村に入ってきた男が、学齢

児童の不就学という実情を見てこれを救済しようと、ぽつぽつ集まる児童を対象に私塾のようなものを仕事の合間にやっていた。そののち事業主が失敗して引き揚げる時もその男はこの地に残り、1912年（明治45年）に民家を借りて石油箱を机とし、無認可の寺子屋式の無学年学校（何歳でも誰でもいつでも入学できる）を開設したと記録されている。また、1929年（昭和4年）、ある村に木炭製造のため入山した男が焼き子（炭焼き作業員）の子弟のために認可のない学校を開講したり、無学を恥じた退役軍人が村人を説得し、自らも私財を提供して学校を開講した例も同書で紹介されている。へき地を多く有している岩手県では、このような住民の努力によって、へき地の学校普及が徐々になされていった。最初は2～3学級の教室と宿直室だけの簡易な教育所であったが、それらは後の公立学校設立の基礎となっている。また、北海道のへき地では学校の多くが住民の寄付活動によって設置されたり、農家の家を借りて私設の教育所としたり、村の役員や僧侶など地域の住民が教員の調達を行っていた（玉井（1996））。

このように、へき地では住民の手によって学校が建てられ運営されることが多かった。経済状況も貧しく交通状況も悪いへき地に住む人々にとって、学校の設置は多くの犠牲を伴う大変な作業であったと推測される。しかしながら、自分たちの子どもの無学を見るに忍びず、教育を受けさせたいと思う情熱が学校を普及させていったといえる。

## 2　へき地における教育の質的向上

上述のように、へき地における学校の普及は他の地域に大きく遅れながらも住民たちの努力によって徐々になされていった。しかし、へき地の教育状況はなお深刻であり、それらを憂慮した現場の教員を中心に戦後に入って振興方策の実現を目指す動きが全国規模で展開されることとなった。

以下では、へき地教育振興の方策のうち、へき地の教育水準の向上を実現した「へき地教育振興法」とへき地における教員の確保を可能にした、日本独特の政策である「広域人事政策」を取り上げる。

## 2-1 へき地教育振興法によるへき地の教育改善
### (1) へき地が直面していた課題

1954年（昭和29年）の文部省による調査によると、へき地学校（小学校）[1]は全学校数の34.8%を占めており、東京や大阪などの大都市にはへき地学校が存在しない一方、北海道はへき地学校が全体の約5分の1を占め[2]、ほかは島嶼地域を多く持つ長崎など5県が県全体の小学校に占めるへき地校の割合が30%を超えていた。

1948年（昭和23年）に9年制義務教育が開始されたが、へき地の学校が置かれている状況は厳しく「教育機会の均等」にはほど遠かった。へき地学校が位置する地域の多くが経済的・文化的条件に恵まれておらず、財政力も乏しかった。そのため、へき地学校の施設・設備の状況は極端に貧弱であり、そのような困難な場所に望んでくる教員もほとんどいなかったことから、教員の確保も思うようにできず、教育の質の面でも多くの問題を抱えていた[3]。行政側からの見るべき対策も講じられていない状況下では、へき地の学校の教育環境を改善しようにもできない状態が継続し、終戦後においても依然としてへき地の教育水準の低さが問題視されていた。

---

**Box 8-1　第二次世界大戦直後のへき地学校の状況（1945～50年頃）**

「年度始めから教員の欠員で、ある分校は4月から休校である。村は駅から36kmもあり、トラックの便でもない限り、一日がかりで歩かなければならない。村には医者もいないので春に行う子どもたちの身体検査もしていない。せっかく教員が来ても教員のための住宅や室もないし、貸してくれるような家もない。集落も校舎も深い谷底にあるので、12月から3月までは太陽の光は校舎に当たらない。校舎が古く窓も小さいので、授業が終わるころには教室でも仕事ができない。ランプ用の石油がもっとほしいと思うけれども、今の石油の配給量では勉強どころか新聞を読むのにさえままならない。それに10人の教員のうち、有資格者は校長だけで、あとは中等学校さえも卒業していない20歳前の教員なので、校長は大変な苦労がある。」

出所）岩手県教育委員会（1982）よりある校長の話を抜粋。

### (2) 「へき地教育振興法」に至るまでの過程

へき地の教育改善に向け、まず声を上げたのは、へき地学校に勤務する現場の教員たちであった。

1952年（昭和27年）に第1回全国単級複式教育研究大会が開催され、へき地教育に関する研究活動を組織的に行う目的で「全国へき地教育研究連盟（全へき連）」が結成された。全国から2000人以上のへき地学校の教員が集結し、へき地教育の向上のための研究討議を組織的に行うことの必要性を呼びかけると同時に、「へき地学校の解消」ではなく「へき地学校の問題の解消」をするための国家的政策の早急な策定を訴えた。

全へき連は研究活動を本来の目的としたが、教育の機会均等の趣旨からも、へき地教育振興のためには大幅な国の助成措置が講じられるべきであるとの認識から、全へき連結成の翌年に当時の北海道知事を中心とした行政側の全国組織である「全国へき地教育振興促進期成会（全へき振）」が結成され、へき地教育振興法の制定と国の補助制度の拡充を目指して全国的な運動を展開することとなった。

振興法制定のため、全へき連は現場の事例・実態・体験・調査・研究資料を集め、現場の声を反映し、全へき振はそれに呼応して政府・国会対策を進

---

**Box 8-2　振興法制定に向けた中央・地方の協働努力**

第1回全国大会終了後から約2年後の振興法制定まで、全国の学校現場から全国へき地教育研究連盟（全へき連）を通じて政府・国会に提出された資料は1万3000件を超え、請願書は4000を突破した。請願・陳情・実情説明などのため上京した役員・各県代表の旅費はほとんど自費であった。全へき連の役員は教育関連機関出身の国会議員に何度も足を運び、振興法制定を訴えた。

このような全へき連を支えたのは文部省であった。文部大臣を筆頭に多くの行政官はへき地教育の振興に深い理解を示し、振興法制定を積極的に推進した。というのも、教育機会の拡大・均等を理念とした戦後の新教育において、心身的ハンディキャップを持つ子どもの教育と生活条件によるハンディキャップを持つ子どもの教育、つまりへき地教育の問題が重要視され、この2つの教育においては新教育理念に即して国が対策を講じるべきであると考えられていた。

出所）全国へき地教育研究連盟編（1982）。

めた。また、へき地改善のための予算確保に関しては、教育内容・方法の改善、教員の研究活動・研修、教材の整備、教職員の優遇などについては全へき連が担当し、校舎の整備、集会室・その他の施設・設備の充実などについては全へき振が担当した。

　このような関係者の努力により、すでに1953年（昭和28年）5月の国会への上程の時点で、国会議員の多くはへき地教育に対する関心も理解も深まっていた。そのため、審議はスムーズに進み、1年後の1954年（昭和29年）に「へき地教育振興法」が公布施行されることとなった。

　「へき地教育振興法」は、へき地における学校教育や社会教育の充実、振興のための市町村・都道府県・文部大臣の任務を規定しつつ、市町村や都道府県に対して国が補助金を支給することを定めている。同法は1958年（昭和33年）と1960年（昭和35年）に一部改正されたが、特に1958年（昭和33年）の改正では、これまで都道府県の任務として「へき地学校に勤務する教員及び職員に対する特殊勤務手当の支給について、特別の考慮を払わなくてはならない」という努力規程だったのを改め、支給の基準・割合を明確にし、「小・中学校教職員住宅建築費補助」などの国の補助率も2分の1と法定した。

　1954年（昭和29年）当時の振興法予算は1億円にすぎなかったが、1965年（昭和40年）には25億円、1970年（昭和45年）には81億円、1982年（昭和57年）度には160億円余りに増大した（全国へき地教育研究連盟編（1982））。

**(3) へき地指定校の基準明確化**

　振興法が制定され、法的基礎が確立された1954年（昭和29年）の時点では、まだへき地の概念は明確でなく、教育状況もどの程度劣悪なのか適切に把握できていなかった。したがって、合理的で効果的なへき地教育振興方策を講じるためには、まず、へき地教育の実情の正確な把握とへき地の度合いを客観的に示す尺度の検討を行う必要があった。

　そこで文部省は1956年（昭和31年）に、全国規模による「へき地教育調査」を実施し、へき地の実態の詳細な解明を行った。これにより、これまで都道府県の裁量に任されていたへき地学校選定基準を国で統一することとなった。

　振興法の第二条では「交通条件及び自然的、経済的、文化的諸条件に恵まれ

ない山間地、離島その他の地域に所在する公立の小学校及び中学校」を「へき地指定校」とし、上記の基準に従い都道府県条例によって指定している。へき地指定校は基準点数(地理的へき遠性:学校から公共施設までの距離など)と付加点数(生活環境的不利性:電気の供給状況、多雪・極寒地帯などの自然的環境など)の合計点数によって1級から5級に、さらには準へき地、特別地に分類されている。

### (4) 各種振興方策

「へき地教育振興法」制定以降、国・地方自治体などにより教職員対策を中心に児童の通学や保健衛生管理などの各種振興方策が積極的にとられており、これらはへき地の教育水準を向上させる上で大きな成果を上げている。**表8-1**に主な取り組みを紹介する。

このように、「へき地教育振興法」の制定以降、さまざまな方策が国の補助や負担を伴うものとして次々に打ち出され、へき地の教育の充実が急速に図られることとなった。このような国の方策には、へき地を多く抱えている地方の要望が強く反映されており、従前、日陰に置かれてきたへき地にも手厚

**表8-1 「へき地教育振興法」に基づく取り組み**

| | |
|---|---|
| 教員へのへき地手当の支給 | へき地に勤務する教員に対しては、へき地の等級に応じ、全国一律に最大25%のへき地手当が支給される。また、2級以上のへき地学校で1年以上勤務している教員で、勤務成績が良好な者には特別昇給手当が支給される。 |
| 教職員の福利・厚生面の充実<br>(※都道府県により、また、へき地指定校の基準により受給内容が異なる) | ・へき地医薬品の配布(毎年)<br>・へき地校の教員と家族に対する「へき地医療交通費(給付金)」の支給<br>・へき地校の教員の配偶者で35歳以上の婦人に対し、無料で「配偶者検診」を実施<br>・一定期間へき地校に勤務した教員と配偶者に対し、旅行1回につき約10万円の「旅行補助」を支給 |
| へき地に勤務する教員のための研修 | へき地の教育状況の特殊性から、分校経営研究会や単級複式研究会の開催、へき地社会教育研究会の開催、全国へき地教育研究会への教員の派遣など |
| 教育環境の整備 | へき地学校の教育環境整備のため、スクールバス・ボートの購入や、へき地集会室の設置、学校風呂の設置、教材・教具や学校給食物資の搬入、学校に対する応急医療品の無料配布などの措置がとられている。 |
| へき地の子どもに対する対策 | へき地指定校に通学する児童・生徒に対して、遠距離児童の通学費や寄宿舎居住費の負担、健康診断・健康相談の実施、学校環境衛生検査を行うための医師、歯科医師、薬剤師派遣に擁する経費の補助などの支援が行われている。 |

出所)文部省(1964)、文部省(1973)、岩手県教育委員会(1982)を基に筆者作成。

> **Box 8-3　へき地学校における授業実践**
>
> 　へき地教育はそのへき地性の制約により、児童・生徒数が少なく、また派遣される教員数も限られることから、必然的な指導方法として、1人の教員が全校の児童を一緒に教える単級指導か、異なる2個あるいは3個学年を1人の教員が教える複式指導の形態をとることになる。複式学級の指導においては、数多くの指導上の困難を克服するため、単式学級以上に学習指導法を工夫し、指導計画を充実させていく必要がある。
> 　1930年代頃（昭和の初め頃）までは、個性的な指導観や指導方法を持つ「名人」教員の例のように、個人技としての複式指導が存在していた。しかしながら、複式指導の方法についての議論や授業研究が行われていく中で、へき地という特異な授業条件の下で、子どもの学習理解を促進させる授業方法が徐々に確立されていった。
> 　現在、複式指導を行う上で基礎となる指導方法として、2個学年の児童・生徒にそれぞれ別の教科、または同じ教科でも別の内容を指導する「学年別指導」と、同一時間・同一場所で複数学年の児童・生徒が同じ単元（題材、教材、主題など）を用いてともに学習活動を行う「同単元指導」がある。学年別指導では、2個学年の学習課程の各段階をずらして組み合わせる「ずらし」と、教員が一方の学年から他方の学年へ交互に移動して（わたり歩いて）直接指導にあたる「わたり」と呼ばれる教授法が開発されている。
>
> 　出所）北海道立教育研究所（2001）、全国へき地教育研究連盟（1985）を基に筆者作成。

い施策の手が及んできた。これは「へき地教育振興法」の影響によるものであることは明らかであった。

## 2-2　へき地における教員の確保と質の改善

　へき地教育振興法に基づいて、へき地に勤務する教員へさまざまな支援が行われることとなったが、経済事情や交通の便の悪いへき地に好んで勤務希望する教員はなお少なく、教員を確保するための行政措置を早急に講じることが必要であった。ここで紹介する広域人事政策は、へき地に特化したものというよりは、「教育が一定の水準を保ち適正に行われることをねらいとして、教職員の適性配置と人事交流を行う」ためのものであったが、結果的にへき地の教員不足の是正に大きな効果をもたらした。

### (1) へき地における教員不足

　明治期からへき地勤務教員に対してへき地手当が支給されていたが、支給に関しては都道府県の裁量に任されており、その数及び手当は不十分であった。1953年(昭和28年)当時の調査では、全国で約8700校の単級及び複式学級[4]の小学校が存在し、そのうち都道府県よりへき地勤務教員に対するへき地手当が支給されていない学校は半数以上に及んでいた（文部省（1953a））。

　へき地に特有の生活条件・文化的環境条件などの劣悪さに加えて、このようなへき地勤務教員に対する優遇措置の未整備のため、多くの教員はへき地へ勤務したがらず、へき地学校は教員の確保に大きな困難を抱えていた。特に戦前の教員の処遇は深刻であり、『へき地教育30年』（全国へき地教育研究連盟編）によると、「へき地校に赴任するのは"島流し"とみられた。行政当局の人事政策にも問題があり、平地部の学校でとかくの風評がある教員を"へき地に追いやる"といった"懲罰人事"すらあえてした」とあり、へき地の教員の実情がいかに劣悪であったかがうかがえる。

　戦後の民主主義教育体制のもと、"懲罰人事"はさすがになくなったものの、へき地度が高くなるにつれ無資格教員の割合は高くなっており、へき地学校における教員の質は総じて低いものであった。岩手県教育委員会（1982）によると、「低給料と食糧不足の問題を抱えるへき地に勤務を希望する教員は皆無であった。たとえ発令しても出生地を離れては生活不能とあってほとんど赴任拒否され、行政当局としては手の施しようがなかった。行政に期待できないと考えた校長は、自ら教員探しに明け暮れる状況であった。したがって、教員が見つからず、やむなく閉鎖に至った学校もあった」とあり、深刻化するへき地の教員不足に対して早急な解決策が求められていた。

### (2) 広域人事政策—人事のローテーション化

　1952年(昭和27年)、市町村に教育委員会が設置されるに伴い、市町村の学校教職員の人事は市町村教育委員会の手に委ねられたが、当時の市町村の規模は1教育委員会当たり平均で、小学校2校、中学校1校と小さく、教員人事がほとんどできない状況であった（佐藤他（1992））。

　1956年(昭和31年)に制定された「地方教育行政の組織及び運営に関する法律

(地教行法)」により、義務教育学校の教員の採用及び配置の権限が市町村から都道府県及び指定都市に移行されることとなった。つまり、市町村が学校を設置し、教職員を監督する一方で、都道府県が教員の給与を支払い、その採用と配置を行うという教員人事システムがこの時から始まった。教員の異動方針は各都道府県教育委員会によって多少は異なるが、共通方針としては、①都市部と郡部との交流、②へき地と非へき地との交流、③教員構成の適正化、④同一校における長期勤続者の異動、が挙げられている（佐藤他（1992））。

これによって教員はある一定の地域に長い間とどまることはなく、何年間かのサイクルで転勤を繰り返すこととなった。この広域人事の方法は都道府県によって異なるが、採用されてから3年ほどたった後と管理職に昇進した時、教員はへき地勤務をするのが通例といわれている。

1956年（昭和31年）以降、各都道府県で始められたへき地と非へき地との教員の人事交流は年を追うごとに定着していき、教員の間で「少なくとも一度はへき地の学校に勤務しなければならない」という考え方が次第に浸透してきた。それに加えて、へき地の環境も年々改善されてきたので、へき地学校へ異動するにしても従前のような抵抗感は少なくなった。その結果、へき地の教員不足の問題も解消され、教育水準も向上するようになった。

**Box 8-4　徹底した人事ローテーションの例**

長野県では長年にわたって小・中学校について地域間・学校間の平準化に力を入れて人事を行ってきた。同県は、1956年（昭和31年）以降、都市・平坦地と山村へき地間の異動のみならず、小学校、中学校、盲・聾・養護学校間の校種間交流も積極的に行ってきた。教員間にも絶えず異なる地域・学校を求めて「修行を積む」ことを評価し、逆に同一地域・同一校に停滞するのは教員としての資質に欠けるととらえる風潮がある。

離島面積が県の40%を占める長崎県では、教員人事の方法において試行錯誤を繰り返しながら、1976年（昭和51年）以降、異動の原則として全県下を本土都市部、本土郡部、離島へき地部の3地区に分け、在任期間中に3地区を経験させ、最長勤務年数を同一町村6年、同一地区15年とした。また、岩手県は、へき地教育の安定を図るため、夫婦教員のへき地への異動も奨励した。

出所）佐藤他（1992）。

Box 8-5　教員の希望を重視した人事の例

　1956年（昭和31年）、東京都は、教科ごとの適正配置、男女・年齢構成の適正化、地域や校務運営の上で転勤を必要とする者、及び同一校に長期間勤務している者は、本人の希望がなくても転勤させると発表した。これに対し、都の教職員組合は「本人の意思に反する強制転任には絶対反対する」との方針で反対運動を行い、結局、「希望者と、校長の説得により異動を承諾した者」に限って異動対象とすることとなった。その結果、全体的に教員の定着傾向が強くなり、異動する場合でも同一地域内や隣接地域内への異動が圧倒的に多くなった。そのため、人事は停滞し、地域間、学校間で年齢構成、男女比の著しい不均衡が生じることとなった。事態を重く見た東京都は、1981年（昭和56年）、行政主導により教員を強制的に異動させて適正配置を図る方針に転換した。その結果、同一校における長期勤務者は大幅に減少し、異動率も徐々に増大することとなった。

　出所）佐藤他（1992）。

## 3　結　語

　日本のへき地教育振興政策を振り返る時、まず注目すべき点は地域の住民や現場の教員がへき地の子どもの教育を充実させるために率先して行動を起こしたことである。明治以降、往々にして日本の教育発展は国の強いイニシアティブの下で行われてきた。しかし、へき地教育の振興の始まりは国ではなく地域住民や教員など現場から生じたという点で、他の政策と性質が異なっている。学校がなければ学校を建て、教員がいなければ住民総出で方々探し歩き、それでも見つからなければ住民自らが教員となって子どもを教えた。そのような地道な努力が全国各地のへき地で見られ、やがて大きな運動となって政府や国会を動かし、ついにへき地教育振興法制定が実現したといえる。振興法が制定されたことにより、山間、島嶼に至る地域にまで、同様の教育を提供する体制が十分整備され、教育の機会と質の均等が達成された。この意味で振興法が果たした役割は大きい。

　途上国においては教員数の地域間格差は深刻であり、生活条件が良く副収入も入りやすい都会に教員が集中する一方、農村・へき地では教員が不足し

ているという問題に直面している。日本もかつて同様の問題を抱えていたが、教員配置の基準を設定し、児童数などの適正な情報を上まで汲み上げること、行政側が教員を各学校に配置させる権限を持つこと、そして農村・へき地などの勤務条件の悪いところへ配属した教員に対して十分な保障をすること、これら一連の過程を遂行することによって日本は教員数の地域間格差是正を克服してきた。

〈山口直子〉

注
1 ここでのへき地学校とは、単級学校及び複式学級を持つ学校のことを指す（単級学校及び複式学級については**注4**参照）。
2 文部省（1953a）によると、へき地小学校8674校のうち、北海道が743校を占めており、次の岩手県の285校を大幅に上回っている。
3 岩手県教育委員会（1982）によると、当時のある郡では、小学校教員の62.4％が正規教員でなく、年間を通じて教員の欠員が毎月15％であったとの記録がある。
4 単級学校とは全学年の児童・生徒が1つの学級で学んでいる学校であり、複式学校とは1つ以上の学年の児童・生徒によって学級が編成されている学校である。

**引用・参考文献**
岩手県教育委員会（1982）『岩手県近代教育史 第三巻 昭和Ⅱ編』熊谷印刷。
国立教育政策研究所（1988）『へき地教育の特性に関する総合的研究―こどもの教育環境としてのへき地性・小規模性の測定を中心に』。
佐藤全他（1992）『教員の人事行政―日本と諸外国―』ぎょうせい。
全国へき地教育研究連盟編（1982）『へき地教育30年―その歩み・成果と展望―』。
全国へき地教育研究連盟（1985）『へき地・複式教育ハンドブック』。
玉井康行（1996）『北海道の学校と地域社会―農村小規模河野学校開放と地域教育構造―』東洋館出版社。
北海道立教育研究所（1963）『北海道の小さな学校』。
―――――――（2001）『複式学級における学習指導の在り方―はじめて複式学級を担任する先生へ―』。
文部省（1953a）『へき地教育の実態―調査報告（1）―』。
――― （1953b）『小・中学校教員に対する「へき地手当」支給規程の概要と実情』。
――― （1956）『へき地教育の実態　昭和30年度へき地教育の調査報告書』。
――― （1964）『我が国の教育水準（昭和39年度）』。
――― （1972）『学制百年史』帝国地方行政学会（ぎょうせい）。

# 第9章　留年・中途退学問題への取り組み

**途上国の課題**

　"Education for All (EFA)"運動の進展とともに、途上国においても学校に全くアクセスを持たない子ども＝未就学児童の数は減少してきている。しかしながら、一度学校に入学しても、学力不振などから進級試験に合格できずに留年を繰り返し、やがて義務教育の課程を修了しないままに学校を中途退学する子どもは相変わらず多数に上る。留年は学業成績の維持向上に効果が乏しいといわれるだけでなく、留年による就学の長期化は親の経済的負担と教育行政当局の財政負担を増大させる。留年の比率を低下させ、教育の効率性を高めることは、いまや途上国の教育にとって最大の課題のひとつとなっている。

**ポイント**

　日本では、近代学校制度の導入とともに試験進級制度が採用された。当初は就学率が低かったばかりでなく、いったん就学しても落第により留年を繰り返す児童が多発し、中途退学も多数に上った。試験進級制度は1900年(明治33年)の「小学校令」の改正により廃止され、自動進級制へと転換される。ここに、近代学校制度の導入から約30年間で、日本の初等教育における留年問題は解消されるに至る。試験進級システムはなぜ採用されねばならなかったのか。そして、それは教育制度がどのような条件を備えた時に停止されるに至ったのか。自動進級制度採用を可能にした諸要因と政策を分析する。

## 1　等級制（学年制）の導入と試験進級制度の採用

　学校のカリキュラムを、内容の難易度や連続性・系統性を考慮して、何段階かの等級に区分し、これを一定の時間をかけて順序に従って学習してゆく等級制あるいは学年制というシステムは、明治維新以降の近代的な学校制度の導入とともに日本にもたらされた。したがって、筆記試験によって児童の学習到達度を判定し、それによって次の等級あるいは次の学年への進級を認める試験進級制度も、この時同時に導入された。

　最初の近代的な教育法である1872年（明治5年）の「学制」には、学校における試験制度について詳細に規定する条項が含まれていた。試験進級制度は次のように規定されていた。「生徒ハ諸学科ニ於テ必ス其等級ヲ踏マシムル事ヲ要ス、故ニ一等級毎ニ必ス試験アリ一級卒業スル者ハ試験状ヲ渡シ試験状ヲ得ルモノニ非サレハ進級スルヲ得ス」（第48章）。小学校は下等小学4年・上等小学4年の合計8年間とされた。また、各学年は2つの等級に分けられ、最下級の第8級から第1級までの等級が定められた。児童は半年ごとに進級試験を受けて、これに合格すると次の等級に進級する。学力不振で合格できない者は留年（原級留置）となり、再度、同じ等級の課程を履修することになる。第1級の修了の後、あらためて課程全体をカバーする大試験（卒業試験）を受け、これに合格して初めて上等小学への進学が可能となる。上等小学でもこれと同じ進級システムが採用された。

　これらの進級試験・卒業試験はかなり厳格に実施された。試験の公正さと厳格を期するために試験制度は次第に県単位で統一されるようになり、また、受験生の担任以外の教員による試験問題の作成、地方官吏による試験問題の認可、郡書記などの地方役人や学区取締（教育行政担当者）の試験会場への臨席なども行われた。試験の合否の水準は各県によって異なっていたが、ほぼ総点の60～70％の得点を上げることが及第の基準とされていた。成績優秀な子どもの場合、就学期間を短縮して進級する「飛び級」も認められた。

　等級制と進級試験方式採用の背景には、当時の「文明開化」「富国強兵」の要請に応じて欧米の近代的な技術や知識を早急かつ大量に学習しなければならなかったこと、さらには、従来の身分制による教育の差別を排除し、すべて

の国民に平等に開かれた学校において、個々人の能力を唯一の基準として教育における個人主義・能力主義の原理を徹底させるという意図があった。

　明治時代初期には、進級試験(定期試験)や大試験(卒業試験)のほかにも、「月次試験」(席次入れ替え試験)、「臨時試験」(飛び級のための試験)、さらには「比較試験」(地域の学校間での学力コンクール)、「巡回試験」(県知事らが成績優秀生徒を招集して試験し褒賞を授与する)など多彩な試験が頻繁に実施された。後に大正期から戦後にかけて、日本の上級学校を目指す進学試験競争の厳しさは、しばしば「受験地獄」と形容されるほどになるが、試験が初等学校を含めて学校文化の中に深く浸透し、その日常生活に広く影響を与えていたという視点から見るなら、この時期のほうがはるかに「試験の時代」であったといえよう。

## 2　留年（原級留置）・中途退学の多発

　こうした試験進級のシステムは、当然のことながら、数多くの留年者を生み出す。また、留年を繰り返し、それが主たる原因となって中途退学する者も出現する。同じ等級で2回落第すると退学を勧告されるという規定を設けていた県もある。19世紀後半当時の教育統計は不備であり、全国的な留年・中途退学の数値は明らかではない。しかしながら、残されている断片的な統計資料から見ると、日本でもかつては初等教育段階での留年・中途退学問題は極めて深刻な現象であったことがわかる。

　これらの試験では、平均して受験者の20～30％が落第したといわれている。さらに問題を深刻にしたのは、統計上には表れてこないが、落第を予測して進級試験そのものを受けなかった「不受験」による落第者もかなりいたことである。いくつかの県では、この不受験落第者が生徒総数の15～20％であったという報告もある。こうした進級試験での落第や不受験による留年は毎年膨大な数に上ったと推定される。

　落第は児童個人にとって不名誉で学習意欲を阻害させるだけでなく、親にも大きな経済的負担を強いるものであった。当時は小学校でもかなりの額の授業料を徴収しており、留年によって直接的に経済的負担が増すばかりでなく、就学年数が長引くことによる子どもの労働力の喪失という意味からも親

表9-1 小学校の等級別の在籍児童数（愛知県の例）（1876〜1880年）

| 年　　次<br>等　　級 | 1876年<br>児童数 | 1877年<br>児童数 | 1878年<br>児童数 | 1879年<br>児童数 | 1880年<br>児童数 |
|---|---|---|---|---|---|
| 上等第1級 | — | — | 2 | 2 | 38 |
| 第2級 | — | — | 7 | 17 | 58 |
| 第3級 | — | 1 | 6 | 30 | 75 |
| 第4級 | — | 2 | 8 | 65 | 184 |
| 第5級 | 1 | 1 | 14 | 107 | 176 |
| 第6級 | 4 | 10 | 100 | 201 | 390 |
| 第7級 | 3 | 19 | 164 | 280 | 592 |
| 第8級 | 37 | 163 | 368 | 756 | 898 |
| 下等第1級 | 245 | 363 | 871 | 1,732 | 2,588 |
| 第2級 | 435 | 673 | 1,553 | 2,334 | 3,365 |
| 第3級 | 988 | 1,372 | 2,769 | 4,050 | 4,737 |
| 第4級 | 2,461 | 2,399 | 4,293 | 5,504 | 6,874 |
| 第5級 | 4,961 | 4,694 | 7,065 | 8,450 | 9,699 |
| 第6級 | 7,315 | 8,758 | 10,151 | 11,689 | 12,276 |
| 第7級 | 16,508 | 17,163 | 17,861 | 16,473 | 14,472 |
| 第8級 | 39,123 | 31,329 | 23,686 | 22,106 | 20,686 |
| 総　　計 | 72,081 | 66,949 | 68,918 | 73,796 | 77,108 |

注）当時の小学校は下等小学4年・上等小学4年の合計8年間とされ、各学年は2つの等級に分けられ、最下級の第8級から第1級までの等級が定められていた。なお、下等第8級と第7級が現在の小学校第1学年に相当する。
出所）国立教育研究所（1974a）p.53.

の不満は高まった。そのため留年を直接的な契機として学校を中途退学する者が続出した。

　留年者の数の多さは当時の各等級別の在籍者数の極端な偏りに見ることができる。表9-1は当時の教育統計が残されている愛知県における等級別の在籍生徒の比率を示している。

　1876年（明治9年）には下等小学第8級に児童全体7万2081人のうち3万9123人（54％）、第7級に1万6508人（23％）、あわせると現在の小学校第1学年に相当する等級に小学校児童全体の77％が集中している。上等小学は全部あわせても0.06％とほとんど実態がない状況であった。年を経るごとに上級等級の在籍比率も拡大し、在籍者の極端なアンバランスは是正される傾向にあるが、学制施行から8年後の1880年（明治13年）でも第8級・第7級に全体の46％が集中している。第6級・第5級を加えると全体の74％になる。下等の第1級に到

達する者は3％をわずかに超える程度である。要するに、1880年（明治13年）頃でも多くの児童は小学校の2年程度の課程を履修した後、小学校を退学していったというのが実態であった。学制を廃止して制定された「教育令」は就学期間を「学齢期間に少なくとも16カ月」と大幅に短縮し、翌年に改正された「教育令」でも「小学校3年間」とされたが、これは当時の就学の実態に合わせて法令のほうを改正したということができよう。

留年の多さは各等級に在籍する児童の年齢の幅の大きさからもうかがうことができる。表9-2は、当時としては珍しく各等級の在籍児童数を年齢別に分類して報告していた京都府の事例である。

最も在籍者数が多い下等小学第8級の在籍者を見ると、その年齢幅は6歳未満（学齢以前）5.2％、6歳17.2％、7歳22.2％、8歳20.9％、9歳14.8％、10歳8.8％、11歳4.7％、12歳2.7％、13歳1.4％、14歳以上2.0％と極めて大きい。現在でいうなら、小学校1年生のクラスに幼稚園児から中学校3年生に相当する年齢幅の子どもたちが在籍していることになる。当時は学齢未満の子ど

**表9-2　京都府における小学校児童の年齢別等級在籍数（1877年）**

| 年齢 | 6歳未満 | 6歳 | 7歳 | 8歳 | 9歳 | 10歳 | 11歳 | 12歳 | 13歳 | 14歳以上 |
|---|---|---|---|---|---|---|---|---|---|---|
| 上等1 | — | — | — | — | — | — | — | — | — | — |
| 2 | — | — | — | — | — | — | — | — | — | — |
| 3 | — | — | — | — | — | — | 1 | 1 | 1 | — |
| 4 | — | — | — | — | — | 1 | 1 | 1 | — | — |
| 5 | — | — | — | — | — | 1 | 2 | 3 | 5 | 1 |
| 6 | — | — | — | — | 4 | 8 | 7 | 4 | 10 | 9 |
| 7 | — | — | — | — | — | 2 | 16 | 27 | 18 | 9 |
| 8 | — | — | — | 4 | 3 | 13 | 45 | 74 | 96 | 49 |
| 下等1 | — | — | — | 1 | 41 | 41 | 78 | 130 | 108 | 56 |
| 2 | — | — | — | 1 | 20 | 138 | 180 | 230 | 203 | 96 |
| 3 | — | — | 10 | 11 | 123 | 309 | 488 | 426 | 299 | 122 |
| 4 | — | — | 14 | 90 | 428 | 745 | 756 | 636 | 304 | 137 |
| 5 | — | 6 | 43 | 266 | 774 | 1,082 | 908 | 647 | 270 | 108 |
| 6 | 1 | 17 | 180 | 698 | 1,550 | 1,460 | 1,026 | 608 | 247 | 119 |
| 7 | 10 | 217 | 1,133 | 2,553 | 3,003 | 2,258 | 1,421 | 672 | 247 | 187 |
| 8 | 1,287 | 4,256 | 5,480 | 5,162 | 3,646 | 2,181 | 1,164 | 674 | 333 | 475 |
| 計 | 1,298 | 4,496 | 6,860 | 8,791 | 9,561 | 8,239 | 6,093 | 4,133 | 2,141 | 1,368 |

出所）国立教育研究所（1974a）p.545。

もの小学校入学が存在した一方、標準的な入学学齢（満6歳）よりも遅れて年長で入学する者もいた。そのために年長児童がすべて留年経験者であるとは限らないが、それにしてもこうした同一等級の中での年齢幅の大きさは、落第それも複数回の落第の多発が現実のものであったことを示唆している。結果、低学年のクラスにはさまざまな年齢・経験を持った多数の児童が混在してひしめき合い、一斉教授法（frontal teaching）を行う教員の教育活動を一層困難なものにしていったと推定される。進級の形式は1886年（明治19年）に半年ごとの等級制から1年ごとの学年制へと切り替えられたが、試験進級方式そのものに変化はなかった。

## 3　試験進級制度を必要とした要因

　試験進級制度は、児童が各等級に割り当てられた所定の教育内容を確かに修得しえたか否かを確認するためのものであった。しかしながら、その厳格な実施は数多くの留年者と中途退学者を生み出した。これは、当時における就学率の低さとともに「国民皆学」という教育の普遍化の課題にとっては大きなジレンマであった。また、試験対策の暗記や詰め込みによる教育の硬直化、一大イベントとなりしばしば深夜や明け方にまで及ぶ試験の実施が教員や児童に及ぼす負担も指摘されていた。こうした問題を抱えながら、19世紀の日本の教育界が試験進級システムを重視し、それを厳格に実施することにこだわった理由や要因はどのようなものであったのか。

　試験進級制の採用は当時の日本の教育を取り巻く条件の未整備状況と深く関連していたと考えられる。それは、なじみが薄く違和感のある教育内容、近代的教授法を訓練された教員の不足、通学率の低さ、教育条件の地域間格差の大きさ、教員の試験依存体質、などの面に表れている。

　①近代学校の導入当初は米国の小学校をモデルとし、そこで採用されていた教育課程・各教科をほとんどそのまま日本に導入しようとした。教科書も外国の教科書を翻訳したり、それを模倣して作成された。こうした教育内容は子どもや親にとってのみならず、教員たちにもなじみの薄い新奇なものであった。

②1872年（明治5年）に東京師範学校が設立されて以来、1870年代末までには各県に師範学校が設立されていたが、これらの学校で近代的な教授法を訓練された教員の数は全体から見れば非常に限られていた。教員の多くは旧来の寺子屋の師匠、失業した武士、僧侶や神官などがそのままその職に就いていた。等級制や一斉教授法などは彼らにとっても知識・経験のない新奇なシステムであった。全体として見るなら、教員の学力・教授能力はまだ低いレベルにとどまっていた。

③この時代にあっては、学校に登録し就学したことになっている児童でも、実際は学校に通学しない、あるいは恒常的に出席しない者が多くいた。1870年代には就学児童の中で「日々出席」と継続的な出席を認められた者は、全体の70％前後にとどまっていた。こうした状態は児童の学習の質を損なうものであった。

④学区制の下で学校の建設・管理運営・教員給与の支給などの責任は各学区に、学区廃止後は各市町村に委ねられた。これらの各地方教育行政単位の財政状況はそれぞれ大きく異なっていた。地域の経済・財政状況は各学校の施設設備や教員の待遇などに直接的に影響する。都市部と農村部との教育条件の格差も極めて大きかったと思われる。学制は、正規の尋常小学のほかに、地域の状況に応じて村落小学・貧人小学など簡易化された学校形態を認めていた。また、当時の交通・通信事情、さらには地域を巡回指導する教育行政職員の不足などを考慮するなら、個々の学校の状況を国が的確に把握することも非常に困難であった。

⑤文部省が主導した進級試験は、こうした教員たちの職務遂行を助ける役割を果たしていたとも考えられる。力量不足から児童や親に十分な指導や説明をできないような教員の場合でも、「そんなことをしていると試験に落第するぞ」という脅しは、子どもや親を統制するための有利な武器となる。厳格な試験の持つ権威を教員自らの権威に置き換えることができる。彼らにとっては、試験の権威を利用しながら生徒を管理し、教室の秩序を維持することは比較的容易なことであったと推測しうる。

こうした条件の中で教育活動が展開されねばならなかった時、国家・教育行政当局者はどのような状態に置かれていたかを推測してみよう。学校が設

立・運営されていたとしても、実際にその学校の内部で日常的にどの程度の教育が行われているのか、そして、子どもたちにどれだけ確実な学力を身につけさせているのかについて、国家や教育行政当局も確信を持って把握しきれない。地方の学校や教員の教育活動に対して十分な信頼感を持ちえない。こうした中で国が教育の成果を評価するためには、国なり地方当局なりが一定の学力水準を設定して試験を行い、その結果によって児童の学力達成度を確認するよりほかない。試験による「品質管理」に頼らざるをえなかったのである。仮に、こうした教育条件が未整備で地域間・学校間格差が大きい状態のままで自動進級方式を採用したとするなら、子どもの間には膨大な学力格差が生まれ、極端なケースでは小学校を卒業したとしても読み書き能力さえ身についていない子どもが出現する可能性すらあったと考えられる。

## 4　自動進級方式への転換はいかなる条件、背景の下に可能となったか

　日本において試験進級制度が廃止され、自動進級方式に転換されるのは、1900年（明治33年）のことであった。当時の法令はそれを次のように規定した。
　「小学校ニ於イテ各学年ノ課程ノ修了若シクハ全教科ノ卒業ヲ認ムルニハ別ニ試験ヲ用フルコトナク児童平素ノ成績ヲ考査シテ之ヲ定ムヘシ」
（「第三次小学校令」施行規則）
　従来の児童の進級・卒業の可否を決定する学年末試験・卒業試験を廃止し、以後は児童の「平素ノ成績」、すなわち教員による日常的な継続的な観察に基づいて児童の学力達成度を評価することを求めている。
　それでは、こうした自動進級方式への転換はいかなる条件・背景の下で可能となったのか。ここでは大きく2つの要因、①教育を提供するための諸条件整備の進展、②学校教育の目的と学校観そのものの変化、を指摘できるように思われる。

### 4-1　教育条件の整備、教職の専門能力の向上

　第一の要因は、近代的学校の導入から約30年を経て教育の整備状況が改善

され、地域間・学校間格差も縮小し、全国的に教育条件の標準化がかなりの進展を見せたことである。前記の項目に沿ってその改善状況を見るなら次のようであった。

①教育課程は欧米諸国をストレートに模倣し、20科目以上にも及ぶ多数の教科を教えようとするものから、次第に整理統合され基礎的教科に集約されていった。教育内容も日本の実情に合わせて精選されるようになっていった。翻訳教科書も徐々に姿を消していった。

②1886年（明治19年）の「師範学校令」、1897年（明治30年）の「師範教育令」などを通じて、教員養成制度を拡充する努力が続けられた。同時に教員免許制度も整備された。正規の教員免許を取得するには師範学校を卒業するか、あるいは教員検定試験を受けてそれと同等の学力を認められなければならなくなった。もちろん、教員免許を所持しない無資格教員も多く、その比率は1890年（明治23年）にはまだ小学校教員全体の58％と半数を超えていたが、1895年（明治28年）にはその比率が20％に下がるなど、教員の学歴・資質は急速な向上を見せていた。

③1890年代以降になると児童の就学率・出席率ともに改善され始める。1891年（明治24年）に就学率が50％を超える（出席率は74％）と、1895年（明治28年）61％（同80％）、1899年（明治32年）73％（同83％）と就学率、出席率ともに順調に向上している。

④1886年（明治19年）の「小学校令」は4年の尋常小学校への就学を義務教育としたが、地域の状況に応じて、これに代わって3年以下の小学簡易科を設けることを容認していた。1900年（明治33年）の法令改正により統一的に尋常小学校4年間の義務教育制度が確立される。一方、教育行政機構、とりわけ地方教育行政の機構が整備されることで、文部大臣－県知事－郡長（郡視学）－市町村（学務委員）という教育行政の基本系統が整備される。こうしたことを通じて地域間での教育条件の格差の是正、全国的な標準化が進展を見せていた。

⑤こうした変化と対応するように教員たちの意識や行動にも変化が見られた。教員の中には、試験対策を念頭に置いて子どもに機械的な暗記を強いたり、知識を詰め込む注入的な教授法に批判を強め、当時日本に紹介

され始めたペスタロッチやヘルバルトらの教育思想や教授理論をベースにした新しい教授方法（開発主義教授法、5段階教授法）を熱心に試みる動きが見られた。こうした教授法を普及するための講習会や研修には数多くの教員が参加した。また、1890年代後半以降、教員を主たる読者とする教育雑誌が相次いで創刊されている。専門職意識に目覚めた新しい教員像が見え始めている。

こうした条件を総合して見る時、近代学校の導入から約30年を経て、日本の初等義務教育は一定水準の学歴や専門的力量を持った教員を全国の学校にほぼ均等に配置することができるようになったのであり、また、教育課程・教科書・教授方法・教育行政機構・学校施設設備の面での改善や全国的な標準化もかなりの進展を見せていたことになる。言葉を換えるなら、学校運営体制や教員の専門的能力に対する社会的な信頼感が高まったといえよう。どの地域やどの学校でも子どもたちにほぼ同じ水準の教育を提供しうる体制がかなりの程度整えられたことになる。

従来の試験進級制度に伴うデメリット、すなわち教育の硬直化、試験の実施の負担増、多くの留年・中途退学者の出現、親や地域の財政的負担増などはあまりにも大きなものであった。いちいち進級試験によって個々の児童の学力達成度をチェックしなくとも、全体的に見て児童に一定水準の学力が確保されているであろうという蓋然性と信頼性が高まるようになれば、自動進級方式への転換を求める声が高まるのは当然である。もちろん、個々の児童の学習能力には個人差があり、自動進級方式においては結果として進級した児童の間に学力のバラツキが出るというリスクが伴う。しかし、教育条件の標準化が進展すれば、そのバラツキはある程度の幅の中におさまる可能性は高い。1900年（明治33年）当時の日本が、すでに自動進級方式採用による児童の学力バラツキ出現のリスクをコントロールしうるほどの十分な教育条件を整えていたとはいい難い。しかしながら、少なくともそれを支える教育条件の基盤は完成しつつあるという政府の判断と、今後もその整備に力を注ぐという政府の意思が、自動進級方式への転換という政策を採用させたものと考えられる。

## 4-2　教育目的、学校観の変化

　教育条件の整備・標準化の進展とともに、当時の政府をして自動進級制度の採用に踏み切らせた理由は、もう1つほかにあると考えられる。それは教育目的そのものの、学校観それ自体の変化である。近代学校制度導入初期の教育の目的は、文明開化の旗印の下、西欧先進諸国の近代的な知識・技能・文化を早急に取り入れて国民を啓蒙することにあった。そのため、学校では、国民にとってはなじみの薄い、生活の現実からは遊離した抽象的な教育内容が教えられた。それは、知識や技術の獲得を重視した、いわば知育中心の教育であった。

　しかしながら、1880年代になると、このような西欧化志向の啓蒙主義的教育政策に対する反発の動きが表れてくる。宮廷官僚など政府の内部の保守的な勢力を中心に、西欧化による風紀の乱れを指摘し、伝統的な道徳規範の復興を求める声が高まった。彼らは天皇に働きかけ1879年（明治12年）に「教学聖旨」を下させた。それは教育の基本的方針として仁義・忠孝・愛国心などの伝統的儒教倫理を重視すべきことを指示していた。それまであまり重視されていなかった修身を最も重要な教科として位置づけることになった。こうした傾向は、1890年（明治23年）の「教育勅語」の発布でより一層明確なものとされた。

　同年に公布された「第二次小学校令」は、それまで法令では明確に規定されていなかった小学校の目的を次のように規定した。

　　「小学校ハ児童身体ノ発達ニ留意シテ道徳教育及ビ国民教育ノ基礎並其生活ニ必須ナル普通ノ知識技能ヲ授クルヲ以テ本旨トス」（第一条）

　ここでは、①児童身体の発達に留意、②道徳教育及び国民教育の基礎、③生活に必須な普通の知識技能、の3つの目的が順序づけて併記されていることが注目される。ここでの国民教育とは国民国家の一員として日本人に必要とされる技能や知識の訓練を意味している。従来の知識中心の教育では最後の知識技能の修得がほとんど唯一の中心的な目的とされていた。体育教育や学校での保健衛生の指導などを通じて児童の健全な身体的発達を図ること、道徳教育・国民教育を重視することが、知識技能の修得と同等、ないしそれ以上の目的と位置づけられるようになっている。なお、この時期に体育教育

が重視されるようになった背景には、試験を多用する学校教育が子どもに過剰な負担を強いており、子どもの健康や発育を損ねているという批判に加えて、日清と日露の2つの大戦を経験する中で軍部などから兵士の体位向上を求める要請が強くなったこともある。いずれにせよ、従来の知育一辺倒から知育・徳育・体育のバランスのとれた子どもの調和的発展へと学校教育の目的そのものが拡大深化されてきたといえよう。

　試験、特に筆記試験は知識技能の修得の程度を測定するのには有効な手段である。しかしながら、道徳教育・国民教育や体育教育の成果は試験によって表示することは困難である。これらは学力という数値に換算しえないものである。また、留年によってさまざまな年齢・経験・体格の子どもが同じ教室に混在する中で、道徳教育や体育教育を効果的に行うことは極めて困難である。留年や飛び級による児童の年齢と学年の不一致、さらに逆転現象は、先輩・後輩関係など年功による秩序の形成、集団的帰属意識の形成、朋友間での友情と信頼の醸成などを強調する儒教的な国民道徳とは次第に相容れないものになってきたと推測される。

　自動進級を採用することによって、児童の学力に多少のデコボコが出たとしても、それは許容範囲であり、すべての児童を一定の年数、学校にとどめることこそ重要である。学校はしつけや道徳、同じ年齢集団の中での訓練や社会的協調性、臣民としての忠誠心、健全な身体の育成など、知識獲得に劣らず重要なものを提供すべき場である。すべての者が義務教育を修了することこそ重要である。このような学校観が支配的になってきた時に、日本は、初等教育段階での学力試験による進級制度を放棄し、年齢・在学年数をベースにした自動進級方式に転換することに踏み切ったといえよう。1900年(明治33年)に自動進級方式に転換して以後、それによる全体的な児童の学力の低下を指摘するような議論はほとんど見られなかったし、試験進級方式の復活を求める声も聞かれなかった。自動進級方式は比較的スムーズに日本の教育界に受け入れられていった。20世紀に入ると、日本の小学校における留年問題・中途退学問題は大きく改善され、やがては疾病や貧困による長期欠席などの例外を除いて、この問題は事実上解消されてゆく。

## 5　結　語

　多くの途上国と同じように、かつて日本の初等教育は留年・中途退学の問題に悩まされた。それは、直接的には、厳格な試験進級制度の実施から生み出されたものであった。当時、日本の教育を提供するための諸条件は未整備であり、とりわけ多くの教員の専門的能力に問題があった。こうした状況の中で、日常の教授活動において、子どもたちにどれだけ確実な学力を身につけさせることができるか、国も教育行政当局も確信を持てないでいた。端的にいうなら、厳格な進級試験を頻繁に繰り返すことは、学校や教員の仕事ぶりに対する不信感・不安感を前提としていたといえるかもしれない。試験による教育の「クオリティ・コントロール」が必要とされた。

　しかしながら、約30年間の経験の後、日本は試験進級システムの廃止に踏み切った。それを可能にしたのは教育諸条件の整備であり、特に教員たちの専門職としての職業意識（professionalism）の前進であった。試験進級制度の廃止は、学校観の変化も反映していた。学校に期待される主要な役割は、子どもたちに西洋近代の知識・技能をできる限り早急に詰め込むという知識中心的なものから、次第にナショナリズムや国民道徳の形成や健全な身体の発達をも重視するものへと変化していった。ここには、保守的な儒教倫理の復活や軍国主義の影響という否定的な側面もあったことも事実であるが、ともかく、この時期以降、日本の教育は児童の知育・徳育・体育の調和的発展を目指すようになった。知育はともかく、徳育や体育は同一年齢集団で行うことがより効果的であることはいうまでもない。こうして、日本は、少なくとも義務教育の段階では、試験進級方式（学力主義）を廃止し、自動進級方式（年齢・年数主義）へと転換する道を選択したのである。

〈斉藤泰雄〉

**引用・参考文献**

天野郁夫（1992）『学歴の社会史』新潮社。
―――― （1997）『教育と近代化』玉川大学出版部。
国立教育研究所（1974a）『日本近代教育百年史3　学校教育(1)』。
―――――― （1974b）『日本近代教育百年史4　学校教育(2)』国立教育研究所。

斉藤利彦（1995）『試験と競争の学校史』平凡社。

Koizumi, Kihei and Amano, Ikuo (1967) "The Process of Eradicating Wastage in Primary Education: Japan's Experience," *Research Bulletin of National Institute for Educational Research,* No.8, pp.1-22.

## 〈教育の質的向上〉

　教育開発の発展段階に関係なく、すべての国に共通する問題として「教育の質的向上」が存在する。時代の変遷によって議論の中身が変化することはあっても、その重要性には変わりがなく、教育開発における普遍的な問題として常に意識され続けている。その背景には、仮に就学者が増加しても学校で適正な教育が行われなければ、個人や社会にマイナスの影響を与えることにしかならない、という危惧がある。また、教育内容に問題があれば就学に対する意欲も減退し、就学率の低下や留年・中途退学の増加にもつながってしまう。

　教育の質については定義が難しく、それが意味する内容や範囲も、この語が使用される文脈によって異なる。本書では特に途上国の教育開発にインパクトを与える可能性が高いと思われる基本的なテーマを選び、解説を加えることにした。「第10章 教育課程」「第11章 指導計画」では、国家による教育内容の規定・普及・統制の仕組みと授業実践のノウハウを紹介している。「第12章 教員養成・研修」「第13章 授業研究」では学校教育において最も重要な存在である教員の育成・確保とその知識・技能の継続的な向上を促す研修について述べている。

# 第10章　教育課程（カリキュラム）

**途上国の課題**

　カリキュラムは一国の学校教育の規範であり、これに基づいて学校におけるすべての教育活動が展開される。カリキュラムは教育の質に直結しているだけでなく、その優劣が児童・生徒の学習意欲や学業成績に影響を及ぼすことから、結果として教育の量的拡大やマネジメントにも大きなインパクトを与えている。途上国ではカリキュラムに関して、旧宗主国のカリキュラムの影響、カリキュラム研究・開発の遅れ、各種教育調査の欠如によるデータ不足、精選を経ない新規学習内容の追加、学校教育の現状に対する認識不足、カリキュラム編成に教育現場の声が反映されない仕組み、授業時数の絶対的な不足、画一的で柔軟性に欠けるカリキュラムの運用、実施のための方策の不備などが原因となり、①分量が多く規定の授業時数で消化できない、②一貫性・系統性・発展性などを考慮していない、③児童の発達段階・能力・特性(言語など)・生活状況などを考慮していない、④教育現場の声や地域のニーズ・関心・問題を反映しておらず実生活と乖離している、といった問題が生じている。そのため、カリキュラムの運用に幅を持たせたり、地方の教育委員会や学校へカリキュラム編成に関する権限を一部委譲するなどの試みが実施されているが、根本的な問題解決には至っていない。

**ポイント**

　日本において途上国の「カリキュラム」に相当するものは「教育課程」である。日本では現場の教員に裁量権を与えつつも、全体として教育課程策定・実施のプロセスは法的に統制されている。教育課程の基準は一定の行政手続きを経て10年ごとに改訂されるが、現行教育課程の実現に関

する活動と次期教育課程の基準の改訂作業とは同時並行かつ連動して進められており、教育課程の改訂は教育の質の向上を目指す不断の取り組みに基づいている。教育課程の基準に基づく教育の実現は、文部科学省によるトップダウンと学校や教員によるボトムアップの両方向から行われており、効果的・効率的な教育課程の実現を可能にしている。

## 1　教育課程の定義

「教育課程」とは英語の「カリキュラム」に該当する用語であるが、厳密にいうと教育課程の一般的な定義が確立されているわけではない。

文部科学省によれば、教育課程とは「学校教育の目的や目標を達成するために、教育の内容を児童の心身の発達に応じ、授業時数との関連において総合的に組織した学校の教育計画」であり、「学校の教育目標の設定、指導内容の組織及び授業時数の配当」が基本的な要素として示されている（文部省(1999) pp.12-19）。そして文部科学省が法令に基づいて定めた教育課程の基準として「学習指導要領」がある。学習指導要領は全国どこでも一定水準の学校教育が受けられることを目的に定められており、教育内容と教育課程編成の要領・要点を記したものである。

他方、学校現場レベルでは各学校長の責任の下で編成される「教育課程」として、学年教科ごとの年間指導計画や学校の時間割を指して用いられることが多い。

このように国レベルの「教育課程の基準」としての学習指導要領と各学校が作成する年間指導計画や時間割とから教育課程は構成される。

## 2　教育課程の変遷——初等教育課程を中心に——

本節では、日本の教育課程の変遷について、国レベルの教育課程、すなわち戦後の「学習指導要領」に該当する文書の変遷を中心に見ていく。

## 2-1 「修身」と「実用」偏重の教育課程（明治期）

　明治政府は中央集権的構想の下で1872年(明治5年)に「学制」を公布し、教育課程として下等・上等小学校別に教科を定めた。同年、文部省が今日の「小学校学習指導要領」[1]にあたる「小学教則」を公布し、教科ごとの授業時数、教科書、指導方法の要旨を示した。その特徴は、①身分の別なく単一の教育課程を編成したこと、②「読み書き算」を基本としつつ、自然科学に関する多様な内容が教科として分化していること、③欧米のカリキュラムを参照していること、である。しかし、これを実践することは困難であり、実際には教科数が少なく合科的な内容を持つ東京師範学校編纂の「小学教則」が普及した。

　明治政府は中央集権化に対する地方の反乱などを受けて教育政策の転換にも着手し、1878年（明治11年）に「小学教則」を廃止した。この廃止に伴い、各府県では東京師範学校・師範学校附属小学校の教則等を見本に各府県の状況に合わせてそれぞれ教則を定めたため、修業年限や教育内容・教科書が多様化した。

　この頃民間の自由民権運動が高揚を見せ始めると、明治政府はこれを抑圧するとともに教育においてもそれまでの欧化主義的な方針を改めるようになった。1880年（明治13年）の教育令改正に際し、「仁義忠孝」を中心に据えた儒教色の濃い道徳教育を復活させ、修身(道徳)を筆頭教科に定めた。この「改正教育令」を受けて、1881年(明治14年)には「小学校教則綱領」が制定された。そこには小学校8年間にわたる教科ごとの教育内容の学年指定が定められており、主に「儒教主義的な教育内容」と「実業に役立つ教則の作成」が規定され

**表10-1　教育に関する法令の内容と特徴**

| | 法令名 | 内容・特徴 |
|---|---|---|
| 1872年 | 小学教則 | ・教科ごとの授業時数、教科書、指導法の要旨が示された。<br>・実践することが困難な内容であった。 |
| 1881年 | 小学校教則綱領 | ・教科ごとの教育内容の学年指定が定められた。<br>・儒教的教育内容。<br>・「実用」の重視。<br>・小学校教則の国家基準となった。 |
| 1886年 | 小学校ノ学科及其程度 | ・科目名及び週間授業時数が規定された。 |
| 1891年 | 小学校教則大綱 | ・「教育勅語」が基本理念となる。<br>・「徳性の涵養」と「実用的知識・技能の習得」を目指す。 |

出所）筆者作成。

ていた。この当時の小学校は、初等科(3年)、中等科(3年)、高等科(2年)に区分されており、就学者の大部分が在籍していた初等科では、「修身」と「読み・書き・算」を中心に教育が行われていた。政府は、課程改革方針の徹底を図るため、教員に関連した「師範学校教則大綱」、「小学校教員心得」、「学校教員品行検定規則」等を定め、教科書についても徐々にその統制を強化していった。ただし、同時に「土地の状況に応じて斟酌すること」を許容しており、そこで示された内容や項目には学校側、教員側の裁量が認められていた。

1886年（明治19年）の「小学校ノ学科及其程度」では科目名と週間授業時数が定められている。教育内容を学年指定した教則に相当する「小学校教育課程表」が文部省より各府県知事に送られ、各府県はこれに準じて教育内容の学年指定を定めた。また、同年から文部省による教科書検定制度が導入された。1890年（明治23年）の「小学校令」の大幅改訂を受けて、1891年（明治24年）に定められた「小学校教則大綱」では、「教育勅語」を基本理念としながら「徳性の涵養」と「実用的知識・技能」の習得のためのより明確で詳しい内容や指導目標が明瞭に記述され、その細かい教授指導法を通じて教員の実践を規制していった。さらに、1900年（明治33年）には「小学校令施行規則」が制定され、国家政策を反映した徳育の方針を徹底するための教育課程法制が確立した。これ以降、第二次世界大戦後の1945年（昭和20年）まで、「教育勅語」を奉じ、尊王愛国を理念とした教育体制が継続された。

## 2-2 国家主義的な色彩を強める教育課程（大正・昭和期（戦前））

大正期（1912〜1925年）になると世界的な新教育の影響を受けた「大正自由教育」と呼ばれる民間教育研究運動が起きて、児童中心の教育思想が浸透した。特に小学校では教育の方法論（指導法）から教育の革新を迫る多くの提案がなされた。しかし、教育内容が国家の統制下に置かれていたため、教育の内容論については一部の私立小学校や師範学校附属小学校で国が定めた教育課程を変える試みが行われるにとどまった。

昭和期（1926〜1989年）に入り、1930年代後半には政府・行政に教育課程改訂にかかわる動きが見られるようになってきた。政府は1936年（昭和11年）の義務教育の延長とともに戦時体制強化に向けて教育刷新の意向を表明し、文

部省は国家主義的な色彩を強めた教育課程への改革構想を打ち出すに至った。これ以降、教育界では教育課程改訂をめぐる論争が盛んに行われるようになった。

1937年（昭和12年）には文部省に「教育審議会」が設置され、戦時体制が進行する中、教育改革に関する全般的な検討が開始された。そして、ここでの審議結果に基づき、1941年（昭和16年）に「国民学校令」が公布され、国民学校の教育課程における教科の統合と低学年での総合教授が認可された。しかし実際には、小学校において皇国精神の修練が強調された以外は、特に大きな変化は見られなかった。

### 2-3　民主主義教育の理念を持つ教育課程（昭和期（戦後））

1945年（昭和20年）、第二次世界大戦が終結し、敗戦国となった日本は連合国総司令部（GHQ）の統制下に置かれた。教育についてはGHQが派遣を求めた米国教育使節団（1946年（昭和21年））が日本の教育を分析・調査し、勧告を含む報告書を取りまとめた。この報告書に従い、民主主義教育、単元による学習、男女共学、6・3・3・4制などの制度改革が実施された。1947年（昭和22年）には占領軍の民間情報教育部（Civil Information and Education Section: CIE）による指導下で「学習指導要領（試案）」が編纂され、明治以来の極端な国家主義に基づく教育が改められ、児童の現実の生活を教育の出発点とする児童中心主義の新教育が実践されるようになった。この学習指導要領は戦前の上意下達を改善し、地域社会の事情・児童の生活・学校の状況に応じて現場の教員が創意工夫し、適切な教育課程を編成するための「教員の手引き」として刊行された点に大きな特徴がある。しかし、この時も教育改革の主眼は方法論に置かれ、「学習指導要領（試案）」は指導法や評価法が詳細に記された画期的な書籍として注目に値するものの、内容に関して改革が大きく前進するようなことはなかった[2]。

その後、1951年（昭和26年）に「学習指導要領（試案）」は改訂されるが、ここでも同様に「教員の手引き」であることが強調されていた。

戦後の約10年間は、米国の影響を受けながら比較的自由かつ開放的な風潮のなかで、学校教育において民主主義教育の実現が目指されていた。戦前弾

圧を受けた教員たちは、さまざまな民間教育研究団体を組織して民主的教育研究の運動を再開し、自主的・民主的な教育課程編成に少なからぬ影響を与えた。

### 2-4　基礎学力の充実と「ゆとり」を重視した教育課程

　1955年(昭和30年)の「学習指導要領」はタイトルから「試案」が外された。法的拘束性が定められたことで、その記述は簡略化された内容項目に限定され、指導法・評価法は法的拘束力のない指導資料として作成されるようになった。

　1958年(昭和33年)の改訂は占領軍撤退後に行われた最初の全面改訂となり、道徳教育の徹底や基礎学力の充実を目指した内容改訂であった。この改訂の特徴は、①学習指導要領を法的拘束力を備えた国家基準とし、教育課程の中央集権化及び画一化への方向転換を行ったこと、②従来の経験主義に基づく教育課程から系統性重視の教育課程へと転換したこと、の2点である。前者は朝鮮戦争や米国の反共軍事化対日政策といった当時の国内外の情勢を受けて教育に対しても上からの統制を強化しようとする動きの表れであり、後者は経験主義に基づく教育が学校や教室では事実上破綻していたことや生活単元学習が学力低下を招いているという批判が高まっていたこと等が影響していた。これ以後、およそ10年周期で「学習指導要領」は改訂されていく。

　1957年(昭和32年)に旧ソ連が人工衛星打ち上げに成功する等、社会の発達や科学技術の進展に伴い、学校教科内容に現代の科学・技術・文化の達成をより完全に反映させることを目標にしたカリキュラム変革の動きが世界的に起きた。日本もこういった影響を受け、1968年(昭和43年)に行われた「学習指導要領」改訂は科学技術の革新と国際競争力の強化を強く意識したものとなった。これらの教育内容は系統性を重視したものであるものの、進学率増大などの学校の変化と、子どもたちの生活と教科内容の結合が軽視され、学習内容が理解できずに授業についていけない「落ちこぼれ」を生み出すことにもつながり、次第に問題視されるようになっていった。

　1977年(昭和52年)の改訂は「ゆとりと充実」を標榜して小学校・中学校・高等学校の一貫性が強調されるとともに、「ゆとり」を作り出すための具体的な方策として授業時数の削減と内容の精選が行われた。これらは「第三の教育

改革」を目指した1971年（昭和46年）の中央教育審議会答申[3]とその後の1976年（昭和51年）の教育課程審議会答申を受ける形で実施された。「学習指導要領」には、授業時数の削減、小学校低学年での合科的指導への志向、「君が代」の国歌化といった特徴が見られる。このほか、学習指導要領に明記されていない「ゆとりの時間（1〜2単位時間／週）」の設置が行政主導で進められた。なお、高等学校においては選択科目が大幅に増加され、習熟度別の学級編成が導入された。

1989年（平成元年）の「学習指導要領」改訂は、1987年（昭和62年）の臨時教育審議会答申[4]と教育課程審議会答申を受けて実施された。教育課程審議会答申では教育課程基準の改善のねらいを、①たくましく生きる人間の育成、②自ら学ぶ意欲と社会の変化に主体的に対応できる能力の育成、③基本・基礎を重視し、個性を生かす教育の充実、④国際理解と日本の文化・伝統を尊重する態度の育成、の4点に集約し、特に①では感謝の心や公共心が、②では思考力・判断力・表現力といった新学力観が、③では個に応じた指導が、④では国際社会に生きる日本人としての自覚と責任感が、それぞれ強調されていた。これらはすべて「新学習指導要領」に反映され、小学校低学年での理科・社会の廃止と「生活科」の新設、中学校での選択教科の拡大と習熟度別の指導、国旗掲揚と国歌斉唱の指導強化が行われた。高等学校では家庭科が男子にも必修となったことから、教育課程に顕在した男女格差がようやく是正されるに至った。

## 2-5 現行の教育課程

1998年（平成10年）の学習指導要領の改訂は、1996年（平成8年）の中央教育審議会答申[5]と1998年（平成10年）の教育課程審議会答申に基づいて実施された。そこでは学校週5日制の完全実施を前提とした21世紀の教育のあり方が模索されている。

新しい教育課程の特徴はBox 10-1に示したとおりであるが、特に文部科学省が学習指導要領を最低基準と明確に定めたこと、学校ごとの特色ある教育内容を工夫するための教育課程の自主編成を実施する仕組みが随所に盛り込まれたことに注目したい。そして、このような教育課程の実施に際して、文

> **Box 10-1　現行学習指導要領(1998年)のねらいと特徴**
>
> **ねらい**
> 　完全学校週5日制の下、各学校が「ゆとり」の中で「特色ある教育」を展開し、子どもたちに学習指導要領に示す基礎的・基本的な内容を確実に身につけさせることはもとより、自ら学び自ら考える力などの「生きる力」を育む。
> **特徴**
> ・学習指導要領の最低基準性の明確化
> ・授業時数の縮減と教育内容の厳選
> ・個に応じた指導の充実
> ・体験的、問題解決的な学習活動の重視
> ・「総合的な学習の時間」の創設
> ・選択学習の幅の拡大
> ・学校による教育課程の自主編成枠の拡大
> ・評価の充実（相対評価→絶対評価）

部科学省は授業時数の縮減と教育内容の厳選により学力が低下することのないように、学習指導要領に示された内容を「確かな学力」としていくことを学校に求めて、その広報と研究開発などを行っている。

　教育政策は、1990年代から、等しく同じことを教える考え方から個に応じて学べるようにする政策へと転換しており、特色ある学校づくりを可能にす

**表10-2　小学校の授業時数**

| 区分 | 国語 | 社会 | 算数 | 理科 | 生活 | 音楽 | 図画工作 | 家庭 | 体育 | 道徳 | 特別活動 | 総合的な学習の時間 | 総授業時数 |
|---|---|---|---|---|---|---|---|---|---|---|---|---|---|
| 第1学年 | 272 | — | 114 | — | 102 | 68 | 68 | — | 90 | 34 | 34 | — | 782 |
| 第2学年 | 280 | — | 155 | — | 105 | 70 | 70 | — | 90 | 35 | 35 | — | 840 |
| 第3学年 | 235 | 70 | 150 | 70 | — | 60 | 60 | — | 90 | 35 | 35 | 105 | 910 |
| 第4学年 | 235 | 85 | 150 | 90 | — | 60 | 60 | — | 90 | 35 | 35 | 105 | 945 |
| 第5学年 | 180 | 90 | 150 | 95 | — | 50 | 50 | 60 | 90 | 35 | 35 | 110 | 945 |
| 第6学年 | 175 | 100 | 150 | 95 | — | 50 | 50 | 55 | 90 | 35 | 35 | 110 | 945 |

注1）この表の授業時数の1単位時間は45分とする。
注2）特別活動の授業時数は小学校学習指導要領で定める学級活動に充てるものとする。
注3）第24条第2項の場合において、道徳のほかに宗教を加えるときは、宗教の授業時数をもってこの表の道徳の授業時数の一部に代えることができる。
出所）「学校教育法施行規則」第二十四条別表1。

表10-3　中学校の授業時数

| 区分 | 国語 | 社会 | 数学 | 理科 | 音楽 | 美術 | 保健体育 | 技術・家庭 | 外国語 | 道徳 | 特別活動 | 選択教科等 | 総合的な学習の時間 | 総授業時数 |
|---|---|---|---|---|---|---|---|---|---|---|---|---|---|---|
| 第1学年 | 140 | 105 | 105 | 105 | 45 | 45 | 90 | 70 | 105 | 35 | 35 | 0～30 | 70～100 | 980 |
| 第2学年 | 105 | 105 | 105 | 105 | 35 | 35 | 90 | 70 | 105 | 35 | 35 | 50～85 | 70～105 | 980 |
| 第3学年 | 105 | 85 | 105 | 80 | 35 | 35 | 90 | 35 | 105 | 35 | 35 | 105～165 | 70～130 | 980 |

注1）この表の授業時数の1単位時間は50分とする。
注2）特別活動の授業時数は中学校学習指導要領で定める学級活動に充てるものとする。
注3）選択教科等に充てる授業時数は、選択教科の授業時数に充てるほか、特別活動の授業時数の増加に充てることができる。
注4）選択教科の授業時数については中学校学習指導要領で定めるところによる。
出所）「学校教育法施行規則」第五十四条別表2。

る現行の学習指導要領（1998年告示）はその象徴ともいえる。
　なお、参考までに1998年（平成10年）の教育課程に基づいた小学校と中学校の授業時数を**表10-2**、**表10-3**に示す。

# 3　教育課程の現況

## 3-1　教育課程の統制

　教育課程の編成は各学校に委ねられているが、文部科学省及び教育委員会は各学校・教員が実施する教育課程を学習指導要領と関連法令からなる教育課程の基準、検定教科書及び指導要録を通じて法的に統御している（**図10-1**参照）。
　前述のとおり、各学校が教育課程を編成・実現する際には、文部科学省が規定した「学習指導要領」に従うことが義務づけられており、各学校や教員が実施する教育課程は法的に統制されている。
　全児童・生徒に無償配布される検定教科書は教科用図書検定制度に基づいて認定される。この制度は民間の教科書発行者(出版社、各種団体など)が作成した教科書を、その申請に基づいて文部科学大臣が審査し、教科書として認定するというプロセスで実施される。教科書がほぼ4年ごとに改訂されることから、各教育段階の教科書検定作業は原則として4年を1サイクルとして

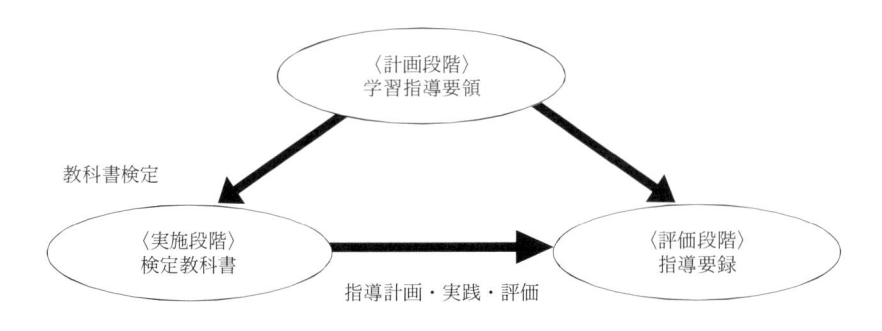

図10-1　教育課程の統制

出所）筆者作成。

実施される。教科用図書検定制度には教科書の著作・編集を民間に委ねることで創意工夫に富んだ、より良い教科書を確保するというねらいがある。しかし一方、学習指導要領と教科用図書検定基準に基づいて教科書が作成されることから、教科書内容の統制という側面も持っている。なお、教科書の採択は教科書採用の前年に採択地区内の市町村教育委員会が採択地区単位ごとに選定委員会を設置し、教科ごとに数人の教員を調査員として委嘱し、評価を求めていずれの教科書を採択するかを定めるようになっている。

指導要録とは、児童・生徒の学籍及び指導の過程と年度末の評定結果の要約を記録したもので、指導や外部に対する証明等に役立たせる原簿となることから学校に記録としての保存が義務づけられている。指導要録は日常の学習指導の評価活動に対して基盤となる考え方や方法を示すものであり、その規準が学習指導要領に求められることから、これも児童・生徒の指導及び評価に関する統制の側面を持っている。

### 3-2　教育課程の改訂

教育課程の基準の改訂は学習指導要領の改訂作業と移行処置とによって進められる（図10-2参照）。

学習指導要領の改訂は文部科学省が公の手順を踏んで行われ、教育改革の理念を定める中央教育審議会、教育課程の大枠と改善の方針を示す教育課程審議会、学習指導要領の内容を定める教科ごとの学習指導要領作成協力者会

第10章　教育課程（カリキュラム）　187

```
                        ┌─────────────────────┐
          諮問          │   中央教育審議会    │
     ┌──────────────→  │                     │
     │                  │  教育改革理念の決定 │
     │    答申          │                     │
     │←──────────────  └──────────┬──────────┘
     │                             │
     │                             ↓
     │      諮問          ┌─────────────────────┐
     │ ┌──────────────→  │   教育課程審議会    │
     │ │                  │                     │
     │ │    答申          │ 教育課程の大枠と    │
     │ │←──────────────  │ 改善の方針の提示    │
     │ │                  └──────────┬──────────┘
     │ │                             │ ・一般国民からの意見募集
     │ │                             │ ・各界からの意見聴取
     │ │                             │ ・中間答申へのオープンヒヤリング
   文 │                              ↓
   部 │   協力依頼        ┌─────────────────────┐
   科 │ ┌──────────────→ │ 学習指導要領作成    │
   学 │ │                 │ 協力者会議          │
   省 │ │   指導要領      │                     │
     │ │←──────────────  │ 教科ごとに学習指導  │
     │ │                  │ 要領の内容を決定    │
     │ │                  └──────────┬──────────┘
     │ │                             ┊ ・教育課程実施状況調査
     │ │                             ┊ ・指定校等からのカリキュラム開発提案
     │ │                             ┊ ・学術研究成果
     │ │                             ┊ ・海外動向調査
     │ │                             ┊ ・学力比較
     │ │                             ┊ ・関連学会による教育課程改訂シンポジウム
     │ │    告示                     ↓
     │ └──────────────→  ┌─────────────────────┐
     │                    │   学習指導要領      │
     │                    │                     │
     │                    │ 教育課程編成のための│
     │                    │ 国家基準            │
     │                    └──────────┬──────────┘
                                     │         ↑
```

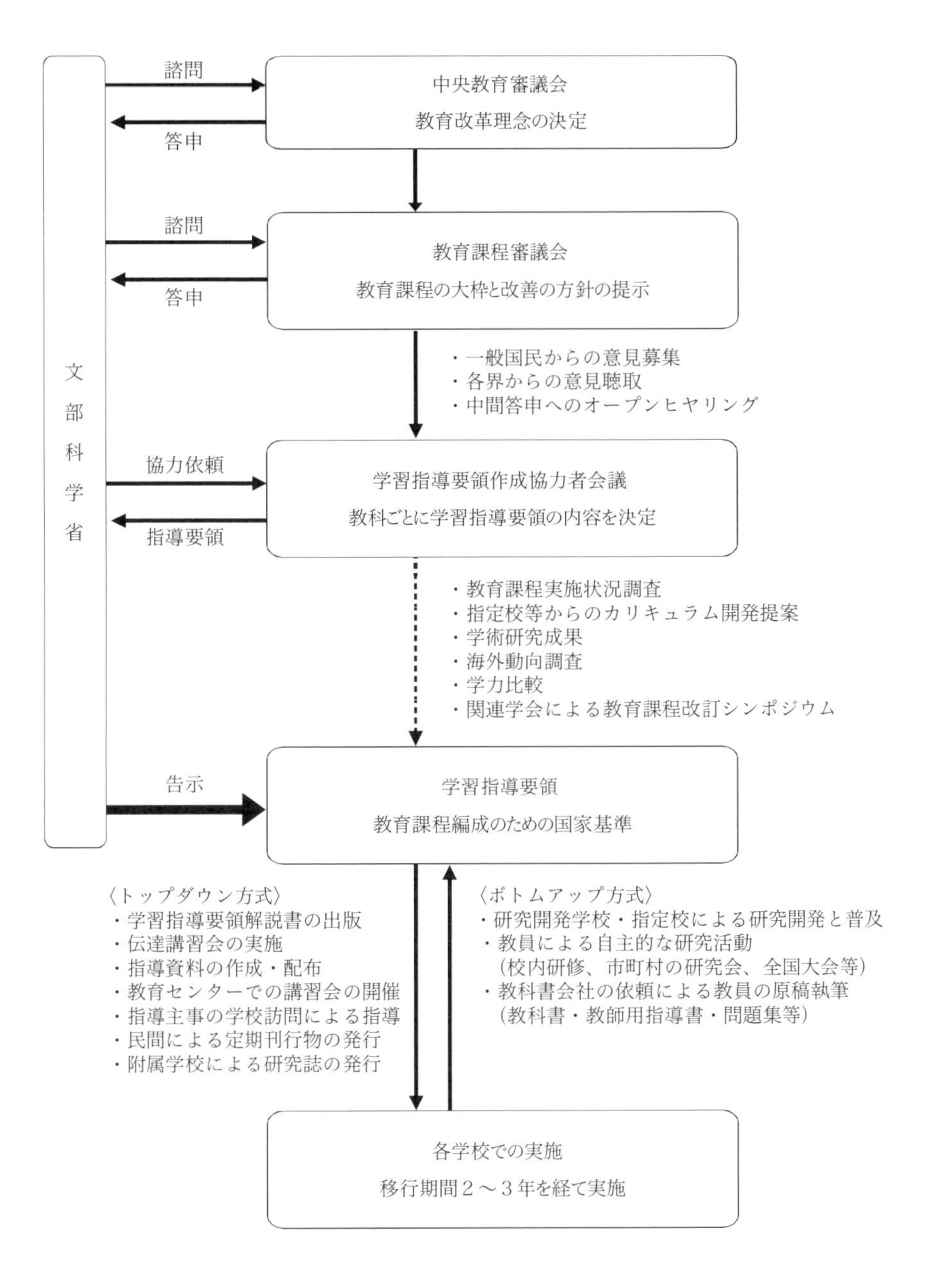

〈トップダウン方式〉　　　　　　　　〈ボトムアップ方式〉
・学習指導要領解説書の出版　　　　　・研究開発学校・指定校による研究開発と普及
・伝達講習会の実施　　　　　　　　　・教員による自主的な研究活動
・指導資料の作成・配布　　　　　　　　（校内研修、市町村の研究会、全国大会等）
・教育センターでの講習会の開催　　　・教科書会社の依頼による教員の原稿執筆
・指導主事の学校訪問による指導　　　　（教科書・教師用指導書・問題集等）
・民間による定期刊行物の発行
・附属学校による研究誌の発行

```
                    ┌─────────────────────┐
                    │   各学校での実施    │
                    │                     │
                    │ 移行期間2～3年を    │
                    │ 経て実施            │
                    └─────────────────────┘
```

**図10-2　教育課程の改訂及び実現の仕組み**

出所）筆者作成。

議を経て改訂される。中央教育審議会、教育課程審議会の審議概要は公開され、その過程では各界からの意見聴取や中間答申などへのオープンヒヤリングもなされる。なお、各種委員会の委員は文部科学省によって指名される。

学習指導要領の改訂根拠は教育課程審議会答申に求められ、そこでは改訂理念や授業時数、おおよその改訂方針等の概要が提示される。その意味では、教育課程審議会答申段階ですでに教科内容改訂への青写真が存在することになる。

一方、実際の教科内容の改訂作業は旧課程の学習指導要領実施に際して行われた教育課程実施状況調査を契機に始まり、研究開発学校（指定校）や国立大学附属学校等からのカリキュラム開発提案、そして、その間の学術研究成果、海外動向調査、学力比較、改訂期に関連学会等が行う教育課程改訂シンポジウム等々の動向とも並行して、教科調査官と作成協力者等で進められる。協力者会議は非公開であり、また、教育課程の改訂根拠である中央教育審議会、教育課程審議会が定めた大枠内での対応ということもあり、学会等でなされる大胆なカリキュラム論議とは一線を画して、改善のための少数のキーワードに基づく落ち着いた改訂がなされるのが通例である[6]。

教育課程の基準の改訂そのものは10年周期であるが、文部科学省では、その10年間に、教科ごとに、学習指導要領作成協力者会議のほか、各種指導資料作成協力者会議、実施状況調査協力者会議などを交互に開催している。その意味では、教育課程実現への作業とその改訂への作業は文部科学省内で常に併存し、連動している。

基準は告示後、2年から3年かけて行われる移行処置を経て、新しい基準に基づく学習指導要領が義務教育段階で完全実施される。そして、教育課程の基準が改訂されると評価規準の作成が行われる。

管理職のリーダーシップの下、自発的に文部科学省に応募して3年間の指定を受ける研究開発学校では、文部科学省が教育課程の改訂に必要な研究を行っている。例えば、移行処置の時期には模範的な事例作りを、評価規準の作成に際しては規準の実施可能性の評価と事例作りなどを行っている。一方、国立大学の附属小・中学校の場合、各都道府県や国レベルの授業研究の中心として、指定を受けるか否かにかかわりなく、各教員が研究開発に取り組ん

でいる。

　また、国全体としての児童・生徒の学習状況や教育課程の実施状況等を評価するために文部省が実施した「教育課程実施状況調査(1981～83年度(昭和56～58年度)、1993～95年度(平成5～7年度)実施)」[7]をはじめとする各種調査の結果、国際教育到達度評価学会(IEA)の「国際数学・理科教育調査（1964/70年（昭和39/45年）第1回調査、1981/83年(昭和56/58年)第2回調査、1995年(平成7年)第3回調査)」や経済協力開発機構(Organization for Economic Cooperation Fund: OECD)の「生徒の学習到達度調査（2000年（平成12年）～)」など、国際的な学習到達度調査の結果が利用され、学習指導要領改定の基礎資料とされている。

### 3-3　教育課程の実施

　教育課程の実施はトップダウンとボトムアップの双方から行われる。トップダウンの流れとしては、文部科学省による学習指導要領の解説書出版に始まり、伝達講習による学習指導要領解釈の共有、指導資料作成による指導法改善の提案という流れがある。

　学習指導要領の解説書は、学校の教員等を対象として、新しい学習指導要領の円滑な実施と趣旨の実現を図る目的で刊行される。解説書には総則・各教科・道徳・特別活動の種別があり、その作成には研究者・教育委員会の指導主事・校長・一般教員など、幅広い背景を持つ十数名の協力者がかかわっており、研究と実践の両面からの検討がなされている。

　伝達講習会はこれまで教育課程の改訂・実施・評価を担う教科ごとの教科調査官を講師として、教育課程移行期に繰り返し各地で実施されてきた。しかし、現在では研究開発学校の成果発表会等を除けば、教科調査官による直接講習の機会はなく、ICT (Information and Communication Technology) を用いた講習によって代替されている。

　指導資料については、文部科学省が毎月、幼稚園・小学校向けに「初等教育資料」を、中学校・高等学校向けに「中等教育資料」を発行し、改訂趣旨の徹底や実践開発のための論説や研究開発学校からの実践事例を掲載している。こうした指導資料が教員への直接の伝達手段になっている。

　このほか、各出版社・教科書会社・新聞社などによって発行される定期刊

行物や一部の附属学校が発行する研究誌などには、指導資料と類似の情報や改訂を先取りする研究情報、改訂を促す研究情報が掲載されており、これらは授業研究成果を提案するという意味においてトップダウン機能のみならずボトムアップ機能も同時に果たしている。

　以上のようなプロセスを通じて、学習指導要領解釈を共有した指導主事は学校訪問と各都道府県と各政令指定都市にある教育センターにおける講習を通じて、その解釈を一般教員が共有できるように努めることとなっている。

　ボトムアップには行政主導型・自律型・教科書会社介在型といった3つのアプローチが存在する。

　行政主導型アプローチの典型は文部科学省の研究開発学校や都道府県教育委員会の定める指定校による研究開発と普及である。それらの学校では定められた研究主題に対する研究開発を行い、その成果を公開することで周辺学校の改善を促すものである。

　自律型アプローチでは文部科学省の協力者や指導主事に指導を受けた一般教員など、行政の改訂趣旨を理解した者がそれぞれに所属する社会の中で核や指導者となり、授業研究[8]を推進する。ただし、自律的な研究組織は文部科学省の改訂主旨を実現するための組織ではなく、あくまでそれぞれの立場で自らの授業研究を推進する組織であり、そこでは学習指導要領に対する提案、独自の解釈も尊重される。逆に、そのような提案や解釈が発生するように、自主的な解釈余地も含めて、教員の自律的研究が促進される形で学習指導要領ならびにその解説は記されている。その意味では文部科学省も画一的な教育を想定してはいない。

　教科書会社介在型アプローチでは教科書会社が教員に教科書・教員用指導書・問題集などの執筆を依頼することにより、新しい学習指導要領に対する当該教員の理解とその教員を核にした地域レベルの普及が推進される[10]。地域の担い手となる教員は、それら業務に携わることで教育課程の実施以前に新しい教育課程の内容に熟知し、また、教育課程を実施しての反省をそこに盛り込むことができる。

　ボトムアップは校内や市町村レベルの研究会などで実施される授業研究を通じて行われながらも、その成果が教員用指導書や全国誌に掲載され、また

学会の全国大会で発表され、全国で共有されていく仕組みによって支えられている。そこでは教育課程改訂への提案も含めて独自の提案が数多く提出されている。

## 4　結　語

　端的にいえば、現在の途上国における教育課程上の問題は、その質と量のバランスの確保と教育課程実現に伴う管理上の問題に集約される。そして、これまで見てきた日本の教育課程の編成・改定・実現及び統制の方法は、問題解決に資するひとつの方法として途上国の参考になるように思われる。

　日本の教育課程は教育目標・指導内容・授業時数からなる総合的な教育計画であり、伝統的に読み書き算（国語と算数）と修身（道徳）を中心に構成されてきた。そして、国内外の政治・経済・社会の動向、国際的な教育の思潮、国内の教育界の動き、教育現場で噴出する教育問題などの影響を受けながら、国家による統制の下、その変遷を繰り返してきた。

　日本の教育課程の仕組みを見ると、その計画・実施・評価の各段階には、それぞれ学習指導要領・検定教科書・指導要録（及び教育課程実施状況調査）が存在し、教育課程が法的に統制されている。教育課程の改訂は学習指導要領の改訂作業と移行処置とによって進められる。改訂作業は中央教育審議会による教育改革の理念の決定、教育課程審議会による教育課程の大枠と改善の方針の提示、教科ごとの学習指導要領作成協力者会議による学習指導要領の内容の規定を経て10年ごとに行われる。そして、教育課程の実現は文部科学省によるトップダウンと指定校・教員中心の研究組織・民間の出版社などが行うボトムアップの両方向から行われており、効果的・効率的な教育課程の実現を可能にしている。このように次期教育課程の改訂作業と現行教育課程の実現に関する活動は常時並存・連動して行われており、日本における教育課程の改訂は、一時的な作業ではなく、教育の質の向上を目指す不断のプロセスとして存在している点が特徴的である。

〈礒田正美、村田敏雄〉

## 注

1 「学習指導要領」とは各学校が教育課程を編成し実施する際の国が定めた基準であり、全国的に一定の教育内容、水準を維持する役割を持つもの（天野編（1999）より）。
2 明治期から大正期にかけて自由主義教育運動時代の実践開発を支えたジョン・デューイの教育思想や理論は、戦後、単元学習や民主主義教育として日本の教育界で再び注目された。デューイの思想は「元来、人間がどのようにものを知りうるか」という科学的な認識のあり方を記した認識論であったが、敗戦国の状況下で「どう生活するか」という問題に読み換えられた。
3 第1章参照。
4 第1章参照。
5 第1章参照。
6 米国などの他国では、その担い手を含めて教育課程が大幅に変わるため、その改訂は「教育改革」と呼ぶのが妥当であろうが、日本の場合は教育課程の改訂の担い手は同じであり、しかも一貫した教育行政を進める意味から、改訂は改革ではなく「改善」として行われる。
7 文部科学省は1998年度（平成10年度）の学習指導要領より教育課程実施状況調査・学力調査を定期的に実施する体制を整えている。その調査で用いられる評価問題は教育課程の基準に基づく学習の実現状況を調べる評価問題であり、いわゆる入試学力を評価する従来の試験問題とは一線を画している。実施状況調査は教員が学習指導のあり方を反省し、指導法の改善機会を提供している。
8 授業研究の詳細は第13章を参照のこと。
9 教科書の原稿は1単元についての編集会議を平均3〜7回繰り返し、確定稿を得るという手順を踏む。教科書会社は教員に原稿を依頼して対価を支払うものの、各地の研究組織の教員にしてみれば、その依頼を受けることが栄誉となることから、教科書会社に対して積極的な支援を行う傾向にある。

## 引用・参考文献

天野正輝編（1999）『重要用語300の基礎知識 教育課程』明治図書出版。
国立教育研究所（1974）『日本近代教育百年史』文唄堂。
志村欣一・中谷彪・浪本勝年編（2000）『ハンディ教育六法』北樹出版。
日本カリキュラム学会編（2001）『現代カリキュラム事典』ぎょうせい。
文部省（1972a）『学制百年史』帝国地方行政学会（ぎょうせい）。
─── （1972b）『学制百年史 資料編』帝国地方行政学会（ぎょうせい）。
─── （1992）『学制百二十年史』ぎょうせい。
─── （1999）『小学校学習指導要領解説 総則編』。

## 参照ホームページ

文部科学省（http://www.mext.go.jp/）（2003年6月）。

# 補　章

　今まで日本における教育課程の変遷や仕組みを見てきたが、以下では途上国において日本の協力が多く行われている数学と理科について、日本では具体的にどのように教育課程・内容・方法が発展してきたのかを考察する。

　途上国における教育課程は先進国と肩を並べる水準にあることもあるが、その実施や実現状況を見ると課題も多い。例えば、教員が教育内容を理解していない、あるいは適切な指導法を用いていない、教育内容と生活との乖離が激しい、このような問題を解決すべき教員に改善の意思がない、などの問題がある。

　日本は、明治期に西洋の最新の知識や指導法を吸収し、それを国内に普及していった。大正期、昭和期になると教員が専門職として自立する中で、教員自らが授業研究と教育課程研究を担うという仕組みを構築していき、教育現場から教育課程・内容・方法の改善を行うことができるようになった。このように外部から知識を導入し、それを内部化した上で時代のニーズに合わせて改善していった経験は途上国においても参考になるものと思われる。

## 補章1　数学教育の発展

### はじめに

　ヨーロッパ近代に成立する西洋数学の起源は、地中海世界に展開したギリシャ数学と、イスラム教地域に展開したアラビア数学である。今日の算術はすでに4000年前のエジプトやメソポタミアに存在し、庶民が平易に学べるように教科書的に定式化されていた。しかし、それは決して統一体ではなく、

数え方の相違に象徴されるように、世界各地に民族・言語・文化に応じた固有の民族数学として存在していた。そして、日本におけるそろばん指導と筆算指導の並列のように民族数学と移入された数学の融合があって、今日の算数・数学が形成されてきている。体系としては1つの数学であっても、学校数学はそのように異なる数学が総合される中で成立してきている。

以下、日本の学校数学の成立を、日本の民族数学である和算から西洋数学への転換、数学者からの数学教育者の自立、教育課程の総合化ということに焦点を当てつつ、概略を記していく。

## 1 江戸の数学教育文化

江戸時代、日本では寺子屋で庶民に「読み・書き・そろばん」[1]が教えられていた。寺子屋で教えられた「そろばん」の内容は、平方根の値を求める開平方や三平方の定理までを含み、現在の中学校の「数学」に相応する。他方、高等数学であり学派のあった「和算」は、寺子屋より程度の高い内容を教える私塾で教授された。計算用具は、寺子屋はそろばん、和算私塾では算木が加わり、庶民の数学と高等数学は計算用具でも区別された。

日本の和算書の手本は中国の数学書であった。特に1600年(慶長5年)頃に出版された、そろばんと生活算術の書『算用記』はさまざまに派生し、その一冊が1620年(元和6年)の『割算書』となる。同書は印刷部数3万部を超えると試算されており、江戸初期にそろばんで四則計算が広く教えられたことを証明している。

1627年(寛永4年)には『塵劫記』が発行され、江戸時代の算術教科書のベストセラーになった。同書は、それ以前の、中国の算術書のような系統性を備えていない代わりに、次のような2つの特徴を備えていた。1つは、美しい図版と面白い課題を満載していたことであり、数学を発展的に楽しむ遊び心で庶民を魅了した。もう1つは、数学の発展の原動力となる問題提示法である。『塵劫記』はその評判から多くの海賊版が流布するが、作者は対抗して改訂を繰り返し、1641年(寛永18年)に全面改訂した『新編塵劫記』を発行する。その際、巻末に世間に対して問題を提示した。このような作者の挑戦は、庶民を

も巻き込んだ問題の提示合戦・解答合戦へと発展し、わずか30年で日本の数学を世界水準に押し上げる背景になった。

その後、明治期に和算から西洋数学(洋算)への転換が図られることになるが、これを容易に取り入れることができたのは、和算家と寺子屋・塾教師がその内容を理解する教養を備えていたからである。そして、問題提示活動や問題解決活動を重視する和算の影は、明治以降も、教科書や指導法の中で認めることができる。

## 2　明治初期：和算から洋算へ

### 2-1　お雇い外国人の活躍とその影響

1872年(明治5年)の「学制」公布の際、明治政府は学校数学の内容として西洋数学、すなわち「洋算」を採用し、中等学校ではもちろん、小学校でもそろばん・算木を用いた和算を廃し[2]、筆算を前提とする洋算を教えることとなった。

それまでの寺子屋や私塾での教育によって、日本国内には現在の中学校レベルの数学を知る人々が数多く存在しており、近代的な算数・数学教育の下地はある程度あったものの、洋算を指導できる教員はほとんどいなかった。したがって、いかにして洋算を教える教員を養成するかが大きな課題であり、他方では、小学校ではそろばんを指導せよという伝統にいかに対応していくか(和算と洋算の併用)が課題であった。

和算の素地の上に洋算を教える体制を日本で築く上で、M・M・スコット(Marion McCarrell Scott)に代表される、いわゆる「お雇い外国人」が非常に大きな役割を果たしている。スコットは、1871年(明治4年)に大学南校(後の東京大学)の英語と普通学の教員として来日し、1872年(明治5年)の学制発布直後から師範学校(後の筑波大学)で、英語・算術・小学校の授業法を担当した。それ以前は日本でも世界でも個人教授が主であったが、スコットは米国でも大学などでしか存在しなかった黒板を利用した一斉指導を取り入れた。また、政府の依頼によってペスタロッチ主義[3]の教育方法を盛り込んだ「小学算術書(4巻)」などの教科書を出版し[4]、掛図を導入するなど師範学校の体制を整えた[5]。

この時代は、教育内容を学びながら同時に指導法も学ぶ時代であり、スコットが師範学校に導入した一斉指導は新しい指導法として卒業生に普及し、数年後には寺子屋式の個別指導は影を潜めた。明治10年代の東京師範学校は、直観主義に基づく算術の指導法や授業研究の仕方を話題にした教員用図書を出版し、授業を公開し検討し合う研究授業もこの時期に東京師範学校附属小学校から全国へと展開され、その後の教員による授業研究の端緒を築いた[6]。

### 2-2　用語・訳語統一に向けた動き—東京数学会社の訳語会

当時、中学校以上の数学教科書としては英・米・仏・独からの教科書を翻訳・翻案したものが流通した。それぞれの国の教科書内容に特徴があり競合したため、それが論議を招くことになる。その典型が教育で用いる用語・訳語統一問題である[7]。小学校が和算以来の用語を継承することで進められたのに対し、中学校以上では数学の訳語の相違は大問題であった。この問題に対し、1877年（明治10年）に江戸以来の和算家と江戸末期以来の洋算家、そして留学帰国者により創設された最初の(西洋)数学会「東京数学会社」が『東京数学会社雑誌』を発行して訳語会を開催した。訳語統一は、訳語会が事前に提案者から提案された訳語を雑誌記事として掲載し、後日、その案を議論し、過半数で訳語を確定するという手順で行われた。

時代をリードした東京数学会社であったが、その訳語会は行政と関係のない東京中心の任意団体であり、その決定を実現する方途がなく、その訳語決定が必ずしも尊重されたわけではなかった。

### 2-3　入学試験の激化と数学教育の安定

学校教育制度は初等教育を中心に整備が進み、初等教育就学率も1873年に（明治6年）28.1%であったものが、10年後の1883年（明治16年）には51.0%と過半数を超えるようになった。このように就学児童が急激に増加してくると、卒業生を受け入れる側の中学校が不足するようになり、結果として入学者選抜のための試験が厳しくなっていった。当時、西南戦争(1877年(明治10年))が平定されて世襲制度が崩壊し、社会移動及び生活向上の手段として教育が重視されるようになったことや、産業発展に伴って新しい教育へのニーズが高

まってきたことなども、中学校の入学試験の激化に拍車をかけていた。入学試験は、中学校の教育課程を学ぶ能力を判定するための試験から、優秀な人材にのみ入学資格が与えられる選抜試験へと変容し、算術は入学者を淘汰するための主要な手段として機能するようになった。

「数学三千題」（1877年（明治10年））のような問題集が流行し、「問題が解ければいい」、「解法の技術さえ教えれば十分」といった風潮が生じてきた。こうした風潮を憂慮し、その弊害から算術教育を守るため、「算術は科学の一種であり、理論を外して算術を講ずることはできない」とする「理論算術」も登場した。その背景には、和算や各国語から翻案されたもともとの算術にかかわる思想的な相違があったといわれている。

明治中期まで数学教育は、和算や欧米諸国の異なる数学の翻案によって多彩であるが、欧米から帰国した先端の数学者[8]のリードの下、政策的に選択確定されることになる。

## 3　明治後期：初等教育の普及と国定教科書

### 3-1　教育方法（教授法）

明治前期は、ペスタロッチ主義の影響で、教育方法は教育内容とともに教えられた。その目標と内容が「教則大綱」で定められることによって[9]、教育方法が自立的に議論されるようになっていく。

1890年（明治23年）、文部省尋常中学校教員講習会での講演「算術条目及教授法」[10]は、小学校の「算術」の後で学ぶ、中学校の「算術」に関する内容論・教授論であった。そこでは「算術に理論なし」として非幾何学的な計算が強調され、「算術の内容は算術で、代数の内容は代数で」という分科主義が採用された[11]。この時期は内容論と教育方法を同義に論じた時代であり、その思潮は小学校の算術書である第1期国定教科書「尋常・高等小学算術書」（1905年（明治38年））にも影響を及ぼしたといわれている。

### 3-2　使い続けられた国定教科書（尋常・高等小学算術書）

19世紀末には算術教育についてさまざまな議論が行われた。「ペスタロッチ

流の直観主義に対するデューイ他の数え主義の立場をとるか」、「計算に習熟すれば思考が鍛錬されるという形式陶冶主義を採用するか、事物を利用すれば役立つという事物計算主義を採用するか」、「学習の最初から四則を併進的に学ぶか、四則を順に学ぶか」などの論題があった。

1905年（明治38年）に刊行された最初の国定算術教科書である「尋常・高等小学算術書（通称：黒表紙教科書）」では、数え主義、形式陶冶説、穏やかな四則併進主義が採用された。特に四則併進主義についていえば、四則順進型系統の中で四則併進に配慮したものであり、「後で学ぶ内容の素地を前の学年で扱っておく」という素地指導の考え方がこの時期に表れている[12]。黒表紙教科書は繰り返し改訂されながらも1935年（昭和10年）の第4期改訂（学年進行）まで使い続けられ、日本の算数・数学教育の基礎をなした。

注目すべきことは、これら論題が師範学校や附属小学校を中心とした数学教育界で論じられていた点であり、明治期からすでに義務教育段階の数学教育研究が教員の手で始まっていたことは明瞭である。ただし、その研究成果が教科書には容易に盛り込まれることはなく、特に小学校教員が編纂に参画する地位を得て、成果が画期的に教科書に盛り込まれたのは第4期改訂においてであった。

## 4　大正における数学教育改良運動と指導法改革

### 4-1　中等数学教育会と改良運動

大正期における日本の算数・数学教育政策は、全体としては明治期と大きく変わったところはなかった。しかし、この時期には、欧米で提唱された「数学教育改良運動」、世界的な心理学の発達、自由主義的な教育思潮などの影響を受けて日本の数学教育界に新しい思潮が表れ、それに基づく教育実践が試みられるなど、その後の改革への準備が行われた。

この時期、数学教育では世界規模で改革運動が展開され、欧米から生じた最初の改革運動「数学教育改良運動」は日本にも大きな影響を及ぼした。この運動により、数学者と数学教員の役割が分化し、数学教員に要する数学教育研究が数学者の言説から自立して営まれるようになった。また、この運動は

「代数」や「幾何」などの分科を廃して後に「数学」という統合された教育課程が成立する契機となった。いずれも日本の数学教育史を考える上で非常に重要な事項である。以下、その過程を中学校を例に見ていくことにする。

---

**Box 10-2　作問による算術学習**

　計算問題集のような教科書であった国定算術教科書をいかに生かし生徒の生活に即して教えるかが当時の算数教育界の課題であった。その課題に対して、問題のリソースを子どもの生活に求める生活算術が隆盛した。「生活算術」に基づく教育の典型としては、奈良女子高等師範学校附属小学校の清水甚吾による作問教育がある。そこでは、自ら学び自ら考えることを尊重した自発学習を展開するために、子どもが問題を自らの生活から作るところからに始まる学習指導が展開された（**写真10-1、写真10-2**）。この写真で、すでに今日の問題解決型の学習指導法の原型を認めることができる。

　また、「生活算術運動」は、石版と蝋石から紙と鉛筆への教育メディアの転換期と前後して進展したことでも知られている。当時、計算指導に陥りがちな背景には、石版が計算を書いて消すだけのスペースしか持たず、過程を記録して残せない以上は、計算の記憶、その場における習熟を重視することも必然である。高価な輸入品であった西洋紙と鉛筆が安価にならなければ、自力解決をノートに記して、表現を工夫した解答を振り返るような今日の学習指導展開は実現しなかった。「生活算術運動」は、メディアや環境が異なれば指導法も教科書そのものの役割も変わってくることを示す例といえる。

写真10-1　子どもが廊下で自作問題を個別に小黒板に板書する様子

写真10-2　板書した問題を発表するために教室内で提示する様子

写真提供）清水（1924）。

1900年代初頭、ドイツ、英国、米国では、相次いで数学教育改良が叫ばれ、それぞれに数学教育の改良に着手した。それは、大学における数学の進歩、社会で役立つ数学への変貌という時代の要請、そして学校数学と大学数学との隔たりをなくすべく、中等学校の教育課程を改訂しようとする動きであった。ドイツでは関数(的な思考)による分科融合や直観幾何などを導入した教育課程改革が、英国では数学教育を有用性の下で再編成することが、米国では指導法としての実験室法が提案された。それらは伝統的な中等数学を問題視する点において一致しており、1908年(明治41年)には国際数学教科調査会が組織され、その進捗が世界規模で議論された。その動向は日本にも波及し、カリキュラム・内容論、目標論、指導論が議論されるようになり、日本の数学教育の自立的研究成立のきっかけとなった[13]。

なお、このような状況下、文部省の要請で1918年(大正7年)に「全国師範学校中学校高等女学校数学科教員協議会」が開催され、数学教育改良にかかわる世界動向への取り組みについて話し合われた。その結果、緊急動議によって「日本中等教育数学会(後の数学教育学会)」が設立されることになり、数学界から数学教育界が分立した。

## 4-2 生活算術

この頃、心理学の発達によって古い意味での形式陶冶説[14]は否定された。このことが自由主義教育思想と相まって、日本においては教育における児童の自由や自己活動の原理が強調されるようになり、「大正自由主義教育運動」という形で、「教員本位から児童中心へ」、「注入教授から自発学習へ」、「一斉教授から個別学習へ」の転換が模索されていた。

数学教育における「大正自由主義教育運動」の典型は「算術新教育運動」であり、附属小学校の教員によって多彩な教育方法が開発・実践された[15]。これらは、「旧来の形式陶冶に立つ注入的、計算万能主義的算術教育に反対して、子どもの数量生活を数理化していこう」という「生活算術」の考え方で共通したものであった。

## 5 戦前、戦中の数学教育から戦後の数学教育へ

### 5-1 大正以来の運動成果を盛り込む教科書作り

　昭和初期の算数・数学教育には2つの大きな変革が存在する。1つは国定教科書として30年にわたって使われてきた黒表紙教科書に代わって「緑表紙教科書」が発行されたことであり、もう1つは小学校が国民学校に改められる際に算術が「算数」となり、教科書も「青（水色）表紙教科書」へと改訂されたことである。以下、これらの動きについて見ていくことにする。

　「生活算術運動・数学教育改良運動」の成果が最初に教科書に盛り込まれたのは、1935年(昭和10年)改訂の第4期国定教科書「尋常小学算術(通称：緑表紙教科書)」である。その指導書には「尋常小学算術は、児童の数理思想を開発し、日常生活を数理的に正しくするように指導することに主意を置いて編纂してある」と記されていた。それまでの黒表紙教科書と比較すると、この教科書は「生活算術」の考え方を取り入れた非常に斬新なものであり、ねらいも内容も一新され、教具利用なども含め指導方法にも工夫が施されていた。

　1941年(昭和16年)になると、戦時体制の維持を目指した「国民学校令」により、従来の小学校は、皇国民を育成する「国民学校」へと改称され、教育目的も国家主義的色彩を帯びたものとなった。同時に大規模な教科編成も行われ、従来の教科は国民科、理数科、体練科、芸能科、実業科に集約された。理数科の設置によって、算術は今日の「算数」へと名称が変更され、算数の目標は「数・量・形に関して国民生活に必要なる普通の知識技能を得しめ数理的処理に習熟せしめ数理思想を涵養するもの」とされた。このような動きに合わせて国定教科書も改訂され、教科書「カズノホン(初等科第1・2学年用)」「初等科算数(初等科第3学年以上用)」(通称、青表紙教科書)が発行された。これらは緑表紙教科書を継承したものであったが、戦時色を強く反映した題材に差し替えられた。

　一方、中学校数学の改革は、小学校での算術教育の改革に応じて、1940年(昭和15年)に日本中等数学教育会が「数学教育再構成運動」を組織することで具体化する。東京を中心とする東部委員会、大阪を中心とする中部委員会、広島を中心とする西部委員会が、それぞれに中学校の数学教育課程を提案し、

その成果を1941年（昭和16年）に文部省に建議した。それ以前にも高等師範附属中学校が教育課程改訂に先んじて改定案を全国に示すことは繰り返しあったが、学会を背景に教員集団が組織的に明確かつ具体的な教育課程改訂案を示したのは、この再構成運動が初めてであった。

## 5-2　活動論に基づく戦後の数学教育の発展

　1945年（昭和20年）に日本は、第二次世界大戦で敗戦し、米国を中心とする連合国によって占領されることとなった。これを契機として、あらゆる面で大改革が施行され、教育の改革もその一環とされた。新しい日本国憲法の下に1947年（昭和22年）「教育基本法」が制定され、また、同年の「学校教育法」の施行規則によって、小学校や新制中学校の教科基準が定められた。小学校においては算数が、中学校では数学が基準教科に含まれた。各教科の内容及び取り扱いに関しては「学習指導要領」に準拠することになった。

　1947年（昭和22年）の「学習指導要領　算数科数学科編（試案）」では子どもが環境に働きかけ日々成長していくために、数・量・形に着目して現象を処理できるようにすることが算数・数学科の目標及び内容であると規定された。「自ら学び、自ら考える算数・数学教育」という目標は、すでに大正期には語られたが、この学習指導要領において、それが算数・数学教育の国家目標として登場したのである。そして、算数・数学科においてはそこで記された活動観が具体的に何を指し、いかに実現していいくかが、戦後の教育課程改訂では常に課題となった。

　ちなみに、この学習指導要領（試案）に示された指導内容は、戦前に近い水準にあったが、占領軍の指導の下で新教育の方針に則った指導の実現の障害になるとみなされ、翌年の1948年（昭和23年）には、教育内容を1年後退させて学習を児童・生徒の生活経験に結びつける、といった改訂がなされた。

　1950年（昭和25年）頃には、国際情勢の変化を受け、日本の教育改革の方向性が見直されるようになり、1951年（昭和26年）に日本が独立を果たした後、新しい学習指導要領（試案）が発表され、単元による学習が具体的に求められるようになった。なお、この学習指導要領（試案）には、指導法が明瞭に記されており、その単元による学習指導の過程や「指導と評価」の考え方は、今日世界的

## Box 10-3　問題解決型指導における看板を利用した自力解決成果の発表

　看板を利用した自力解決成果の発表は、1つの問題を多様に解決し合い、そこでの考え方を話し合い、新しい考えを創る算数指導の主流である。教員は、支援者として、子どもの発表を促し、子ども同士の話し合いの進行に必要な介入をする役割を担う。**写真10-3〜5**はその様子を写したもの。

写真10-3

写真10-4

写真10-5

写真提供）礒田（1995）

に高く評価される問題解決型の指導と一致していた。

　戦前の水準にまで経済が回復し、科学技術の進歩に対応できるだけの高水準の教育への社会的要請が高まる一方、建物のない青空教室で学んだ時代でもあり、「児童の基礎学力（読み書き計算能力）が戦前よりも低下している」という批判が繰り返されるようになり、特に算数・数学科の内容上のレベルアップが緊急課題として認識されるようになった。

　この動向に先導的に反応したのは、占領政策下の低水準の教育内容を憂えた数学関係者であった。彼らが民間レベルで組織した「数学教育協議会」は、

学力低下の最大の原因は生活中心・児童中心の「生活単元学習」にあると指摘し、「系統学習」を志向した指導方法を提案した。

こうした動きを踏まえ、文部省は1958年（昭和33年）に学習指導要領の改訂を行い、小・中学校で発展的・系統的に指導することを強調する系統学習への方向転換を図った。なお、経済発展を通じて独立国家を目指していたという社会背景もこの方向転換に影響を与えていた。この学習指導要領では、戦前に期待された「数理」や「数学化」という数学的活動観を、民主的な科学技術振興の時代においてあらためて明瞭に性格づけるキーワード「数学的な考え方」が、算数・数学教育の目標に盛り込まれた。「数学的な考え方」育成は、理科の「科学的な考え方」育成同様に、高度成長を担う日本の科学教育の根幹として算数・数学教育の中心課題となり、その後盛んに研究されるようになる。

同じ頃、世界では米国を中心に従来の数学・理科教育への批判が起き、数学教育の現代化を目指す「数学教育改革運動（New Math 運動）」が活発になった。日本においても「数学教育現代化運動」が展開され、日本数学教育会（後の日本数学教育学会）を中心に数学教育の世界的動向の調査研究、数学教育の基礎的・科学的研究の推進、小学校から大学まで一貫した算数・数学科の教育課程案の作成、さまざまな指導法や系統の模索などが行われた。

また、1964年（昭和39年）に第1回国際数学教育調査が実施されると、日本の生徒の数学の学力は他国に比べて秀でている半面、数学的な態度や考え方に問題があることなどが話題となった。

このような動向を背景に、1968年（昭和43年）には学習指導要領が改訂される。そして、算数科の目標は「日常の事象を数理的（中学校は数学的）にとらえ、筋道を立てて考え、統合的発展的に考察し処理する能力と態度を育てる」となり、一層の数学的な考え方の育成が求められた。

## 5-3　数学教育現代化運動の頓挫と数学教育の人間化運動

「数学教育現代化運動」を受けて、1968年（昭和43年）の学習指導要領改訂に数学教育の現代化が反映された。「数学的な考え方」の育成を目指して、数学教育関連学会では新しい教材、問題設定などさまざまな開発研究がなされ、数多くの教員研修が行われた。その一方で、小学校の教員にその考え方が容

易に理解されなかったこと、中学校や高等学校の教員が指導経験のない内容の指導を求められたこと、米国の現代化（New Math）と日本の現代化を混同する数学者の影響などから、高校への進学率の激増による「落ちこぼれ」批判などを背景に集合などの現代化教材は打ち消されていく。

1973年（昭和48年）から開かれた教育課程審議会では小・中・高等学校の数学教育の問題点が検討された[16]。そして、1977年（昭和52年）には「ゆとりと充実」を眼目にした学習指導要領が発表された。この学習指導要領では算数・数学科の内容は時数に応じて削除された。この改訂は、一般には、学校教育にゆとりをもたらすとして歓迎されたが、数学教育関係者は基礎学力、計算指導強調とみなし、数学教育の研究動向は問題解決能力や数学的な考え方の育成も含めた生きて働く学力を育てる方向に進展した。

世界的には、現代化運動（New Math）が破綻した後、数学を人間の活動とみなし人間の活動として教えることを目的とした「数学教育人間化運動」が脚光を浴びるようになる。日本の教育課程上では戦前・戦中より数学を人間活動として教えることが強調されてきたが、特に1989年（平成元年）の改訂では算数・数学する心の教育としての「よさ」の感得が復活し、2002年（平成10年）の改訂では「数学的活動の楽しさ」を数学教育の目標に取り込み、「自ら学び、自ら考える」数学教育の実現を目指している。

## 6　結　語

日本における国家的な算数・数学教育の歩みは、明治政府による近代化政策の下、「学制」による近代的な学校教育制度の導入の中で、当時日本の伝統文化であった「和算」から欧米流の「西洋数学(洋算)」へ転換したことに始まる。当初は外国人の力を借りながら、その後は日本人の数学者や教育関係者によって、西洋数学を日本に導入・定着させ、算数・数学教育を確立する努力が行われてきた。その過程では数学教育に携わる教員が自らを改善する自立的組織を設立した。それには、世界的な数学教育に関する思潮や運動、心理学や教育学のような諸学問の動向、日本社会の変容とそれに応じて変化する数学教育への社会的ニーズなどが影響してきた。

日本の算数・数学教育の発展において特に注目すべきは、明治以来、算数・数学教育関係者が組織立って行った運動が盛んであり、それが教育課程改訂に影響を及ぼしたという事実である。明治以来、さまざまな主題でなされてきた論争が数学教育研究の礎となったこともまた確かなことである。

　以上のような日本の経験を踏まえるならば、途上国の算数・数学教育の発展には、数学教育を支える担い手の状況、時代の変遷に伴うニーズの変化、世界の数学教育動向に留意しつつ、その発展段階に応じたモデルとなる指導法の創出などの自立的な発展を視野に入れながら教育課程開発に取り組むことが指針として示される。

〈礒田正美、村田敏雄〉

注
1　そろばんは戦国武士が仕官する際に必要とされたものであったが、商業が活性化するにつれて庶民が職を得るためにも必要とされるようになった。
2　洋算の選択により、そろばんは算数教育の代名詞ではなくなっていく。その後も、そろばんは、学制の破綻による回帰、そろばん生産組合とそろばん塾業界の働きかけによる昭和10年代の再導入運動、そして近年の再々導入運動などを経て、今日では、位取り記数法学習教材とみなしうる地位を得た。
3　ペスタロッチ主義は、ともすれば江戸伝来の漢文（外国の学問）学習法である空誦暗記が持ち込まれかねない状況に対し、掛図、教具、実物標本、実験器具などを活用して事物からの直観的に見抜く心性開発を目指した教育方法である。
4　「小学算術書」では、一斉指導の方法を教える目的で教室で先生を前に生徒が挙手しているような絵を示して「生徒は何人いるか」というような質問をしている。
5　行政上、戦前まで小学校数学を算術と呼び、戦中に算術以外の内容との融合を視野に「算数」と改称した。
6　学制期、師範学校は全国にできるが、明治政府の財務情勢から、明治10年代には東京師範学校を除き閉校してしまう。
7　日本の数学用語は、「ひい、ふう、みい、…」などの和語、「いち、に、さん、…」などの漢語、そして欧文からの漢訳語、欧文からの訳語などを起源にしており、学術的には明治期から昭和戦後期まで学界の協力の下で整理された。「東京数学会社訳語会」は、学会による用語整理の事始めである。学校数学用語は、このほかに授業実践、教科書・教育雑誌、学習指導要領・解説書、数学教育研究書などを背景に成立している。
8　代表的な数学者として帝国大学（後の東京大学）の数学教授、菊地大麓（後の文部大臣）と藤沢利喜太郎がいる。日本の頂点に立つ数学者が、数学教育にその精力を注ぐことは稀であるが（奥田(1985)）、洋算を学ぶ留学から帰国した正統な数学者が教育の組

織化に傾注することは、その時代においては責任であった。
9 ちなみに、1891年（明治24年）の「教則大綱」では、小学校の算術教育の目標は「算術は日常の計算に習熟せしめ兼て思考を精密にし傍ら生業上有益なる知識を与えるを以て要旨とす」と記されていた。この目標記述は、小改訂を経て、大正期以後まで残ることとなる。
10 1893年に東京大学理科大学（理学部）教授の藤沢利喜太郎が行った講義の口述筆記。
11 当時の数学の内容は「算術」「幾何」「代数」の3科目であった。
12 この「素地指導」と漸進的な拡張こそ、日本の義務教育段階での算数・数学の指導系統の本質であり、日本が世界に誇る問題解決型の学習指導をなしうる根拠である。特殊から一般への系統がその指導法の基盤である。
13 早くから若手の研究者は分化主義が時代遅れであることを承知していたものの、有力な数学者が唱えた学説への遠慮から、日本で改良運動の影響が浸透するには20年を要している。当時、数学は異なる科目名の総称にすぎず、今日のような教育課程は改良運動の成果を受けた戦中の再構成運動によって作られた。
14 ある特殊の材料によって特殊の能力を訓練しておけば、その訓練の効果は単にその材料の場合に有効に働くのみでなく、その能力は他の種の能力の場合にも有効に働くという説（奥田（1985））。
15 日本女子大学付属豊明小学校の河野清丸による自動主義算術教育、成城小学校の佐藤武による生活教育論に立つ算術教育、奈良女子高等師範学校附属小学校の清水甚吾による作問主義算術教育、東京女子高等師範附属小学校の岩下吉衛による作業主義算術教育・郷土主義算術教育など。
16 数学教育の現代化運動に対して疑問が出されたのは日本だけではなかった。世界的に1960年代が現代化の年代だとすると、1970年代はその反省の年代であった。

**引用・参考文献**
礒田正美（1995）「問題解決の指導 小学校算数実践指導全集 第11巻」能田伸彦編『問題解決能力を育てる指導』ニチブン。
─── （1999）「数学的活動の規定の諸相とその展開」日本数学教育学会誌『算数教育』81巻10号、pp.10-19。
奥田真丈監修（1985）『教科教育百年史』建帛社。
佐藤健一（1989）『数学の文明開化』時事通信社。
清水甚吾（1924）『算術の自發學習指導法・實驗實測作問中心』目黒書店。
清水静海（1995）『子どもを伸ばす算数』小学館。
スティグラー，J. W.（2002）湊三郎訳『日本の算数・数学教育に学べ：米国が注目する jugyou kenkyuu』教育出版。
松原元一（1982）『日本数学教育史Ⅰ 算数編1』風間書房。
─── （1983）『日本数学教育史Ⅱ 算数編2』風間書房。

―――― (1985)『日本数学教育史Ⅲ　数学編1』風間書房。
―――― (1987)『日本数学教育史Ⅳ　数学編2』風間書房。

# 補章2　理科教育の発展

## はじめに

　明治維新以降の日本の教育史は、近代的な教育制度の導入、定着、発展の過程として描くことができる。これに対して、理科教育史は教科ないし教育内容に関する歴史であり、一般論として、何を教育するかは教育の目的と教育上の配慮によって規定される。科学技術の時代である今日では、理科教育の重要性はますます大きくなり、科学技術の専門家となる者ばかりでなく、社会一般においても科学技術に対する理解が必要とされるようになった、と見るのが通説であろう。すなわち、学校教育の中で、理科教育がどのように扱われてきたかという問題が、理科教育史の第一の視点となる。

　とはいえ、理科教育にあたるものが古い時代になかったわけではない。科学は自然界の原理にかかわり、技術は人間が自然界などに働きかける手段の体系にかかわるから、工業社会はおろか、農業社会、狩猟採集社会においてさえ、科学的技術的に妥当な認識と行動が人間の生存には欠かせなかった。それらが世代を超えて蓄積され継承されてきた中で、どの部分が学校における理科教育として実施されたかという問題が、理科教育史の第二の視点となる。

　理科教育のあり方については、体系的な科学的知識の習得を重視するか、科学的思考力、科学的方法の習得、科学的な問題解決の訓練などを重視するかという、大別して2つの立場がある。これらの一方のみで理科教育が事足りるわけではないが、時代によって、どちらかが優先されることがあった。すなわち、理科教育のあり方ないし内容が、理科教育史の第三の視点となる。

　以上、理科教育に関するいくつかの着目点を提示した。これらのさまざま

な組み合わせの中で、日本の理科教育がどのような発展の経路をたどったかを説明する。

## 1　明治維新前後の状況

江戸時代には教育はかなり普及していたが、理科教育はほとんどなされなかった。職業活動に必要とされる科学技術知識は、必ずしも体系化されずに家庭生活や徒弟修業の中で伝授されていた。

1720年（享保5年）に徳川幕府が鎖国政策を緩和すると、日本と交流があった唯一の欧州国であるオランダを経由して、オランダ語による蘭学の一部として近代科学技術が導入された。初期の主な関心領域は医学であったが、次第に科学技術全般に広がった。19世紀中頃に日本と西洋の接触が本格化すると、近代科学技術の重要性がより一層強く認識され、蘭学から洋学への拡大がなされた。1856年（安政3年）に蛮書和解御用局から改組された蛮書調所は、徳川幕府が設置した最初の洋学の研究教育機関であった。このような政府レベルばかりでなく、望遠鏡、空気ポンプ、エレキテル（静電起電機）、模型の蒸気機関車などの西洋由来の科学的器具は、見せ物として、また蒐集品として、殿様から庶民に至る幅広い日本人の好奇心をかきたてた。

1868年（明治元年）の明治維新によって、先進諸国の物や知識に対する日本人の関心は一挙に高まった。慶應義塾の創始者である福沢諭吉は、この年に『訓蒙究理図解』を刊行し、1872年（明治5年）ないし1873年（明治6年）を頂点とする科学啓蒙書の出版ブームのさきがけとなった。このブームがしばしば「究理熱」と呼ばれるのは、実学的技術的な内容ではなく、物理学を中心とした基礎的理論的な内容を主としたためである。陰陽二元論のような旧来の自然観に代わるものとして、近代科学を生み出した西洋の自然観や科学的精神に人々が注目したのである。

## 2　初等教育の普及と実業教育

明治維新の直後には、寺子屋が初等教育の重要な部分を担い続けていた。

明治政府は地方に対して小学校の設置を督励したが、その効果は小さかった。1871年（明治4年）に設置された文部省は、小学校の整備を教育行政の最優先課題として、翌1872年（明治5年）に学制を公布した。学制は主にフランスの制度を参考にしたもので、小学校は6歳から13歳まで8年間の就学を原則とし、前半の4年間を下等小学、後半の4年間を上等小学に分けていた。下等小学における理科の課程は、養生口授が6単位（週1時限で半年間の課程を1単位とする、以下同じ）、究理学12単位、上等小学には究理学30単位、博物10単位、化学9単位、生理学2単位と、多くの時間が理科教育に割り当てられていた。こうした物理学中心の時間配当は、当時の洋学塾を参考に作成されたもので、科学的自然観や科学的精神の習得を重視したものといえる。しかし、8年間の就学義務は当時の社会状況から距離がありすぎ、多くの児童が充実した理科教育を受けたわけではなかった。

文部省は、就学年限を短縮して就学義務を強化する方向に方針を転換し、あわせて、さまざまな先進諸国を参考にした学制の改革を準備し、1879年（明治12年）に「教育令」を公布した。教育内容は、「国史」や「修身」を重視する方向へ傾斜して理科教育は縮小の一途をたどり、1886年（明治19年）の「小学校令」では、義務教育である4年間の尋常小学校に続く、4年間の高等小学校において週2時間ずつ教授された。その後、1907年（明治40年）以降は、義務教育年限が延長されて尋常小学校が6年制となり、第5学年から週2時間ずつの理科が義務教育の中に組み入れられることになった。理科教育の目的は「天然物や自然現象を精密に観察し、それらの相互関係や人生との関連を理解させ、天然物を愛する心を養う」こととされ、日常身辺の事柄について知識を教える教科と位置づけられた。この目的規定は、1941年（昭和16年）の国民学校の発足までおおむね維持された。

明治初期の文部省は普通教育の拡充に専念して、実業教育の政策は限定されていた。むしろこの時期の実業教育は、主に文部省の外部で行われていた。当時の日本の主要産業であった農業分野では、その近代化を目指して農商務省がさまざまな教育機会を整備していた。工部省、造幣局、陸海軍の製造部門、鉄道、重工業などの近代部門では、独自の学校を設置して人材養成にあたった。文部省は、小学校段階での技術教育を試みたが、初期の試行はおお

むね失敗した。文部省による実業教育は、日本が工業化への離陸を本格的に開始した19世紀末から、初等後教育及び中等教育以降の教育段階のものとして定着していく。

　1904年(明治37年)以降、日本の小学校では国定教科書が使われるようになった。その中で、『国語読本』には、アイザック・ニュートン(近代科学の祖)、チャールス・ダーウィン(進化論の確立者)、トーマス・エジソン(米国の発明家)、伊能忠敬(日本地図の作製者)、関孝和(和算の第一人者)など内外の科学者や発明家の伝記や、蒸気機関車、飛行機、電話など代表的な技術の発明発見物語が盛り込まれ、科学技術に対する児童の興味関心を高めるように配慮されていた。このような措置は第二次世界大戦の末まで一貫して見られた。

## 3　2つの世界大戦の影響

　文部省は、明治期を通して小学校を整備して就学を督励し、その結果として就学率は上昇した。しかし、中退者も少なくなく、とりわけ女子は就学率の上昇とともに中退率が増加する傾向にあった。しかも、卒業の直前に中退するなど、卒業による学歴取得を重視しない傾向があった。男子と女子の、就学率と卒業率がともに100％に近づくのは1920年代に入ってからであり、初等教育が普及し、学歴の重要性が日本社会に定着したのはこの時期であった。

　1914年(大正3年)に始まった第一次世界大戦は日本社会にさまざまな影響を与えた。経済的には、欧州からの工業製品などの輸入が途絶した。その結果として、国内では自給自足や国産奨励が叫ばれるとともに、東南アジア市場では日本製品に対する需要が拡大して、日本の産業界は活況を呈した。それとともに、毒ガス、戦車、航空機、潜水艦などの新兵器が登場して戦争が科学戦となったことが、1905年(明治38年)に在来型の日露戦争にかろうじて勝利をおさめたばかりの日本に衝撃を与えた。これらに対応して、科学技術研究の奨励や理科教育の振興に関するさまざまな政策が実施された。

　理科教育については、1919年(大正8年)に授業時間数が増加され、尋常小学校では理科を4年生から週2時間ずつ課すことになった。当時の中学校は5年制で、それまで4年生以上に週2時間ずつ物理・化学を課していたが、新

たに3年生にも週2時間を課すことになった。これに先立つ1918年（大正7年）には、小学校理科教育関係者の全国的な研究組織である理科教育研究会が設立され、理科教育の改善運動を開始して、理科教育熱は非常な盛り上がりを示した。そのひとつとして、生徒実験による発見的教授法が予算を得て具体化されたが、この時には定着しなかった。理科教育の改善運動は、理科の国定教科書の改訂や、小学校低学年への理科の導入などを求めて継続されたが、第一次大戦後の不況と国家主義の台頭によって、この時には実現しなかった。

　1939年（昭和14年）に第二次世界大戦が始まると、再び科学振興が国家の重要政策となり、技術系人材養成の拡大と理科教育の重視が図られた。人材養成の例として、尋常小学校における4年間の義務教育ののち、高等小学校2年を経て進学する2～3年制の甲種工業学校をみると、1930年（昭和5年）に比べて、戦争が終わった1945年（昭和20年）には学校数が5倍、生徒数が10倍となっていた。

　理科教育については、1941年（昭和16年）に小学校は国民学校と名称を変え、1年生から週2時間の理科を課すこととなり、国定教科書が改訂された。つまり、理科教育の改善運動の目標は、結果として政府主導によって実現された。理科教育の目的は「日常の事物や現象を正確に観察し、思考し、取り扱う能力を身につけ、それが生活上の実践に表れるようにするとともに、合理的で創造的な精神を涵養して、国家の発展に貢献する素地をつちかう」こととされ、科学的思考法や科学的精神を重視したものとなった。その手段のひとつとして、実験や観察に代わって児童による手作業が重視された。その例として、空気の圧力の教材として紙玉鉄砲作りや、浮力の教材として卵の殻を用いた潜水艦作りなどがあり、児童の興味関心をひきつけるのに効果があった。なお、この時義務教育が8年間に延長されたが、戦争のために実現しなかった。

## 4　第二次大戦後の生活単元学習

　敗戦により日本は米国を主体とした連合国軍に占領され、総司令部の指令のもとで非軍事化と民主化に向けた、いわゆる戦後改革が推進された。理科教育についても全面的な見直しが行われ、米国式の生活理科の理念が導入さ

れた。内容構成においては、子どもが生活上の問題を解決していくために理科を学ぶことがその目的として強調され、教科の内容構成は、子どもの生活場面に即した「単元」に分けられ、それに基づいて教材の選定、配列が行われた。1947年(昭和22年)に文部省が作成した『学習指導要領　理科編(試案)』では、理科は、小学校1年から3年までが週2時間、4年から6年までが週3時間、中学校が週4時間となった。その目的は「すべての人が合理的な生活を営み、いっそうよい生活ができるように、児童・生徒の環境にある問題について次の三点をみにつけるようにすること」とされ、①科学的に見たり考えたり取り扱ったりする能力、②科学の原理と応用に関する知識、③真理を見いだし進んで新しいものを作り出す態度を挙げていた。それらの下位目標として設定された13項目は、そのほとんどが態度や能力を身につけるような目標であり、児童生徒の生活課題の解決を軸として構成されていた。この学習指導要領は法的拘束力を持たず、むしろ教師用の指導書として意図されたもので、1952年(昭和27年)以降の一連の改正によって一応の完成を見た。

　生活理科＝単元学習の導入が実現した最大の理由が、総司令部による強力な指導にあったことはいうまでもないが、導入が順調に進んだ日本側の事情として以下のことが挙げられよう。第一に、原子爆弾に代表される米国の科学力が敗戦の主原因とみなされ、科学技術振興があらためて国民に訴えられたこと、第二に、戦後の社会的混乱の中で、生活上の問題を、自ら解決する力を国民が身につける必要があったこと、第三に、理科教育の戦後改革が、その精神において戦時中の改革をさらに発展させるものだと理科教育関係者が認識したことである。

　ところが、この学習指導要領の内容は新しいものであるだけに、それを教育現場に指導普及する活動は必ずしも円滑に進まなかった。その結果、教員の側には教えにくいという不満が生まれ、父母や社会の側からは学力不振が指摘されて、生活単元学習は次第に学校の内外から批判を受けるようになった。

　1953年(昭和28年)には理科教育振興法が公布された。これは、小学校、中学校、高等学校において数学を含む理科教育の振興を図るもので、国は理科教育のための設備に基準を設定し、それを達成するために要する費用の半額を

表10-4 小学校の理科教育の設備の基準（2002年度）単元別

| 単元 | | | 使用する理科設備 | 必要数（組） |
|---|---|---|---|---|
| A 生物とその環境<br>単元時数<br>3年生：24<br>4年生：32<br>5年生：30<br>6年生：30 | (1)植物 | 野外観察調査用具 | 野外生物観察用具（双眼鏡など） | 22 |
| | | | 生物の採集用具（剪定はさみ、植物胴乱など） | 1 |
| | | 実験機械器具 | 顕微鏡 | 84 |
| | | 模型 | 植物の模型（茎の構造模型、花の模型など） | 2 |
| | (2)動物 | 実験機械器具 | 生物の育成用具（飼育箱など） | 13 |
| | | | 定温器 | 2 |
| | | | 顕微鏡 | 84 |
| | (3)動物の体のつくりと働き | 実験機械器具 | 人体の学習用具（血液循環の模型、腕関節の模型など） | 33 |
| | | 模型 | 人体の模型（解剖模型、骨格模型など） | 5 |
| B 物質とエネルギー<br>単元時数<br>3年生：21<br>4年生：30<br>5年生：32<br>6年生：37 | (1)光 | 実験機械器具 | 光の学習用具（平面鏡など） | 5 |
| | | | 光電池の学習用具（光電池など） | 1 |
| | (2)電気 | 計量器 | 電気測定用具（電流計、電圧計、簡易検流計など） | 43 |
| | (3)磁石 | 実験機械器具 | 電気の学習用具（豆電球、ニクロム線、電池など） | 21 |
| | (4)電磁気 | | 磁石の学習用具（磁石セット、方位磁針） | 2 |
| | (5)圧力 | 実験機械器具 | 空気・水の性質実験用具（簡易真空容器、水準器など） | 21 |
| | (6)熱 | 計量器 | 温度測定用具（温度計） | 1 |
| | | 実験機械器具 | 熱の学習用具（伝熱実験器など） | |
| | | | 空気の学習用具（対流実験器など）、実験支援器具（鉄製スタンド、アルコールランプ、実験用保護メガネなど） | 22 |
| | (7)溶液 | 計量器 | 体積測定用具（メスシリンダー） | 1 |
| | | | 重さ測定用具（上皿天秤など） | 22 |
| | | | 温度測定用具（温度計） | 1 |
| | | 実験機械器具 | 実験支援器具（鉄製スタンド、アルコールランプ、実験用保護メガネなど） | 22 |
| | (8)力 | 計量器 | 重さ測定用具（バネばかりなど） | 22 |
| | | 実験機械器具 | てこの学習用具（てこ、輪軸など） | 32 |
| | (9)運動 | 計量器 | 時間測定用具（ストップウォッチ） | 1 |
| | | 実験機械器具 | 物の運動学習用具（力学実験用のおもり、空気ポンプなど） | 42 |
| | (10)燃焼 | 実験機械器具 | 実験支援器具（鉄製スタンド、アルコールランプ、実験用保護メガネなど） | 22 |
| C 地球と宇宙<br>単元時数<br>3年生：16<br>4年生：18<br>5年生：21<br>6年生：16 | (1)日光 | 実験機械器具 | 光の学習用具（平面鏡など） | 5 |
| | (2)月と星 | 実験機械器具 | 天体の学習用具（地球儀、星座早見盤など） | 13 |
| | (3)水の状態変化 | 計量器 | 温度測定用具（温度計） | 1 |
| | | 実験機械器具 | 実験支援器具（鉄製スタンド、アルコールランプ、実験用保護メガネなど） | 22 |
| | (4)気象 | 実験機械器具 | 気象の学習用具（百葉箱、気象観測セットなど） | 3 |
| | (5)河川 | 模型 | 土地の模型（地形模型など） | 4 |
| | (6)地形・地質 | 実験機械器具 | 土地の学習用具（地形図など） | 14 |
| | | 標本 | 岩石・化石標本 | 11 |
| | | 模型 | 土地の模型（地層模型など） | 4 |
| D 汎用の器具 | | 計量器 | 長さ測定用具（巻き尺） | 1 |
| | | 実験機械器具 | 教材提示用具（小型テレビカメラなど）、薬品廃液処理装置、教材作成用具（電動工具・手工具一式） | 1 |
| | | 実験機械器具 | 保管庫（器具保管庫、薬品戸棚など） | 2 |
| | | 標本 | 映像資料（ビデオソフト、パソコンソフトなど） | 28 |

注）3年生から6年までの学級数の合計が12級までの学校を対象とした数値である。学級数の合計が13以上の学校では、上記数値の2倍とする。
　　教育出版の教科書で設定されている単元時数を用いている。
出所）筆者作成。

国が補助するものである。この制度は、その後数次にわたる改正を経て今日まで継続されている。現時点における小学校の基準は**表10-4**のようになっている。

## 5　系統学習から探求学習へ

　戦後日本の教育内容の変遷は、ほぼ10年ごとに改訂された学習指導要領の変化として記述することができる。最初の主な改訂は1958年（昭和33年）になされ、この時から学習指導要領は、試案ではなく法的拘束力を持つようになった。基礎学力の衰退が問題となり、系統的に科学を学ぶ方向に転換したので系統学習と呼ばれるが、生活単元学習と折衷的な内容であった。理科の時間数は、小学校1、2年生が週2時間、3、4年生が週3時間、5、6年生が週4時間、中学生は週4時間となった。

　1957年（昭和32年）にソ連が世界最初の人工衛星スプートニクを打ち上げると、宇宙開発競争に後れをとったことが米国に衝撃を与え、理科教育の改革が国家的な課題となった。このような米国の動きが、理科教育の「現代化」をスローガンにして1968年（昭和43年）の学習指導要領の改訂に取り込まれた。科学の知識を系統的に教え込むのではなく、科学者が行うように探求させることをねらいとしたことから探求学習と呼ばれた。この時の変化は中学校と高等学校において顕著であった。例えば中学校理科の目標は「自然の事物・現象への関心を高め、それを科学的に探求させることによって、科学的に考察し処理する能力と態度を養うとともに、自然と人間生活との関係を認識させる」こととされた。このために、「創造的能力」、「科学的概念の理解」、「自然を統合的統一的に考察する能力」、「科学的な自然観」などを育成するとされた。小学校理科の目標は、「自然に親しみ、自然の事物、現象を観察、実験などによって、論理的、客観的にとらえ、自然の認識を深めるとともに、科学的な能力と態度を育てる」ことで、そのために、「生命を尊重する態度」、「自然の関連性と諸現象の理解」とともに「原因・結果の関係的な見方・考え方や、定性的・定量的処理能力」を養うとされた。

## 6 教育内容の精選と個性重視

　学習指導要領は、1977年（昭和52年）に再び大幅に改訂された。その基本方針は、「自ら考え正しく判断できる力をもつ児童・生徒の育成」を重視することで、そのために以下の3事項を達成するとした。①人間性豊かな児童・生徒を育てる、②ゆとりのある、しかも充実した学校生活が送れるようにする、③国民として必要とされる基礎的・基本的な内容を重視するとともに児童・生徒の個性や能力に応じた教育が行われるようにする。理科教育については、小学校、中学校及び高等学校を通じて、自然を探求する能力及び態度の育成や自然科学の基礎的・基本的な概念の形成が無理なく行われるようにするため、特に児童・生徒の心身の発達を考慮して内容を基礎的・基本的な事項に精選することを基本方針とした。例えば、中学校理科の目標は、「観察・実験などを通して、自然を調べる能力と態度を育てるとともに自然の事物・現象についての理解を深め、自然と人間とのかかわりについて認識させる」こととされた。また、道徳と特別活動（学級会、クラブ活動など）を除いて各教科の授業時数が削減され、理科は、小学校では2年生までが週2時間、3年生以降が週3時間、中学校は2年生までが週3時間、3年生が週4時間となった。

　このような改訂が行われた背景として、以下のことが指摘できる。第一は、校内暴力、非行、詰め込み教育による落ちこぼれ（授業についていけない児童生徒）の増加などの学校問題が深刻化したことである。上記の改訂の基本方針は、これに対処するためのものである。第二に、この基本方針を実現する手段が学校生活における「ゆとり」であり、授業時数の削減、教育内容の精選、個性や能力に応じた教育などによってそれが捻出された。第三に、理科については、「現代化」が理科を抽象的で難解なものとしたことから、その失敗が世界的に明らかとなった。自然科学の基礎的・基本的な概念の形成を「無理なく行われるようにする」ことを理科の基本方針としたことは、そのあらわれである。第四に、その手段として理科の授業時数の増加が選択されなかったことは、当時、環境汚染など科学技術の負の影響が顕在化し始めていたことと無関係ではないと考えられる。

　1989年（平成元年）に改訂された学習指導要領では、教育課程編成の一般的

方針のひとつとして、「自ら学ぶ意欲と社会の変化に主体的に対応できる能力の育成を図るとともに、基礎的・基本的な内容の指導を徹底し、個性を生かす教育の充実に努める」とした。この時の改訂には、2つの側面がある。その第一は、教育目標の転換が行われ、学習意欲や自己学習力の育成が、基礎的・基本的な知識を習得することと同列であるが、より優先されたことである。このことは、情報化と国際化の急速な進展や、知識基盤社会への移行を踏まえて、陳腐化した知識の生涯学習による更新が今後は重要になるとの判断に基づいている。理科教育の目標も、これに対応して、例えば中学校では「自然に対する関心を高め、観察、実験などを行い、科学的に調べる能力と態度を育てるとともに自然の事物・現象についての理解を深め、科学的な見方や考え方を養う」としていた。この記述の順序には意味があり、1991年(平成3年)に文部省は「新しい学力観」を導入して、知識・理解よりも興味・関心を優先して学力を評価するべきものとしていた。改訂の第二の側面は、前回の改訂において導入された「ゆとり」と個性化をさらに推進することであった。日本の学校は土曜日も昼まで授業を実施していたが、日本社会が週休2日に移行することから、学校も土曜日を休みとすることを前提とした授業時数の削減が進められた。小学校1～2学年の理科が廃止されて社会科とあわせて新しい教科、生活科が誕生した。中学校では選択履修が拡大された。その結果、理科の授業時数は、小学校が3年生から週3時間、中学校は週3時間となった。

　1998年(平成10年)に改訂された学習指導要領では、教育課程編成の一般的な方針のひとつが「児童生徒に生きる力をはぐくむことを目指し、創意工夫を生かし特色ある教育活動を展開するなかで、自ら学び自ら考える力の育成を図るとともに、基礎的・基本的な内容の確実な定着を図り、個性を生かす教育の充実に努める」とされた。すなわちここでは、「生きる力」を育むことが教育の第一義的な目的とされ、前回の改訂の趣旨がより明確にされていた。中学校理科の目標は、「自然に対する関心を高め、目的意識をもって観察、実験などを行い……」とされ、生きる力の一環として、知的好奇心や自然への主体的な探求心を重視していた。この時の改訂では、地域等の実態に応じて各学校が創意工夫して行う「総合的な学習の時間」が導入されたこともあり、理科の授業時数は、小学校が3年生は週2時間、4年生以降が週3時間、中学

校は2年生までが週3時間、3年生が週2時間と、さらに削減された。これにより、理科の内容は、前回の学習指導要領に比べておおむね3割ほど削減されたといわれている。

## 7　理科ぎらいと学力低下論

　以上のように、1977年(昭和52年)以降、理科教育は、授業時数の削減と内容の精選を進めてきたが、それに対する批判もある。ここでは2点について述べることとする。

　その第一は、1990年(平成2年)頃に社会問題となった、中学生と高校生の理科ぎらいである。1980年代末の日本は異常な好景気にあり、企業の求人意欲は旺盛であった。その中で、製造業における職務環境や社員の待遇が金融業などと対比して劣悪であり、そのことが理工系の大学卒業生が製造業への就職を回避する傾向をもたらし、さらには受験生が理工系学部を回避する傾向を生み出したという指摘がなされた。それゆえ、理工系への進路選択に結びつく理科が児童生徒にきらわれているというのである。小学校では学級担任教員が全教科を教えるが、文科系を専攻した理科が苦手な教員が多く、それが理科ぎらいの児童を生み出す原因であるともされた。これについては、理工系大学と学校の連携や教育上の産学連携により、科学技術の面白さを紹介する活動などが進められている。

　第二は、学力低下論である。1998年(平成10年)に改訂された学習指導要領は2002年度(平成14年度)から実施され、あわせて公立学校の完全週5日制が実施された。それに先立つ1999年(平成11年)には、新しい学習指導要領への移行が学力低下を伴うのではないかという不安が、親、大学人、経済界などからいわれるようになった。とりわけ経済界は、将来の日本経済を牽引するような優秀な人材の質の低下を憂慮したように見える。

　国際教育到達度評価学会やOECDなどが実施した大規模で信頼性の高い国際学力調査によれば、日本の児童・生徒の理科の成績は、順位はいくらか低下したものの、世界のトップクラスであり続けていた。IEAの調査結果によれば、日本の順位は、1970年（昭和45年）には18カ国中1位、1983年（昭和58

第10章　教育課程（カリキュラム）　219

（体系的知識の習得）　　　　　　　　　　　（日常生活の課題解決能力育成）

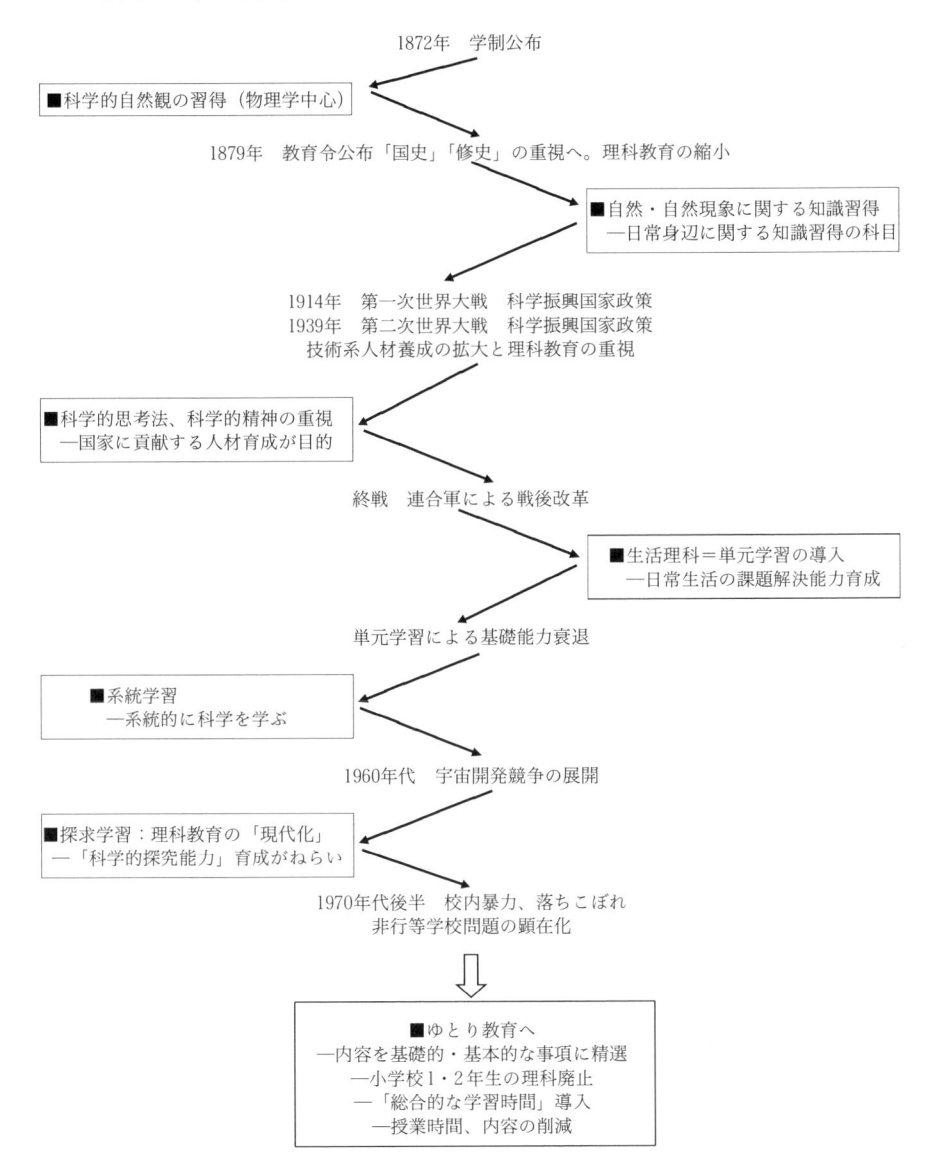

1872年　学制公布

■科学的自然観の習得（物理学中心）

1879年　教育令公布「国史」「修史」の重視へ。理科教育の縮小

■自然・自然現象に関する知識習得
　―日常身辺に関する知識習得の科目

1914年　第一次世界大戦　科学振興国家政策
1939年　第二次世界大戦　科学振興国家政策
技術系人材養成の拡大と理科教育の重視

■科学的思考法、科学的精神の重視
　―国家に貢献する人材育成が目的

終戦　連合軍による戦後改革

■生活理科＝単元学習の導入
　―日常生活の課題解決能力育成

単元学習による基礎能力衰退

■系統学習
　―系統的に科学を学ぶ

1960年代　宇宙開発競争の展開

■探求学習：理科教育の「現代化」
　―「科学的探究能力」育成がねらい

1970年代後半　校内暴力、落ちこぼれ
非行等学校問題の顕在化

■ゆとり教育へ
―内容を基礎的・基本的な事項に精選
―小学校1・2年生の理科廃止
―「総合的な学習時間」導入
―授業時間、内容の削減

図10-3　社会のニーズに対応した理科カリキュラムの変遷

出所）事務局作成。

年）には26ヵ国中2位、1995年（平成7年）には41カ国中3位、1999年（平成11年）には38カ国中4位であった（いずれも、中学2年生ないし3年生の成績）。

しかし同時に、理数科がきらいとする児童・生徒の割合が世界でも最も多く、家庭での学習時間が世界でも相当に低い水準にあって、学ぶ意欲の乏しさが鮮明であった。再びIEAの調査結果によれば、理科が「大好き」または「好き」と回答した生徒の割合は、世界の平均が79％であるのに対して、日本は55％であった。また、学校外での1日の勉強時間は、世界の平均が2.8時間であるのに対して、日本は1.7時間であり、しかも5年前と比べて30分以上も少なくなっていた（いずれも中学2年生、1999年（平成11年）調査）。

これらの国際比較調査のほか、国内で実施された調査においても、過去と比べて学力が低下しているという結果を示すものがあった。したがって、このような懸念に理由がないわけではなかった。その一方で、上で説明した「新しい学力観」や「生きる力」は、記憶中心の従来型の学力から脱却した新しい学力の形成を目指すものであるから、過去と対比した学力低下という問題設定それ自体が学習指導要領の趣旨から外れているともいえた。しかし、学力低下論の社会問題化に対して、文部科学省は学習指導要領が教育の「最低基準」であることをあらためて強調した。あわせて、さまざまな学力向上策を打ち出すとともに、習熟度別授業や、できる子を対象として学習指導要領を超えた内容を教える「発展学習」や、優秀な生徒を対象としたスーパー・サイエンス・ハイスクールの設置などを推進している。

## 8　結　語

以上、明治維新から現在までの日本の理科教育を略述した。明治維新の直後には充実した理科教育が計画されたが、それはすぐに放棄されて理科教育は縮小された。この時期の日本は発展途上の農業国であり、職業教育は主に学校の外部で農商務省などの傘下において行われていた。理科教育が再び脚光を浴びるのは日本が本格的な工業化を開始して、2つの世界大戦に直面した時であった。第二次大戦後は、日本の経済成長と同期するように理科教育が重視され、1968年（昭和43年）の学習指導要領の改訂で、最も高度で現代的

な教育課程に到達した。しかし、1977年（昭和52年）以降は、時間数の削減と内容の精選が今日まで進められている。

　理科教育のあり方については、明治維新の直後を別として、体系的でない日常身辺の知識を教える教科として出発し、2つの世界大戦の影響によって科学的思考法を重視する方向に変化した。この方向は第二次大戦後の生活単元学習に継承されたが、そこでは科学知識の体系性がとりわけ軽視された。1958年（昭和33年）以降の系統学習では科学の体系的知識を教える方向に変化し、さらに1968年（昭和43年）の探求学習では、それを前提として科学的思考法を育成するものとなった。1977年（昭和52年）以降、理科教育の高度化と現代化の行き過ぎに対する反省から、科学の体系的知識よりも科学的思考法が重視される方向で内容の精選が進められた。

　職業に直結した技術教育への関心は途上国においても高いが、その基礎となる理科教育に対する関心は低いことが少なくない。しかし、そうした基礎教育を重視して資源を投入していくことが、長期的に見れば有効な方策である。とりわけ、変化の激しい今日では、職業に直結した技術は、せっかく学習しても短期間のうちに陳腐化する可能性が高い。基礎的な教育の成果ほど陳腐化しにくいので、教育の効果の持続性という点でも有利と考えられる。

〈塚原修一〉

**引用・参考文献**

板倉聖宣他（1986）（1987）『理科教育史資料』全6巻、東京法令出版。
国立教育政策研究所（2001）『数学教育・理科教育の国際比較』ぎょうせい。
―――――――――編（2002）『生きるための知識と技能　OECD生徒の学習到達度調査』ぎょうせい。
日本理科教育学会編（1992）『理科教育の目標と教育課程』東洋館出版社。
文部省（1947）『学習指導要領　理科編（試案）』。
―――（1952a）『小学校学習指導要領　理科編（試案）』改訂版。
―――（1952b）『中学校学習指導要領　理科編　試案』改訂版。
―――（1958a）（1968）（1977a）（1989a）（1998a）『小学校学習指導要領』。
―――（1958b）（1969）（1977b）（1989b）（1998b）『中学校学習指導要領』。

**参照ホームページ**

文部科学省ホームページ。（http://www.mext.go.jp）、最近の政策はこれを参照。

# 第11章　指導計画——授業の構造化——

**途上国の課題**

　途上国の教育現場では今なお教員が教科書を板書して児童に写させる"Chalk & Talk"と呼ばれる授業が主流であり、教員の授業を構造化する力と学習展開の技術の不足が大きな課題となっている。児童が学習の主体となる効果的・効率的な授業に転換するためには、教員の意識改革、学習目標に応じた授業設計、指導技術の改善、学級経営のノウハウの蓄積などが必要となっている。

**ポイント**

　日本の教育内容は学習指導要領の改訂を教育現場でいかに実現していくかという授業実践の積み重ねにより改善されてきた。そこには「子どもの活動を中心に学習展開する」という発想があり、「学習過程を設計する」という教員としての基盤的技能が存在していた。日本では教員が「学習の主体は子どもである」という意識を持って授業を設計、構造化しており、このことによって教員が互いに情報や経験を共有し、技術を向上させている。

　途上国の授業を観察すると、教員が説明し、黒板に書き、子どもがその黒板に書かれた内容、または教科書の内容をただノートに写すという授業が散見される。このような場合、子どもの「活動」の中身は「ノートに書く」作業のことであり、「学習」とは「先生の話を聞く」ことであり、わかったことを「ノートに書く」時間になってしまっている。また、「説明」に要する時間が非常に長い授業も多く見られる。授業の内容をすべて教員が言葉で説明するた

め、1時間に占める児童の活動（課題解決への思考・作業・習熟等）は短くなってしまう。このような授業は概して平板であり、子どもの活動に躍動性が見られない。これは教員の説明・解説を中心とした授業展開のためであり、授業が子どもの「学習活動」と位置づけられておらず、子どもの学習活動を促進するような授業の組み立てや教授技術が不足しているからではないだろうか。授業は子どもの学習活動であるべきで、効果的かつ効率的に子どもの学習目的を達成するためには、指導に必要な個別の基本的な教授技術と、学習過程を設計し、教授技術を統合的に運用する指導技術を教員が身につけることが必要となる。

日本においては「授業の設計」及び「授業の構造化」といった語がキーワードとして授業が実践されている。これらは教室において子どもが最も効果的に学習できるよう、教員が指導計画を立案し、教材を選択する中で、板書の計画、発問の選択、子どもの反応の予測等を前もって検討することである。本章では主に初等学校教育に焦点を当て、「授業の設計」「授業の構造化」が実際どのように行われているかを見るため、日本の指導計画・学習指導案作成の概要や目的に応じた学習形態や指導方法の選択、授業の展開等について述べた上で（第1節）、日本の経験から導かれる途上国への参考点、示唆等について言及する（第2節）。

なお本章では、紙面上の制約から、主に教育方法の中の計画段階にあたる「指導計画」を中心に述べ、「実践例」は付録として添付した。

## 1　指導計画の概要

### 1-1　授業設計の概要

日本においては授業は教育課程に基づいて作成された指導計画によって設計されている。指導計画とは教育課程を基に教育内容を厳選・分類して系統づけ、それを効率よく指導するための教育計画のことであり、一般に、年間指導計画、単元指導計画、本時の学習指導案の3つがある。各教科の指導計画はこの順序で実際に作成され具体化されていく。

「年間指導計画」及び「単元指導計画」は「一定の期間において、どのように

表11-1 授業設計の基本となる指導計画

| | 指導計画の種類 | 各指導計画の内容 | 主体者(立案者) |
|---|---|---|---|
| ① | 年間指導計画 | 教科ごと及び学年ごとの年間における基本的な指導計画(各教科の指導要領に基づき作成) | 各地方教育委員会 各学校 |
| ② | 単元指導計画 | 年間指導計画を実施するにあたり、各単元を細分化し、実際にその単元の学習指導を展開できるように、学習活動の区分に従って時間配分を行った指導計画 | 各学年、各教員 |
| ③ | 本時の学習指導案 | 単元指導計画を実施するにあたり、本時の学習指導を展開するための時間配分、授業展開、板書計画等を考慮に入れた綿密な指導計画 | 各教員 |

出所)筆者作成。

学習目標を目指し、どのような教材を使い、どのような順序・方法で、どのくらいの時間をかけて指導するか」等を検討・考慮した上で作成される。前者は地方教育委員会あるいは各学校にて立案され、後者は各学校の各学年ないし各教員により作成される。その後、それらに基づいて一時単位(本時案)の学習指導案が実際に授業を行う教員により立案される[1]。そして、それぞれの指導計画が結びつき、年間全体の授業が設計されているのである。

日本においては、この「授業の設計」の考えは近代教育発足以来重視されてきた。現在でも教育実習生や初任者教員に対して、初任者研修等の場で校長、先輩教員、指導主事により細かい指導がなされ、授業研究の主要テーマともなっている。

以下では、指導計画がどのように作成されるのかを説明するために、日本で実際に作成されている指導計画に即して、①年間指導計画の作成、②単元指導計画の作成、③本時の学習指導案の作成に関して述べる。なお実際には、これら指導計画・学習指導案には定型がなく、教科によるさまざまな特徴も反映されるため多種多様であることをあらかじめ申し添えておきたい。

## 1-2 年間指導計画の作成

年間指導計画は「学校教育法」と「地方教育行政の組織及び運営に関する法律」により市町村の教育委員会が規則を定め、学習指導要領に基づき学校レベルで作成されることになっている。しかし実際には、文部科学省で作成された学習指導要領を基にして、各市町村の教育委員会が学年ごと、教科ごとにその枠組みを作成し、各学校に提示している。

| 指導計画の種類 | 項目 | 内容 |
|---|---|---|
| 年間指導計画 | 教科の目標 | 学校の各教科における子どもの能力育成のための全体目標 |
| | 学年の目標 | 教科目標達成のための教科ごとの各学年における能力育成目標 |
| | 学年の内容 | 学年目標達成のため単元の集合として設定される学習内容 |
| 単元指導計画 | 単元の目標 | 学年目標達成のための子どもの能力育成にかかる本単元達成目標 |
| | 単元の内容 | 単元目標を達成するために設定される単元時間数内の学習内容 |
| 本時の学習指導案 | 本時の目標 | 単元目標達成のために設定される本時での子どもの学習目標 |
| | 本時の内容 | 本時の目標を達成するために設定される本時の学習内容 |

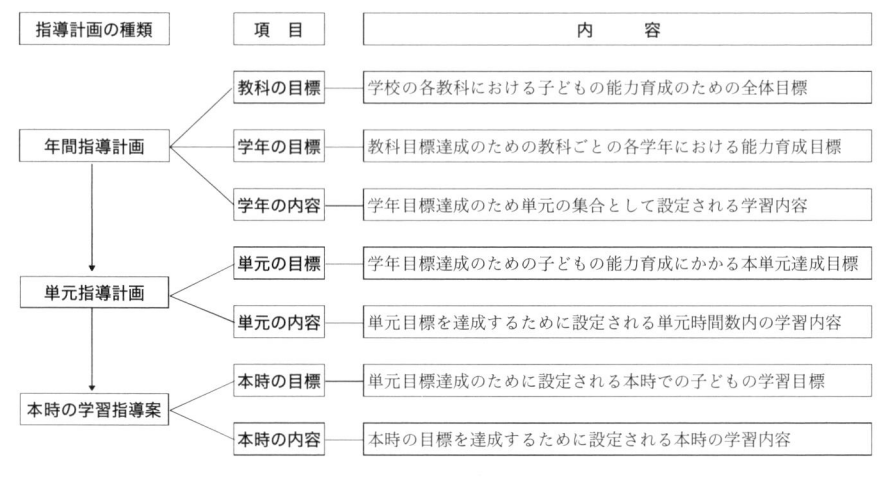

図11-1　授業設計の構造化概念図

出所）筆者作成。

　各学校が年間指導計画を個別に策定する前段階として各市町村の教育委員会がその枠組みを策定する目的は、管轄下の学校における教育内容の格差や進捗状況の差をできるだけなくし、全学校の教育の水準を維持するためである。なお、各教育委員会は年間指導計画枠組み策定にあたり、文部科学省認定の教科書の中から実際に管轄下の学校で使用する教科書を所定の手続きを経て選定している。

　図11-1で示したように、年間指導計画では、①教科の目標、②各学年の教科目標、③学年の学習内容の3つを特定する。まず、学年別・教科別の目標が各地方教育委員会及び学校ごとに設定される。その全体目標に基づいて、各学年の教科目標が個別に設定され、その教科目標を達成すべく単元で構成される学習内容が設定されている。通常、学習内容は年間の学習単元一覧表として明記されることが多い。なお、実際の年間指導計画例を**付録1**として添付する。

## 1-3　単元指導計画の作成

　学習内容は教科ごとに単元によって構成されている。教科学習における単元とは1つの学習のまとまりであり[2]、子どもの興味あるいは活動を考慮し、

学習の到着点として望ましい確かな結果をもたらすようまとめたものである。各単元は他の学年や他の単元と相互に論理的に関連し合い、教科内容全体を作り上げている。

単元の指導計画では、**図11-1**で示したように、①単元の目標設定、及び②単元の内容の特定が必要になる。単元の目標とは「ある教科において、その単元の一定時間内に子どものいかなる能力をどの程度の水準まで育成するか」を示す目安であり、その達成すべき事項を具体的に表記したものである。その目標は、年間指導計画に基づき、また子どもの実態を考慮し、現実に実現可能かつ検証可能な項目・活動・評価基準などを設定することが教員の役割となる。

続いてその目標を実現するために単元の内容が特定される。単元内容とは単元目標を達成するために設定された単元時間時数の学習内容である。単元の内容は、実際には使用される教材により影響される場合が多く、単元の目標達成のためには、教材の特定とともに、教材についての研究・分析が必要となる。

日本では、単元指導計画は、上述の各市町村教育委員会作成の年間指導計画またはその枠組みの下に作られた学校ごとの年間指導計画に沿って、各学校において学年ごとに教科別に作成される。教員が作成する単元ごとの指導計画に定型はないが、①単元・題材名、②単元の目標、③児童観及び教材観、④単元全体の指導計画、などの項目に沿って書かれることが多い。

なお、単元ごとの指導計画の例として学習指導案の一例を**付録2**として添付する。

### 1-4　本時の学習指導案の作成

単元全体の指導計画を作成した後、本時の学習指導に関して指導計画（学習指導案）を立てる。本時の学習指導案は単元の指導計画の項目に示した各時間の指導内容について実際に子どもにどのように教えるかを考えつつ、具体的に各授業につき授業の開始から終了までの展開を計画したものである。本時の学習指導案にも定型は存在しないが、基本的に**表11-2**の項目を含んでいる。

日本の教員が作成する学習指導案と前述した単元指導計画の特徴は、児童

## 表11-2 本時の学習指導案の項目

| 項　目 | 内　容 |
|---|---|
| ① 本時の指導目標 | 本時の単元全体内の位置づけを明らかにし、単元の指導目標を達成するために本時で児童に達成させようとする目標。単元全体の授業設計に基づき具体的に設定する。 |
| ② 児童観、教材観の分析 | 本時の授業実施前に児童の実態（児童観）と教材のあり方（教材観）を分析する。（後述：表12-3） |
| ③ 本時の内容・授業展開計画 | 本時の目標を実現するため、本時の内容を特定するとともに、授業の展開を計画する。本時の授業展開計画では、児童の活動、教員の支援・留意点、配当時間、児童の反応の予測等を含む展開例を作成することが多い。また最近ではフローチャートを使って授業展開図を書くこともある。 |
| ④ 本時の板書計画 | 本時の授業を実践するにあたり、黒板をいかに使用するか計画する。板書の構造化の視点から、児童の思考過程の変遷や活動内容と資料とをいかに関連させて表現することができるか、計画する。 |
| ⑤ 本時の評価 | 本時の指導の効果に関する評価をいつ、どのように行うかについて、その方法を書くとともに、その結果をどのように利用するかを記述する。 |

出所）筆者作成。

の実態（児童観）と教材のあり方（教材観）を分析することである。

　教材とは、教員と学習者が「何を（教育内容）、どのように（教育方法）教え学ぶのか」という教育の過程における「教育内容」を具体化したものである。教員から見ればそれは教授の内容であり、子どもの立場から見れば学習の内容となる。

　教材観の分析及び教材研究は教員個人または複数によって行われる。教員は教材の発掘・選択から始め、その教材への認識を深め、さらに子どもの実態に即して授業の構想を練り、授業を立案する。教員は実際の授業の前に教科書などを自分の目で概観・分析して、さらに学習者である子どものニーズ、また彼らの能力・関心を考慮し、学習指導の実際を想定し、内容を再構築することが求められる。教員は常に「教材のどの部分が重要であるか、どの部分が足りないか、何を補足するべきか、またより効果的かつ構造的な授業をいかに実施することができるか」を考える必要がある。教員の教材研究の力量により子どもの学習の成果が大きく左右するため、日本ではこの教材観の分析及び教材研究は大変重要視されている（表11-3参照）。

　児童観の分析、教材観の分析を踏まえた本時授業実施における一連の教授活動のモデル例は図11-2のようになる。

表11-3 児童観の分析及び教材観の分析

| | 児童観の分析 | 教材観の分析 |
|---|---|---|
| 内容 | 授業の対象となる児童について、教員が授業を行う以前の状態を調査し、授業目標に対する児童の実態を知る。 | 教材の本質を見極め、児童の実態に即して授業を実施することを目的に、単元の授業計画を立案するまでに一連の研究活動を行い、教材への認識を深めるとともに、単元目標、指導内容を明確にする。 |
| 効果 | 一般的な児童の成長の様子、または児童の学習状態を的確に把握することで、単元目標及び本時の目標が明確になるとともに、その再検討及び変更の必要性も見えてくる。 | 一般的な児童の成長の様子、または児童の学習状態を的確に把握することで、単元目標及び本時の目標が明確になるとともに、その再検討及び変更の必要性も見えてくる。 |

出所）長野（2001）を参考に筆者加筆。

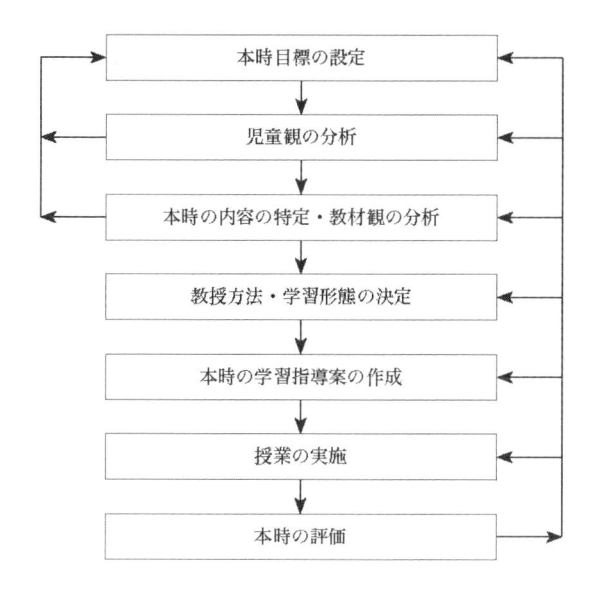

```
本時目標の設定
    ↓
児童観の分析
    ↓
本時の内容の特定・教材観の分析
    ↓
教授方法・学習形態の決定
    ↓
本時の学習指導案の作成
    ↓
授業の実施
    ↓
本時の評価
```

図11-2 本時授業実施における教授モデル

出所）長野（2001）を参考に筆者作成。

　教員がすべての時限に関して授業計画を立てることは難しく、実際には授業研究のために単元ごと及び本時の授業計画案が作成されることが多い。ただし、学習指導案を実際に作成するか否かにかかわらず、授業を事前に設計する意識が日本の教員には求められている[3]。なお、本時の指導計画の例を**付録3**として添付する[4]。

## 1-5　学習形態・指導方法の選択

　単元及び本時の学習指導案の立案、そして実際の授業を行うにあたり、教員は適切な学習形態・指導方法を選択しなければならない。通常、学習形態は授業の学習目的や方法によって選択され、また学級を学習集団に編成する方法により分類され、大きく分けて**表11-4**に示した3つの基本形態がある。

　これらの3つの学習形態にはそれぞれ利点と問題点がある。また、1つの形態であらゆる教授・学習の過程を行うことは困難であり、望ましいことでもない。教員には各形態の長所短所を理解した上で、子どもの能力の育成を効率的に行うように各授業、指導計画に沿って適切な形態を選択し、組み合わせることが求められている。

　また、教員は指導形態とともに指導方法（**表11-5**に例示）に関しても授業の目標に応じてその選択・組み合わせを選択することが求められる。指導方法の選択は教科の目的や指導形態の選択と相互に関連して行われる。

　なお現在では、以上のほかにも、個々の教員の特性を活かした専科指導[5]、2学級以上のクラスを同時に指導する合同授業、経験豊かな教員が他の教員の授業を支援するチーム・ティーチングなど、指導体制についての工夫も求められることが多くなっている。

**表11-4　学習形態の種類と特質**

| 名称 | 個別学習 | 一斉学習 | 小集団学習 |
|---|---|---|---|
| 形態 | 1人1人の児童がその特性や必要に応じて独自に学習を進めていくように指導する形態 | 1人の教員が、児童全体に同じ内容を1つの方法で同時に教える形態 | 2人以上数人の児童を一グループとして、各グループ別に共同で学習させていく形態 |
| 長所 | 児童の個々の反応、個人差に対応ができる。教員と児童の人格的な接触ができる。 | 全員に早く共通の情報が伝えられるため、共通の学力を得やすい。異なった経験・情報から集団思考できる。 | 積極的に発言しやすく集団思考ができる。メンバー間相互作用により人格形成ができる。困難な課題に取り組む積極性が向上する。 |
| 短所 | 共通の学力を与えにくい。費用と教員の労力がかかる。 | 詰め込み、押し付け、言語のみの伝達の指導になりやすい。個人差に対応しにくい。取り残される児童が出る。 | 優れた児童に依存しがちになる。規律が低いと非効率な学習となる。 |

出所）横須賀（1990）、長野（2001）を参考に筆者作成。

表11-5　指導方法の種類

| 方　法 | 特　　徴 |
|---|---|
| 講義法 | 児童に教員が知識情報を口述で説明する方法。時間的に効率的だが児童が受動的になりやすい。 |
| 討議法 | 問題の発見・解決のために話し合いや相談、討議により共同思考する方法。 |
| 問答法 | 教員の発する問いに児童が答える形で学習を広げ深める指導方法。児童からの問いを引き出す方向を重視する必要がある。児童への過度の誘導の危険がある。 |
| 発表法 | 個別学習やグループ学習を通して得た感想や意見、調査結果などを発表させる指導方法。 |
| 練習法 | 主として基礎・基本的な技能や要素の定着を図る練習（ドリル）を中心とする指導方法。 |
| 実験・観察法 | 実験や観察などを実施し、児童の直接的かつ具体的な経験を基に指導する方法。 |

出所）横須賀（1990）、長野（2001）を参考に筆者作成。

## 1-6　板　書

　日本の教育現場では授業の展開に即して黒板に児童の思考、課題や資料、教員の質問と応答などを記していく。これを板書という。日本では授業終了時に学習の過程（教員と児童の動き）とまとめが黒板に書かれており、それを見れば学習課題や児童の思考の変容や考え方の深化が把握できるようにすることが重要とされている。このように板書することを板書の構造化という。日本では構造化された板書計画ができれば授業展開の計画ができたのと同様と考えられており、教員は適切かつ構造化された板書を行うために授業前に入念な準備をするよう指導されている。また、板書が構造化されていると、児童は授業終了時に授業全体を視覚的に把握できるとともに授業の流れを吟味することができるようになる。板書計画の具体例は**付録3**に添付している。

## 1-7　授業の実際──授業の構造化

　学習指導計画案や板書計画を基に教員は実際の授業を行う。授業展開には各教科によりその展開に特徴があることを考慮する必要があるが、ここでは授業の多様性を考慮に入れながらも、どの教科にもおおむね共通すると考えられる授業展開の基本的な流れの一例を**図11-3**として示す。

　**図11-3**は基本的な学習展開の流れをフローチャート図として示したものであり、「授業の構造化」の一例である。このフローチャート図が示すように、授業には教員と児童の動きが論理的に設計された、一定時間内での学習の過

232 第Ⅱ部 日本の教育経験

教員の動き / 子どもの動き

レディネスの把握
前時の学習のつまずき

**学習課題を提示する**
- 学習課題を明確にする
- 全員への徹底

/ 
- 学習課題を明確にする
- 全員への徹底

**課題を討議する**
- 前時との内容の発展
- 動機づけ、意欲の喚起

/
- 課題を多面的に見る
- 課題に対する考え方を明確にする

習得を目的とする授業展開

**予想や仮説を立てる**
- 子どもの考えを引き出す
- 自由な討議の雰囲気作り
- イメージや経験を大切にする

/
- 予想を立てる（既習の学習を基に）
- 根拠を明らかにする
- 検証や解決の道筋を考える

習熟と練習

**方法を考え、解決する**
- 資料選択や順序を指示する
- 思考の深まりを援助する
- 他の考え方がないか一緒に考える
- 課題と手順との関係を見直させる

/
- 道筋に沿った手順を考える
- 資料を選択し、判断する
- 資料等を基に、予想を検証する
- 多面的な思考（思考錯誤）

適応と深化

**解決方法や考えたことを表現する**
- まとめる方法や手順を示す
- 表現方法を一緒に検討する
- 論理的な話し方を工夫させる

/
- 自分の考えや手順をまとめる
- 考えた道筋をわかりやすく表現する
- 表現の方法を工夫し、発表する

**発表を基にした討議**
- 他の考えを認める学級づくり
- 同じ点や相違点を見つけさせる
- その理由を考えさせる

/
- 自分の考えや道筋と比較する
- 別の視点や考え方を受容する
- 他の考えを参考に思考を深める

**学習内容や方法のまとめ**
- 子どもの変化を認める
- 学習課題と解決方法や考え方をまとめる
- 子どもの学習状況を評価する

/
- 学習を振り返り、内容や手順をまとめる
- さらに、調べ深めることを整理する
- 自分の変容を確かめる

**次時の予告**
- 次時の学習内容を伝える
- 学習計画や過程を評価し、改善する

□ …グループ学習としての活動も可能

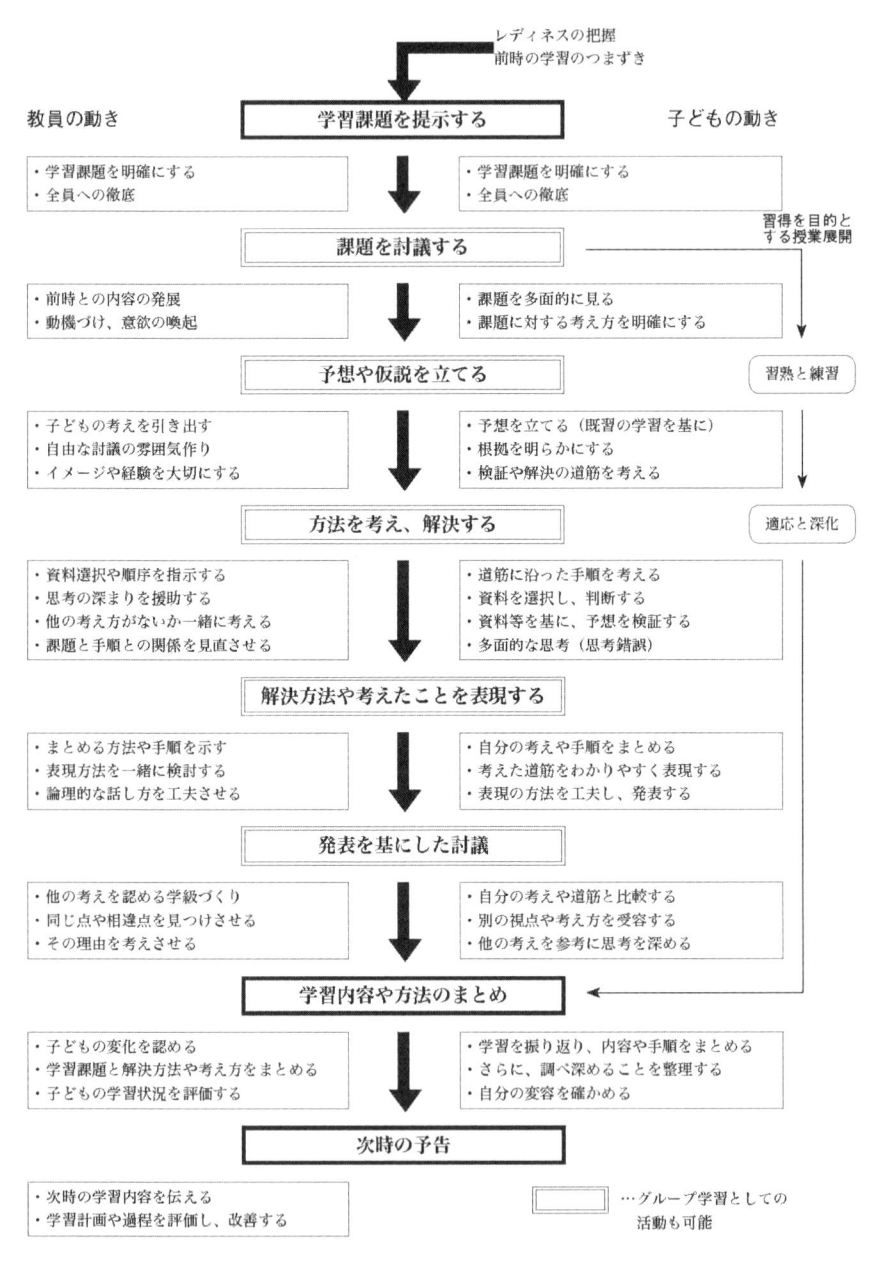

図11-3 授業展開の流れ（例）

出所）国際協力機構(2003)。

程のつながりが存在する。1回の授業の中には、その授業の学習課題の提示から課題の討議、また予想や仮説立てから解決法を探し、発表等を行い、本時をまとめ、次時の予告を行うといった、いくつもの学習のためのプロセスが有機的に結びついている。実際の日々の授業では、この基本形を基に授業の目的や単元内の位置づけにより、あるプロセスを強調し、あるプロセスを省くといった応用で行われる[6]。

なお、**付録1〜付録3**及び**図11-3**を基にした授業の実践例を**付録4**として添付する。

## 2　結　語

日本では子どもが主体の学習を促すため、指導計画が構造的に入念に準備されている。特に実際の授業を計画する学習指導案や板書計画は重要視され、すべての教員の基本技術として認識されている。学習指導案や板書計画があれば教員が交代したとしても、その指導案を基にしてどのような授業を実施していたのか、情報や経験を教員間で共有することができる。また、学習指導案を基に多くの教員と授業設計の技術を共有したり、さらなる技術向上のための議論を行うことができる。

途上国において子どもが主体の学習を効果的・効率的に展開するにはこのような入念な指導計画が有用である。これを実施していくためにはまず教員養成段階から学習の主体は子どもであり、授業の主役は子どもであるということを学び、子どもの活動を主体とした学習過程の組織化について学ぶことが必要である。そして、子どもが主体の授業を展開するためには指導に必要な基本的な教授技術と授業を設計する技術が必須となる。また、単元の目標分析や学習展開の構造化、評価問題の作成等の技術も基本技術と考えられる。このような技能を修得することで、1回ごとの本時の学習指導案が作成可能となり、必要な教材準備や発問の準備が整うのである。このような学習計画を設計する技能が適切に使われて、初めて「児童が主役である学習」を教室で実践することができるようになる。

なお、これらの技術を高めていくためには個々の教員が努力するだけでな

く、授業研究や校内研修などを通じて教員同士が技術の共有や蓄積、向上を図っていくことが望ましい。授業研究や校内研修などを通じて教員はお互いの技能を高めあい、また子どもが主体の学習を促進するという意識も醸成されていくものと思われる。授業研究については第13章で述べるので詳しくはそちらを参照していただきたい。

〈小島路生〉

注
1 2003年現在、学校単位で編成される指導計画としては「総合的な学習の時間」がある。これは学校の特色を活かすという意味で、学校がその主体性を教育課程編成の上でも発揮することを目的とする。しかし、中学校における選択教科や小・中学校における「総合的な学習の時間」を除き、各学校レベルで独自の教育課程を編成することは特別な場合を除き実施されていない。
2 例えば、国語「調べたことを報告する」、算数「式と計算」、理科「重さ調べ」など。
3 授業研究の実施のために書かれた学習指導案には、単元の授業計画と本時の授業計画が連続して書かれる場合が多い。それは本時の授業が単元全体の授業計画の中でどのような目的を持っているか、その位置づけを授業観察者、授業研究参加者に対し明確にするためである。
4 本例は小学校教員作成の国語科第4学年、単元名「伝えようわたしたちの心」の学習指導案である。
5 特定教科の専門性が高い教員がその教科の学習指導を学年全体あるいは全校にわたって専門に担当する指導体制。従来の学級担任による全教科担任を改善し、指導効果を高めるためのひとつの方法。
6 また文字の習得、基礎的計算練習等の習得を目的とした授業展開は、仮説や予想を立てることや発表を基にした討議等は行わず、課題の討議から直接本時のまとめへとつながることになる。

**引用・参考文献**
尾木和英（1999）『新版 校内研究』ぎょうせい。
国際協力機構（2003）『学校教育改善（子どもが主役の学習づくり）プロジェクト』JICAボリビア事務所作成資料。
篠置昭男（1994）『教育実践の探求 現代教育方法基礎論』昭和堂。
長野正（2001）『授業の方法と技術―教員としての成長』玉川大学出版部。
藤井悦雄（1986）『授業をどう構成するか 授業案の作成と授業実践』教育開発研究所。
細谷俊夫（1969）『教育方法 第4版』岩波全書。
堀康廣（2002a）『ボリヴィア国短期専門家報告書』 国際協力事業団。

―――（2002b）『総合的な学習としてのボランティア学習カリキュラムの開発』京都市立永松記念教育センター。
森敏昭（2001）『21世紀を拓く教育の方法・技術』協同出版。
山口満他（2002）『実践に活かす教育課程論・教育方法論』学事出版。
横須賀薫（1990）『授業研究用語辞典』教育出版。

**協力**
京都市総合教育センター

# 付録1　年間指導計画例：A市における第4学年国語科指導計画の概要

| 第1 | 国語科の目標 |
|---|---|
| | 国語を適切に表現し的確に理解する能力を育成し、伝え合う力を高めるとともに、思考力や想像力及び言語感覚を養い、国語に対する関心を深め国語を尊重する態度を育てる。 |
| 第2 | 第1学年国語科における学年目標 |
| | ①相手や学年に応じ、調べたことなどについて、筋道を立てて話すことや話の中心に気をつけて聞くことができるようにするとともに、進んで話し合おうとする態度を育てる。<br>②相手や目的に応じ、調べたことなどが伝わるように、段落相互の関係などを工夫して文章を書けるようにするとともに、適切に表現しようとする態度を育てる。<br>③目的に応じ、内容の中心をとらえたり段落相互の関係を考えたりしながら読むことができるようにするとともに、幅広く読書しようとする態度を育てる。 |
| 第3 | 第4学年国語科における評価の観点 |
| | ①**国語への関心・意欲・態度**：国語に対する関心を持ち、進んで話し合い、適切に書き、読書の範囲を広げようとしている。<br>②**話す・聞く能力**：相手や目的に応じ、調べたことを筋道立てて話し、話の中心に気をつけて聞く。<br>③**書く能力**：相手や目的に応じ、調べたことが伝わるよう、段落相互の関係を工夫して文章を書く。<br>④**読む能力**：目的に応じ、内容の中心をとらえたり、段落相互の関係を考えたりしながら読む。<br>⑤**言語についての知識・理解・技能**：音声、文字、詩句、文や文章、言葉遣いなどの国語について基礎的な事項を理解している。 |

| | | | 第　4　学　年 | |
|---|---|---|---|---|
| | 月 | 単元名 | 教材名 | 時数 |
| 1学期 | 4月 | 文章読解：題名：友達っていいな | 読解：三つのお願い | 8 |
| | | | 読解：こんなこと、したいな | 3 |
| | | 作文 | 私の自慢 | 4 |
| | 5月 | | 春のうた（詩） | 2 |
| | | | お元気ですか？（読解） | 6 |
| | | | この言葉かけるかな？ | 2 |
| | | 段落のつながりに気をつけて読もう（説明文） | ツバメがすむ町（説明文） | 11 |
| | | | 国語辞典の使い方 | 3 |
| | 6月 | 作文：伝えたいことをはっきりさせて書こう | 新聞記者になろう | 13 |
| | | 文字の学習 | 漢字の組み立て | 2 |
| | | | 無人島で暮らすとしたら | 4 |
| | | 本の世界を広げよう（読解） | 白いぼうし（物語） | 5 |
| | | | 本のさがし方 | 3 |
| | 7月 | | ポスターを書いて作品を紹介しよう | 8 |

| | | | | |
|---|---|---|---|---|
| 2学期 | 9月 | | アサガオ（読解） | 2 |
| | | | 言葉クイズ（3年生で習う言葉） | 3 |
| | | 心に残る発表会をしよう（発表） | 誕生日を祝おう | 13 |
| | 10月 | 作文 | 読書感想文を書こう | 5 |
| | | 場面をくらべて読もう（読書） | 一つの花（物語） | 12 |
| | | | いろいろな符号 | 2 |
| | | | グラフをもとに | 6 |
| | 11月 | わたしたちの体について調べよう（説明文読解） | 体を守る仕組み（説明文） | 5 |
| | | | これが「わたし」です（表現） | 8 |
| | | 熟語学習 | 熟語の意味 | 2 |
| | 12月 | 調べたことを報告しよう（発表） | 生活をみつけて　わたしの組の生活白書 | 15 |
| | | | 電話で約束 | 4 |
| | | | いろいろな意味を持つ言葉 | 3 |
| 3学期 | 1月 | 言葉の学習 | つぶやきを言葉に | 6 |
| | | | 間違えやすい言葉 | 2 |
| | 2月 | 伝えよう、わたしたちの心（説明文・発表）→付録2参照 | 手と心で読む（説明文） | 4 |
| | | | 手話との出会い | 3 |
| | | | 「伝え合い」を考える会を開こう | 15 |
| | 3月 | | 文と文のつながり | 5 |
| | | 自分で選んで（文章読解） | ごんぎつね（物語） | 14 |
| | | | 動く絵の不思議（説明文） | 2 |
| 授業時間合計 | | | | 205 |

## 付録2　単元指導計画例：A市、B小学校、4年国語科における単元指導計画案

　本例は小学校教員作成の国語科第4学年、単元名「伝えようわたしたちの心」の学習指導案である。

### 4年国語科：単元名「伝えようわたしたちのこころ」

1　単元・教材名
　①単元名：伝えようわたしたちのこころ（説明文を読む）
　②教材名：手と心で読む
2　単元の目標
　①筆者が何を訴えようとしているか考えながら読もうとする。
　②話し合ったことや、調べたことについて大事なことを落とさずに書きまとめたり、伝えたりできる。

③叙述の展開に沿って読み取りながら、段落の中心点をつかみ、筆者が伝えたいことを正確に読み取る。
④1つの言葉を多角的にとらえることを通じて、言葉の重みや面白さを知ることができる。

## 3 児童観、及び教材観

(1)児童観

　本学級の生徒は明るく行動的な子が多く、学級内の活動など意欲的に日常活動を展開している。国語学習では、「読む」については、4月初めからの家庭学習を課し、意欲的に取り組むことができている。「聞く」については、関心のあることは興味をもって聞くことができるが、持続しにくい。今後は「考えながら聞く」力を伸ばす必要がある。「話す」については、自分を端的に表現できる子がいる一方、自分の意見を言うことができない子もいる。そういう子には、ノートに目を通し、良い意見だと声をかけ、自信を持って発表できるようにしている。

(2)教材観

　教材「手と心で読む」は、点字について述べた説明文である。文字を失うことのつらさと、点字を獲得することの喜びとを痛切に味わった筆者自身の体験が語られている。言葉と文字の大切さ、また自由に読み書きできる幸せを子どもたちに感じ取らせたい。それとともに、子どもたちが視覚障害者の生活を知ることで、視覚障害者との付き合い方および自分達にできることは何かを考えさせたい。この教材を通じて、「障害者との共生」という福祉の大きなテーマを学ぶとともに、クラス内の友達や身近な人間関係を問い直す契機となることを目指す。

## 4 単元全体の指導計画案（全22時間）

| 第1次 | 課題設定 | 目的：「手と心で読む」を通読して、学習の目当てをつかむ | 3時間 |
|---|---|---|---|
| | | 1-1 題名について話し合った後で、通読して初めて知ったことや驚いたことなどの感想を出し合い、学習課題（個人）を見つける。 | 1時間 |
| | | 1-2 学習したいことを話し合い、クラス全体としての学習課題を明らかにする。 | 2時間 |
| 第2次 | 課題追求 | 目的：叙述の展開に沿って読み取りながら、段落の中心点をつかみ、筆者が伝えたいことを正確に読み取る。 | 12時間 |
| | | 2-1 筆者が点字を覚えるよう働きかけた母の行動のすばらしさと、点字という文字を身につけた筆者の喜びを読み、話し合う。 | 1時間 |
| | | 2-2 点字の原理を理解する。 | 2時間 |
| | | 2-3 点字の不便さと、それを乗り越えようとする工夫を、読んで話し合う。 | 4時間 |
| | | 2-4 筆者がこの説明文で最も訴えたかったことは何か書いてまとめ、話し合う。 | 5時間 |
| 第3次 | 表現 | 目的：調べたり体験したりして集めた情報を基に、考察を深めて明らかになったことを発表する。 | 7時間 |
| | | 3-1 調べたり体験したりして集めた情報を整理し、説明の工夫をしながら、発表準備をする。 | 2時間 |
| | | 3-2 調べたり体験したりしたことを、説明の仕方を工夫して伝え、感想や意見を交流する。 | 5時間 |
| | | | 全22時間 |

## 付録3　本時指導計画例：A市、B小学校、4年国語科本時指導計画案

本例は付録2で単元の学習指導案として添付した、単元名「伝えようわたしたちのこころ」(全22単元)の19単元目にあたる、授業名「調べたことを発表し、意見交換する」の学習指導案である。

### 単元：説明文「伝えようわたしたちの心」を読む
### 第19時限目計画案

1　日　　時：2002年2月15日
2　学　　級：4年1組（男子16人、女子18人、合計34人）
3　単元名：「伝えようわたしたちの心」（全22時限）
4　本時（19時限目）の目標
　・調べたり体験したりしたことを、説明の仕方を工夫して伝え、感想や意見を交流する。
5　本時の展開案（45分間）

| 学習活動 | 予想される児童の活動 | 教師の支援 |
|---|---|---|
| 1. 本時の目標を知る。 | ・司会者（子ども）が発表順を告げる。 | ・発表に入る前に、特に注意して聞いてほしいところを提示する。 |
| 2-1　グループごとに発表を行う(1) | 〈公共施設の点字表示や身近な生活用具を調べた班〉<br>・課題を設定した理由<br>　「校区では、どこにどんな点字表示がしてあるかを知りたい」<br>　「生活用具の中にも、目の不自由な人のための工夫があると書いてあった」 | ・点字表示のある箇所を記した校区図を表示する。<br>・子どもが教材を掲示するのを手助けする。<br>・伝聞を表現の仕方が意識できるようになる。 |
| ・説明の仕方を工夫して発表する。<br>（実物掲示） | ・調べてみてわかったことや思ったこと。<br>　「今まで気がつかなかったが、目の不自由な人のために工夫された生活用具がある」<br>　「缶ビールに点字がうってある」<br>　「青の時に音楽が流れる信号がある」<br>　「お店に点字表示がほとんどない」<br>　「歩道、横断歩道に点字ブロックがあるところもある」 | |
| ・話し手と聞き手の意見を交流する。 | ・質問に答えたり、感想を述べたりして、交流する。 | |
| 2-2　グループごとに発表を行う(2) | 〈目の不自由な人のくらしや気持ちを調べたグループ〉<br>・課題を設定した理由<br>　「目の不自由な人は、どのようにして毎日の生活を送っているか知りたい」<br>　「どんなふうに不安なのかをもっと知りたい」 | ・同上 |

| 学習活動 | 予想される児童の活動 | 教師の支援 |
|---|---|---|
| ・説明の仕方を工夫して発表する。<br>（インタビュー形式） | ・調べてみてわかったことや思ったこと<br>「どこにしまったかキチンと整理して覚えておく」<br>「コインは種類別に分けて入れている」<br>「缶詰は中身が区別しにくくて困る」<br>「自分一人でできるように、いろいろと工夫しているんだなあ」 | |
| ・話し手と聞き手の意見を交流する。 | ・質問に答えたり、感想を述べたりして、交流する。<br>・司会者が、発表会の終わりを告げる。 | ・意見交流を促すため、いくつか質問する。 |
| 3. 新しい課題、発見点は何だったか自答させる。またさらに調べたいことを整理させる。 | | ・もっと調べてみたいことや知りたいことを考えさせる。 |
| 4. 次時の学習を予告する。 | | ・次回の発表者を予告する。 |

## 6　板書計画

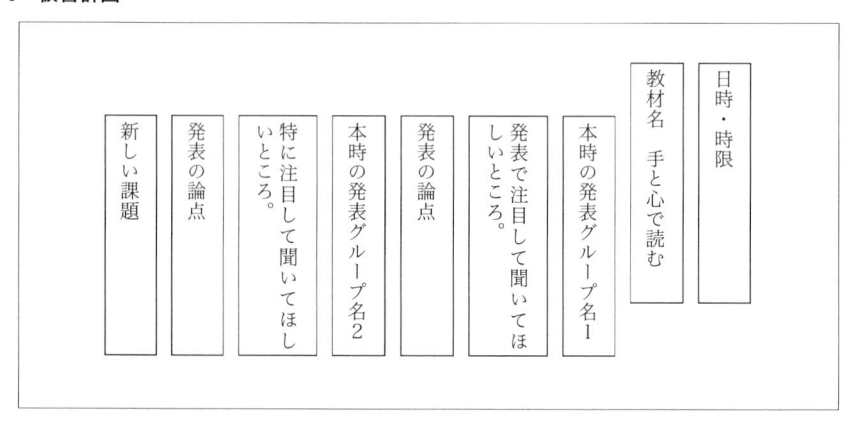

| 新しい課題 | 発表の論点 | 特に注目して聞いてほしいところ。 | 本時の発表グループ名2 | 発表の論点 | 発表で注目して聞いてほしいところ。 | 本時の発表グループ名1 | 教材名　手と心で読む | 日時・時限 |
|---|---|---|---|---|---|---|---|---|

## 7　本時の評価

・子どもの発表の仕方に工夫が見られたか？
・子どもが聞き手を意識した伝え方ができたか？
・子どもが意見交流につながるような話し合い方・聞き方ができたか？

## 付録4　本時展開案例：国語科学習指導案　本時展開案

1. **日　時**：平成15年1月17日（金）第3校時
2. **学年・組**：5年2組（男子16人、女子13人、計29人）
3. **単元名**：詞の鑑賞─詩を味わおう
4. **単元目標**
   ・表現のよさや効果などを感じ取り、詩を読み味わう。
   ・語感や言葉の使い方などに関心を持つ。
5. **本時の目標**：K詩人の「あいたくて」という詩の優れた表現を感じ取りながら、詩を暗唱する。
6. **本時の展開**

| 学習活動と予想される児童の反応 | 留意点 |
|---|---|
| 1. K詩人の作品から、「のはらうた」という詩を聞き、詩の世界に入る。<br>・K詩人の詩はたのしいな。きれいだな。<br>・「のはらうた」を読んだことがあるよ。<br>2. 本時の目標を確認する。<br>　K詩人の「あいたくて」を読んで、作者の思いを感じ取り、詩を暗唱しよう。<br>3. 詩を聞いて感じたことを持ちながら、詩をノートに視写する。<br>・大事にしたい言葉はどれかな。<br>・繰り返しの言葉があるよ。<br>4. 優れた表現や共感するところに線を引き、自分の思いを書き込み、互いの思いを交流し合う。<br>・「あいたくて」というのは、何に会いたいのかな。<br>・ダッシュにどんな思いが込められているのだろう。<br>・言葉の繰り返しには、作者の思いがあるのだな。<br>5. 自分の心惹かれる表現に立ち止まりながら、詩を暗唱する。<br>・私はこの言葉がいいと思うよ。<br>・この文から作者の気持ちが伝わってくるよ。<br>6. 今日の学習を振り返り、次時の学習を知る。<br>・言葉のリズムが楽しかったよ。<br>・作者のメッセージをもっと考えていきたいな。 | ・K詩人の「のはらうた」を用意する。<br>・題名当てをしながら、詩の世界に入りやすくする。<br>・詩のイメージが持ちやすいようにゆっくりと範読する。<br><br><br><br>・児童の視写のスピードに合わせながら、ゆっくりと板書をする。<br>・言葉を大事にしながら、ていねいに視写するように助言する。<br>・線を引いたところに自分の思いを書き込んでいくように指示する。<br><br><br><br>・大事な言葉や文を残しながら、1回朗読するごとに板書を少しずつ消していく。<br>・暗唱への抵抗を少なくするために一斉読みの方法をとる。<br>・詩を通して作者が何を伝えようとしたのかを、次時に考えていくことを知らせる。 |

7. **本時の評価視点**

   詩を読み自分の感想を持つことができたか。優れた表現や効果を感じ取りながら、詩を読むことができたか。

   **（参考）本時の教材**
   題名：あいたくて　　作者：工藤直子
   だれかにあいたくて

なにかにあいたくて
生まれてきた—

それがだれなのか、なになのか。
あえるのは、いつなのか—
おつかいのとちゅうで
迷ってしまった子どもみたい
とほうにくれている

それでも手のなかに
みえないことづけを
にぎりしめているような気がするから
それを手わたさなくちゃ

だから
会いたくて

## 付録5　付録4に基づく授業実践例

### プロセス1:「授業の導入」(レディネスの把握)

| 教員の活動 | 生徒の活動 |
| --- | --- |
| ・以前学習したK詩人の詩を全員に朗読させる。(子どもの詩の学習への準備を整える)<br>・作者、題名当てをしながら、子どもが詩の世界に入りやすくする。<br>・「この詩を読んでどう思った？この詩好きな人？」 | ・詩を全員での朗読(**指導風景1**)(詩の学習への準備を整える)<br>・詩の内容から作者、題名を想像する。<br>・この詩を好きな子どもが詩の感想を発言(**指導風景2**)。 |

**指導風景1**

**指導風景2**

プロセス2：「本時の目標の確認」(学習課題の提示)
　　　　　：「詩の朗読・鑑賞」「初めて朗読しての感想の交流」(課題の討議)

| 教員の活動 | 生徒の活動 |
| --- | --- |
| ・「今日はK詩人の新しい詩を鑑賞しましょう」<br>・学習課題の提示：黒板に「作者の思いを感じとり詩を暗唱しよう」という学習課題を板書する。<br>・教員がK詩人の題名「あいたくて」を朗読(**指導風景3**)。<br>　イメージが持ちやすいようにゆっくりと読む。<br>・課題の討議：「すばらしいと思ったところを発表してください」 | ・学習課題を各自ノートに書く。学習課題の把握。<br>・教員の朗読を詩のイメージを持ちながら聞く。<br>・2、3人が初めて聞いての感想を発言。「あいたいというところがいいなあと感じました」等。(**指導風景4**) |

指導風景3　　　　　　　　　　　　指導風景4

プロセス3：「個々の子どもによる詩人の思いの予想」「詩をどう感じたか」(予想や思考の深化)

| 教員の活動 | 生徒の活動 |
| --- | --- |
| ・「この詩をノートに書いてみましょう」。児童の視写のスピードに合わせ、ゆっくりと板書する。(**指導風景5**)<br>・言葉を大事にして丁寧に視写するよう助言する。<br>・板書後、「優れた表現や共感する所に線を引き、どう感じたか、なぜすばらしいか書こう」(思考の深化)<br>・板書後、個々の生徒の理解を確かめるため机間巡視[1]を行う。子どもと目線をなるべく同じ高さにし、わからないところ、質問はないか声をかける。(**指導風景6**) | ・詩を聞いて感じたことを持ちながら、詩をノートに視写する。<br>・線を引いたところに自分の思いを書き込む。「『あいたくて』、とは誰に会いたいのかな」「言葉の繰り返しで、作者は何をいいたいのだろう」など。 |

1　一斉授業の中で、学習形態が個別学習や集団学習に移行した時に、教員が子どもたちの座席を順次巡回し、1人1人の学習状況を調べる授業技術。子どもへの理解、子どもへの目の高さ、子どもへの声のかけ方なども考慮に入れて行う。

指導風景5　　　　　　　　　　指導風景6

プロセス4：「どのように感じたか、全員の思いの交流」（感じたこと、考えたことの発表）

| 教員の活動 | 生徒の活動 |
|---|---|
| ・感じたことの発表：「どのようなところが心に残りましたか？」。子どもが心に残ったと発言した箇所を、黒板に色が違うチョークで線を引く。(**指導風景7**)<br>・「わからない言葉はありませんでしたか？」<br>・「その言葉の意味を想像できる人はいますか？」 | ・ノートに書き込んだ心に残ったところ、その理由を5、6人の子どもが発表する。(**指導風景8**)<br>・数人がわからない言葉を先生に質問。<br>・数人が想像した意味を発表。 |

指導風景7　　　　　　　　　　指導風景8

## プロセス5：「全員の思いをよみとり、全員での朗読・鑑賞」（発表をもとにした思考の深化）

| 教員の活動 | 生徒の活動 |
| --- | --- |
| ・発表を基にした思考の深化：「どのような言葉、作者の思いが隠されていると思いますか？」。すべての子どもが発言できるよう気を使う。<br>・「初めに出てきた『あいたくて』と最後の『あいたくて』は作者の気持ちは同じですか、違いますか？」<br>・「自分の心が惹かれる表現を感じ、詩をみんなで暗唱しましょう」。大事な言葉や文を残しながら、1回朗読するごとに板書を少しずつ消していく（消去的板書法）。（指導風景9） | ・各自、作者の隠れた思いを想像する。<br>・すべての子どもが考える時間を持つ。<br>・4、5人の子どもによる自分の意見の表明。「後の『あいたくて』のほうが気持ちが強いと思います」等<br>・詩の印象、心ひかれる言葉を思い出しながら、暗唱する。（指導風景10） |

指導風景9

指導風景10

## プロセス6：「今日の学習の振り返り」（学習内容や方法のまとめ）
　　　　：「次の時間の詩を伝える」（次時の予告）

| 教員の活動 | 生徒の活動 |
| --- | --- |
| ・学習を掘り返り、学習内容のまとめ：「今日の感想はありませんか？」「印象に残ったことは何ですか？」<br>・次時の予告：詩を通して作者が何を伝えようとしたのか、次時に考えていくことを伝える。 | ・感想の発表。「作者が同じなのに、感じ方が違う」、「あいたくてという言葉は、その気持ちにより違う言葉のようだ」等<br>・次時の学習の把握。 |

# 第12章　教員養成・研修

**途上国の課題**

　今日、途上国においては教育の質の改善を図るために教員の専門性向上に対するさまざまな施策が講じられている。しかし、社会で求められる教員像に基づいた適切な教員養成や現職教員研修はあまり行われておらず、教員の長期的な職能成長を実現するまでには至っていない。

　途上国の教員養成は後期中等教育段階で行われることが多く、教員養成カリキュラムが適切でない、教員養成機関での指導が不適切である、といった問題のために卒業生には教員としての基礎的な知識や技能が十分に備わっていないことが多い。また、免許制度がきちんと定められていない場合もある。さらに、給与をはじめとする教員の待遇が良くない、教員の社会的地位が低い、教員採用枠がない、といった理由によって教員養成機関の卒業生が教職に就かないことも多い。教職に就いた場合でも、知識や技能の未熟さから教室において適切な教育を実践することができず、児童の学習意欲の減退を招き、それが留年や中退を引き起こしている場合も少なくない。しかも、このような教員の専門性の向上に不可欠な現職教員研修が未整備であったり、研修がある場合でも研修内容が教員の日常と乖離していたりと、研修自体も大きな問題を抱えている。

**ポイント**

　日本においては、近代学校教育の導入時から、教員は教育の質を規定し、学校教育の成否を左右するものとして極めて重視されてきた。そのため、政府は時代に即応した教員像を考慮しつつ、教員資格・免許、教員養成、現職教員研修、教員の待遇改善などにかかわる多様な施策や投入を行ってきた。こうして、継続的かつ段階的な職能成長を促すべく、

計画性を持った長期的な教員の育成過程が確立されてきた。現在、急激な社会の変化に対応し、多種多様な仕事に取り組んでいくためには、高等教育レベルの教員養成と教職の経験年数や職能に応じて継続的に実施される現職教員研修を一貫してとらえ、教員に対して体系的な教育を提供することが不可欠であると考えられている。このような教員養成・研修を実施し、教員の質を高めるためには、国家等が必要な教育・研修機会を提供し、教員がその機会を活用して自己研鑽を図り、国民が教員養成・研修の必要性を理解し支援することが必要である。

　教育の質的向上のためには質の高い教員が不可欠であり、そのような質の高い教員を確保するためには、まず社会が求める教員像を明らかにし、その教員像を具現化するような資格要件が免許制度によって定められていることが必要である。さらに、免許制度で定められた資格要件を満たす人材を養成すべく、定められた教員養成機関で教員養成が行われるとともに、教職に就いた後の継続的な研修を実施していくことも教員の専門性向上や社会のニーズへの適切な対応のためには重要である。また、優秀な人材が教員を目指すよう、給与をはじめとする教員待遇の改善も考えていかなければならない。そのため、本章では日本がどのような教員像を抱いていたか、またそれに対してどのように教員の資格要件を定め、教員養成を進めてきたか、優秀な人材を確保するために給与等の教員待遇をいかに改善してきたかを概観する。また、現職教員に対する各種研修を通じて現職教員の質の向上がどのように図られているのかについても概説する。

## 1　教員像の変遷

　江戸時代の教育を担っていた寺子屋師匠は優秀で高い学識を持ち、寺子に慈愛を持って教育を行っていた。この寺子屋師匠像が大きく影響し、現在に至るまで「教員は聖職者であるべき」という考え方が日本人の間で庶民感情として受け継がれている。日本では教員は単に知識・技術を伝授するだけでな

く、子どもの精神発達形成に働きかける職業であると考えられ、教員には人間的品格や厳格な態度が強く求められてきた。日本における理想の教員像は、この聖職者たる教員像を核にしつつ、時代を反映しながら変化していった。

第二次世界大戦後になると教育の民主化が進み、教員は従来の「清貧に甘んじる」のではなく、他の労働者と同様に待遇改善が図られてしかるべき、という考え方が生まれた。このような待遇改善要求の高まりを背景に、従来の聖職者像に加え、労働者としての教員像も加わった。また、経済発展に伴う社会変化を背景に、1966年(昭和41年)になると、ILO・ユネスコが示した「教員の地位に関する勧告」が出される等、国際的に教員を専門職として位置づける動きがあり、日本の教員像にも「専門職としての教職」という概念が加わった。

現在では、理想とする教員像は、庶民感情として受け継がれてきた「聖職者たる教員像」が核としてあり、教員の待遇面では「労働者たる教員」があり、時代の要請に応えるという面では「専門家たる教員像」もあり、この3つの教員像がバランスをとって融合している、と表すことができる。

このような教員像の変遷に基づき、教員の養成課程や待遇も時代に応じて変化していった。

## 2　教員養成・確保の歴史的変遷

### 2-1　近代教育創始期（1870年代）

明治政府は1871年（明治4年）に文部省を設置し、全国の教育事務を掌握するとともに近代的学校制度創設の準備を始めた。翌1872年(明治5年)8月には文部省は日本近代教育制度の基本を定めた「学制」を発布し、従来までの寺子屋や私塾に代わる近代的普通教育機関を設置することとした。「学制」を受けて地方各府県が公立小学校を相次いで開設するや、教員に対する需要が急増し、政府はその対応に迫られるようになった。当時の小学校教員の要件は「男女ともに年齢20歳以上で師範学校卒業免状または中学免状を取得した者」であり、「学制」によって日本で初めて規定された統一的な教員資格要件であった。これによれば、原則として師範学校を卒業すると小学校教員の職に就く

ことができるとされ、政府は師範学校の設立により近代学校教育の実践にふさわしい教員の養成に着手した。加えて、教員不足解消に向けて旧寺子屋師匠（僧侶・武士・神官など）や旧藩の学校関係者、民間の学識者や学問のある失職士族を教員として充当するという緊急対策も講じた。

　1872年（明治5年）5月には日本で最初の師範学校が東京に設立され、師範教育に詳しい米国人専門家が招かれ、米国の師範学校をモデルとして日本の教員養成が開始された。その後、小学校の増設に伴い教員需要がさらに高まったため、政府は各大学区に官立師範学校を設置した。しかし、卒業生が教員養成関係の職務に就くことが多く、教員不足の解消には至らなかったため、各県は2カ月から7カ月程度の短期の教員養成を目的とする伝習学校や養成校などを設置し、教員の促成を目指した。その後、これらの機関は次第に整備され、師範学校（公立師範学校）という名称に統一されていった。さらに、小学校在勤の現職教員を対象とした講習会の開催や師範学校教員を派遣することにより、授業法の普及を通じて教員の水準向上を図るといった対応がとられた。これらの状況にかんがみ、1877年（明治10年）に文部省は官立師範学校を廃し、公立師範学校に補助金を出し、その育成を図ることに方向転換した。なお、このころの教員や教員師範学校の入学者には士族出身者等の高い学識を持つ者が多く、教員の地位は「地域唯一の知識階級」として位置づけられ、教員の社会的地位は相対的に非常に高いものであった。

### 2-2　近代教育整備期（1880～1930年）

　教員の質を保証するため教員資格要件が免許制度という形で整備されたのは1880年（明治13年）の「改正教育令」からである。この法令では教員資格を取得するためには、師範学校卒業証書もしくは府県知事が授与する免許状のどちらかが必要とされた。1885年（明治18年）の「第三次教育令」では、すべての教員が免許を有することが定められ、師範学校卒業生も免許状の取得が義務づけられたほか、免許状の種類・有効範囲・有効期間等が規定された。1900年（明治33年）からは免許状は終身有効となり、これ以降「教員に一生涯奉職する」というライフスタイルが確立された。さらに免許状を取得した有資格教員の差別化を図るため、1900年（明治33年）の「小学校令施行規則」では、従来

「授業生・雇教員」と呼ばれていた無資格教員を「代用教員」と定めた。しかし、実態は、教員免許制度は整備されつつあったものの、小学校では多数の代用教員により授業が担われている状況が続いており、教育の質を保証するために正規教員の比率を高めることが大きな課題となっていた。

このように教員免許制度が着々と整備される中、教員養成制度でも大規模な改革が進行した。1886年(明治19年)、初代文相森有礼により、「小学校令」、「中学校令」、「帝国大学令」、「師範学校令」の4種の学校法令が発布され[1]、近代的国民教育を確立するための体系的な学校制度の構築が進められた。戦前における教員養成制度はこの「師範学校令」によって規定されている。そこで求められている教員像は「『児童を薫陶養成する』ために児童の模範となるような優れた人物であり、徳で生徒を感化できるような教員」である。「師範学校令」では師範学校を高等・尋常の二等とした。文部大臣の管理下に置かれた高等師範学校は尋常師範学校の校長と教員及び中等学校の教員の養成を目的とし、各府県に1つ設置された尋常師範学校は公立小学校の校長と教員

表12-1 教員の免許・養成・待遇に関する重要関連法案

| 年 | 関連法案名 | 概要 |
|---|---|---|
| 1868 | 学制 | 教員資格要件：男女20歳以上、師範学校卒業免状か中学免状取得者。 |
| 1880 | 改正教育令 | 各府県に師範学校を設置。教員資格を師範学校卒業証書と府県知事授与による免許状の二本立て。 |
| 1885 | 第三次教育令 | 教員資格を免許状への一本化。免許状主義の開始。 |
| 1886 | 師範学校令 | 師範学校の生徒の学費などを公費で負担。 |
| | 小学校教員免許規則 | 文部大臣または地方長官による免許状。免許状の種類、有効範囲、有効期間などが規定。 |
| 1896 | 市町村立小学校教員年功加俸国庫補助法 | 教員給与への国庫補助の開始。 |
| 1900 | 市町村立小学校教員加俸令 | 全国共通の「小学校教員俸給表」に基づく給与支給の実施開始。 |
| 1918 | 市町村義務教育費国庫負担法 | 尋常小学校への財政支援の拡充。 |
| 1940 | 義務教育費国庫負担法 | 教員給与の半額を国庫が負担。 |
| 1948 | 教務公務員特例法 | 教員の身分が公務員として位置づけられる。 |
| 1949 | 教員職員免許法 | 「開放システム」教員養成は大学教育で原則行われることが規定。 |
| 1973 | 人材確保法（正式名称は「学校教育の水準維持向上のための義務教育諸学校の教育職員の人材確保に関する特別措置法」） | 三次にわたる教員給与の計画的な改善。 |

出所)筆者作成。

の養成を目的とした。この尋常師範学校の特徴として「学資支給制」と「軍隊的訓練」の2点が挙げられる。学資支給制とは、授業料はもちろん、学用品から生活費に至るまですべてを公費負担としたものである。これは貧しいけれど優秀な人物の上級学校への進学を実現させると同時に、国家や学校教育に対する恩義の情を植えつけ、教員としての職業意識の向上と卒業後の奉職義務遂行を達成させるねらいもあったと考えられる。なお、師範学校では「師範学校令」が定める「順良・信愛・威重」といった3気質の鍛錬が目的とされ、寄宿舎制度を通じて生徒を学習及び生活のすべてにわたって管理・拘束していた。

こうして、家計に余裕がなくても比較的学力の高い生徒は師範学校ならば進学できるようになったため、1890年頃（明治30年代以降）からは一般庶民や農民出身の子弟が生活の糧として教員を目指すようになった。他方、経済的に余裕がある家庭出身の優秀な生徒は中学校に進学するようになった。このように師範学校制度の整備及び教員の需要と絶対数の増加が教員出身階層に変化をもたらし、教員の社会的地位の低下へとつながったと考えられている。

教員の待遇面の整備については、聖職観に基づいた清貧思想の影響もあり、教員免許制度や教員養成制度の整備よりも遅れていた。「学制」発布直後は、町村当局が教員の任用を実施していたために一定の基準は存在していなかったが、1880年（明治13年）の「第二次教育令」によって町村立学校の教員は地方長官（府県知事）による任命制となったため、俸給額についても府県が基準を示すこととなった。その後、公立学校教員が官吏待遇扱いとなる、退職金制

---

**Box 12-1　教員の経済的待遇の低さを表す事例**

・1900年（明治33年）の「第三次小学校令」では教員の俸給（給与）の標準額など定めていたが、この頃の給与は判任官（高等官の下に置かれる国家公務員）をかなり下回るものであった。例えば全国で5万9456人いた判任官の月俸が平均35円だったのに対し、全国で9万259人いた小学校本科教員は月俸平均20.9円であった。
・師範学校本科生の初任給では、大都市勤務の場合でも中学校卒業の判任官見習い程度であった。

出所）佐藤（2001）。

度が制度化される、さらに1896年（明治29年）の「市町村立小学校教員年功加俸国庫補助法」により教員給与の国家補助が再開されるなど、公立学校教員全体の待遇及び身分保障を改善する措置がとられた。しかし、一般公務員に比べると当時の教員の待遇は依然低かった（Box 12-1参照）。

　明治末期から昭和初頭に至る頃までには教員の量的拡充が達成された。これ以降はどのように「教員の質的向上」を図っていくかということが課題となった。

### 2-3　戦時下体制における教員養成（1930〜1945年）

　1931年（昭和6年）に勃発した満州事変以来、国内の政治情勢は次第に国家主義的傾向を強めていった。戦時下では文部省は教員の確保とその水準の維持に力を入れていた。戦時産業が拡大隆盛するにつれて給与の低い教員への志願者が激減し、教員の質の低下が懸念された。このため文部省は地方長官に依頼して、公費生の増募、優秀な生徒の勧誘、農・工等実業学校卒業者の師範学校入学推奨を行い、師範学校生徒の水準を確保しようとした。特に、文部省は不足していた理科教員養成・確保のために金沢高等師範学校等を新設したが、戦局悪化のために十分な機能を果たすことはできなかった。

　さらに、戦時中の1943年（昭和18年）には「師範教育令」が全面的に改正され、初等教育とともに師範教育（教員養成課程）でも重要な制度改革が行われた。これにより全国に56の官立師範学校が発足し、教員養成は原則として国の機関により施行されることになった。しかも、初等教育教員が高等教育機関において養成されるという、師範学校の地位向上に向けての画期的な改革が行われた。養成制度の整備と教員の量的拡充が進むにつれ、「代用教員」が減少して有資格教員の比率が次第に高まったが、戦争の激化に伴って、戦争に参加する有資格男性教員が続出し、その不足を補うために短期間の講習を受けただけの中等学校卒業の女性や傷痍軍人などに教職を委嘱する例が多くなっていった。なお、この時期に師範学校への給費を2倍に増額する、卒業生の初任給を男女とも引き上げる、といった措置が講じられたものの、教育界への人材招致は不十分であった。

　教員の待遇面に関しては、第一次世界大戦後の不況や昭和初年の大恐慌の

時期には、給与の遅延や強制的寄付などにより劣悪な状態であった。しかし、国民に一定水準の義務教育を保障することや、全国的な教育水準の維持・向上及び優秀な人材を確保するために、教員待遇の改善を向上させる政策がとられた。この政策のひとつとして1940年（昭和15年）には「義務教育費国庫負担法」が制定された。従来は義務教育費の大部分を地方自治体が負担していたが、同法によって教職員給与の半額を国が負担することとなり、都道府県や市町村の財政負担が幾分改善された。このように教員の待遇改善が図られたものの、当時の給与水準は一般行政職公務員や民間企業の給与水準と比較しても決して高いものではなかった。

### 2-4　戦後の教育改革（1945～1960年）

　1945年（昭和20年）に終戦を迎えると、戦前の師範教育への批判も含め、第一次「米国教育使節団報告書」に基づいて大規模な教育改革が実施された[2]。報告書に明記された基本方針や提言を具体化し、教育制度全般にわたる改革を検討する機関として1946年（昭和21年）8月に内閣に教育刷新委員会が設置され、教育における終戦処理と旧体制の清算が行われた後、新教育制度の基礎となる重要な法律が相次いで制定・実施された。

　教育刷新委員会の中で「教員養成に関しては、広い視野と高い一般教養を重視するという考え方に基づき、特定の学校を設けるのではなく、4年制大学において教員養成を行う」ということで意見がまとまり、「教員の養成は、総合大学及び単科大学において、教育学科を置いてこれを行う」という「開放制」の原則が採択された。これを受けて1949年（昭和24年）の「教育職員免許法（免許法）」では、旧制度の師範学校等の特別な学校が廃止されて教員養成の水準が大学程度に高められ、一般大学・教員養成大学を問わず文部大臣認可の課程において所定の単位を修得した者に免許状を授与するという「開放制の原則（開放システム）」が法的に明示されたほか、教員の免許状取得の義務化や免許状の種類等が規定された。ここに至って戦後日本の教員養成の特徴である「大学における教員養成」と「開放制による教員養成」という2大原則が確立され、教員の量的維持と質的向上が図られるようになった。そして、このような教員に関する法整備や教員養成制度の改善・充実により、4年制大学卒

業者の占める割合や有資格を保持する教員が増加し、終戦直後の教員不足や無資格教員の増加というソフト面の問題は次第に解決されていった。

　なお、戦後の教員の待遇面は教員の身分と密接に関係している。1949年(昭和24年)の「教育公務員特例法」により教員は公務員として位置づけられたため、教員給与は職務等級別俸給表に基づいて支給されることとなった。この俸給体系は、大学、高等学校、中学校等といった学校種によって異なり、その中でも、教授、校長、教諭などの職位によって等級区分がなされている。また、1948年(昭和23年)の「市町村立学校職員給与負担法」によって公立義務教育諸学校教員の給与は都道府県が負担し、その半額は国庫が負担することとなった。

### 2-5　高度経済成長期以降（1960年〜）

　1960〜1970年代の高度成長期における産業経済の目覚ましい発展の中で、民間を中心としたさまざまな分野で高い資質能力を持つ人材が求められるようになり、教職に優秀な人材が集まらなくなる傾向が出てきた。また、科学技術が急激に発達するにつれ、教育においても知識・技術面のみならず児童・生徒の創造力の育成や個性を尊重する教育が重視されるようになった。このような事情や社会的要請に応えるためには教員自身の資質・専門性向上も重要な課題として認識され始めた。これらの状況を踏まえ、1955年から1970年頃(昭和30年代から昭和40年代中盤)にかけて中央教育審議会や教育職員養成審議会が、数次にわたり、教員の専門性を高める観点から、教員養成制度の改善等に関する答申・建議を提言した。文部省は1973年(昭和48年)の教育職員免許法の改正により教員資格認定試験の拡充整備を行ったが、このとき教員養成及び教員免許基準については基本的な変更は行われなかった。

　1980年代前半(昭和50年代後半)になると児童・生徒の非行・問題行動の多発や偏差値依存の進路指導などが社会問題として注目され、これらの課題を解決していくためにも、さらに教員の資質・能力の向上を図るべきであるとの国民の要請が高まり、教員養成は政治課題として注目を浴びるようになった。文部省はこの社会状況に対応するため、1984年(昭和59年)に大学院修士課程程度を基礎資格とする「特修免許状」の新設、免許基準の引き上げ等を内容

とする「教育職員免許法」の改善案を国会に提出した。しかし、一般大学における教員養成を制約する等の反対が強く、この時点では成立には至らなかった。

その後、1984年(昭和59年)に教育改革に関する審議を目的として設置された臨時教育審議会では、教員の資質向上の問題を初等・中等教育の主要な課題のひとつとして取り上げ、教員養成・採用・研修の全般にわたる基本提言を行った。文部省は教育職員養成審議会における専門的見地や各方面からの提言を集大成し、教職員免許法の改正案を1988年(昭和63年)に国会に提出、同年末に改正案が成立した。この免許法改正は教育職員免許法制定以来の大幅な制度改正であり、1949年(昭和24年)の免許状の種類の改善、免許基準の改善、社会人の学校教育への活用等を内容とする等、従来の免許制度が大きく塗り替えられた。

また、高度経済成長期以降、教員の待遇も著しく改善された。1966年(昭和41年)に発表されたユネスコ・ILOの「教員の地位に関する勧告」をはじめ、国際的に教員を専門職としてとらえる考え方が注目されるようになり、日本でも教職への人材確保と教員給与の抜本的改善の必要性に各方面から大きな関心が寄せられるようになった。文部省は教員待遇の現状や国際潮流を踏まえ、義務教育は特に国民としての基礎的資質を養うものであることから、教員として優れた人材を確保し、学校教育の水準の維持向上が必要であるとして、1973年(昭和48年)に「学校教育の水準の維持向上のための義務教育諸学校の教育職員の人材確保に関する特別措置法案(人材確保法)」を国会に提出した。この法案については政府部内でも他の公務員との均衡が崩れるという懸念から法案作成段階で議論となったが、修正を経て1974年(昭和49年)に成立した。この法律は教員給与の抜本的改善を計画的に進めるためのものであり、教員の資質向上を図る上で極めて画期的な内容を持つ措置であった。この「人材確保法」の趣旨に沿って1974年から1978年(昭和49年から昭和53年)にかけて3次にわたる教員給与の計画的な改善が行われ、最終的には一般公務員の給与を約30％上回るレベルにまで引き上げられた。この教員優遇政策の後、「教員＝安月給」という伝統的なイメージは払拭され、教員採用試験の競争率が一気に上昇し、教職は若者にとって経済的にも魅力ある職業のひとつとなった。現在ではこのような環境改善も手伝って教員志望者が増加し、常に

## Box 12−2　教員免許制度の変遷

　1949年（昭和24年）に制定された免許法も時代の趨勢に対応して、数次にわたり改正された。主たるものとしては、1953年（昭和28年）改正による課程認定制度の創設、翌1954年（昭和29年）改正による仮免許状の廃止、校長・教育長・指導主事免許状の廃止、1973年（昭和48年）改正による教員資格認定試験制度の導入、1988年の大幅改正が挙げられる。

　1988年の大幅改正の背景には、「人材確保法」の制定（1974年（昭和49年））による教員の経済的環境が格段に改善されたことに伴い、教職志望者が増加傾向に転じ、教員供給が需要を大きく上回るようになったという状況がある。このように教員の量的拡大の目的がある程度達成されたため、1988年（昭和63年）の改正では教員の専門性と実践的指導力の育成を図る観点を重視することが目的とされた。主な改正点としては、①普通免許状の2区分（1級・2級）から3区分（専修：修士取得者・1種：学士取得者・2種：準学士取得者）への改正、②履修単位数の増加等による免許基準の引き上げ、③科目表示が包括的にされるようになった教職専門科目の名称変更、④社会人の活用の観点から「特別非常勤講師制度」の制定、等である。なお、普通免許状とは専修免許状、1種免許状、2種免許状の総称を指す。

　1998年（平成10年）の免許法改正では、さらに教職教養を重視する方向で改正され、2000年（平成12年）度入学生から全面的に適用されている。

表12−2　小学校・中学校教員初任給
（東京都の例（2003年））

| 職　種 | 学歴免許等 | 給料月額 |
|---|---|---|
| 教諭・養護教諭 | 大学卒 | 199,100円 |
|  | 短大卒 | 181,100円 |
| 助教諭・養護助教諭・講師 | 大学卒 | 188,600円 |
|  | 短大卒 | 169,500円 |

出所）東京都人事委員会ホームページ。

教員供給が需要を上回るようになっている。

## 3　教員養成・研修の現状

　日本では大学在学中もしくは大学卒業後に都道府県が実施する教員採用試

験を受験し、合格した後に教員として就職する。以後、一般に教員は退職するまで生涯教員として教職を全うする。そのため、教員の職能成長を促すためには、教員に必要な一定水準の資質と資格を身につけさせるための教員養成課程とともに、退職まで生涯を通じて行われる現職教員研修もまた重要だと考えられている。教員には、理想とする教員像に近づくため、生涯をかけてその職能と専門性を磨くことが期待されており、就職前後の一貫した教師教育[3]が実施されている。以下では就職前の教員養成と就職後の教員研修の現状について概観する。

### 3-1 教員養成制度

教職を専門職として確立していくためには教員養成水準の向上と維持が重要である。現行の教員養成制度は、文部科学大臣が認定した課程を置く大学・短期大学等にて、「教育職員免許法」に定められた単位を修得した卒業生等に対し、教員資格が付与されることになっており、現在、課程認定を受けている大学は85％に達している。義務教育教員については、資質・能力を有する教員を安定的に供給できるよう、各都道府県に教員養成を目的とする国立の大学または学部を特に設けて教員養成を行っている。

現在、国立の教員養成を主とする大学・学部の卒業者が小学校教員の6割を超える一方、中学校教員の約6割と高等学校教員の約8割は一般大学・学部の卒業生となっている。これは小学校教員の養成については実質的に目的養成、計画養成によって閉鎖的な傾向を持たざるをえなかったためであり、教育系大学を中心として一部の私立大学及び短期大学、指定教員養成機関に限って小学校教員の養成が行われてきたためである。

### 3-2 教員養成大学・学部における教員養成の現状
#### (1) 教員養成大学・学部の現状

1980年代半ばから行政改革や出生率低下、児童・生徒数減少に伴う教員需要の急激な減少などを背景として国立教員養成大学・学部の改組が行われた。改組の内容は、入学定員削減に伴う①教員以外の職業分野への進出を想定した「新課程」（いわゆる「ゼロ免課程」）の新増設、②他学部・学科等への定員振り

## Box 12-3　児童100人当たりの教員数の変化

　以下のグラフは小学校児童100人当たりの教員数の推移を表しており、児童数に対して教員数がどのように増減しているかを示している。これを見ると、1890年以降、高度経済成長期に至る1960年頃までは、学齢児童の増加にもかかわらず教員数は児童100人に対し常に2〜3人となっており、計画的な教員養成・確保が行われてきたことがうかがえる。なお、1960年(昭和35年)以降の急激な数値の増加は高度成長期を境に少子化に伴う学齢人口の減少が影響しているものと思われるが、同時に「個人の特性に応じた教育方法の改善(中央教育審議会答申(1971))」が模索され始めるなど、教育・指導体制の改善の試みも行われてきている。

**小学校児童100人当たりの教員数の推移**

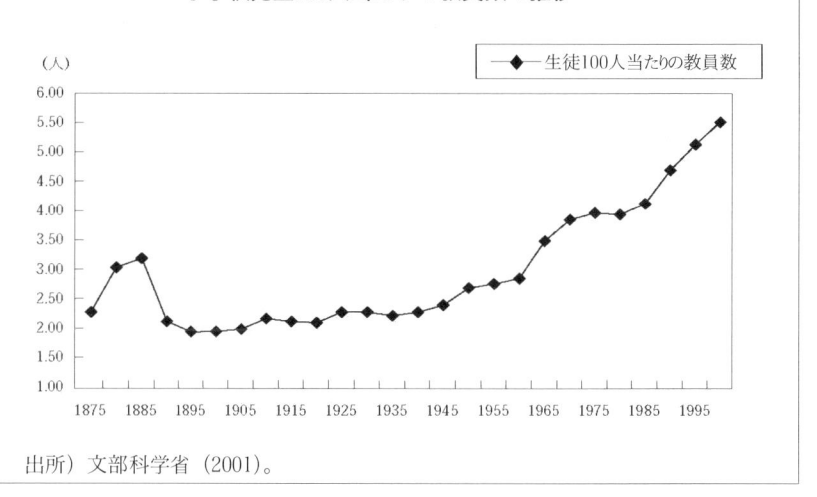

出所）文部科学省（2001）。

替え、③大学院拡充、④学部再編、⑤純減(定員吸い上げ)など、さまざまなタイプがあり、文部科学省の方針・助言を基本に進められている。

　1988年(昭和63年)には教育職員免許法が改正され、免許基準単位が大幅に引き上げられた。これは一般大学・学部における教員免許状取得を困難にし、開放性の縮小をもたらす結果となった。ちなみに、国立の教員養成大学・学部を除く大学等卒業者数(短大、大学院を含む)に占める免許状取得者の割合は、1990年(平成2年)から1995年(平成7年)の5年間に21.3％から17.7％に急減している。さらに、1998年(平成10年)の免許法改正では中学校教員免許状の教職科目の基準単位をさらに大幅に引き上げることになり、一般大学の中学校教

員免許状取得者数の激減、開放システムの形骸化が一挙に進み、小・中学校教員の養成は事実上、国立教員養成大学・学部に独占される傾向にある。

**(2) 免許法に基づいた教員養成大学・学部カリキュラム**

現在の教育職員免許法第五条では小学校・中学校1種免許状取得要件について以下のように定められており、これに基づいて各大学においては教員養成カリキュラムが組まれている。

①免許状の取得要件

免許状の取得要件は、**表12-3**のとおりである。

②教科に関する科目

［小学校教諭1種免許状］国語（書写を含む）、社会、算数、理科、生活、音楽、図画工作、家庭及び体育の教科に関する科目についてそれぞれ2単位以上を習得するものとする。

［中学校教諭］免許教科の種類に応じた教科科目について、最低習得単位数を習得する。

③教職に関する科目

教職に関する科目は、**表12-4**のとおりである。

④その他

免許状取得要件には、上記の教職科目とは別に、「日本国憲法」、「体育」、「外国語コミュニケーション」及び「情報機器の操作」についても単位取得が義務づけられている。また、高齢化社会という時代の要請を受け、1998年（平成10年）4月の大学新入生からは、小学校または中学校の普通免許状取得時には、介護等の体験が必須となった。

表12-3　免許状の取得要件（例）

| 免許状の種類／所要資格 | | 基礎資格 | 大学において習得することを必要とする最低単位数 | | |
|---|---|---|---|---|---|
| | | | 教科に関する科目 | 教職に関する科目 | 教科または教職に関する科目 |
| 小学校教諭 | 1種免許状 | 学士を有すること | 8 | 41 | 10 |
| 中学校教諭 | 1種免許状 | 学士を有すること | 20 | 31 | 8 |

注)現在4大卒の平均的な取得対象の免許は、1種免許状であるため、ここでは1種免許状を例に紹介する。
出所)佐藤(2001)を基に筆者作成。

表12-4 教職に関する科目（例）

| 教職に関する科目 | 右項の各科目に含めることが必要な事項 | 最低修得単位数 小学校教諭1種免許状 | 最低修得単位数 中学校教諭1種免許状 |
|---|---|---|---|
| 教育の意義等に関する科目 | ・教職の意義及び教員の役割<br>・教育の職務内容<br>・進路選択に資する各種の機械の提供等 | 2 | 2 |
| 教育の基礎理論に関する科目 | ・教育の理念及び教育に関する歴史及び思想<br>・幼児、児童及び生徒の心身の発達、及び学習過程<br>・教育に関する社会的、制度的または経営的事項 | 6 | 6 |
| 教育課程・指導法等に関する科目 | ・教育課程の意義及び編成の方法<br>・各教科の指導法<br>・道徳の指導法<br>・特別活動の指導法<br>・教育の方法及び技術 | 22 | 12 |
| 生徒指導、教育相談及び進路指導に関する科目 | ・生徒指導の理論及び方法<br>・教育相談の理論及び方法<br>・進路指導の理論及び方法 | 4 | 4 |
| 総合演習注1) | | 2 | 2 |
| 教育実習注2) | | 5 | 5 |

注1）総合演習は、「地球的視野に立って行動する資質能力を育てる」観点から新設された科目で、人間・人権の尊重、地球環境、異文化理解、少子高齢化と福祉、家庭のあり方等のテーマからいくつか選択して、ディスカッション、見学・参加、調査等を取り入れた演習形式で行われる。

注2）教育実習は免許法第5条で免許状取得要件として規定されている。教育実習は、1873年(明治6年)に東京の師範学校に附属小学校が設けられ、教授法の実地練習が師範学校生徒に課せられたことに始まるといわれており、1907年(明治40年)の師範学校規定から「教育実習」という称呼が用いられるようになった。教育実習は大学で修得した教育に関する学問的研究を教育の現場において実践するものであり、理論と実践を結びつける極めて重要な教育課程だと考えられている。

出所）佐藤（2001）を基に筆者作成。

### 3-3 現職教員研修の概要

　日本では教員の資質向上を支えるため、現職教員研修の充実が図られている。現職教員研修は、戦前は研修に関する法規上の裏づけがなく、各地の師範学校附属校の授業参観、行政側が主催する講習会への参加、地域学校間の公開研究会などが自主的に行われている程度であった。しかし、現在では、急激な社会変化に伴う教育内容の高度化・多様化、社会から求められる教員や学校の役割の変化に対応していくためにも、就職後の教員研修がより重視される傾向にあり、多種多様な教員研修が日常的に行われるなど非常に充実している。今では研修が教員の義務であると同時に、権利として法的に規定（「教員公務員特例法」）されており、その機会が十分に保障されるように定めら

れている（**表12-5**参照）。

以下、特徴的な研修を取り上げ、内容について具体的に説明する。

---

**Box 12-4　教育実習の意義と学び**

[意義]
・教員としての適性を診断すること。
・教員としての実践的力量を経験的・実験的に形成する基礎課程であること。
・教員としての職業倫理を経験的に培う基礎課程であること
・自己形成と国民教育の基礎的教養を経験的に培う教育課程であること。

[学ぶ視点]
①授業観察の着眼点、②学習指導案作成方法、③発問とその対応の仕方、④指名の仕方、⑤授業展開の一環としての板書の仕方、⑥理解を深めるノート指導の仕方、⑦声の大きさとノート指導、⑧机間巡視の仕方、⑨宿題の出し方、⑩テストのねらいについて、⑪理解度の確認の仕方、⑫つまずきを発見したときの対処の仕方、⑬学級経営の仕方、⑭生活指導の仕方、⑮学校給食で心がけること、⑯事故が起きたときの対処法、等

出所）東京学芸大学初等教育教員養成課程より。

---

**表12-5　実施主体ごとの研修の種類**

| 実施主体 | 研修の種類等 | 研修例 |
|---|---|---|
| 国注1)<br>（実施：独立行政法人教員研修センター） | 教員のリーダーを養成するための研修 | 校長・教頭等研修、中堅教員研修、洋上研修、教員海外派遣事業、進路指導講座、新産業技術等指導者養成講習など |
| | 喫緊の課題に対応するための研修 | 教育情報化推進指導者養成研修、エイズ・薬物乱用防止教育研修会など |
| 都道府県<br>指定都市<br>中核市教育委員会 | 教職経験年数に応じた研修、職能に応じた研修 | 初任者研修、5・10・20年経験者研修、生徒指導主事研修、新任教務主任研修、校長・教頭研修、教科指導等に関する研修 |
| 市町村教育委員会注2) | 市町村の実情に応じた研修 | 市費職員の勤務条件・人事異動について、学校給食の現状と課題 |
| 学校 | 各学校の教育目標の達成 | |
| 教員 | 自己啓発による自己研修 | |

注1）国は各都道府県等が実施する教職生活における重要な時期や学校管理の基幹となる職能に応じた研修に対する助成も行う。
注2）市町村教育委員会は都道府県が行う研修に協力して青少年の非行の現状と警察の対応、生徒指導などの研修も実施する。
出所）筆者作成。

### (1) 教職経験年数に応じた研修

　日本では教員は大学卒業後就職してから定年退職するまで教職を務めることが多く、それぞれの教員の経験年数に応じた研修を通じて「教員としての成長」を図ることが重視されている。教職経験年数に応じた研修には大きく分けて①初任者研修と②教職経験者研修会の2つの研修が存在する。初任者研修とは新任教員を対象に実施される最初の現職研修のことで、1988年（昭和63年）に創設され、職務研修のひとつに位置づけられている。一方、教職経験者研修会は、経験年数5年目、10年目、20年目といった節目の年に教員が自己の経験年数に応じた研修に参加するものである。

　日本の現職教員研修は、職務経験年数や研修目的に応じて国レベルから教員個人レベルまで各種研修が幅広く実施されていることが特徴的である。

表12-6　教職経験年数に応じた研修の概要

| | 初任者研修 | 教職経験者研修会<br>（5年目研修、10年目研修、20年目研修等） |
|---|---|---|
| 目的 | 新任教員の時期は大学における養成段階と学校現場における実践とをつなぐ重要な時期であり、この時期に教職への自覚を高め、自立した教育活動を展開していく素地をつくるため、組織的・計画的な教職研修を実施する必要がある。こうした認識の下、実践的な指導力と使命感を養うとともに、幅広い知見を得させることを目的とする。 | 各教科などにおける指導の専門性を高めるとともに、教育研究への取り組みを深め、教員としての資質を高めることを目的とする。 |
| 実施形態 | ①校内研修：週2日程度・年間60日以上。指導教員が中心となって新任者に対する指導・助言を行う。②校外研修：週1日程度・年間30日以上。教育センター等における講義、他校種参観、社会体験活動等を行うほか、4泊5日程度の宿泊研修を行う。 | 〔例：10年目研修の場合〕：在職期間が10年に達した教員に対し、人事考課の評価を基にして3段階のコースに分け、学習指導、生活指導等、教育公務員としての資質の向上を研修内容とし、学校外15日、学校内15日の研修を実施する。なお、区市立学校については区市教委を実施主体とし、都教委が可能な支援をする。 |
| 研修内容 | 教員の職務の遂行に必要な事項<br>（例）教員としての心構え、基礎的素養、学級経営、教科指導、道徳、特別活動、生徒指導、保健指導と安全管理等 | 〔例：東京都公立学校教員研修内容〕<br>教育者として必要な基本的事項（職務・服務等）、児童・生徒の指導に関する研修（各教科・領域等、生活指導、教育方法、進路指導、教育相談等）、学校経営に関する研修（教育課程、学年・学級経営、学校環境等）、社会の進展への対応（情報処理教育、環境教育等）、教育課程に関する研修（同和教育、防災教育、教育評価等） |

出所）筆者作成。

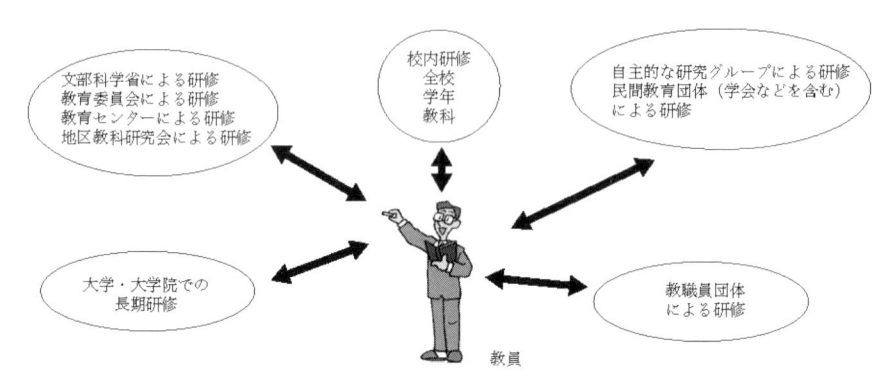

図12-1　研修の構図・場の概要

（文部科学省による研修／教育委員会による研修／教育センターによる研修／地区教科研究会による研修）

（校内研修　全校／学年／教科）

（自主的な研究グループによる研修／民間教育団体（学会などを含む）による研修）

（大学・大学院での長期研修）

（教職員団体による研修）

教員

出所）筆者作成。

---

### Box 12-5　教員にとっての研修の意義

　1997年（平成8年）の文部省の教育職員養成審議会第一次答申では、教員は学級児童・生徒の教育に対する責任を負うことになるので、常に研鑽に努め、その資質向上を図らねばならないとされている。具体的には以下のような研鑽が求められており、それに応じた研修が実施されている。

①教育者としての人格的資質向上を図る
　　（例）教員としての使命感や心構え、教育への意欲、児童・生徒に対する愛情を培う
②高度な専門知識・技術の習得
　　（例）大学時代に学んだ知識・技術を、現場に即したかたちで専門的に学ぶ
③新しい指導法の習得
　　（例）パソコン等ニューメディアによる指導法など、時代の変化に応じた指導法の習得
④教員相互のコミュニケーションと情報収集
　　（例）教員相互の横断的ネットワークの構築
⑤行政が提供する情報の収集
　　（例）新学習指導要領や新しい指針に関した行政研修を通じて教師や学校に必要な新たな情報を得る。

　出所）教育職員養成審議会第一次答申（1997）。

### (2) 職能に応じた研修

教員の職能成長は、一般教員(教諭)としての仕事から出発し、主任、教頭、校長等の職階を経ることによって質・量の点において変化していく。そして、それぞれのキャリア段階で必要とされる資質能力は異なっている。教員は、それぞれの職階に応じた力量形成が期待されており、職能に応じた適切な研修の設定が重要となっている。教員のキャリア段階における、期待される力量形成項目とそれぞれの職能に応じた研修例を表12-7にまとめる。表12-7を見ると、一般教員(教諭)段階では児童・生徒に対する理解や指導に関する資質能力が最も必要とされ、主任や教頭を経て、校長へと至る過程においては次第にリーダーシップや経営に関する資質能力が加えて求められるようになることがわかる。なお、研修は各都道府県教育委員会で主に講義や協議を中

**表12-7　職能に応じた力量形成項目と研修例**

| | 力量形成項目 | 職能に応じた研修内容 |
|---|---|---|
| 校長時代 | 学校経営・管理能力、学校内外調整能力、マネジメント能力<br>・最高責任者としての管理運営能力<br>・教育委員会との交渉力<br>・自信ある職務決断 | ・学校経営と校長の役割<br>・学校運営管理上の諸問題<br>・学校管理規則について<br>・勤務評定について<br>・人事異動事務について<br>・経理関係について |
| 教頭時代 | 校内運営調整能力<br>・企画、立案力<br>・教員組合への対応<br>・組織運営力<br>・地域交流への配慮<br>・教育関係法規に照らした問題解決<br>・人間関係の調整・課題発見、解決法の提示 | ・学校運営の課題と教頭の職務<br>・学校管理運営上の諸問題<br>・教員組合への対応<br>・学校事故とその対応<br>・教育法規演習 |
| 各主任時代<br>生徒指導主事<br>(主任)<br>学年主任 | 教員のリーダーとしての力量<br>・教職員からの信頼<br>教職員の指導<br>・教職員の持ち味を生かす<br>・子どもの心情理解<br>・教育について父母に語る<br>・人間関係の調整<br>・教職員を公平に扱う<br>・組織運営力 | ・生徒指導推進者としての課題<br>・教育相談概論<br>・教務主任の実務<br>・教育法規の見方・考え方<br>・問題行動についての理解<br>・青少年の非行の現状と警察の対応 |
| 一般教員時代 | 教員としての基礎能力、学級運営能力<br>・子どもの心情理解<br>・教職員からの信頼<br>・確固たる教育理念 | ・初任者研修や10年目研修等<br>(3-3-1　教職経験年数に応じた研修参照) |

出所)小島(1996)を参考に筆者作成。

心に年間3〜5日間程度実施されているのが一般的である。

### (3) 校内研修

校内研修とは、学校内の全教職員が学校の教育目標を達成していくために設定された研究課題の下に、教育実践を通して意図的、計画的に取り組んでいく研修である。校内研修は勤務場所で行われるため参加が容易で、その課題が実践から導き出せる身近なものであり、さらにその成果が実践に直結しやすいことから、教員の職能成長にとって極めて重要な研修形態といえる。

日本では、1960年代半ば頃を契機に、現場の学校教育改善を目的とした「校内研修」が活発に展開され始め、各種研修の中でも特に充実が図られてきた。現在では、校内研修の実施・評価は多くの場合、単年度サイクルで学校運営計画の中に、年間予定としてあらかじめ組み込まれている。このような日本の校内研修は、各国において学校に基礎を置いた経営（school based management）が課題になっていることとも関連して school based 方式（学校に基礎を置いた現職教育）として世界的にも注目されている。

校内研修には一般的に校内研究と職員研修の2種類がある。校内研究とは各学校で研究テーマを決めて全校体制で進める研究活動であり、研究推進委員会や全体研究会等を中心に行われることが多い。職員研修とは学校の状況や問題に対する共通理解を図ることや特定の知識・技術の習得を目的とする研修活動である。各教科や学年の部会別研修や校務分掌上の職務別研修などがそれにあたり、個人の力量を高めるための授業研究会も職員研修の一環と

---

**Box 12-6　校内研修の長所**

①学校あるいは各教員の当面している切実な課題に対して研究を深めることができる。
②日々の教育実践と結びついた形で研究を進めることができる。
③研究の成果を直ちに次の教育実践に活かしやすい。
④円滑な人間関係の中、共同で研究を深めることができる。
⑤保護者や地域の人々との連携の下での研究がしやすい。

　出所）筆者作成。

して実施される(「授業研究」詳細については第13章を参照)。さらに、学校内の研修だけでなく、個々の教員が自ら課題を持って進める「自己研修」や教育センター・研修団体等で行われる「校外研修」に積極的に参加することにより、相乗効果として校内研修の内容はさらに深まり、教員の資質や能力の向上が図られる。また、校内研修を促進するための制度として文部科学省や教育委員会の研究指定校制度や教育財団など民間機関が募集する研究助成制度がある。

## 4　結　語

　近代学校教育制度において教員が果たす役割は極めて大きく、教員の資質が学校教育の質を規定するといっても過言ではない。したがって、学校教育を担う教員の養成・確保とその資質の向上はいつの時代にあっても必要な課題とされ、また問題をはらむものであった。日本における教員養成・確保の変遷を見ても、絶えず優秀な人材を教員として確保し、児童・生徒に質の高い教育を平等に提供するための努力が行われ、教員の免許・養成・待遇においてさまざまな施策や投入が実施されてきたことがわかる。では、これまで見てきたような日本の経験を踏まえ、どのような事柄が途上国の教員養成・研修に資すると考えられるだろうか。本章のまとめとして、このことについて少し考えてみたい。

　第一に、理想とする教員像の明確化が必要であろう。どのような教員を必要とするのかについて国民的な議論を行い、意見を集約し、具体的なイメージを国全体で共有することが重要である。こうすることで教員の社会的地位を確保するとともに、その養成・確保・研修に必要な施策や投入への理解を促し、適正な資質を持つ教員の採用と育成を可能にする。

　第二に、教員養成と現職教員研修を統合した教師教育の実現が不可欠である。教員を専門職としてとらえ、個々の教員のライフサイクルに配慮しつつ、継続的かつ段階的な職能成長を促すためには、当該社会が求める教員像に基づき、計画性を持って長期的な教員の育成を行う必要がある。こうすることにより、教員養成課程のカリキュラムも適正なものに改善することが可能となり、必要な現職教員研修の頻度・形態・内容なども整備することが可能に

なろう。もちろん、そのためには教員の安定的な雇用が前提となるものの、条件として一定期間に一定水準の職能成長を課すことにより、そのリスクは相殺されるものと思われる。

　第三に、教員資格の難易度による教員の需給調整がある。教員が大量に必要な場合には教員の資格要件を下げて「開放システムによる教員養成」を打ち出すことにより、より多くの教員志望者を確保する必要がある。この時、特に必要性・緊急性が高く、特定の資質が要求される教員に対しては、国家が奨学制度などを構築して必要な費用を全額負担することも検討すべきであろう。また、教員の需要が少ない場合には教員の資格要件を厳しくし、「大学における教員養成」を掲げるなどの措置をとることが可能であろう。

　第四に、柔軟かつ多様な現職教員研修の実現である。一般に教員養成課程では、時代の変化への対応よりも教員として必要な基礎を構築することが重視されており、オーソドックスな教育が求められる傾向にある。したがって、絶えず変化する経済・社会の情勢にいち早く対応するためには、やはり現職教員研修にある程度の柔軟性と多様性が確保されなければならない。国、地方自治体、学術機関、教員組合、学校といった多様な主体が社会のニーズを反映した多様な研修機会を用意し、教員が自らの専門性や必要性に応じてそれらに自由に参加できるような仕組みを構築する必要がある。こうすることで教員は常に時代に即応した専門職としての知識・技能を確保することができ、児童・生徒や保護者や地域社会の要求にも対応できるようになるものと思われる。なお、これらの与えられた研修機会のみならず、教員には自主的に研修を行う場としての校内研修や自主勉強会などを積極的に持つことが期待されている。そこで行われる「公開授業」や「授業研究」は教員間の経験を共有し、教員としての技量を向上させる上で最も身近で効果的な手法であるといえよう。学校内で日々培った研修の経験を基に学校内で足りない研修を校外で受講することが効果的な研修のあり方といえるのではないだろうか。

　適正な学校教育をすべての児童・生徒に提供する上で、個々の教員が高い職業意識と意欲を持ち、一定の知識・技術・能力を維持していくことは必要不可欠である。そのために必要な教育・研修機会を提供することが国家の責任であり、その機会を最大限に活用し、絶えず自己研鑽を行っていくことは

教員としての責務である。そして、このような国家の事業と教員の努力に理解を示し、教育に対する支援を行っていくことが国民に求められている。

〈田中茂行、山本伸二、村田敏雄、足立佳菜子、伊勢路裕美〉

注
1 これらの「学校令」によって各学校段階固有の目的が明らかになると同時に、一般大衆に必要な教育とエリートが指導者としての素養を身につける学問という「学問と教育」の二重構造が公教育制度の中に位置づけられ、戦後の学制改革まで日本の学校制度の特徴となった。
2 第二次世界大戦後、連合国軍総司令部（GHQ）の要請に基づいて1946年（昭和21年）3月上旬に来日した第一次教育使節団は、ストッダート（G.D. Stoddart）を団長とする27人で編成され、約1カ月間にわたり日本の教育事情全般を視察・研究し、日本における教育再建の基本方針と諸方策とを勧告した報告書を総司令部に提出した。
3 「教師教育」は教員が教職に就く以前の養成教育（教員養成：Pre-service training）と就職した後の現職教育（教員研修：In-service training）を統合した概念であり、1960年代に入って成立したと見られる比較的新しい概念である。

**引用・参考文献**
小澤周三（1990）『教育学キーワード』有斐閣双書。
影山昇（1998）『日本の教育の歩み 増補版』有斐閣。
給与研究会監修（2002）『国家公務員 給与実務の手引き 平成14年版』日本時事行政研究所。
教育職員養成審議会第一次答申（1997）。
国際協力事業団（2002）『開発課題に対する効果的アプローチ 基礎教育』。
小島弘道編（1996）『学校管理職研修読本』。
小松喬生・次山信男（2002）『教育実習を成功させよう』一ツ橋書店。
佐藤晴雄（2001）『教職概論』学陽書房。
篠田弘・手塚武彦編（1979）『学校の歴史 第5巻 教員養成の歴史』第一法規出版。
柴田義松編（1997）『新教育原理』有斐閣双書。
鈴木英一編（1984）『現代教育行政入門』勁草書房。
鈴木正幸編（1988）『教師教育の展望』福村出版。
土屋基規（2001）『学校教育キーワード』旬報社。
長尾十三二著（1994）『教師教育の課題』玉川大学出版部。
牧柾名・平原春好編（1994）『教育法』学陽書房。
森部英生編（1999）『全訂教育法規読本』教育開発研究所。
文部科学省（2001）『2001 我が国の教育統計—明治・大正・平成—』財務省印刷局。

山崎英則・西村正登編著(2001)『求められる教師像と教員養成―教職原論―』ミネルヴァ書房。
油布佐和子編（1999）『教師の現在・教職の未来 あすの教師像を模索する』教育出版。
吉本二郎編（1988）『育つ教師』第一法規出版。

**参照ホームページ**
東京都人事委員会。（http://www.saiyou.metro.tokyo.jp/ninnkyuu/shoninnkyuureiH14.pdf）

# 第13章　授業研究

**途上国の課題**

　2000年にダカールで開催された「世界教育フォーラム」では、子どもが単に学校へ行くことだけで満足するのではなく「学校で何を学ぶのか」があらためて重視された。そして、国際社会における教育開発の目標は"Quality Education for All"であることが再確認された。各国における教育の目標や内容を示した国定カリキュラム（日本では学習指導要領）には、かなり類似した内容が見られ、児童・生徒の主体的な学習が重視されている。ところが、現状を単純化していえば、開発途上国の教室では「子どもたちが自ら考えることなく、教員に指示されるままに機械的に口や手を動かす」というタイプの教育が広がっている。このような理想と現実、すなわち国定カリキュラムと授業の乖離に対して、国定カリキュラムの見直しと同時に教室レベルでの変革が必要とされている。

**ポイント**

　日本では授業研究を通じて教員が学習指導要領（国定カリキュラムに相当）を授業に翻案し、これに実践的・漸進的な改善を加え、授業を改善している。授業研究は、日本の教育風土の中に育ってきた「同僚教員とともに教材を研究し、授業を実践し、それについて討論し、その結果を次の教材研究に活かす」という Plan-Do-See の原理が組み込まれた授業改善の手法である。授業研究は教員が主役であること、授業という場で考え解決策を講じることなどが特徴である。教員は授業研究を通じて共同で学び合い、自らの能力と自信を形成し、より良い授業モデルを構築する。このような教室レベルでの授業改善の積み重ねこそが質の高い教育を可能にするものであり、授業研究が世界的に注目を浴びているゆえんであ

> ろう。ただし、授業研究を行う際には、日々の授業改善を目指しつつも長期的な視野を持って教育の本質に立ち戻る必要性があることと、授業研究は結果よりもその過程を重視するものであるがゆえに、途上国への導入に際しては各国の文化的・社会的背景に十分配慮し、実情に合った展開を考える必要があることに留意すべきである。

　授業研究は授業の質を高めるために授業を対象として教員同士が互いに批判・検討しながら効果的な教授方法や授業のあり方などを研究するものである。日本では教授技術の形成・発達・伝承や子どもが主体の授業形態の形成に授業研究が大きな役割を果たしてきており、海外でも授業研究に対する関心が高まっている。

　本章では次の構成で授業研究について見ていく。

　第1節では、授業研究の概略を説明する。第2節では、現在に至るまでの授業研究の発展過程について振り返り、第3節では授業研究の意義について解説する。第4節では、以上を踏まえ、授業研究を途上国に応用していく上での留意点について論じた。

　なお、特に断らない限り、事例は算数科のものを取り上げる。

## 1　授業研究とは何か

　授業研究は教員が同僚とともに授業改善を図っていく方法である。後述するように、教材研究、授業の実施、授業の反省という3つの段階からなっており、校内研修の一部として行われるものや学会が主催するものなどがある。日本の教育現場では教員自身が授業について実証的・実践的研究を行い、日々教室レベルの授業改善を実践している。ここでは、確認の意味を込めて、授業研究について整理したい。

### 1-1　授業とその3要素

　「授業」という語は1872年(明治5年)の学制以降に一般的に使われるように

なり、1879年（明治12年）の教育令において公文書では初めて「授業」の文字が使われた。つまり、江戸期の「手習い」や「稽古」に対して、「授業」は近代学校教育の産物である。明治期以降、教室内のすべての子どもにとって、決められた時間に始まり、決められた時間に終わるという、

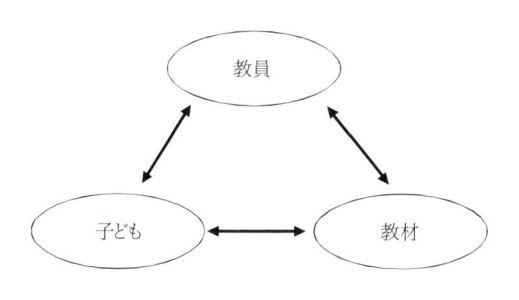

**図13-1　授業における3者の関係**

出所）筆者作成。

いわゆる一斉授業の導入とともに、授業という概念が導入された。

　その授業を構成する基本要素は「子ども」と「教員」、さらに授業の中で取り扱う「教材」の3つである。そして、この3者の緊張関係が良い授業の条件といわれる（斎藤(1970)）。教員は単純に子どもの要求に合わせて授業をするわけではなく、子どもが教材を自学自習して終わりでもなく、教員は単に教科書の内容を黒板に書き写しているだけでもない。教員はあらかじめ検討した教材を提示し、子どもの状態を見極めながらヒントを出し、学習の目的が果たせるように導いていく。そこでは教員の予想を超えた反応が子どもたちによって示されるかもしれず、そのような子どもの反応を活かし、授業を活性化させるか否かは教員の授業を構成する力にかかっている。このような状態を「緊張がある関係」と呼び、このような授業が良い授業と評されるのである。

### 1-2　授業研究とは何か

　授業研究は、簡単にいえば、授業を対象とした研究である。授業研究はいろいろな特徴を持つが、「教員が、教育（授業）の質的向上を目的として、日々の授業の中で研究を行う」ことが授業研究の最大の特徴といえる。

　日本では学習指導要領により教育のガイドラインが規定され、これに基づいて教科書が作成されている。授業はこの教科書を基に実施されることになる。図13-2に示すように国による基準である「学習指導要領」は固定されているが、「授業」は自由度が高く、教員には学習指導要領を基にいかにして授業を構成していくかが求められている。授業研究はカリキュラムとしての学習

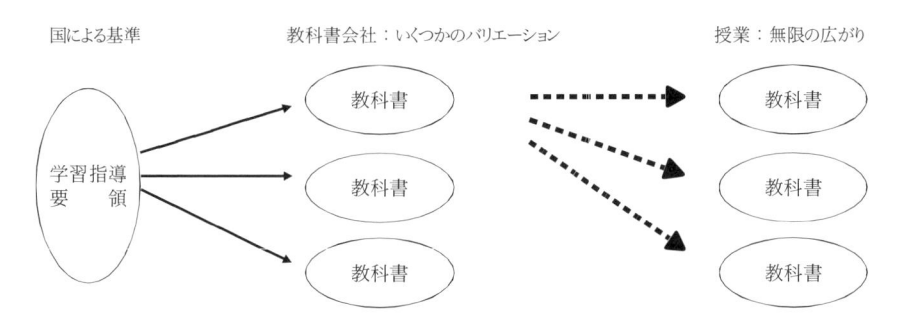

国による基準　　　　　教科書会社：いくつかのバリエーション　　　　授業：無限の広がり

図13-2　学習指導要領から授業まで

出所）筆者作成。

指導要領と授業を橋渡しする手法であり、日本の学校で盛んに行われている。
　本節では、授業研究を知るために、①授業研究がどのような段階を踏んで行われるのか、②授業を改善するためにどのような視点から見ているのか、③授業研究にはどのような種類のものがあるのか、について述べたい。

### (1) 授業研究の過程

　授業研究は、「教材研究」と「研究授業」と「授業検討会」から成り立っている（**図13-3**参照）。

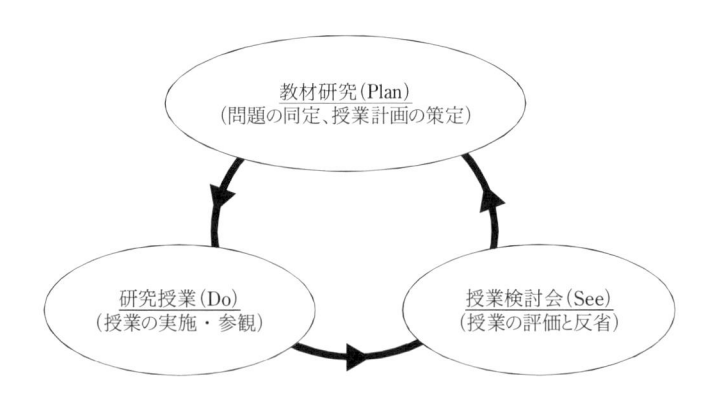

図13-3　授業研究のサイクル

出所）事務局作成。

「教材研究」は教材の発掘ないし選択に始まり、その分析を通して教材の本質を見極め、子どもの実態に即して授業を構想し、学習指導案を作成するまでの、教材にかかわる一連の活動である[1]。教材研究は授業研究の一環として行われるが、同時に授業を通じて教材の意味を確かめ、不具合を修正するとみなすならば、授業研究は教材研究の一部であるともいえる。授業研究はこの教材研究から開始される。

「研究授業」では、教材研究を経て十分に検討された学習指導案(授業案)に基づき授業が行われる。その授業を、多くの教員、時には指導主事や大学教官も参観し、教員の教授活動や児童・生徒の学習活動などを観察する。大きな公開研究会には、数十名が1つの授業を見学することもある。

研究授業の後、「授業検討会(授業に関する意見交換会)」が持たれる。最初に授業者が授業での意図したところを述べ、次いで参加者各人が授業の目的や自分の教育経験に照らして授業中の児童生徒の学習活動、教員の役割、他の教授方法などについてさまざまな意見や質問を繰り広げる。

これら一連の流れは、図13-3に示すように、①問題の同定と授業計画の策定(Plan)、②研究授業の実施(Do)、③授業の評価と反省(See)、④授業の再考(Plan)、⑤再考された授業の実施 (Do)、⑥評価と反省(See)、⑦結果の共有(Stingler and Hiebert (1999))、のように定式化することができ、Plan － Do － See のサイクルが形成されていると見ることができる。必要に応じてこのサイクルを繰り返し、授業を洗練していくのが、授業研究の過程である。

### (2) 授業研究の視点

授業研究では目的をどのあたりに置くのかが重要となる。そして、その目的に応じてあらかじめ十分に教材を練っておかないと、表面的な授業研究に終わってしまう。全国教育研究所連盟は「授業は、教材を媒介とした教師と児童生徒の相互作用で成り立ち、その現象は複雑なものである。そこで、授業を分析・診断するためには、『何に目をつけて』『どのように見ていくのか』が重要となる。研究の目的に応じた分析・診断の視点を定める必要がある」(全国教育研究所連盟 (1980) p.42)と述べており、授業研究における視点の重要性を指摘している。さらに、同連盟は、授業研究における主要な視点のひと

つである教員の指導力を「子どもを見抜く力」、「教材を解釈する力」、「授業を構築する力」という3つの観点から分析できるとしている。はじめの2つは日本の学習指導案に見られる児童観、教材観と関係しており、最後の力はそれらを授業のなかで実現していく力を示している。このような観点を踏まえて授業検討会では各人からさまざまな意見が出される。

### (3) 授業研究の種類

授業研究にはさまざまな規模や形態のものが存在する。一般には、特定の研究テーマを設定した上で校内研修の一環として実施する、あるいは同好の士が集まって互いの授業を見学・批判し合うという形態をとるが、そのほかにも教職員組合や学会が主催する授業研究会なども存在する。参加者の規模と開催者によって、授業研究には**表13-1**のような種別が存在する。また、授業研究ではないが、授業参観、教育実習生による授業、新任研修の一環としての授業など、授業に関する公開行事や研修は多く、日本ではほかの教員の授業を見学する機会には事欠かない。このことは、教員が授業を批判的に考察する力を身につけ、そこから導かれる教訓を自己のものとして、より良い授業を創造することに大きく貢献している。

表13-1　授業研究会の種類

| 研究会の規模 | 主たる開催者 |
|---|---|
| 学校内で | 公立学校の校長・教員 |
| 各都道府県、各市町村、区での研究会 | 公立学校の教員自身 |
| 各都道府県、各市町村、区での研究会 | 教育委員会、教育事務所 |
| 日本全国 | 附属学校の校長・教員 |
| 各都道府県、日本全国 | 民間（学会、企業） |

出所) 池田他 (2002) p.28。

## 2　授業研究の発展過程

このような授業研究はいつ頃から行われるようになってきたのであろうか。
現在のように授業研究が一般的に行われるようになるのは1960年代の民間カリキュラム開発運動以降のことである。しかしそれは突如として始まった

わけではなく、日本の教育界が近代教育を受容する過程の中で現在の形になっていったととらえるべきであろう。

　近代学校教育とともに導入されてきた授業に対して、日々の授業をどのように教えたらよいのか、という教授法への関心が教員の間で強かった。特に明治初期には、今日から見てもかなり先進的な米国の教授法が紹介されたために、旧来の教授法になじんだ寺子屋の師匠たちはかなりの困難に直面したものと思われる。こういった背景から、教授法に注目した授業研究的な試みはかなり早くから見られた。教員養成教育を専門とする米国人専門家が持ち込んだ教授法を基に、1872年（明治5年）に創設された東京高等師範学校が中心となって教員向けの資料が作成され、これが各県の師範学校を経て一般の学校へ普及するという形で先進的な教授法が伝達されていった。

　大正期から昭和初期にかけては、世界的な新しい教育思潮を受けて「個性尊重の教育」などの新しい教育目標を掲げ、それを達成するための新たな教授法を考案したり授業を公開してよりよい授業づくりのための研究を行おうとするさまざまな取り組みが教育現場でなされた。特に成城学園などの私立小学校、明石付属などの付属小学校の取り組みが顕著であった（Box 13-1参照）。

　戦時体制下でこれらの運動は下火になったものの、戦後の復興とともに、学校・子ども・地域の特性を重視した、教育における民間運動が盛んになっていった。また1960年（昭和35年）ごろより、優れた授業の共通の性質をとらえようと、米国の「ティーチャー・プルーフ」[2]のような教育の科学化が推進された。

　現在では、教育・授業の多面性が指摘され、多様な視点・方法で授業研究が行われている。授業研究の目的も明治期には教授方法の伝達が主であったものが、次第に教員の相互及び自己研鑽としての意味合いが強くなってきている。

　このように、授業研究は近代学校教育の普及に伴い、いくつかの段階を経て普及してきた。その過程ではさまざまな授業研究の機会が設定されて多くの教員がこれに参加し、関連の資料や出版物なども広く刊行されてきた。こういった長きにわたる一連の活動を通じて、次第に「授業研究とは何か」が関

> Box 13-1 授業研究の代表的事例
>
> **事例1：成城学園**
> 　澤柳政太郎が学園長を務めた私立学校「成城学園」(1917年(大正6年)設立)は、大正新教育運動の中心をなした。「個性尊重の教育」などの目標を掲げ、先進的な取り組み(読書科の導入、教育における自然の重視、子どもの計画に基づく学習など)を実施した。形式化していた授業批評会に対して、自由な事例研究を提示した。1920年(大正9年)には、同校職員及び賛同者を会員とする「教育問題研究会」を組織し、出版物を通じて、その他多くの公立、私立学校の教員たちに影響を及ぼしていった。
>
> **事例2：島小学校**
> 　斎藤喜博は、地方の一小学校の校長として、学校・授業づくりを島小の実践として公開し、その後の授業研究に影響を与えた。「授業」を学校の中核に据え、教員、保護者、学者・文化人と協力して学校・授業を創造するという実践であり、思想であった。その思想は次の斎藤の言葉に表れている。
> 　　「人間が豊かになるためには、明確になった科学の法則なり方法を、授業という生身の集団のぶつかり合いの中で、生きたものにしていく、そういう作業の中で教師や子どもが豊かになっていくことが必要である。」
>
> 　出所）斎藤 (1970) p.17 他を基に筆者作成。

係者に理解されるようになり、その目的や方法論についても見解の統一が図られ、授業研究の普及が進んだ。さらに、普及した授業研究を多くの人が実践することにより、授業研究の改善に対する新たな視点が出され、授業研究が発展していくものと考えられる。

## 3　授業研究の意義

　授業研究は、教室レベルでの改善に具体的モデルを提供するものであり、その意義としては、①カリキュラムが実際の授業に翻案、具体化される、②教員が共同で学習することにより教授技術や教員像が受け継がれ、発展していく、③教員が自らの能力と自信の形成を行う、の3点が挙げられる。

### 3-1　学習指導要領の具体化

　日本では国定カリキュラムとしての学習指導要領があり、それに基づいて

教科書が作成され、学校ごと指導計画が作成されている。さらに、学習指導要領の内容を浸透させるためにさまざまな研修も行われている。しかし、崇高な教育目標やすばらしい教材も具体的な教育の場である授業に展開されないならば、あまり意味をなさない。授業研究は教員が主体となってカリキュラムを現実の授業に翻案、具体化するものであり、理想と現実を橋渡しするものといえる。

### 3-2 教授技術や教員像の継承・開発

授業研究は教授法及び教授技術の蓄積・継承[3]や教員像の形成[4]に大きな役割を果たしてきた。授業研究では、1つの授業を同僚教員、指導主事、大学教員などの教育関係者が同時に参観し、授業検討会という同じ土俵で意見を交わし、教材、子どもの学習、授業構成などについての見識を深めていく。日本ではこのような授業研究が盛んに行われており、教員はいろいろな形で授業研究活動に参加している。このような教員たちが互いに学び、授業を通して具体的な教育課題を解決していこうとするプロセスを繰り返すことにより、教授技術が共有されていくとともに教員の教授・学習における共通の考え方が形成されていく。

また、研究授業を行う際に教員は十分に研究・検討された教材を基に学習指導案を練り上げ、授業を実践する。こうして準備された授業においては斬新な指導計画や指導方法なども組み入れられた試行的な授業が行われることも少なくない。そして、授業検討会では授業について多様な角度からの批評が行われ、改善点が明らかになっていく。教育関係者の協働によって、こういったプロセスが繰り返されることにより、新たな教授内容や指導方法が開発され、ノウハウとして整備される可能性は高いと思われる。

実際、算数科においては、授業研究と教科教育学研究が融合する形で、現場の指導的な教員と大学教員との共同作業で、さまざまな取り組みがなされてきた。例えば、1970年代に始まり20年近く継続されたオープンエンドアプローチ[5]は、その後も発展継承され、現在注目されている日本式の問題解決学習の型の形成に寄与してきた。このように実践と理論が出合うことによって、新しい教授内容・指導方法が生み出されることも、授業研究が高く評価され

る理由である。

### 3-3　教員の能力と自信の形成

　通常、教員は教室で唯一の教授者であり、1人で数十人の子どもと向き合い授業を行っている。しかも、良い授業を行おうとすれば前述のように、子ども及び教材との緊張関係を常に強いられる。教員はあらかじめ検討した教材を提示し、児童の状態や反応を見極めながら授業を展開し、設定した目標に到達させるべく彼らを導いていくのだが、その授業の成否は教員の力に依拠している。このような状況にあって、教員は自らの指導計画、指導方法、教授技術などが適切であるか否かを反省することを求められているが、これは極めて困難な作業である。

　こうした問題に対し、授業研究は効果的な解決法となる。第三者に自身の授業を評価してもらうことにより、長所・短所が明らかになる。長所については自信につながり、次回以降の授業にもこれを活かすような指導上の工夫が可能となる。短所については改善方法を見いだし、自ら精進していくことで問題の解消を図ることができるようになる。

　また、ほかの教員の授業を批判的に考察することは、反省の視点を強化することにつながるとともに、新しい授業のあり方や有効な指導方法を発見する機会ともなろう。

　このように授業研究は、教員の授業に対する批判的考察力、授業の構築力、教室での指導力を高めると同時に、自身の長所を伸ばし、短所を克服することで、教員としての自信を形成していくための最も効果的な方法だと考えられる。

## 4　結　語

　途上国において、教育上の問題が政策課題となる場合、国レベルではカリキュラムの抜本的な改革で解決を図ろうとする。このような改革は、しばしば現場の教員に大きな負担と不安を与え、教育現場が混沌とした状況に陥る可能性がある[6]。それに対し、教員のレベルでは多くの場合、何が良い教育な

のかを知っているが行わない、もしくは行えないという状況にある。また、各教員のアイデアはその教員個人に占有され、他の教員には共有されず、より良い教授法などが広まらない傾向がある。教室レベルで教員同士が学び合い、経験や技術を共有し、漸進的に授業を改善していく授業研究は上記の状況に対して解決の糸口を提供する可能性を持つものと考えられる。

　授業研究の有用性は、それが教室レベルでの授業改善の取り組みであり、そこでの取り組みをきちんと評価し、問題点や改善の方向性を明らかにするために必要な内省的な視点を提供してくれる点、教員同士が学び合い、経験や技術を共有する中から現実的な教育の質的改善を可能にする点にある。カリキュラムの抜本的改革とは異なり、授業研究は教室レベルでの漸進的な授業改善のアプローチであり、必ずしも大規模な改革を志向しない。そこでは、教員の知識や技能に応じて段階的な授業改善が行われ、現場に即した形で教育の質的向上を図ることが可能となる。

　このような授業研究を途上国で実現するためには、参加者全員で学び合う雰囲気を作ること、教員が情報を交換し合うネットワークを形成することが不可欠である。また、教員の教育観や学習観の形成には教員自身の学習者としての経験や教員教育が大きく影響しており、その底流にある「文化」を含めて十分な配慮が必要となろう。

〈馬場卓也、小島路生〉

注
1　「教材研究」の詳細は第11章の「指導計画」を参照。
2　題材への深い洞察に根ざした専門家と、教員の主体性と創造性が発揮されることをより重視する授業づくりの専門家がプロジェクトを組み、専門的学識と豊富な実践経験を持ち寄り、決定版というべき質の高い教材パッケージをつくり、誰でも一定水準の授業が実施できるように作成されたカリキュラムのことをいう。
3　教授技術の伝承という観点では、授業研究以外では各校での初任者向けの校内研修が大きな役割を果たしてきた。ベテランの教員が1年目の教員の教育係になり、学習指導案作成へのアドバイスを行うとともに、新任教員の授業を観察し、子どもへの接し方、教室での立つ位置、机間巡視、字の書き方、黒板の使い方など細かい教授技術に至るまで指導している。これは先輩教員から後輩教員へ、教職への心構えを含む日本独自の教員文化を伝達するという観点から重要な意味を持っている。

4 教員としての基盤となる考え方は授業研究だけで形成されるものではない。教員は、教職に就く前に、児童・生徒として14年から16年の学校教育を受けてきており、ほぼ毎日授業を受けるなかで、授業がいかなるものかという像を、無意識に、しかし確実に自分の中に築いてきている。加えて、教員養成課程においては、共通の理想的な教員像を目指しつつ、毎日教員になるための勉強をするという過程を経てきており、その結果、教員としての基盤となる考え方、すなわち教育観、学習観、児童観、教材観がある程度共有されていると考えられる。

5 未完結の問題を課題として、そこにある正答の多様性を積極的に利用することで授業を展開し、その過程で、既習の知識、技能を身につけていくことを目的とした授業方法。

6 Stigler and Hiebert (1999) は米国の状況を次のように述べ、現場の状況を踏まえないカリキュラムの大幅な改革に疑義を唱えている。「政策立案者はプログラムを採用し、生徒の成績が上がるかどうかを見守る。もし成績が向上しなければ(中略)彼らは政策が機能していないという不満を聞くようになる。運動が起こり、専門家が会合を開き、すぐに新しい案が出され、多くの場合全く反対方向の変更が行われる。興味あることに、元のプログラムが教室で実施されたのかどうか――もしくは、実施されたとして生徒の学習の促進にどのように効果的であったのか――についてのデータを収集することなしに、この全体の過程が繰り返される」。

**引用・参考文献**

池田敏和他 (2002)「日米における算数・数学授業研究会の分析―第2回ポストICMEセミナーの報告―」『日本数学教育学会誌算数教育』84(2)、pp.26-34。

石川謙 (1998)『日本庶民教育史』玉川大学出版部。

稲垣忠彦・佐藤学 (1996)『授業研究入門』岩波書店。

及川平治 (1970)『世界教育学選集69 分団式動的教授法』明治図書。

大阪教育大学附属図書館 (1997)『第二回 昔の教科書展―幕末から戦後まで―算数・数学の巻』。

斎藤喜博 (1970)『斎藤喜博全集第6巻 授業の展開・教育学のすすめ』国土社。

全国教育研究所連盟編 (1980)『学校における授業研究』東洋館出版社。

竹内芳男・沢田利夫 (1984)『問題から問題へ―問題の発展的な扱いによる算数・数学科の授業改善―』東洋館出版社。

日本数学教育学会編 (1997)『学校数学の授業構成を問い直す』産業図書。

三輪辰郎 (1992)『日本とアメリカの数学的問題解決の指導』東洋館出版。

横須賀薫編 (1990)『授業研究用語辞典』教育出版。

吉田誠 (2001)「アメリカ教育界における授業研究への関心・期待と日本の教師へのその意味」『日本数学教育学会誌算数教育』83(4)、pp.24-34。

Stigler, J. W. and Hiebert, J. (1999) *The Teaching Gap: Best Ideas from the World's Teachers for Improving Education in the Classroom*, the Free Press.

**参照ホームページ**

コロンビア大学教育学部授業研究グループ。(Lesson Study Research Group Home Page)(http://www.tc.columbia.edu/lessonstudy/)

Lewis, Catherine (2000) "Lesson Study: The Core of Japanese Professional Development," Invited Address to the Special Interest Group on Research in Mathematics Education American Educational Research Association Meetings, New Orleans. (http://www.lessonresearch.net/)

# 補章　学校文化

**途上国の課題**

　途上国の教育も、各国・各地域における社会的・経済的・政治的影響のみならず、文化的な影響を受けている。途上国が教育開発を進めるにあたっては、文化的条件も考慮し、その特質を活かすことが肝要である。最近、世界各国においてグローバリゼーションが進展し、途上国の教育も国際化、グローバル化への対応が迫られているが、それと同時に各国において教育と文化の関係に対する関心も高まり、伝統文化、地方の文化・知恵を取り入れた教育の工夫が見られる。

**ポイント**

　学校文化は、社会の文化の影響を受けるとともに、社会の文化に作用する面も持っている。学校文化の理解には社会の文化に対する洞察が欠かせない。途上国の人々が日本の教育経験から学ぶ際に、学校文化や社会の文化の特色に留意すれば、学校教育の組織や内容・方法を部分的に見るだけでなく、それらの関連性を考慮しつつ総合的に検討することの重要性に気づき、途上国への応用もより適切なものになるであろう。また、日本の学校文化、社会の文化の国際的フィージビリティならびに、社会的・国際的効用に関しては深く考察することが必要である。

## はじめに

　これまでの章では、途上国の教育の課題に照らして、教育の量的拡充、質的向上、マネジメントの改善などに関する日本の経験を考察してきた。しか

し、あまり触れられなかったが、これらの活動の基盤になっているものとして「学校文化」[1]がある。

「学校文化」は学校にあるすべての要素を含むものであるが、本書では教員を取り巻く環境やカリキュラム、授業、学校経営などについては別途、章を立てて分析しているため、ここではフォーマルな学校教育や学校制度以外のインフォーマルな学校文化の側面（教員や児童・生徒の行動パターンを規定する学校独自の価値観、規範、意識など）を考察する。それは教員文化、生徒文化と呼ばれる内容も含むものである。このようなインフォーマルな学校文化は学校のアイデンティティを形成し、学校教育のベースとなるものである。以下に述べるように、途上国の元留学生や元研修生は日本の教育のフォーマルな面のみならず、インフォーマルな側面にも高い関心を示し、彼らの国においてすでに取り入れたり、あるいは現在取り入れを考えているなど、日本の学校文化は途上国の教育を考える上でも何らかの参考になるものと思われる。

インフォーマルな学校文化は単一のアプローチでは形成できず、複数のアプローチが相まって形成されるものであり、何かを行ったらある一定の成果が出る、というものではない。そのため、ここでは途上国からも関心が寄せられ、日本の学校文化の特徴として挙げられる「集団意識」、「規律」、「自主活動」、「活字文化」について紹介するにとどめる。

また、これらの日本の学校文化がアジア諸国からどのように見られているのかを示唆する興味深い調査結果が存在する。1997年（平成9年）から1999年（平成11年）にかけて筑波大学村田翼夫教授を代表者とする研究者が[2]、アジア諸国の元留学生・研修生（以下、元留学生）を対象に、①日本の教育の特徴は何であると思うか、②その「日本的な特徴」を自分たちの国で取り入れているか否か、の2点についてアンケート調査を実施した。そこで元留学生は、前述の日本の学校文化の特徴のすべての点についてさまざまな具体例を交え指摘している。以下、「集団意識」、「規律」、「自主活動」、「活字文化」の各特徴について議論する際にこれらの調査結果もあわせて紹介したい。

そして、最後に、教育協力のために日本の学校教育の特徴を外国へ発信していく際の留意点として、学校文化と社会の文化との関係についても触れたい。

## 1　日本の学校文化の特徴

### 1-1　集団意識

　日本の学校では、児童・生徒が集団を形成して、チームワークでの作業や各種の実験・見学、協働作業等の活動を行うことが多い。また、学級や学校の児童・生徒が全員集まって行う朝礼や集会、運動会、文化祭、遠足等の各種行事を通じて仲間意識が芽生え、学校への帰属意識が高まると考えられている。そのほか、学校対抗の競技会や各種コンクールなどによって愛校心が育まれている。また校歌や校旗、バッジ、制服など全校で共有できるものを持つことが帰属意識や愛校心を高めることにもつながっている。これらを通じて、児童・生徒がその学校・学級を「自分の学校・学級」と認識し、学校や学級に対する帰属意識や愛校心を持つことにより、集団としてのまとまりが形成され、学校における教育活動の効率や効果が高まると考えられる。さらには、集団への帰属意識が高まると同時に、協調性、他人に対する配慮、礼儀なども培われる。

　途上国の元留学生はこれをどのように見ているのであろうか。前述のとおり、日本では学校に対する帰属意識を高める集団活動や制服、バッジの使用、校歌や校旗の愛用などが盛んであるが、この点では多くのアジア諸国においても、制服やバッジの活用、スポーツゲームの対抗試合も行われ、愛校心が育まれていることが指摘されている。他方、小集団活動には子どもが学校で行うグループ学習、グループ実習・実験などばかりでなく、成人が会社で実践しているグループ研修なども含まれていたが、「小グループで学習し理解を深める」、「小集団に分かれて実験や見学を行う」、「チームワークで仕事をし、お互いに責任感を持つようになる」、「グループ全員が役割分担し、担当の仕事の責任を取る」などの指摘が見られた。こういった小集団活動を取り入れたいという意見も多く見られた。

### 1-2　規　律

　児童・生徒の行動様式を規定するものに規律がある。学校における規律は

児童・生徒が学習するための集団としての秩序を形成・維持するためのものである。日本では保育園や幼稚園からグループ活動、集団活動、しつけ、礼儀作法の訓練などを通して集団行動をとる際に、特に規律が重んじられてきた。学校における規律を形成するものとして校訓・校則やグループ活動、生活指導がある。日本の学校において校則は単に記載されたものとして存在するのみならず、教員による日常的な生活指導によって学校生活の中に浸透している。

規律に関して、途上国の元留学生から最も多く日本的な特徴として指摘されている項目は時間厳守であり、次いで朝礼・朝会がある。特に、元留学生たちは朝礼時に行われる情報交換、安全点検、問題点の確認などを高く評価していた。また、小集団によるチームワーク、掃除や給食の当番制による係活動、人に迷惑をかけない公共心などの集団規律も高く評価されている。「チームワークで仕事をし、お互いに責任感を持つようになる」ための手段として、掃除や給食の係を当番制で分担することが日本的な特徴ととらえられている。規律に関しては、日本の生徒は「礼儀正しい」、「人に迷惑をかけない」、「ごみをポイ捨てしない」、「公衆道徳が守られている」などの意見が多く、児童・生徒の家庭や学校におけるしつけが規律の尊守に大きな役割を果たしていると考えられている。こうした規律を守る態度は、学級では小集団学習、係・班活動、学校レベルでは集団登校、朝礼、各種の委員会活動などに表れている。また、社会的背景として、家庭や地域社会におけるしつけの存在や、町内会活動などにおける共同作業の経験があることも忘れてはならないであろう。

### 1-3　自主活動

日本の学校においては児童・生徒の自主活動も行われており、自主活動を通じて彼ら自らが学校文化の形成の一翼を担っているといってよい。自主活動には、各種のグループ活動、各種係・委員会活動、クラブ活動、生徒会、生徒会企画のイベントなどがある。このような自主活動を通じて児童・生徒が主体的に学校にかかわっていくという行動パターンが形成される。ただし、それらの自主的な活動も個人の全くの自由放任主義的な自由、自主性ではな

く、学年、学級、図書室、クラブなど一定の枠があり、その枠内で活動することが認められている点に留意すべきであろう。

　自主活動について、元留学生は、小集団活動を通して学習、研究、仕事、遊びが自主的に行われていることに注目している。日本における小集団による自立活動は、授業における学習活動のみならず、学校におけるクラブ活動や特別活動、ならびに地域社会で行われている少年野球、少年サッカー、稽古事を含めた塾活動にも見られるものである。

　また、複数の元留学生が自主活動に高い評価を与え強い関心を抱いているのは、「自分たちで学習し、実践できるように教え、自分たちで探求できるようにする」、「図書館で自分で調べさせる」、「暗記より観察や見学を重視する」、「学生たちが自分たちで研究・討論し、研究の方法を学ぶように指導する」といった学習のあり方である。

### 1-4 「活字文化」

　日本の学校においては、「活字文化」と呼べるような読書や記録の習慣が見られる。最近では、朝の読書の時間を設けている学級も見受けられるが、一般に教室には図書コーナー、学校には図書室、地域社会には図書館があって、児童・生徒は本や雑誌に触れやすい環境にある。さらに、比較的安価な雑誌が大量に流通しており、日本語（母語）の本を手に入れやすくなっている。記録の面を見ると、学級では学級日誌をつけ、個人では家庭と学校との連絡用に連絡帳を用いている。また、各学校は自校の案内書を作り、指導要録や学校行事が記録、保存されている。学校の外を見ても、地域社会において、風土誌、地域の歴史書などが編集されている。

　「活字文化」について、元留学生からは「読書や記録の習慣」、「わかりやすいテキスト」、「図書館・図書室の普及」などの例示が多くなされている。それと関係して「本をよく読む」、「家庭で小さい頃から読書の習慣を身につけている」、「行ったことは何でもノートやファイルに記録し、保存する」、「どこへ行っても図書館、図書室があり、利用しやすい」、「母語（日本語）の本、雑誌、学術書参考書が手に入りやすい」などの意見が日本の特徴として寄せられている。途上国では、図書室、図書館の拡充、記録を取るノート、ファイル、

コンピューターの充実は容易な条件ではないが、元留学生の間では読書・記録の習慣を取り入れたいという希望が多く見られた。

## 2 学校文化と「社会の文化」

　学校文化は学校のみで形成されるものではなく、社会通念や社会道徳、慣習、流行、社会の学校に対する期待などに大きく影響される（このようなものを仮に「社会の文化」と呼ぶ）。学校文化は、直接には学級・学校の教員による教育活動に依存しているが、それらが円滑に行われるためには、学級、学校、地域社会が共有する非公式的規範があることを認識しなければならない。

　岩井八郎は「日本の学校文化」を説明する中で、日本的特徴として、「日本社会の場合、日常の人間関係についての広く共有された『非公式的規範』があることを指摘している。それが父母や外部社会から一般的に支持されており、教員も生徒もある程度それを共有しているため、フォーマルな統制が緩和されている部分での行動の規準となっているのである」と述べている（長尾・池田編(1993) pp.56-59）。近年、日本の学校組織に対する規制が緩和され、統制がルーズになってきているが、教員と生徒、家庭・学校・地域社会において共通に作用する非公式的規範が学校教育を円滑に機能させ、高い成果を上げるようになっていると思われる[3]。

　ところで、学校文化の基底をなす「みんなの共通の感覚、共通の経験、よく理解された目標」とは何であろうか。地域住民、教員の間には「学校は大切なもの」あるいは「学校は共通の財産」という感覚が認められる。また、親子が代々にわたって学校で教育を受け、運動会や文化祭を共通に味わったという共通経験を持っている。こうした感覚や経験を通じて、「子どもの学力を上げる」、「集団規律を身につける」という目標が地域住民や教員の間で暗黙のうちに共通に理解されていると思われる。こうした共有の非公式的規範を持つ共同体において、親の学級参観、教員による親への学校連絡が行われ、他人を気遣う教育システムが確立されるのである。

　元留学生のアンケート結果においても、親の学校教育活動への参加をぜひ取り入れるべきであるとの指摘が見られた。具体的には「学校活動への親の

参加」、「親と先生が関係を大切にする」、「親が授業参観する」、「先生が親によく連絡する」、「運動会に親も参加する」などである。「子どもの時から共同体意識や他人に気を使う教育がシステム化されている」とし、具体的教育の例として、家庭、保育園、学校における礼儀教育を挙げられている。また、「保育園や幼稚園の時から共同生活の様式を教育して、他人という概念を理解させ、他人に迷惑をかけないように教育している」という回答も見られた。

また、学校文化に影響を与える社会の文化の例としては、社会が学校に期待する役割、学問（教育）を重視する価値観、年長者を敬う考え方、他人に迷惑をかけない公共心、読書、記録を付ける習慣などがある。社会の文化は家庭教育、地域社会の行事、PTAやマスメディアなどを通じて学校に直接・間接に伝えられる。学校はこのような社会の文化に対し、対応を検討したり、軌道修正したりする。

いうなれば、学校と学校を取り巻く社会が一体となった共同体を形成し、その中で学校は機能しているものと考えられる。その一方、学校文化が児童・生徒を通じて社会に還元されるという構図が存在する（**図補-1**参照）。

また、集団意識、規律、自主活動、読書・記録の習慣にしても、視野を広げて検討してみると学級のみならず学校、地域社会共通に認められる事象で

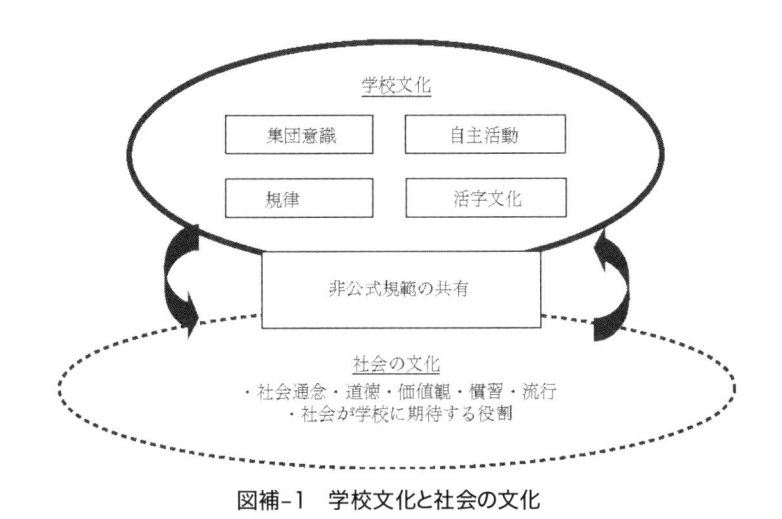

**図補-1 学校文化と社会の文化**

出所）筆者作成。

あることが確認される。したがって、教育協力のために日本の学校教育の特徴を外国へ発信していくためには、学級活動、学校教育の一部のみを見るのではなく、地域社会を含めた学校文化についても総合的に把握し、対処することが重要である。

〈村田翼夫、足立佳菜子、梅宮直樹〉

**注**

1 日本教育社会学会編（1986）『新教育社会学辞典』によると、学校文化とは、「学校集団の全成員あるいは一部によって学習され、共有され、伝達される文化の複合体」であり、それは物的、行動的、観念的の3つの要素からなっている。それぞれの要素に含まれる具体的な項目は次のとおり。①物質的要素：学校建築、施設・設備、教具、衣服等、学校内で見られる物質的な人物。②行動的要素：教室での教授／学習の様式、儀式、行事、生徒活動等、学校内におけるパターン化した行動様式。③観念的要素：教育内容に代表される知識・スキル、教職ないし生徒集団の規範、価値観、態度。

2 1997〜1999年度科研費補助金基盤研究（(B)(1)）として、1997年から3年にわたり、筑波大学村田翼夫教授を代表者とする研究者チームにより、「アジア諸国に対する日本の教育の影響に関する実証的比較研究―教育協力・援助の影響を中心として―」をテーマに実施されたもの。同研究において、戦後、アジア諸国に対して日本の教育がいかなる影響を与えてきたのか、また日本のいかなる教育がアジア諸国に受容されてきたのかを、韓国、中国、タイ、マレーシア、インドネシア、フィリピン、シンガポールの7カ国の元留学生・研修生約1000人を対象に、①日本の教育の特徴は何であると思うか、②その「日本的特徴」を回答者の属する国で取り入れているか、否かの2点についてアンケート調査が実施された。研究方法、結果の詳細については引用・参考文献を参照。

3 非公式的規範についてネイサン・グレーザーは「日本の経済成長と社会的文化的要因」という論文の中で、「みんなが共通の感覚、共通の経験、及びよく理解された目標に拘束されている感覚」と説明している（長尾・池田 編 (1993) p.57)。

**引用・参考文献**

長尾彰夫・池田寛編（1993）『学校文化―深層へのパースペクティブ―』東信堂。
日本教育社会学会編（1986）『新教育社会学辞典』東洋館出版社。
1997〜1999年度科研費補助金基盤研究 (B)(1) 成果報告書（研究代表者 村田翼夫）(2000)「アジア諸国に対する日本の教育の影響に関する実証的比較研究―教育協力・援助の影響を中心として―」。

第Ⅲ部　開発途上国における
　　　日本の教育経験の応用
　　　に向けて

# 第14章　開発途上国における日本の教育経験の応用に向けて

　第Ⅰ部では1872年(明治5年)の「学制」公布以降を中心に教育開発の視点からあらためて日本の教育史を概観し、日本がどのように近代的な学校教育制度を確立して、質・量両面にわたって学校教育を発展させてきたのかを振り返った。また、第Ⅱ部では「日本の教育経験」として抽出可能なテーマを提示し、その取り組みの概要についてまとめてきた。ここでは第Ⅰ部及び第Ⅱ部のまとめとして、日本の教育開発の特徴を明らかにした上で、これまで見てきた「日本の教育経験」を途上国の教育開発に応用する際の考え方や工夫、配慮、課題などについて述べる。

　なお、本書の目的は、かつて途上国であった日本がどのようにして自国の教育開発を達成してきたのかを可能な限り客観的に述べ、途上国が教育開発を行う上で参考になるような経験を紹介することにある。したがって、日本の教育経験をそのまま途上国に移植し、同様の教育開発を実現させることを目的とするものではないことを再度強調しておきたい。

## 1　日本の教育施策の変遷

　まずは、第Ⅰ部と第Ⅱ部の記述を参考に日本の教育発展の大きな流れをとらえてみることにしよう。

　日本の場合、教育政策の決定過程が民主的であるか否かにかかわらず、行政主導で教育政策が法令化され、それを地方自治体、学校及び地域社会の努力によって実現していくという形で学校教育が発展してきた。したがって、教育関係の法令や主要な審議会の答申を追うことで教育の発展過程を大まかにとらえることが可能だと思われる。こういった前提に立って日本の教育施策の変遷を教育開発の観点からまとめてみたのが**図14-1**である。

296　第Ⅲ部　開発途上国における日本の教育経験の応用に向けて

| 時代 | 社会の状況 | 教育の発展段階 | 年 | 就学率(%) 小 | 中 | 高 | 大 | 教育政策・施策 量的拡大 | 質的向上 | マネジメント |
|---|---|---|---|---|---|---|---|---|---|---|
| 明治 | 近代化 | 近代的な学校教育の導入期（1868〜1899年） | 1873 | 28.1 | | | | 1869 大学校の法制化 / 1870 大学規則・中小学規則 / 海外留学生規則 / 1872 学制（中央集権的教育行政体制、学区制）/ 1872 東京師範学校設立 / 1872 翻訳教科書の導入 | | 1871 文部省設置 |
| | | | 1880 | 41.1 | | | | 1879 教育令（民主的教育システム、就学強制の緩和）/ 1880 改正教育令（中央集権化、就学義務の厳格化、修身の重視）/ 1886 小学校令・師範学校令・中学校令・帝国大学令 | | 1885 内閣制度導入 初代文部大臣森有礼 / 1885 町村立学校の授業料徴収義務化 |
| | | | 1890 | 48.9 | | | | 1890 教育勅語 / 1897 師範教育令 | | |
| | | | 1900 | 81.5 | 8.6 | | | 1899 実業学校令・高等女学校令 / 1900 義務教育無償化 | 1900 自動進級制導入 / 1903 専門学校令 | 1899 視学官及び視学の設置 / 1900 市町村小学校教育費国庫補助法 |
| 大正 | 自由化 | 教育制度の拡充期（1900〜1945年） | 1910 | 98.1 | 12.3 | | | 1907 義務教育が4年から6年に延長 / 1918 大学令 | [大正自由教育] | 1917 臨時教育会議 |
| 昭和（戦前） | 軍国主義 | | 1930 | 99.5 | 18.3 | | | 1944 日本育英法 | 1933 小学校国定教科書 / 1941 国民学校令 | 1940 義務教育費国庫負担法 |

第14章　開発途上国における日本の教育経験の応用に向けて　297

| | | | | | | | |
|---|---|---|---|---|---|---|---|
| 昭和（戦後） | 民主化 | 教育制度復興期（1945～1969年） | 1945 | 99.8 | | | 1947 教育基本法・学校教育法 / 1947 学習指導要領（生活単元学習導入） | 1947 日本教職員組合結成 / 1948 教育委員会制度 |
| | | | 1950 | 99.6 | 99.2 | 46.7 | 1954 へき地教育振興法 / 盲学校及び聾学校・養護学校への就学奨励に関する法律 / 1956 学校給食法・就学困難な児童及び生徒に係る就学奨励についての国の援助に関する法律 | 1950 教育職員免許法 / 1950 産業教育振興法 / 1953 理科教育振興法 / 1958 学習指導要領改訂（系統学習重視） | 1952 中央教育審議会 / 1956 地方教育行政の組織及び運営に関する法律 |
| | | | 1960 | 99.8 | 99.9 | 57.6 | 1963 教科書無償配布制導入 | | |
| 高度経済成長以降 | 多様化 | 社会変容に対応する教育の充実期（1970～現在） | 1970 | 99.8 | 99.9 | 81.4 | | 1971 中央教育審議会答申（第三の教育改革）/ 1973 人材確保法 / 1975 私立学校振興助成 / 1978 教育系大学院設置 | 1974 教頭・主任の法制化 |
| | | | 1980 | 99.9 | 99.9 | 95.5 | 30.7 | 1984 臨時教育審議会設置 / 1987 臨教審最終答申 / 1987 初任者研修開始 | |
| | | | 1990 | 99.9 | 99.9 | 95.6 | 40.2 | 1998 教育課程審議会答申（総合的学習時間等）/ 2002 新学習指導要領実施 | |
| | | | 2000 | 99.9 | 99.9 | 95.3 | 54.5 | | |

基礎教育関連　後期中等教育・職業訓練関連　高等教育関連　「全体に関するもの」

図14–1　教育施策の変遷

注：「小」＝小学校、「中」＝中学校、「高」＝旧制中学、高等学校、「大」＝高等教育機関。
それぞれの就学率の定義：
「小」及び戦後の「中」：義務教育学齢人口（外国人を除く）に対する就学者数＋就学者数＋1年以上居所不明者数）のそれぞれ本科に進学した者の割合。
戦前の「中」：旧制中学校・高等女学校（本科を除く）・実業学校（甲）及び師範学校（第一部）の就学者数（甲）及び師範学校を除く（通信制課程を除く）・中等教育学校後期課程（1999年以降）、盲学校・聾学校・養護学校（高等部）、高等専門学校第1、2、3学年に対する就学者数（1932年以降）の比率。通信教育の学生は含まれていない。
「大」：該当年齢人口に対する在学者数（大学（大学院を除く）、短期大学、高等専門学校第4、5学年（1962年以降）、高等専門学校、修学専門学校課程（1976年以降）、国立工業教員養成所（1965年）、国立養護教員養成所（1970年、1975年）の比率。通信教育の学生は含まれていない。

出所：著者及び事務局作成。各データについては以下の統計データを参照。
文部省調査局（1962）（旧制中学の就学率データ）、文部科学省（2001）。

表14-1 教育開発段階別に見た日本の教育経験

| | 量的拡大 | 質的向上 | マネジメントの改善 |
|---|---|---|---|
| 導入期 | ・住民による学校設立<br>・学校教育関連公的基金の設立<br>・学校区域内巡回指導<br>・不就学罰則規定の作成と強化<br>・情報発信と住民啓蒙<br>・表彰等による関係者意識向上<br>・学校教育支援組織の形成<br>・学校体系の見直し<br>・学校暦・時間割の多様化<br>・教育内容の簡略化・実用化<br>・地方自治体による女子教育関連事業の奨励<br>・男女別学／共学体制の確立<br>・地方自治体による議論・研究 | ・教員養成課程拡充／整理統合<br>・教員免許制度の整備・改善<br>・指定校での研究開発の促進<br>・教科書検定制度の採用 | ・他国の教育の研究と成果の活用<br>・外国人による勧告・指導・助言に基づく政策立案・実施・改善<br>・官僚任用試験制度の導入<br>・教育関係法規の整備<br>・教育統計の整備<br>・教育予算の重点／傾斜配分<br>・収入創出<br>・教育行政と一般行政の一元化<br>・中央と地方の権限・機能・所管業務の明確化<br>・教育委員会制度の導入<br>・視学制度の拡充<br>・職員会議の設置と継続的実施<br>・学校関連諸経費の受益者負担 |
| 拡充期〈戦前〉 | ・義務教育の無償化<br>・自動進級方式への転換<br>・地方自治体による女子教育関連事業の奨励<br>・子守学校／学級の創設<br>・学齢簿の整理と就学督責<br>・女子のニーズに適した教育提供<br>・地方自治体による議論・研究<br>・女性教員速成課程の整備<br>・住民による簡易教育所の設立<br>・学校教育関連費用の公的負担 | ・教員の自立的な研究活動支援<br>・学会等の研究活動への協力<br>・適正学習形態・指導方法の選択<br>・板書計画・技術の改善<br>・授業展開モデルの構築と応用<br>・校内研修等による教授技術<br>・経験の共有化と蓄積・継承<br>・研究者と教員の協働<br>・教材研究の導入<br>・学校基本調査の実施 | ・審議会制度の導入<br>・義務教育関連経費の国庫負担の漸増 |
| 復興期〈戦後〉 | ・教員定期人事異動制度の導入<br>・私学への公的助成<br>・学校教育関連公的基金の設立<br>・学校体系の見直し<br>・へき地教育関係法規の整備<br>・へき地指定校制度の導入<br>・へき地の教員の待遇向上<br>・教育政策と他分野関連政策の同時実現<br>・教員の広域人事の実施<br>・へき地に応じた学校施設整備<br>・単級／複式指導等、各学校の現状に基づく指導方法の開発と導入<br>・大規模／精緻な児童実態調査実施<br>・「特別な配慮を要する児童」関連法規の整備<br>・障害児の教育機会の確保<br>・返還奨学金の整備 | ・教員の待遇・身分保障の改善<br>・養成教育の高度化・専門化<br>・教員採用試験の実施<br>・現職教員研修の体系的実施<br>・校内研修の実施<br>・教職員団体組織の組織化<br>・教育課程の統御方法の確立<br>・学習指導要領の整備・普及<br>・開発状況と現場ニーズに応じた定期的な学習指導要領改訂<br>・新教育課程の伝達講習会実施<br>・教員向け指導資料の定期刊行<br>・民間の刊行物・研究誌発行促進<br>・指定校での研究開発の促進<br>・指導計画の導入と整備<br>・学習指導案の作成と実践<br>・教員養成課程の見直し<br>・教科書検定制度の採用<br>・教科書の無償配付<br>・教室活動の批判的考察<br>・指導要録の導入<br>・教育課程実施状況調査の導入<br>・国際的学習到達度調査へ参加 | ・教育関係法規の整備<br>・中央と地方の権限・機能・所管業務の明確化<br>・教育委員会制度の導入<br>・学校の裁量権拡大と自治確立<br>・学校教育計画の整備<br>・校長・教頭の学校運営管理能力の強化<br>・校内研修による問題解決能力の強化<br>・組織化・制度化による保護者や地域住民の学校経営への関与の拡大<br>・児童による学校自治の推進 |
| 充実期 | ・放送大学の拡充 | ・教員の待遇・身分保障の改善<br>・学校評価（学校教育診断等）の定期的実施<br>・特別支援教育の開始<br>・教育系大学院設置<br>・初任者研修開始 | ・教員組合との協調<br>・定期的な方向性の見直し<br>・民間活力の導入<br>・教育予算の重点／傾斜配分<br>・学校の裁量権拡大と自治確立<br>・学校別教育目標の設定<br>・学校運営組織形成と校務分掌<br>・校長・教頭の学校運営管理能力の強化<br>・校内研修による問題解決能力の強化<br>・組織化・制度化による保護者や地域住民の学校経営への関与の拡大<br>・児童による学校自治の推進 |

出所）筆者作成。

第I部の第1章「日本の近代化と教育の発展」と必ずしも一致した時代区分ではないが、この図によれば、3度の「教育改革」と1900年(明治33年)に公布された一連の法令をもって日本の教育発展の段階をおおまかに区分することが可能であり、そうすることで各段階における教育開発の焦点をより浮かび上がらせることができるように思われる。したがって、以下では、教育の発展段階を「近代的な学校教育の導入期(1868～1899年(明治元～32年))」、「教育制度の拡充期(1900～1945年(明治33～昭和20年))」、「戦後の教育制度復興期(1945～1969年(昭和20～44年))」、「社会変容に対応する教育の充実期(1970年(昭和45年)～現在)」に区分した上で、教育開発課題に焦点を当てた施策の変遷と学校教育段階から見た施策の変遷について分析する。なお、**表14-1**に各時期における具体的取り組みをまとめたので参照されたい。

### 1-1　教育開発課題別に見た変遷

　教育施策の重点の変化を教育開発課題別に見た場合、概して「教育の量的拡大」から「教育の質的向上」に重点が移行しており、「教育マネジメントの改善」には継続して重点が置かれてきたことがわかる。

　「近代的な学校教育の導入期」には1872年(明治5年)の「学制」を中心とする「明治初年の教育改革」が実施され、政府の近代化政策の下、欧米をモデルに近代的な学校教育制度の構築が図られた。この時期には教育のマネジメントに焦点を当て、教育行財政システム及び学校教育体系を確立するための教育関係法規を整備し、教育予算の確保や教育関連情報の整備を行った。その際、他国を対象にした研究成果や外国人アドバイザーの助言などを活用した。また、教育の質的向上に直結する教員養成や教員免許に関する制度的な枠組みについても法整備を行った。これと並行して、学校や学校を直接監督する地方自治体においては就学促進に資する施策を彼らが主体的に実現できるような仕組み作りを行いつつ、地域の現状に即した学校教育の見直しを実施してきた。しかし、1873年(明治6年)には初等教育就学率がわずか28.1%にすぎず、明治期初頭には学校教育の普及が最優先課題とされた。

　「教育制度の拡充期」においては教育改革に匹敵する1900年(明治33年)の一連の法令にて義務教育の無償化、自動進級制の導入などの思い切った改革が

行われた。同時に、一般に教育上の不利益を被りやすい女子に配慮したさまざまな施策も行われ、盲学校・聾学校といった特殊教育機関の設置も義務づけられた。マネジメントの観点からは義務教育費の国庫負担が実施され、それまでの教育費の受益者負担を軽減し、徐々に国庫による教育費の負担が増加していった。このような対策により初等教育の就学率は80％を超え、次第に教育制度、教育内容、指導方法などの改善とその成果といった教育の質的向上が重視されるようになる。そして、この時期には教育の質的向上を図るための教員による自主的な研究・研修活動が活発になった。その後も教育の質的向上に焦点が当てられ、「大正自由教育」に代表されるような民間による新しい教育のあり方が積極的に模索された。しかし、第二次世界大戦で日本の学校教育は壊滅的な打撃を被った。

「戦後の教育制度復興期」には教育の民主化と機会均等を柱とする抜本的な教育行財政システム及び学校教育体系の改革が行われた。この時期には学校教育の復旧と教育の機会均等が最優先課題となり、1947年（昭和22年）の「教育基本法」と一連の教育関係法規を中心とする「戦後の教育改革」が民主化政策の一環として実施された。例えば、教育の質を規定する学習指導要領などのさまざまな国家基準の整備、優秀な教員の育成・確保・資質向上に資する施策、教育評価制度の構築とその遂行に関する施策などが実施された。同時に、教育の質的向上に加えて再び量的拡大にも重点が置かれるようになった。その後、小・中学校を中心に教育の量的側面は急速な回復を見せ、1950年（昭和25年）には小・中学校計9年間の義務教育就学率は99.2％に達するまでになる。また、教育の機会均等を達成するためには一層の就学環境の整備・改善が必要との判断から、へき地に居住する児童・障害児・経済的な就学困難児への対応や学校給食・学校保健の推進などが実施され、1960年（昭和35年）には小学校就学率が99.8％、中学校就学率が99.9％に達するに至った。

学校教育制度が完成し、各教育段階の就学率もかなり高くなった「社会変容に対応する教育の充実期」には、教育開発の重点は教育の質的向上に置かれるようになった。この時期には、1960年代に経験した急激な社会経済構造の変化に対応すべく、教育制度を全面的に見直し、全学校体系の再編を意図した包括的な改革が目指された。また、教員のモティベーションを高めるた

めに教員の待遇改善が行われ、各学校の独自性を重視した学校運営管理の改善を目指す措置が講じられた。1970年代に今日のような就学前教育から高等教育に至るまでの学校教育システムがほぼ完成すると、その後は日本社会の変化に対応すべく教育の質的向上に重点が絞られてきている。

なお、教育マネジメントの改善については明治期初頭の近代教育導入期から現在まで一貫して重点が置かれてきたものの、教育行政と教育財政では権限・責務の移譲の観点から全く逆の経過が見られる。教育行政においては、その重点が徐々に中央政府から地方自治体へ、地方自治体から学校へと「地方分権化」の動向に即して移行している。特に1970年代以降は学校そのものの改善が本格的に検討され始め、主体的な学校経営を実現するための取り組みが積極的に進められている。一方、教育財政では教育経費の負担者が学校及び家庭から地方自治体へ、地方自治体から中央政府へと変化し、1940年代には現在のような国と地方自治体が教育に必要な経費を折半する体制になった。

以上の指摘は、あくまでも教育施策の重点に焦点を当てたものであり、施策実現のための具体的な取り組みは、教育の量的拡充、質的向上、マネジメントの改善のいずれも同時並行的に行われてきた。

## 1-2　学校教育段階別[1]に見た変遷

教育施策上の重点の変化を教育段階別に見ると、政策上は全学校教育段階の制度構築を一括して検討してきており、制度としては1920年（大正9年）頃にはすでに近代的な学校教育システムを完成させている。これは第二次世界大戦後の復興期に行われた教育改革で単線型の「6・3・3・4制」に転換されて現在に至っている。

しかし、就学者の実態は、「初等教育」では拡充期に、「前期中等教育」では復興期前半に、「後期中等教育」及び「就学前教育」では復興期後半あるいは充実期前半に、「高等教育」では充実期に、それぞれ急激に増加しており、実質的にはこのような順に学校教育が整備され、1970年代に日本の学校教育システムが完成されたといえる。

近代的な学校教育の導入当初は欧米から先進的な学問・技術・制度を吸収

すべく優秀な人材の留学推進や「お雇い外国人」による技術移転を中心に高等教育が重視された。しかし、高い専門性を身につけた日本人が自国の教育開発を先導するようになるにつれ、全児童を対象とした初等教育の完全普及に重点が移行していった。

初等教育が拡充していくと、その後は卒業生の受け皿となる前期中等教育が重視されるようになり、第二次世界大戦後に初等及び前期中等教育の計9年間が義務教育になった直後には、その就学率は99％を超えるようになっていた。

1950年（昭和25年）頃からは後期中等教育段階への進学希望者が徐々に増えてくるようになり、1960年代に入って高度経済成長が本格化するにつれ、後期中等教育の拡充を求める国民からの声が大きくなっていった。そして、後期中等教育の就学率は1970年（昭和45年）には81.4％に、1980年（昭和55年）には95.5％に達するようになる。

また、後期中等教育に前後して就学前教育も整備されるようになる。日本の就学前教育は文部省が管轄する幼稚園のほかに厚生省が管轄する保育所があるが、幼稚園の就学率だけを見ても1970年（昭和45年）には53.8％に、1980年（昭和55年）には64.4％に達しており、保育所をあわせると、この時期、すでに大多数の就学前児童が教育を受ける機会を有していたといえる。

その後、1960年代から1970年代にかけて高等教育に重点が移り、短期大学・大学が急速に整備されていく。高等教育の就学率は1970年（昭和45年）には14.8％であったが、1980年（昭和55年）には30.7％、1990年（平成2年）には40.2％、2000年（平成12年）には54.4％と半数を超え、1980年（昭和55年）以降は「高等教育の大衆化」が問題視されるまでになった。

現在では、大学院が盛んに新設されるなど、高等教育の多様化を目指してさらなる改革が実施されている。

以上の考察より、日本においては制度としては全学校教育段階を一括して検討していたものの、近代教育導入当時は初等教育の量的拡充に力が注がれ、初等教育がほぼ普及すると重点が教育の質的向上や中等教育以後の教育の拡充に移っていったことがわかる。

## 2 日本の教育開発の特徴

　第Ⅰ部及び第Ⅱ部の「日本の教育経験」に関する事実の整理とその考察から、日本の教育開発の特徴として、①教育開発の促進要因としての初期条件の存在、②国家重点政策としての教育政策、③包括的・漸進的な教育改善、④行政における中央集権と財政における地方分権、⑤教育現場の創意工夫、の5点を指摘することができよう。これらは一国の教育開発を検討する上で重要な視点を提供するだけでなく、開発途上国に対して日本の教育経験を応用する際の留意点とも考えられる。

　以下、それぞれの特徴について詳しく見ていくことにする。

### 2-1　教育開発の促進要因としての初期条件の存在

　日本の教育は、第1章の冒頭で触れているように、①文化的成熟と伝統的教育の遺産、②教育の世俗的性格と単一言語による教育、③教育による国民統合の課題の認識、④学歴による人材登用システムの萌芽、⑤多様なモデル選択の可能性、といった5つの社会文化的環境に恵まれて急速な発展を遂げることができた。

　このことについては、決して5つの条件が揃わないと教育開発ができないということではなく、むしろ、これらの条件が整っていたことにより、通常よりも速く教育開発を進行させることが可能であったと解釈すべきであろう。例えば、近代的な学校教育の導入期において受益者負担の原則に基づいて学校建設とその運営管理が行われていたが、これは教育熱心な国民性の基盤がすでに形成されており、近い将来、学歴によって雇用と社会的地位が決定することが予想されたため、住民による経済的な負担が可能になり、急速に学校教育を普及させることができたと考えられる。しかし、受益者負担の原則によらなくとも国家が徐々にその整備を進めることができれば、時間はかかるかもしれないが、学校教育の普及は決して不可能ではない。

　日本では上記で述べた初期条件をうまく利用することによって教育開発の速度を速めることができた。そして、それを可能にしたものは政策を推進さ

せる条件を見つけ、それらを有効に活用できるようにした政府や地方自治体の現状分析能力や政策立案能力、施策実施能力であったといえよう。

### 2-2　国家重点政策としての教育政策

　日本においては、明治期と昭和の戦後期という異なる時代背景にもかかわらず、教育の量的拡大と質的向上の問題はともに約30年という短い期間でほぼ解消されており、教育開発の進度が速かったといえる。その理由は、個々の施策が効果的であったという以上に、明治期の近代化政策と戦後の民主化政策という開発政策において教育政策が極めて重視されていたことが主な要因として挙げられよう。また、政府自らが他国の教育事情を調査し、留学生や外国人専門家といった人材を積極的に登用して他国の教育経験を自国の教育開発に取り入れ、わずか数年のうちに試行錯誤を繰り返して自国に適切な形に改善してきたことから、自助努力の存在と他国の教育経験に対する受容能力の高さも一因として指摘できるように思われる。

### 2-3　包括的・漸進的な教育改善

　日本の教育開発においては「学制」以降一貫して教育制度・教育行財政・教育課程・教員養成研修など多岐にわたる包括的な改正が実施されてきた。その方向性や継続性、そして成果を見ると、明治初年(1868〜85年(明治元〜18年))と戦後(1945〜50年(昭和20〜25年)頃)の「教育改革」を除いて急進的な改革は実現せず、むしろ、政策の一貫性及び行政の継続性が確保された「教育改善」が常時行われてきたといえる。「改善」とは、情報収集と現状調査を重視し、施策を定期的に見直すことによって、より効果的・効率的なものに改めていく漸進的な取り組みであり、大幅な改正を伴う急進的な改革とは一線を画している。このような教育改善は一見進度が遅いように見えるが、それまでのさまざまな蓄積に基づいて修正を加えていくことから多くの教育関係者と国民の理解を得やすく、結果として現実的かつ着実な進歩を可能にする。

　また、改善のためには定期的なモニタリングが不可欠であるが、これを実施することによって国民の教育ニーズに常に注意を払いながらも、経済発展に直結する産業界の意見や国際的な教育開発の思潮や動向を反映する形で迅

速かつ比較的容易に現状に修正を加えることが可能になる。

## 2-4　行政における中央集権と財政における地方分権

　日本では教育委員会制度を柱とする民主化・自由化・地方分権化の試みが何度か行われてきたものの、戦後の一時期を除いて、日本の教育行政制度は基本的に中央集権的であった。現在の途上国の教育開発においては教育行政の地方分権化が主流となっており、中央集権的な教育行政制度は否定的にとらえられることが多い。しかし、日本の経験からは教育改革や教育改善を全国規模で均等・均質に展開していく上では官僚制に依拠した中央集権的な教育行政が極めて効果的であったことがわかる。

　一方、教育財政制度は、近代的な学校教育の導入当初より、かなり地方分権化された体制で資金の調達と配分が行われてきた。原則として高等教育は国が、中等教育は都道府県が、初等教育は市町村がその財政を負担する体制が整えられたが、明治初期の段階から受益者負担の原則に基づいて保護者や地域社会にかなりの負担が強いられてきた。その背景には国民の教育の重要性に対する理解と社会移動及び生活向上の手段としての教育への期待があった。

　こうして、教育行政においては中央のエリート官僚を頂点とする上意下達式の極めて効率的なシステムができあがり、中央政府が強力なイニシアティブを発揮する仕組みが整備された。その一方で、少なくとも1970年代に教育問題が社会問題として顕在化するまでは、教育に強い関心を抱く国民が教育行政に一定の理解を示しつつ財政負担を中心としながら協力していくという協働体制が確立され、数々の教育施策が迅速かつ着実に実行に移されてきたのである。

## 2-5　教育現場の創意工夫

　どんなに崇高な教育理念も、どれほど効果的な教育施策も、学校や教室で実践されなければ意味をなさない。したがって、学校教育における最も重要かつ本質的な教育改善は実際に日々児童・生徒と接している教員による学校及び教室での教育改善だといえよう。日本において教員は教育政策を自分な

りに解釈し、学校や教室においてそれを具現化する職務を負う。と同時に、教育現場で実践に基づいて継続的により、良い教育を探究することが求められており、多くの教員がこのような要求に一定程度応えているように思われる。

　こうした教員を育成・確保するために、行政側は教員免許資格制度の整備、教員養成課程の拡充、現職教員研修の提供、教員の待遇の改善などに関連する総合的な施策を実施してきた。また、教員自身も教育のプロとしてふさわしい知識・技能・ノウハウを身につけるべく、行政側が提供する研修機会に参加するだけでなく、自ら授業研究を行い、校内研修や校外の勉強会に積極的に参加して専門性を高めつつ、教員間の情報伝達や意見交換を常時可能にするネットワークを形成することなどにも力を入れてきた。さらに、こうした垂直・水平方向の専門性向上の機会を通じて教員の持つ教育観・学習観・児童観・教材観といったものが均質化されてきた。このような過程を経て個々の教員が児童・生徒の特性に応じて教育上の創意工夫を実践することが可能となり、結果として教育の質的向上が図られていると考えられる。

## 3　「日本の教育経験」の途上国の教育開発への応用に向けて

　歴史的社会的背景の異なる途上国に日本の経験をそのまま移転することはできないが、途上国が日本の経験を研究し、教育開発上の選択肢をそこから作り上げることは、何もないところから試行錯誤して施策等を作り上げる場合よりも効率的であると思われる。

　ただし、日本の教育経験を途上国の教育開発に応用する際、これを積極的に利用したいと思う途上国の関係者が存在することが前提となる。そして自国の教育開発に必要な資料や活動を可能にする制度や法制が整備されていることが望ましい。加えて、活動の実施主体が強化され、活動内容を理解した上でその実現に主導的な役割を果たせるような体制の整備も期待される。これらの前提が満たされない場合には、それらを満たすような活動を協力開始以前に実施するか、協力開始時にこれらを活動内容に組み込む必要がある。

このような前提の下で日本の教育経験を途上国の教育開発にどのように応用できるかを検討する。

## 3-1　教育の発展段階に応じた協力

これまでの考察で明らかなように、日本においては時代のニーズに応じた形で長期的な展望を示す教育政策が「教育改革」という形で示されてきた。その内容は全教育段階及び教育上のあらゆる問題を網羅しており、教育開発を実現する上で極めて重要な役割を果たしていた。その具体的な取り組みに関しては、常に教育の質・量両面にわたって継続的に実施されてきたが、施策の重点は近代化政策の下では初等教育を中心に教育の量的拡大から質的向上へと移行してきた。また、民主化政策の下では義務教育を中心に教育の量的拡大と質的向上が同時に目指されたものの、初等・中等教育において一定程度の量的拡大が実現された後は就学前・高等教育に量的拡大の重点が移行するとともに、日本社会の変化に対応すべく初等・中等・高等教育を中心とする教育の質的向上に重点が絞られてきた。

以上のような日本の教育開発の経験をひとつのモデルとして考えるならば、これまで対症療法的に行われてきた「教育開発の段階に応じた援助を実施する」[2]ことを確かなアプローチとして整備できるのではないかと思われる。相手国の教育段階を日本の教育開発の経験に照らし合わせ、開発で日本が実施した施策や個別具体的な取り組みを紹介し、必要に応じてその中の取り組みを教育協力として実施していくことが可能となろう。

## 3-2　ケーススタディとしての活用

途上国からの教育協力のニーズは、一般に教育制度の整備、教育行財政の強化、各種国家基準の策定、教育機会の保障などに関するものが多い。このような課題に対して協力を実施する場合は、案件発掘及びプロジェクト形成段階で、途上国の関係者に日本の経験を事例のひとつとして紹介し、具体的な協力内容について従来より踏み込んだ形で議論する。そして、協力開始のための前提条件を途上国側のイニシアティブで整える努力を誘発する、というような日本の経験の活用が可能である。特に、日本の教育開発の経験と途

上国の現在の教育開発が軌を一にする場合には、日本の事例紹介は具体的な協力のイメージを共有しやすくし、協力に関する正負のインパクトなどを事前に予想することも可能なため、途上国側の協力に関するコミットメントを確保するために有効な方法だと考えられる。

### 3-3　活動のオプションとしての活用

　プロジェクト形成時の教育セクター分析にて途上国の現状が明らかになれば、日本の教育経験との比較対照から直面する課題の解決に効果的と思われる活動をプロジェクト・コンポーネントとして選択することが可能である。このように日本の教育経験を活用可能な形の情報として取りまとめ、教育協力のメニューとして整備することができれば援助効率の向上も期待できる。また、個別具体的な「日本の教育経験」に関して、その前提条件の詳細な分析が可能となれば、協力活動を行う際、その方向性やアプローチを明確にすることができるようになり、援助効率のさらなる向上に一定の効果があるものと思われる。

　さらに、専門家が派遣前に指導科目に即した日本の教育経験に関する研修を受講したり、本書及び関連資料を読むことによって赴任後に予想される問題の解決に向けて選択肢を広げることが可能となる。

　なお、日本の経験を応用しやすいと判断される活動については、より詳細な調査を行い、マニュアル等にまとめておくと、日本の教育経験が教育協力に活かされる可能性が高まると同時に、教育協力の幅が広がるものと思われる（日本の教育経験の応用可能性については本章**付表**参照）。

## 4　日本の教育経験を応用する際の留意点

　実際に日本の教育経験を途上国に応用する際には、どのような取り組みが参考になりうるのか検討する必要がある。そのため、これまで日本が実施してきた個別の活動を本章**付表**に整理し、「必要時間」、「必要予算」、「技術水準」、「必要労力」の4つの観点から、それらの経験の応用の可能性を検討し、また応用するための前提条件を整理した。その結果は以下のとおりである。

## 4-1 「日本の教育経験」の応用には労力が必要

　「日本の教育経験」の応用に際しては、活動に要する時間や予算、技術的な難易度にかかわりなく、一定程度の労力が必要とされる。これは何か新しいことを始めようとする場合には当然のことだが、特に他国の経験を自国の開発に活かそうとする場合には極めて重要な要因となろう。関係者が他国の教育経験に関する情報を入手し、自国への応用の可能性についてさまざまな角度から検討を加えて適切な改善を施し、1つのモデルを作り上げる。そして、試行錯誤を繰り返しながら、それを自国の教育に徐々に適用させていく。そういった過程にあっては何よりも関係者の確固たる意志と高い意欲そして不断の努力が必要とされる。

　このような前提の下で、さらに応用可能性について検討すると、教育現場に近い活動ほど応用が容易であり、国レベルの施策になるほど応用は容易ではないことがわかる。日本の経験を実際に応用する際にはこれらの点を認識した上で具体的な応用方法を検討することが重要である。

　以下、教育現場での応用と国の施策レベルでの応用のあり方について述べる。

### (1) 教育現場での応用

　「子どもを取り巻く教育環境の改善」、「教育方法の改善と普及」、「適切な学校モニタリング・評価の実施」、「学校運営管理能力の向上」に関連する活動、及び学校や教員による自主的な取り組みといった、学校教育の現場に近く必要な予算が少額である活動は、日本の教育経験を比較的簡単に応用できる可能性が高いと思われる。学校や地域での取り組みは関係者が限定されるために意思の疎通が容易であり、経済的な負担も比較的少ないために合意も形成しやすい。加えて、高次の政治的判断や複雑な行政手続きを経る必要がなく比較的容易に取り組みが開始できる。また、対象者が明確であり、その問題意識、ニーズ、興味関心などを把握しやすいことから、それらを踏まえて活動を開始し、彼らの能力に応じた形で次第に活動を発展させることも十分に可能である。

例えば、「校内研修」について考えてみよう。ある教員の発案によって校内研修が企画されたとする。それを学校管理者である校長が許可し（場合によっては学校監督者である地域の教育行政官の許可も必要となるが）、賛同する教員がいれば実現可能となる。きちんと計画されたものでなくとも日々困難に感じている点や疑問に思っている点などを同僚と話し合い、互いの意見を交換する、あるいは情報を共有するといったことから始めれば抵抗感は最小限に抑えられるように思う。校内研修が定期的に開催され、その成果が有用な情報や経験としてまとめられるようになれば、他校との情報交換や教育行政官への報告を行うことができる。そして、そのような活動が関係者に支持されるようになれば、校内研修が各校で実施されるようになり、学校間の意見交換もより活発になる。こうした校内研修の成果を地域のセミナーとして紹介し、意見の集約を図ることができれば、教育現場からの意見として行政側の教育政策あるいは教育計画の立案過程に影響を及ぼして、大きな教育改善の流れを作っていくことができるようになるかもしれない。

　このように現地の事情を最大限に考慮した段階的なアプローチをとることができれば、一見、実施が困難に思える日本の経験であっても必ず最終的な目標を達成することが可能になるものと考えられる。

### (2) 国の施策レベルの経験の応用

　教育制度の整備、教育行財政の強化、教育に関する各種国家基準の策定、すべての子どもに対する教育機会の保障、教員の養成・確保・研修などの国の施策に関する取り組みについては、一定の時間がかかる上に多額の予算と相応の労力を必要とし、いずれも総合的な取り組みとなることから技術的難易度も高い。さらに、対象者が全国民に及ぶことから数多くの関係者の関与が予想され、高次の政治的判断も不可欠となるため、日本の教育経験を直ちに応用することは困難である。しかしながら、日本の教育経験を事例として提示することで現在の途上国の取り組みが十分であるのかを検証し、不足する点を新たな活動として加えることは可能であり、そのような形で効果的な施策の実現に貢献することができると思われる。また、それらの取り組みが今後どのようなインパクトを与えるのかをある程度予想することができるた

め、関係者の想像力を喚起し、その理解と意欲を引き出すことで同国の教育開発に資することも可能となろう。

### 4-2　各種取り組みの導入・実施のための主な前提条件

**付表**で示した日本の教育経験の「導入・実施のための主な前提条件」の多くは、①調査による各種ニーズの把握と統計の整備、②関係者・対象者の啓発と理解向上、③実施・責任主体の実施体制強化とイニシアティブの醸成、④制度や法制の整備、などである。これらは、これまでにも国際教育協力を行う中で相手国の受容能力を規定する重要な要素ないし援助受け入れに必要な前提条件として度々指摘されてきたものであるが、本分析においても同様の結果が得られた。これらの条件がすでに整備されている途上国については当該国が独自に日本の教育経験を応用することが可能だと思われるが、そうでない国についてはさらなる支援が必要となろう。

## 5　日本の教育経験の活用に向けた今後の検討課題

今後、日本の教育経験を途上国の教育開発に活かしていくためには以下の事項に取り組んでいく必要があろう。

### 5-1　日本の教育経験に関する情報の発信

途上国の教育開発は途上国自身が担うものであり、日本の教育経験を応用するのであれば日本の経験を積極的に利用したいと途上国自身が考えることが必要である。現段階では日本の教育経験が十分に途上国に理解されているとはいえないため、日本の教育経験が途上国の教育開発に応用できる可能性があることを広く途上国の教育関係者に知ってもらう必要がある。最も効果的な方法として途上国の研究者や教育行政官あるいは現場の教員による日本の教育経験に関連する研究の促進が考えられるが、そのためには日本の教育経験に関する情報開示や広報を積極的に行う必要がある。

## 5-2 歴史的側面を含む教育セクター分析の実施

教育協力の対象となる途上国の教育開発段階と現在に至るまでの過程を正確に把握する必要があろう。現時点で存在する教育問題を網羅的に把握するといった従来の調査だけでなく、いかなる教育問題が過去に存在し、どのように解決されてきたのか、また、現存する教育問題がどのように形成され、発展してきたのかを当該国の歴史的な側面に留意しながら把握することが重要である。こうすることにより、直面する教育問題解決のためのオプションとして、より適切な日本の教育経験を提示することが可能になる。

## 5-3 社会配慮に基づく教育協力の実現

教育はその国の文化・宗教・言語などと密接に関連している上に、その普及の状況や内容は当該国の経済状況や政治体制にも大きく左右される。したがって、途上国の文化的・社会的・経済的・政治的な背景を十分に考慮した上で教育協力が実施されなければならない。この点は従来から強調されており各案件で実践されていることではあるが、すでに標準化された中立的な技術を移転するような協力とは異なり、日本の教育経験を途上国に提示する際には今まで以上に慎重な配慮が必要になる。各国が自国の諸事情を分析・考慮した上で日本の教育経験を批判的に考察し、その中で自国の教育開発に応用できるような経験があれば、途上国自らの判断により適切な改善を加えた上で導入・試行されることが最も望ましい。

## 5-4 技術協力のあり方についての検討

日本の教育経験を応用する際には従来のような日本人専門家を通じての協力や途上国の教育関係者を招いての本邦研修により日本人と途上国の関係者が応用の可能性や方法について共同で検討していくことが最も適切な方法であると考えられる。しかし、国際的な援助モダリティの変化、すなわち専門家派遣や研修員受入などの従来型のプロジェクト型援助から財政支援型の援助への転換が主張されている中で、単発のプロジェクト型援助は効果が疑問視され、実施が難しくなる可能性がある。日本の経験を活かした協力を実施するためには、このような援助モダリティの変化を考慮し、今後どのような

形の協力が可能かについて、あらためて検討していく必要があろう。

〈村田敏雄〉

**注**
1　学校教育段階は、一般に、就学前・初等・中等（前期・後期）・高等の各教育段階に分類される。日本の場合、原則として、就学前教育は幼稚園及び保育園で、初等教育は小学校で、前期中等教育は中学校で、後期中等教育は高等学校で、高等教育は大学で実施される。
2　国際協力事業団（1994）では、教育援助の基本方針として、①教育援助の拡大を図る、②基礎教育援助を重視する、③教育開発の段階に応じた援助を実施する、の3つが提言されている。

**参考文献**
文部科学省（2001）『2001わが国の教育統計―明治・大正・昭和・平成―』財務省印刷局。
文部省調査局（1962）『日本の成長と教育：教育展開と経済の発展』文部省（旧制中学の就学率データ）。
国際協力事業団（1994）『開発と教育　分野別援助研究会報告書』。
─────（2002）『開発課題に対する効果的アプローチ　基礎教育』。

# 付表 「日本の教育経験」の応用の可能性

[分析の目的]

途上国の協力現場で活動する人が日本の教育経験を応用する際に、前提条件、取り組みの順序、必要になる時間・予算・技術水準・労力の程度をイメージできるようにするために本付表を作成した。なお、国ごとに状況が異なるため、実際に日本の経験を応用する際は、その国の状況に応じて活動を選択・検討すべきである。

[分析の手順]

(1) 分析のフレームを国際協力事業団（2002）『開発課題に対する効果的アプローチ基礎教育』の「開発課題体系図」を参考に設定した。
(2) 分析項目の「途上国に参考となる日本の教育経験」には第Ⅱ部の第2章から第13章に記載されている教育経験から主な取り組みを抜き出して記入した。
(3) (2)に対応する「導入・適用のための主な前提条件」については、第Ⅱ部の第2章から第13章に記載されている記述と途上国が置かれている現実を参考に主な条件を特定し、記載した。
(4) 「途上国に参考となる日本の教育経験」が日本において本格的に実施され始めた時期を「本格始動時期」として［☆］を記載した。なお、時期区分は以下のとおり。

| 導入期 | 拡充期 | 復興期 | 充実期 |
|---|---|---|---|
| 近代的な学校教育の導入時期にあたる明治初期（1870年（明治3年）頃）から明治後期（1899年（明治32年））までの期間。 | 義務教育の無償化や自動進級制度の導入など、学校教育が質・量の両面にわたって拡充された明治後期（1900年（明治33年））から昭和期の終戦（1945年（昭和20年））までの期間。 | 第二次世界大戦によって学校教育が完全に麻痺していた昭和期の戦後直後（1945年（昭和20年））から高度経済成長の影響によりさまざまな教育問題が表面化する1970年（昭和45年）頃までの期間。 | 中央教育審議会による「第三の教育改革」が検討され始める1970年（昭和45年）頃から現在までの期間。 |

(5) 実際の教育協力を想定して「応用可能性の判断基準」を、①意思決定・計画・実施・評価の一連の活動に要する時間（特に意思決定に要する時間を重視）、②活動の実現に必要とされる予算、③技術的な難易度、④活動を実現していく上で必要な労力、の4項目を3段階で評価した。評価記号の意味については下記のとおり。
(6) (5)の4項目についての3段階評価は、筆者が2000年5月から2003年4月までの3年間にかかわったプロジェクトや各調査の対象国10カ国（グアテマラ、ホンジュラス、ボリビア、フィリピン、ミャンマー、タンザニア、セネガル、南アフリカ、レソト、エジプト）の平均値であり、途上国一般を目安として提示した。実際には各国の現状に応じて評価結果が変化する。

第14章　開発途上国における日本の教育経験の応用に向けて　315

| | 必要時間 | 必要予算 | 技術水準 | 必要労力 |
|---|---|---|---|---|
| ● | 長い | 多額 | 高い | 大きい |
| ◎ | 中程度 | 中程度 | 中程度 | 中程度 |
| ○ | 短い | 少額 | 低い | 小さい |

＊「必要時間」は〈意思決定→計画→実施→評価〉という一連の活動に要する時間を指す。

| 目標 | サブ目標 | 途上国に参考となる日本の教育経験（数字は対応する章注） | 導入・実施のための主な前提条件 | 本格始動時期 | | | | 応用可能性の判断基準 | | | |
|---|---|---|---|---|---|---|---|---|---|---|---|
| | | | | 導入期 | 拡充期 | 復興期 | 充実期 | 必要時間 | 必要予算 | 技術水準 | 必要労力 |
| 教育の量的拡大 | 教育サービスの（量的）拡大 | ⑤⑦学校教育関連の公的基金の設立 | ・国家による強いイニシアティブと原資 | ☆ | | ☆ | | ● | ● | ◎ | ● |
| | | ⑤地域住民や保護者による学校設立 | ・地域住民の理解と行政の支援 | ☆ | | | | ◎ | ● | ○ | ● |
| | | ③⑤⑥義務教育の無償化（授業料の非徴収） | ・財源の確保<br>・学校側の受入態勢の整備 | | ☆ | | | ● | ● | ◎ | ● |
| | | ②⑧教員定期人事異動制度（慣行）の導入 | ・地方自治体への教職員の任免権の移譲<br>・教員組合の合意 | | | | ☆ | ● | ◎ | ◎ | ● |
| | | ②③私学への公的助成 | ・私学の自主性の尊重と学校法人化<br>・公的金融制度の整備 | | | | ☆ | ● | ● | ◎ | ● |
| | 子どもを取り巻く教育環境の改善 | ⑤学校区域内巡回指導による就学督促 | ・関係機関と保護者の協力 | ☆ | | | | ○ | ○ | ○ | ● |
| | | ⑤不就学罰則規定の作成と強化 | ・学校や住民の理解と協力 | ☆ | | | | ○ | ○ | ○ | ● |
| | | ⑤メディア活用の情報発信と住民啓蒙 | ・行政及び学校によるイニシアティブ | ☆ | | | | ○ | ● | ◎ | ● |
| | | ⑤表彰等の名誉付与による関係者の意識向上 | ・行政及び学校によるイニシアティブ | ☆ | | | | ○ | ○ | ○ | ○ |
| | | ⑤学校教育支援組織の形成による住民の意識向上 | ・地域リーダーによる理解と協力 | ☆ | | | | ○ | ○ | ◎ | ● |
| | 教育システムの弾力化 | ②現状に応じた学校体系の見直し | ・学校体系変更に関する社会的要請 | ☆ | ☆ | | | ● | ● | ◎ | ● |
| | | ⑤学校暦・時間割の多様化 | ・地方自治・学校自治の確立 | ☆ | | | | ○ | ○ | ◎ | ○ |
| | | ⑤⑥教育内容の簡略化・実用化 | ・カリキュラム運用に関する柔軟性の確保<br>・教員の専門性の向上 | ☆ | | | | ◎ | ● | ● | ● |
| | | ⑨自動進級方式への転換 | ・強い政治的コミットメント<br>・学習環境の整備と全国的な標準化<br>・社会の学校教育に対する信頼感の高まり<br>・学校教育の目的や学校観の変化 | ☆ | | | | ● | ○ | ◎ | ● |

| 目標 | サブ目標 | 途上国に参考となる日本の教育経験（数字は対応する章[注]） | 導入・実施のための主な前提条件 | 導入期 | 拡充期 | 復興期 | 充実期 | 必要時間 | 必要予算 | 技術水準 | 必要労力 |
|---|---|---|---|---|---|---|---|---|---|---|---|
| 教育の量的拡大 | 女子の学校教育へのアクセスの確保（男女格差の是正） | ⑥男女別学／共学体制の確立 | ・社会的ニーズとジェンダー配慮とのバランス | ☆ | | | | ● | ◎ | ◎ | ◎ |
| | | ⑥地方自治体のイニシアティブを重視した女子教育関連事業の奨励 | ・地方分権化の進展・中央から地方への財源の委譲 | ☆ | ☆ | | | ◎ | ● | ◎ | ● |
| | | ⑥地方自治体による議論・研究の喚起 | ・自由で民主的な議論の場の創設<br>・女性教員の必要性に関する社会的合意 | ☆ | ☆ | | | ○ | ○ | ○ | ○ |
| | | ⑥子守学校／学級の創設 | ・学校のイニシアティブと行政の支援 | | ☆ | | | ○ | ○ | ◎ | ○ |
| | | ⑥学齢簿の整理と就学督責 | ・学校間・地域間の競争意識を喚起できる素地 | | ☆ | | | ○ | ○ | ○ | ● |
| | | ⑥女子のニーズに適合した教育の提供 | ・社会的ニーズとジェンダー配慮とのバランス | | ☆ | | | ○ | ○ | ◎ | ◎ |
| | | ⑥女性教員速成課程の整備 | ・行政による強いイニシアティブ | | ☆ | | | ◎ | ● | ◎ | ● |
| | 農村部の教育改善（地域格差の是正） | ⑧地域住民による簡易教育所の設立 | ・地域の教育リーダーの存在と住民の熱意 | ☆ | | | | ◎ | ◎ | ◎ | ◎ |
| | | ⑧関係法規の整備（へき地教育振興法） | ・教員の行政への組織的・計画的な働きかけ<br>・地方・中央行政の協働 | | | | ☆ | ● | ● | ● | ● |
| | | ⑧へき地指定校制度の導入 | ・へき地学校実態調査 | | | | ☆ | ◎ | ◎ | ● | ◎ |
| | | ⑧へき地の教員の待遇向上 | ・財源（補助金等）の確保と合理的基準の設定 | | | | ☆ | ◎ | ● | ◎ | ◎ |
| | | ⑦⑧教育政策と他分野関連政策（保健衛生、地域開発等）の同時実現 | ・地方自治体の強いイニシアティブ | | | | ☆ | ● | ● | ● | ● |
| | | ②⑧教員の広域人事の実施 | ・地方分権の推進と教員の任免権の委譲 | | | | ☆ | ● | ● | ○ | ● |
| | | ⑧へき地の現状に応じた学校施設整備 | ・財源（補助金等）の確保と合理的基準の設定 | | | | ☆ | ◎ | ● | ◎ | ◎ |
| | | ⑧単級／複式指導等、各学校の現状に基づく指導方法の開発と導入 | ・授業研究等、教員主導の実践的教育研究の実施 | | | | ☆ | ◎ | ○ | ● | ● |
| | 「特別な配慮を要する児童」の学校教育へのアクセスの確保 | ⑦学校教育関連費用の公的負担 | ・財源の確保と傾斜配分 | | ☆ | | | ● | ● | ◎ | ● |
| | | ⑦大規模かつ精緻な実態調査の実施 | ・政府と地方自治体の国民に対する強いコミットメント | | | | ☆ | ● | ● | ◎ | ● |
| | | ⑦関連法規の整備 | | | | | ☆ | ● | ● | ◎ | ● |
| | | ⑦養護学校、特殊学級、通級指導等の整備による障害児の教育機会の確保 | ・他分野（社会福祉、保健衛生等）との連携 | | | | ☆ | ● | ● | ◎ | ● |
| | | ⑦返還奨学金の整備 | ・原資の確保と社会的合意 | | | | ☆ | ● | ● | ◎ | ● |

第14章　開発途上国における日本の教育経験の応用に向けて　317

| 目標 | サブ目標 | 途上国に参考となる日本の教育経験（数字は対応する章[注]） | 導入・実施のための主な前提条件 | 導入期 | 拡充期 | 復興期 | 充実期 | 必要時間 | 必要予算 | 技術水準 | 必要労力 |
|---|---|---|---|---|---|---|---|---|---|---|---|
| 教育の質的向上 | 教員の増員とその意識・知識・技能の向上 | ⑫教員免許制度の整備・改善 | ・統計に基づく正確な教員の需給予測 | ☆ | | | | ◎ | ◎ | ◎ | ◎ |
| | | ⑫教員養成課程の拡充／整理統合 | ・統計に基づく正確な教員の需給予測 | ☆ | | | | ● | ● | ● | ● |
| | | ③⑫教員の待遇・身分保障の改善 | ・優秀な人材の確保に関する社会的要請<br>・関係法規の整備による正当性・継続性の確保 | | | | ☆ | ● | ● | ◎ | ● |
| | | ⑫教員採用試験の実施 | ・政治的圧力の排除と客観性の確保 | | | | ☆ | ◎ | ◎ | ○ | ○ |
| | | ⑫養成教育の高度化・専門化 | ・「理想の教員像」の明確化<br>・奨学金など学生への経済的支援の整備 | | | | ☆ | ● | ● | ● | ● |
| | | ⑫現職教員研修の体系的整備と多様化 | ・経験年数や職能に応じた「教員像」の明確化<br>・研修受講環境の整備と受講条件の緩和<br>・研修ニーズの正確な把握 | | | ☆ | ☆ | ● | ● | ● | ● |
| | | ⑪⑫⑬校内研修（校内研究／職員研修）の実施 | ・校長等のリーダーシップと各教員の意欲<br>・教員相互の意見交換を可能にする物理的・心理的条件の整備 | | | | ☆ | ○ | ○ | ◎ | ● |
| | | ②教職員団体組織の組織化 | ・教員による関心やその必要性への理解<br>・教員を取り巻く文化的・社会的背景への配慮 | | | | ☆ | ● | ● | ● | ● |
| | カリキュラムの改善 | ⑩指定校での実践的な研究開発の促進 | ・研究指導体制の強化 | ☆ | | | ☆ | ○ | ○ | ● | ● |
| | | ⑩教員の自立的な研究活動への支援 | ・学校運営管理責任者による理解 | | ☆ | | | ○ | ◎ | ○ | ○ |
| | | ⑩学会等の専門的な研究活動への協力 | ・行政による積極的な研究協力 | | ☆ | | | ○ | ○ | ● | ● |
| | | ⑩教育課程の統御方法（指導要領・教科書・指導要録）の確立 | ・遵守義務を担保する関連法規の整備<br>・教員の専門性の向上<br>・教育評価の充実 | | | | ☆ | ● | ● | ● | ● |
| | | ②⑩⑫教育課程統一化基準としての学習指導要領の整備・普及 | ・社会及び教育現場のニーズの把握<br>・行政側の実施体制の強化 | | | | ☆ | ● | ● | ● | ● |
| | | ⑩経済社会開発状況と現場のニーズに応じた定期的な学習指導要領の改訂 | ・中長期的なビジョンの明確化<br>・審議会等の諮問機関による調査審議の実施 | | | | ☆ | ● | ● | ● | ● |

318　第Ⅲ部　開発途上国における日本の教育経験の応用に向けて

| 目標 | サブ目標 | 途上国に参考となる日本の教育経験（数字は対応する章[注]） | 導入・実施のための主な前提条件 | 本格始動時期 導入期 | 本格始動時期 拡充期 | 本格始動時期 復興期 | 本格始動時期 充実期 | 応用可能性の判断基準 必要時間 | 応用可能性の判断基準 必要予算 | 応用可能性の判断基準 技術水準 | 応用可能性の判断基準 必要労力 |
|---|---|---|---|---|---|---|---|---|---|---|---|
| 教育の質的向上 | カリキュラムの改善 | ⑩新教育課程の伝達講習会の実施 | ・学習指導要領解説書等の研修教材の整備 | | | | ☆ | ◎ | ● | ● | ● |
| | | ⑩教員向け指導資料の定期刊行 | ・事業予算の確保と配布ルートの整備 | | | | ☆ | ○ | ● | ● | ● |
| | | ⑩民間の刊行物や研究誌の発行促進 | ・行政による積極的な情報提供 | | | | ☆ | ◎ | ● | ● | ● |
| | 教育方法（教授法）の改善と普及教育の質的向上 | ⑪⑫校内研修・自主研究会・学会等による教授技術・経験の共有化と蓄積・継承 | ・校長等のリーダーシップと各教員の意欲<br>・教員相互の意見交換を可能にする物理的・心理的条件の整備 | | | ☆ | | ○ | ○ | ◎ | ● |
| | | ⑬研究者と教員の協働（授業研究等）による理論と実践の融合 | ・教育研究への理解向上と科学化 | | | ☆ | | ◎ | ○ | ● | ● |
| | | ⑪適正な学習形態と指導方法の選択 | ・物理的な学習環境の整備 | | | ☆ | | ○ | ○ | ◎ | ◎ |
| | | ⑪授業展開モデルの構築とその応用 | ・教員としての基礎的な知識・技能の定着 | | | ☆ | | ◎ | ○ | ● | ● |
| | | ⑪板書計画・技術の改善 | ・学習計画と板書の関連性の基本的理解 | | | ☆ | | ○ | ○ | ● | ◎ |
| | | ⑪年間・単元指導計画の導入と整備 | ・教員のカリキュラムや教材への基本的理解 | | | | ☆ | ○ | ○ | ● | ● |
| | | ⑪教員による学習指導案の作成と実践 | ・教員の児童観・授業観・教材観の涵養 | | | | ☆ | ○ | ○ | ● | ● |
| | | ⑪教員養成課程の見直し | ・行政のイニシアティブと教員養成機関の理解 | | | | ☆ | ● | ● | ● | ● |
| | 教科書／教材教具の改善と普及 | ⑩教科書検定制度の採用 | ・関係者のモラルの向上（贈収賄防止、政治的中立性の確保等） | ☆ | ☆ | | | ● | ● | ● | ● |
| | | ⑪⑬教材研究（授業研究の一環）の導入 | ・教員のカリキュラムや教材への基本的理解<br>・学習指導要領等による国家基準の明確化 | | | ☆ | | ○ | ○ | ● | ● |
| | | ⑪義務教育段階での教科書の無償配付 | ・財源の確保 | | | | ☆ | ● | ● | ○ | ● |
| | 適切な学校モニタリング・評価の実施 | ④学校基本調査の実施 | ・調査結果の有効な活用法の明示と被調査者の十分な理解 | ☆ | | | | ○ | ○ | ◎ | ● |
| | | ⑬授業研究による教室活動の批判的考察 | ・建設的な批判ができる雰囲気づくり | | | | ☆ | ○ | ○ | ◎ | ● |
| | | ⑩指導要録の導入 | ・教員の専門性の向上 | | | | ☆ | ○ | ○ | ● | ● |
| | | ⑩教育課程実施状況調査の導入 | ・モニタリング実施体制の整備 | | | | ☆ | ○ | ● | ● | ● |
| | | ⑩国際的な学習到達度調査への参加 | ・行政のイニシアティブと政治的判断 | | | | ☆ | ● | ● | ● | ● |
| | | ④学校評価（学校教育診断等）の定期的実施 | ・学校関係者の学校評価に対する理解 | | | | ☆ | ○ | ● | ● | ● |

第14章　開発途上国における日本の教育経験の応用に向けて　319

| 目標 | サブ目標 | 途上国に参考となる日本の教育経験（数字は対応する章注） | 導入・実施のための主な前提条件 | 本格始動時期 導入期 | 拡充期 | 復興期 | 充実期 | 応用可能性の判断基準 必要時間 | 必要予算 | 技術水準 | 必要労力 |
|---|---|---|---|---|---|---|---|---|---|---|---|
| 教育マネジメントの改善 | 政策フレームワークの構築 | ②他国の教育の研究と成果の活用 | ・シンクタンクや省内担当部局の設置・活用とその専門性の向上<br>・留学制度の整備と帰国留学生の積極的登用 | ☆ | | | | ○ | ◎ | ● | ● |
| | | ②外国人アドバイザーによる勧告・指導・助言に基づく政策立案・実施・改善 | ・度重なる改善が可能な行政の柔軟性の確保<br>・行政の意思決定の迅速さ | ☆ | | | | ◎ | ● | ◎ | ○ |
| | | ②諮問機関としての審議会制度の導入 | ・審議会の位置づけ・機能・役割の明確化 | | ☆ | | | ◎ | ◎ | ○ | ◎ |
| | | ②教員組合との協調 | ・教員組合運動の合法化と適切な議論の実現 | | | | ☆ | ● | ◎ | ● | ● |
| | | ②定期的な教育の方向性の見直し | ・行政の政治的中立性と継続性の確保 | | | | ☆ | ● | ◎ | ● | ◎ |
| | 教育行政能力の向上 | ②官僚任用試験制度の導入 | ・官僚制の整備 | ☆ | | | | ● | ● | ◎ | ● |
| | | ②教育関係法規の整備 | ・法律主義の採用と民主的な意思決定の遵守 | ☆ | | ☆ | | ● | ● | ● | ● |
| | | ⑦教育統計の整備 | ・定期的な教育調査実施体制の整備 | ☆ | | | ☆ | ◎ | ◎ | ● | ◎ |
| | 教育財政の改善 | ③教育予算の重点配分と傾斜配分 | ・分野・事項別の優先順位の特定 | ☆ | | | | ○ | ○ | ○ | ○ |
| | | ⑤住民活動経費振替による受益者負担 | ・地域住民と保護者の理解 | ☆ | | | | ○ | ○ | ○ | ○ |
| | | ⑤学校の収入創出 | ・行政や学校の努力 | ☆ | | | | ○ | ○ | ○ | ○ |
| | | ③義務教育関連経費の国庫負担の漸増 | ・国一地方自治体間の分担関係の明確化<br>・税制の見直しと地方交付金制度の確立 | | ☆ | | | ● | ● | ◎ | ● |
| | | ③民間活力の導入 | ・基本的ニーズの特定・官民の役割分担と協力体制の構築 | | | | ☆ | ◎ | ○ | ◎ | ○ |
| | 地方分権の推進 | ②教育行政と一般行政の一元化 | ・地方自治制度の整備 | ☆ | | | | ○ | ○ | ○ | ○ |
| | | ②中央教育行政と地方教育行政の権限・機能・所管業務の明確化 | ・地方分権化の推進 | ☆ | | ☆ | | ● | ○ | ◎ | ● |
| | | ②教育委員会制度の導入 | ・一般行政の中での位置づけと役割の明確化 | | | ☆ | | ◎ | ○ | ◎ | ● |
| | | ②視学制度の拡充 | ・モニタリングの重要性への理解 | | | ☆ | | ○ | ● | ◎ | ◎ |

| 目標 | サブ目標 | 途上国に参考となる日本の教育経験（数字は対応する章[注]） | 導入・実施のための主な前提条件 | 導入期 | 拡充期 | 復興期 | 充実期 | 必要時間 | 必要予算 | 技術水準 | 必要労力 |
|---|---|---|---|---|---|---|---|---|---|---|---|
| 教育マネジメントの改善 | 学校運営管理能力の向上 | ④学校関連諸経費の受益者負担 | ・地域住民と保護者の理解<br>・学校とコミュニティによる資金調達の努力 | ☆ | | | | ◎ | ○ | ○ | ◎ |
| | | ④職員会議（校内審議機関）の設置とその継続的実施 | ・校長（教頭、主任）のリーダーシップと一般教員の職員会議への理解 | ☆ | | | | ○ | ○ | ○ | ○ |
| | | ④学校の裁量権拡大と学校自治の確立 | ・教員や児童生徒の自立性・自主性の醸成<br>・学校運営管理の責任負担体制の明確化 | | | ☆ | ☆ | ● | ○ | ◎ | ● |
| | | ④校長・教頭の学校運営管理能力の強化 | ・適正な管理職選考と管理者研修の実施 | | | ☆ | ☆ | ◎ | ● | ◎ | ● |
| | | ④指導計画（年間行事・時間割等）の整備 | ・地域及び児童の教育ニーズの把握 | | | | ☆ | | | | |
| | | ④校内研修による教員の問題解決能力の強化 | ・校内研修を可能とする時間の確保 | | | ☆ | ☆ | | | | |
| | | ④学校別教育目標の設定 | ・国定カリキュラムの整備 | | | | ☆ | | | | |
| | | ④主任制度を柱とする学校運営組織（校内執行機関）の形成と校務分掌の促進 | ・管理職とその業務に関する法的根拠の確保<br>・校長（教頭、主任）のリーダーシップと一般教員の校務分掌への理解 | | | | ☆ | ○ | ○ | ◎ | ● |
| | | ④学級会や児童会等、児童による学校自治の推進 | ・教員及び児童の役割や責任の明確化 | | | ☆ | ☆ | | | | |
| | | ④組織化・制度化による保護者や地域住民の学校経営（学校づくり）への関与の拡大 | ・保護者や地域住民の意識の向上と教員の理解と協力 | | | ☆ | ☆ | ◎ | ○ | ◎ | ● |

注）②：「教育行政」より　　③：「教育財政」より　　④：「学校経営」より　　⑤：「明治期の就学促進」より
⑥：「女子教育」より　　⑦：「戦後の就学困難児童生徒に対する就学促進策」より　　⑧：「へき地教育」より
⑨：「留年・中途退学問題への取り組み」より　　⑩：「教育課程」より　　⑪：「指導計画」より
⑫：「教員養成・研修」より　　⑬：「授業研究」より。

## 付録 I　年表：日本の教育の変遷

| 年 | | 社会の動き | 学校教育 | 教員 | 教育課程 | 教育行政 |
|---|---|---|---|---|---|---|
| 1797 | 寛政9年 | | 昌平坂学問所設置 | | | |
| 1868 | 明治元年 | 五箇条の御誓文の制定 | | | | |
| 1869 | 明治2年 | 版籍奉還 | 大学校の法制化<br>中小学規則の制定<br>大学規則の制定<br>海外留学生規則の制定 | | | |
| 1870 | 明治3年 | | 全国の学校の実態調査 | | | |
| 1871 | 明治4年 | 廃藩置県 | | | 教科書の編集・翻訳の着手 | **文部省設置**<br>学制取調掛の任命 |
| 1872 | 明治5年 | | **学制公布**<br>小学教則、中学教則の頒布<br>官立東京女学校の設立<br>進級試験の採用 | 東京師範学校の設置<br>任用資格試験の採用 | 翻訳教科書の導入 | **学区制の採用**<br>督学局・学区取締の設置<br>国庫交付金の金額決定 |
| 1873 | 明治6年 | 騒動事件（小学校が打ち破壊） | 海外留学生規則の改正 | 官立師範学校の設置 | 教科書編成掛の設置<br>小学校用書目録の公示 | 米国人モルレーが文部省最高顧問として来日 |
| 1874 | 明治7年 | | 東京に女子師範学校を設立<br>官立外国語学校の設置 | 小学教員に対する検定試験の実施 | | |
| 1875 | 明治8年 | | 学齢を満6歳から満14歳までと規定 | 東京師範学校に中学師範学科を設置 | | 学務科の設置 |
| 1876 | 明治9年 | | クラーク、札幌農学校へ着任<br>東京大学の創立 | 女子師範学校の設置 | | 学校掛の設置 |
| 1877 | 明治10年 | 西南の役 | | 中等師範学校の設置 | | |
| 1878 | 明治11年 | | 小学教則・中学教則の廃止 | | | 全国府県の諸学校がすべて文部省の管轄となる |
| 1879 | 明治12年 | 教学聖旨の起草 | 京都で盲唖学院開業<br>**教育令公布**<br>学区の廃止<br>巡回教員の認可 | | | 学務委員の公選<br>文部省に音楽取調掛を設置 |
| 1880 | 明治13年 | | 改正教育令公布 | 府県知事令による教員の任命 | 文教政策方針に即応する教科書の編集着手<br>国民教育の方針に適合しない教科書を使用禁止 | 地方長官の教育行政に関する権限拡大<br>学務委員の任命<br>**国の補助金の廃止** |
| 1881 | 明治14年 | | 小学校及び中学校の教則綱領制定<br>小学校設置についての基準明確化<br>教子督責規則の基準明確化 | 小学校教員免許状授与方心得の制定<br>学校教員品行検定規則の制定<br>師範学校教則大綱の制定<br>府県立町村立学校職員名称並びに進退等に関する規定の制定 | | |

| 年 | | 社会の動き | 学校教育 | 教員 | 教育課程 | 教育行政 |
|---|---|---|---|---|---|---|
| 1882 | 明治15年 | | 医学校通則の制定<br>東京女子師範学校付属高等女学校の創立 | | | |
| 1883 | 明治16年 | | 農学校通則の制定 | 府県立師範学校通則の制定 | | |
| 1884 | 明治17年 | | 中学校通則の制定<br>尋常中学校実科規則の制定<br>商業学校通則の制定 | 中学校師範学校教員免許規定の制定 | | |
| 1885 | 明治18年 | 内閣制度の創設 | **教育令再改正** | | 教科書の認可制度の実施 | 学務委員の廃止<br>文部大臣の設置<br>**町村立学校の授業料の徴収を義務化** |
| 1886 | 明治19年 | | **小学校令の公布**<br>**4年制義務教育化**<br>中学校令の公布<br>小学校簡易科の設置<br>学校通則の制定<br>帝国大学令の公布 | **師範学校令の公布**<br>小学校教員免許規則の制定 | 教科用図書検定条例の制定<br>教科書の検定制の実施 | |
| 1887 | 明治20年 | | | | 公私立小学校教科用図書採定方法の制定 | |
| 1888 | 明治21年 | 市制・町村制の公布 | | | | |
| 1889 | 明治22年 | 大日本帝国憲法発布 | | | | |
| 1890 | 明治23年 | 教育勅語の公布 | **第二次小学校令公布** | 女子高等師範学校の設置 | | 郡視学の設置<br>地方学事通則を制定<br>小学校経費の市町村負担 |
| 1891 | 明治24年 | | 小学校設備準則の制定<br>小学校教則大綱の制定 | | 小学校修身科教科用図書検定標準の制定 | 小学校事務委員の設置 |
| 1892 | 明治25年 | | | | | 小学校教育費国庫補助要求運動の開始 |
| 1893 | 明治26年 | | 簡易農学校規定の制定<br>実業補習学校規定の制定 | | | |
| 1894 | 明治27年 | 日清戦争勃発 | 徒弟学校規定の制定<br>尋常中学校入学規定の制定<br>高等教育会議規則の制定 | 工業教員養成規定の制定<br>工業教員養成所の設置 | | 実業教育費国庫補助法の公布 |
| 1896 | 明治29年 | | | 帝国教育会の設立<br>市町村立小学校教員年功加俸国庫補助金の制定 | | |
| 1897 | 明治30年 | | 京都帝国大学の設置<br>中学校令の改正<br>私立学校令の公布<br>実業学校令の公布<br>高等女学校令の公布 | 師範教育令の公布<br>実業学校教員養成規定の制定 | | 地方視学の設置<br>視学官及び視学の設置<br>**小学校教育費国庫補助金の制定**<br>教育基金特別会計法の制定 |
| 1899 | 明治32年 | | | | | |

付録I 年表：日本の教育の変遷 323

| 年 | 社会の動き | 学校教育 | 教員 | 教育課程 | 教育行政 |
|---|---|---|---|---|---|
| 1900 明治33年 | | 第三次小学校令の公布 義務教育の無償化 | 市町村立小学校教員加俸法の制定 | | 市町村立小学校教育費国庫補助法の成立 |
| 1901 明治34年 | | 小学校令及び中学校令施行規則の制定 高等女学校令施行規則の制定 | | 小学校教科書採択不正防止のため小学校令施行規則改正 | |
| 1902 明治35年 | | | | | |
| 1903 明治36年 | | 専門学校令の公布 | | 教科書疑獄事件 国定教科書制度の成立 | |
| 1904 明治37年 | 日露戦争勃発 | | | | |
| 1907 明治40年 | | 6年制義務教育化 小学校令の改正 | 師範学校規程の公布 | | |
| 1908 明治41年 | | 東京音楽学校設置 実科高等女学校の設置 | 師範学校教授要目の制定 | 文部省に教科用図書調査委員会設置 | |
| 1910 明治43年 | | | | | |
| 1912 明治45年 | | 小学校令施行規則の改正 高等中学校令の公布 | | | |
| 1913 大正2年 | | | 教員免許状を府県で授与 | | 文部省の諮問機関として教育調査会を設置 |
| 1914 大正3年 | 第一次世界大戦勃発 | 学校衛生規則制定 | | | |
| 1917 大正6年 | | 高等科実業女学校の設置 大学令の公布 | | 臨時教育会議の設置 | 市町村義務教育費国庫負担法の公布 |
| 1918 大正7年 | | | | | |
| 1919 大正8年 | | 小学校令、中学校令の改正 帝国大学令、実業学校、高等女学校令の改正 | 公立学校職員令の公布 | | 臨時教育委員会の設置 |
| 1921 大正10年 | 部制の廃止 | | | | |
| 1922 大正11年 | 関東大震災 | | | | |
| 1923 大正12年 | | | 女教師の産前産後の休養を認可 | | |
| 1926 昭和元年 | | | | | 道府県に学務部を新設 |
| 1927 昭和2年 | 世界恐慌 | | | | 文部省に学生課を設置 |
| 1928 昭和3年 | | 盲学校・高等専門学校に学生（生徒）主事の設置 学齢児童就学奨励規定の制定 | | | |
| 1929 昭和4年 | | 盲学校、聾学校令の公布 | | 図書推薦規定の制定 | 市町村立尋常小学校費臨時国庫補助法の制定 |
| 1930 昭和5年 | | | | | |
| 1931 昭和6年 | 満州事変 | | | | 学生思想問題調査委員会の設置 官吏公立学校職員の減俸を実施 |

| 年 | 社会の動き | 学校教育 | 教員 | 教育課程 | 教育行政 |
|---|---|---|---|---|---|
| 1932 昭和7年 | | 学校給食臨時実施法の制定 | | | |
| 1933 昭和8年 | 国際連盟脱退 | | | | |
| 1935 昭和10年 | | 青年学校令の公布 | 青年学校教員養成所公布 | | 思想局の設置(〜1935) |
| 1937 昭和12年 | | | | | 教学刷新評議会の設置(〜1937)<br>教育審議会の設置 |
| 1938 昭和13年 | 国家総動員法公布 | | | | 教育審議会、国民学校に関する要項を決定答申 |
| 1939 昭和14年 | | 青年学校の義務制 | | | |
| 1940 昭和15年 | | | | | 青年学校教育費国庫補助法の公布 |
| 1941 昭和16年 | | 国民学校令の公布<br>養護教員が小学校教職員と認められる | | 新編集の小学校国定教科書の使用開始 | 義務教育国庫負担法の公布 |
| 1943 昭和18年 | | 中学校令・高等学校令の公布<br>中等学校令の廃止<br>実業学校令の廃止<br>専門学校令の改正 | 師範学校令の改正 | | 学徒戦時動員体制確立要綱の決定 |
| 1944 昭和19年 | | 学徒勤労令の公布 | 青年学校教員養成所の廃止、青年師範学校の設立 | | 大日本育英会の公布 |
| 1945 昭和20年 | 第二次世界大戦終戦 | 文部省、「新日本建設の教育方針」を発表<br>GHQ、国家神道の禁止を指令 | | | |
| 1946 昭和21年 | 日本国憲法公布<br>地方自治法公布 | 中学校令の改正 | 教職員の適格審査開始 | | 教育刷新委員会の設置 |
| 1947 昭和22年 | 国家公務員法公布<br>児童福祉法公布 | 教育基本法、学校教育法の公布<br>新学制による小学校・中学校発足<br>GHQ、追加教員11万人を発表 | 教職員の除去、就職禁止及び復職に関する政令公布<br>日本教職員組合結成 | 学習指導要領の改訂(生活単元学習の導入)<br>検定教科書制度を発表 | 文部省、都道府県にあて単学制度の廃止 |
| 1948 昭和23年 | | 高等学校通信教育を開始<br>高等学校の就学義務ならびに盲学校及び聾学校の就学義務及び設置義務に関する政令の公布<br>官公私立高等専門学校適性検査の実施 | 教職員共済組合と「公立学校共済組合」に改組 | 教科書の発行に関する臨時措置法の公布 | 国立国会図書館法の公布<br>教育委員会法の公布<br>教育委員会制度発足<br>地方財政法公布 |
| 1949 昭和24年 | | 保健体育審議会の設置<br>私立学校法の公布<br>国立学校設置法の公布<br>国立新制大学69校設置 | 教育職員免許法の公布<br>教育職員免許法施行法の公布 | | 市町村立学校職員給与負担法公布<br>公立高等学校定時制課程職員費国庫補助法の公布<br>教育公務員特例法の公布<br>第1回都道府県教育長協議会の開催<br>文部省設置法の公布 |

付録I　年表：日本の教育の変遷　325

| 年 | | 社会の動き | 学校教育 | 教員 | 教育課程 | 教育行政 |
|---|---|---|---|---|---|---|
| 1950 | 昭和25年 | 地方公務員法の公布 | 図書館法の公布 | **教育職員免許法の制定** | 教科用図書検定調査審議会令の制定 | **中央教育審議会の設置**（教育刷新協議会の廃止） |
| 1951 | 昭和26年 | | 産業教育振興法の公布 | 教員の除去、就職禁止等に関する政令の改正、教職員適格再審査会令を公布 | 学習指導要領一般編改訂 | 市町村教育委員会全国一斉に設置 |
| 1952 | 昭和27年 | 対日平和条約・日米安保条約発効 | 全国高等学校PTA協議会結成 | | | 中央教育審議会、委員決定発足 |
| 1953 | 昭和28年 | | 私立学校振興法の公布 高等学校の定時制教育及び通信教育振興法の公布 学校図書館法、理科教育振興法の公布 | 日教組、教師の倫理綱領決定 | | 文部省、教育の中立性維持について次官通達を発す 公立学校施設費国庫負担法の公布 |
| 1954 | 昭和29年 | | 危険校舎改築促進臨時措置法の公布 学校給食法の公布 へき地教育振興法の公布 盲学校、聾学校及び養護学校への就学奨励に関する法律公布 | 教職員免許法の改正 | | |
| 1955 | 昭和30年 | | 高等学校学習指導要領の改正 | 女子教育職員の産前産後の休暇中における学校教育の正常な実施の確保に関する法律の公布 | | |
| 1956 | 昭和31年 | | 就学困難な児童及び生徒に係る就学奨励についての国の援助に関する法律の公布 公立養護学校整備特別措置法の公布 夜間課程を置く高等学校における学校給食に関する法律の公布 | 日本高等学校教職員組合結成 | 文部省、教科書調査官を設置 | **地方教育行政の組織及び運営に関する法律の公布** 任命制教育委員会の発足 |
| 1957 | 昭和32年 | | 小・中学校の最終学年において全国的な抽出学力調査を実施 | 小・中学校教頭を職制化、勤務内容などを規定 | **小・中学校学習指導要領の改訂**（系統学習） | 全国都道府県教育委員長協議会、全国都道府県教育長協議会作成の「教職員の勤務評定」を了承 |
| 1958 | 昭和33年 | | 盲学校、聾学校及び養護学校幼稚部及び高等部の公布 学校保健法の公布 | 校長に管理職手当支給 | | 義務教育諸学校施設費国庫負担法の公布 |
| 1959 | 昭和34年 | | 公立義務教育諸学校の学級編制及び教職員定数の標準に関する法律の公布 | 教頭に管理職手当支給 | | 全国町村教育長会結成 |
| 1960 | 昭和35年 | 日米安全保障条約調印 国民所得倍増計画の決定 | 高等学校学習指導要領の告示 | | | |

| | 年 | 社会の動き | 学校教育 | 教　員 | 教育課程 | 教育行政 |
|---|---|---|---|---|---|---|
| 1961 | 昭和36年 | | 学校教育法の一部改正<br>小学校、新学習指導要領に基づく教育実施<br>文部省、中学校2、3年生を対象に全国一斉学力調査実施<br>公立高等学校の教職員定数の標準等に関する法律公布 | | | |
| 1962 | 昭和37年 | 地方公務員共済組合法公布 | 文部省、高等学校生徒急増対策を決定<br>全国小・中学校一斉学力調査実施 | | 義務教育諸学校の教科用図書の無償に関する法律 | |
| 1963 | 昭和38年 | | | | 義務教育諸学校の教科用図書の無償措置の公布 | |
| 1964 | 昭和39年 | 東京オリンピック | | | | |
| 1965 | 昭和40年 | | | 国立養護学校教諭養成所設置法を公布 | | |
| 1967 | 昭和42年 | 地方公務員災害補償法公布 | | | | |
| 1968 | 昭和43年 | | 大学の運営に関する臨時措置法の公布 | | | |
| 1969 | 昭和44年 | 過疎地域対策緊急措置法の公布 | | | | |
| 1970 | 昭和45年 | 国際教育年<br>OECD教育問題調査団来日 | 高等学校学習指導要領の一部改正の告示<br>中教審「初等中等教育の改革に関する基本構想」中間答申 | 第1回中堅教員研修講座開講 | 中学校学習指導要領告示 | |
| 1971 | 昭和46年 | | | 人事院、国会と内閣に教員の超過勤務手当問題について勧告<br>国立及び公立の義務教育諸学校等の教育職員の給与に関する特別措置法の公布 | **教科書無償配布制の完全実施** | |
| 1972 | 昭和47年 | | 中教審「盲学校、聾学校及び養護学校の教育課程の改善について」(高等部)」を答申 | 教職員給与特別措置法を施行 | | |
| 1973 | 昭和48年 | | | 学校教育の水準の維持向上のための義務教育諸学校の教育職員の人材確保に関する特別措置法(人材確保法)の制定 | 学習指導要領の一部改正<br>盲学校、聾学校、養護学校小学部・中学部学習指導要領告示 | |
| 1974 | 昭和49年 | | | 人材確保法に基づく教員給与一次改善<br>教頭職の法政化 | | 文部省、「教育改革推進本部」の発足 |

付録Ⅰ　年表：日本の教育の変遷　327

| 年 | 社会の動き | 学校教育 | 教員 | 教育課程 | 教育行政 |
|---|---|---|---|---|---|
| 1975 昭和50年 | | 私立学校振興助成法の公布 | 義務教育諸学校の女子教職員及び医療施設、社会福祉施設等の看護婦、保母等の育児休業に関する法律の公布<br>人材確保法に基づく教員給与第二次改善 | | |
| 1977 昭和52年<br>1978 昭和53年 | | | 中教審「教員の資質能力の向上に」答申 | 学習指導要領の一部改正<br>高等学校学習指導要領の告示 | |
| 1979 昭和54年 | | 教育課程審議会、「盲・聾・養護学校の小学部、中学部、高等部の教育課程の基準の改善について」答申<br>国公立大学共通一次学力試験の実施 | | 盲聾養護学校学習指導要領の告示 | |
| 1983 昭和58年 | | 中曽根首相、「教育改革の一つの構想」発表 | 教育職員養成審議会「教員の養成及び免許制度の改善について」答申 | 中教審「教科書のあり方について」答申 | 臨時教育審議会設置法の公布 |
| 1984 昭和59年<br>1985 昭和60年<br>1987 昭和62年 | | 学校教育法施行規則の一部改正<br>国立大学協会、受験機会複数化決定<br>教育課程審議会、「幼稚園・小学校・中学校及び高等学校の教育課程の基準の改善について」答申 | 初任者研修開始 | | |
| 1988 昭和63年 | | 国立学校設置法の一部を改正する法律の公布（大学入試センター試験の改組） | 教育公務員特例法及び地方教育行政の組織及び運営に関する法律の改正<br>教育職員免許法・施行規則の改正 | | 文部省に生涯学習局発足 |
| 1990 平成2年<br>1992 平成4年<br>1995 平成7年<br>1997 平成8年 | ユネスコ国際識字年<br><br>阪神淡路大震災 | 大学入試センター試験実施<br><br>学校週5日制の実施 | 教員免許特例法の成立（小中学校免許取得に介護体験を義務づけ） | | |
| 1998 平成9年<br>2002 平成14年 | 地方分権一括法の制定 | | 教育職員免許法の改正 | **新学習指導要領に基づく教科書の使用開始（ゆとり教育）** | |

出所）山口直子作成。

# 付録II　教育統計

## 1　学校教育

### 1-1　初等教育の就学率の推移

　1872年(明治5年)の「学制」発布により教育制度の整備と学校建設が実施されたが、学校維持運営における過度の住民負担と教育内容に対する不信により、1873年（明治6年）に学校焼き打ち事件が起こるなど、住民の不満は増大し、しばらく就学率は低迷した。その後、1880年（明治13年）の「教育令」改正により就学督促が強化され、教育課程が改善されたことで、就学率が一時上昇する。しかし、1877年(明治10年)の西南戦争の戦費処理に端を発した経済不況とそれに伴う授業料徴収の厳格化が影響し、上昇を見せていた就学率は再び下降する。

　その後、1886年（明治19年）に4年制義務教育が開始され、1880年（明治13年）に廃止された国庫補助金制度が1899年（明治32年）に再開された。そのころ、各県で就学促進活動が活発化し、特に裁縫科の設置や子守教室といった女子の就学促進も積極的に行われた。また、1895年（明治28年）の日清戦争の勝利による経済的発展も就学促進に寄与し、近代教育制度の発足から約30年後の1905年（明治38年）には就学率が95%を超え、1907年（明治40年）に義務教育年限が6年に延長された。

付録Ⅱ　教育統計　329

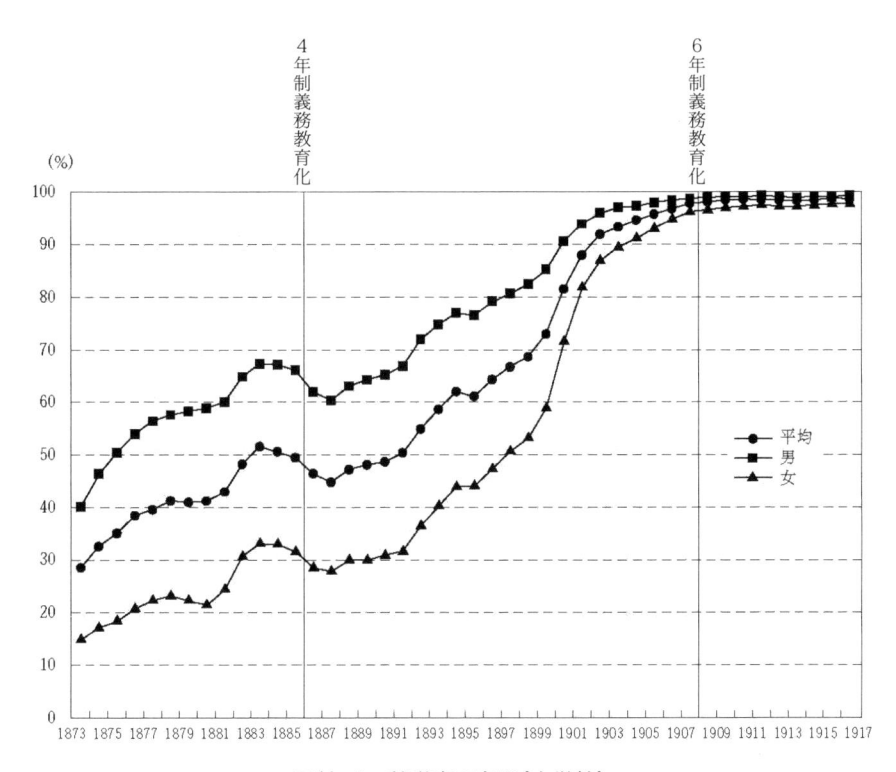

図付-1　就学率の変遷（小学校）

出所）文部省調査局（1962）『日本の成長と教育：教育の展開と経済の発達』文部省。

## 1-2 教育段階別の就学率の推移

第二次世界大戦後の新教育体制の下、義務教育が9年に延長され、1950年(昭和25年)には中学校の就学率は99.2%に達した。(しかし、敗戦後の生活困窮や家族離散等のため、長期欠席者の数も多く、また昼働いて夜学ぶ者等のために、東京、大阪等の大都市においては、夜間に学級を開設する中学校が見られた。(文部省『学制百年史』より))高等学校は1948年(昭和23年)から発足したが、旧制中学からの移行もスムーズに行われ、発足当初の1950年(昭和25年)の46.7%から順調に上昇をみせ、1975年(昭和50年)には92.5%に達した。学制当初から存在した高等教育は長い間エリート教育の性格を保持していたが、戦後の経済成長に伴い大衆化し、2000年(平成12年)には半数以上が就学するようになった。

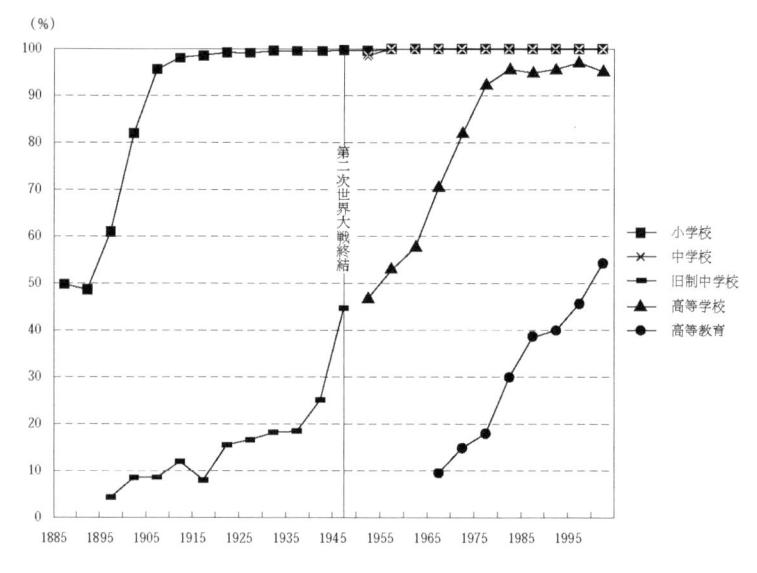

**図付-2 教育段階別の就学率の推移**

注1)「小学校」及び「中学校」；義務教育学齢人口(外国人を除く就学者数+就学免除・猶予者数+1年以上居所不明者数)に対する外国人を除く就学者数の比率。
注2)「高等学校」；該当年齢人口に対する在学者数(高等学校(通信制課程を除く)、中等教育学校後期課程(1999年以降)、盲学校・聾学校・養護学校(高等部)、高等専門学校第1、2、3学年(1932年以降)、国立工業教員養成所(1965年)、国立養護教諭養成所(1970年、1975年)の比率。通信教育の学生は含まれていない)。
注3)「高等教育」；該当年齢人口に対する在学者数(大学(大学院を除く)、短期大学、高等専門学校第4、5学年(1962年以降)及び専攻科(1992年以降)、専修学校専門課程(1976年以降)、国立工業教員養成所(1965年)、国立養護教諭養成所(1970年、1975年)の比率。通信教育の学生は含まれていない)。
注4)旧制中学については、旧制中学校・高等女学校(実科を除く)・実業学校(甲)及び師範学校(第一部)のそれぞれ本科へ進学した者の割合である。(以上、文部科学省「2001 我が国の教育統計―明治・大正・昭和・平成―」より)。
出所)旧制中学については、文部省調査局(1962)『日本の成長と教育：教育の展開と経済の発達』文部省、その他については、文部科学省(2001)『2001 我が国の教育統計―明治・大正・昭和・平成―』財務省印刷局。) 文部科学省(1962)。

## 1-3　小学校数の推移

「学制」発布（1872年（明治5年））から3年後には現在とほぼ変わらない数の小学校が設置された。しかし、1891年（明治24年）に学校設備準則が制定され学校設置基準が明確化するまで、その多くは家屋や寺などをそのまま利用しただけの簡易なものであった。

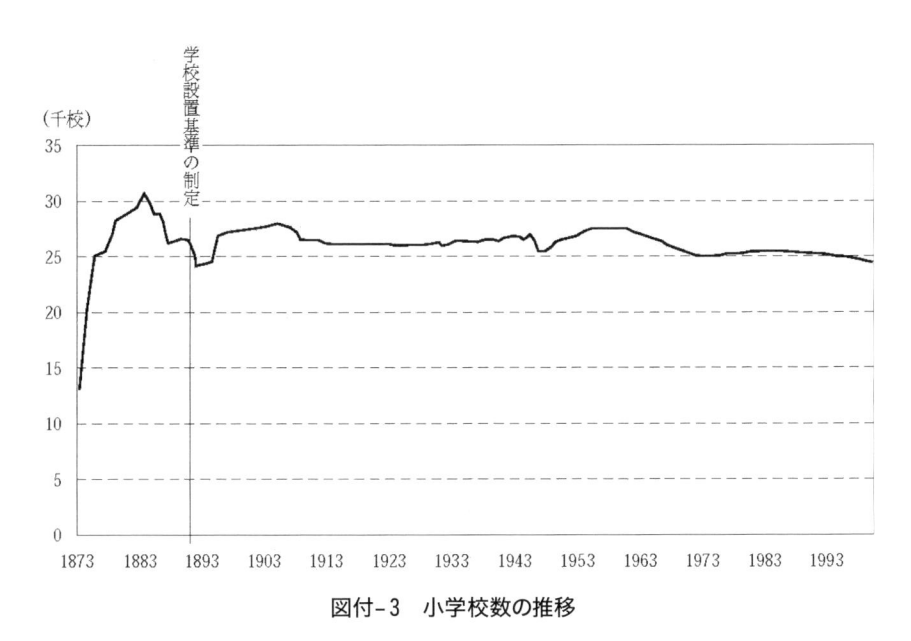

**図付-3　小学校数の推移**

出所）文部科学省（2001）『2001 我が国の教育統計—明治・大正・昭和・平成—』財務省印刷局。

## 1-4  小学校1校当たりの児童数の推移

　1907年（明治40年）の9年制義務教育化以後、子どもの数の増加に合わせて児童数も増え、1944年（昭和19年）に1校当たり平均500人のピークを迎える。その後、二度のベビーブームを経て、近年の少子化に伴い児童数は減少傾向にある。

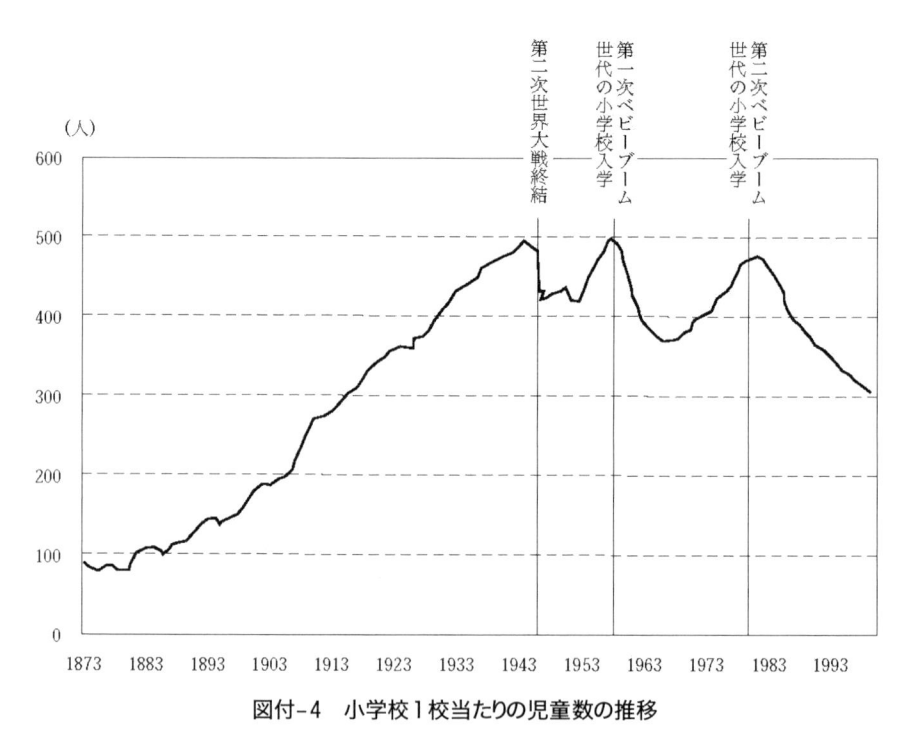

**図付-4　小学校1校当たりの児童数の推移**

出所）（児童数、学校数ともに）文部科学省(2001)『2001 我が国の教育統計—明治・大正・昭和・平成—』財務省印刷局。

## 1-5 教育段階別教員数の推移

小学校、中学校、高等学校においては1985年（昭和60年）頃まで順調にその数を増加していったが、それ以後の少子化に伴い教員数は減少傾向にある。盲・聾・養護学校においては、戦後以降、学校が徐々に整備され、1972年（昭和47年）に始まった「養護学校整備7年計画と1979年（昭和54年）の養護学校義務化」により養護学校の設置が本格化されたころから教員数は増加に転じている。

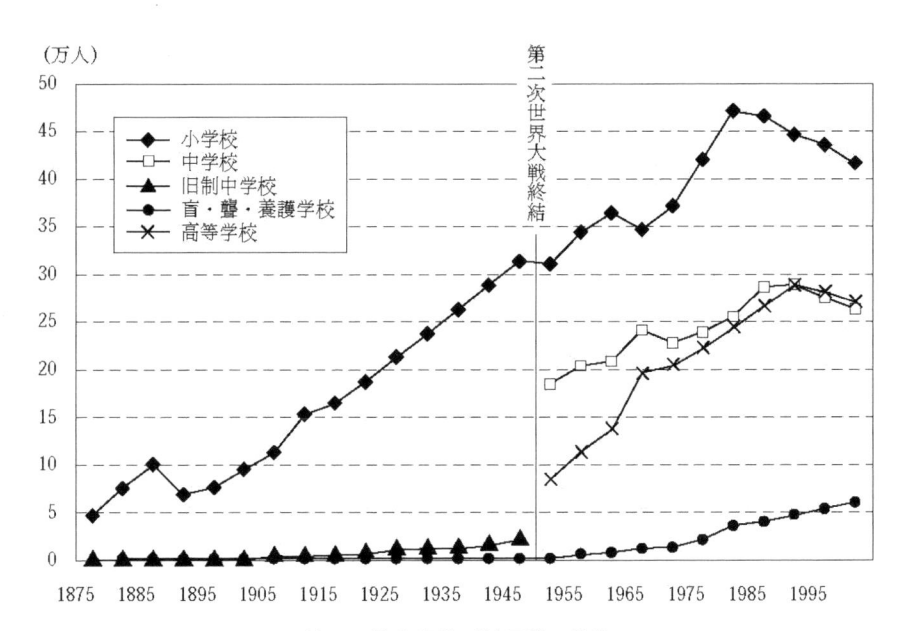

**図付-5　教育段階別教員数の推移**

注1）国・公・私立の合計数である。
注2）本校・分校の合計数である。
出所）文部科学省（2001）『2001 我が国の教育統計—明治・大正・昭和・平成—』財務省印刷局（出所）「学校基本調査報告書」）。

## 1-6　教員1人当たりの児童数

　明治の学制発布以後、しばらくは就学者数の増加を目指すとともに教員の養成・確保が重視され、教員数の増加が図られた。しかし、1890年後半以降の急激な児童数の増加に教員数が追いつかず、教員1人当たりの児童数が急増し、ピーク時には50人に達するほどであった。その後、徐々に減少していき、1995年（平成7年）以降は教員1人当たりの児童数はピーク時の半分以下になっている。

図付-6　教員1人当たりの児童数の推移

出所）児童数は図付-4に同じ。

## 1-7　1教室当たりの児童・生徒数の推移

　明治以降、小学校入学者の増加とともに1教室当たりの児童数は増加し、戦後の1960年代までは1教室当たり40人を超えていた。戦後に普遍化を達成した中学校においては、1教室当たりの生徒数は50人近くに達していた。しかし、学校施設の整備が進み、昨今の少子化も影響して、徐々に児童・生徒数は減少し、1教室当たりの人数は減少傾向にある。

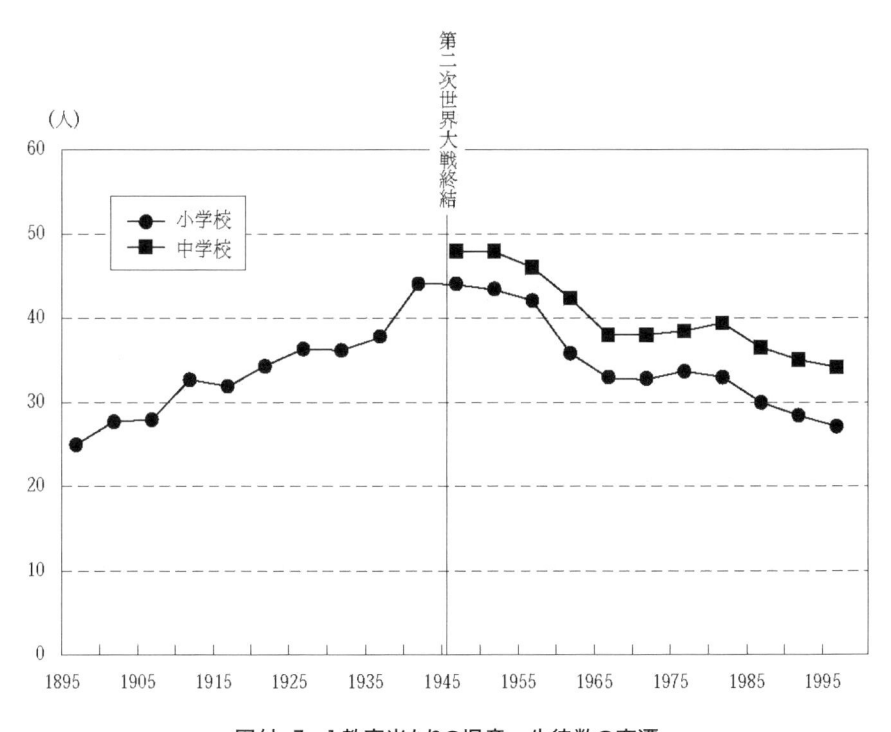

**図付-7　1教室当たりの児童・生徒数の変遷**

出所）文部科学省（1972）『学制百年史 資料編』帝国地方行政学会。

## 1-8 有資格教員数の推移（小学校）

　学制当初は30％に満たなかった有資格教員の割合は、師範学校などの整備により、徐々に高くなり、戦前ですでに90％近くに達した。戦争の影響で有資格教員数が一時減少したが、10年後には回復し、1960年(昭和35年)には95％を超えるに至った。

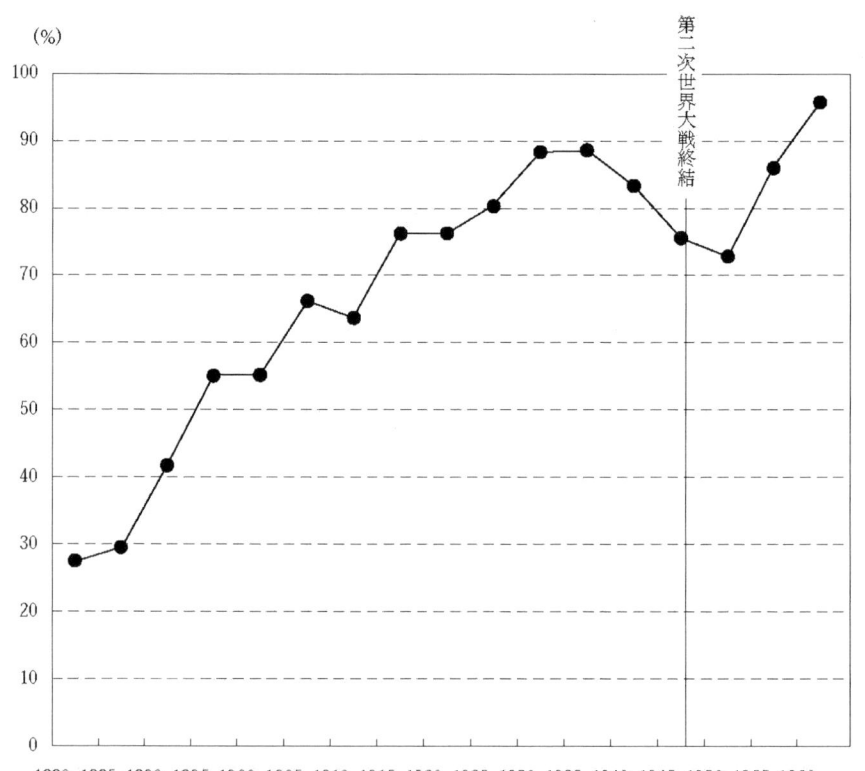

**図付-8　有資格教員の割合の推移（小学校）**

注）有資格教員；訓導・正教員・教諭。
出所）有資格教員数；文部省調査局（1962）『日本の成長と教育：教育の展開と経済の発達』文部省。

## 2 教育費

### 2-1 教育段階別教育費の割合の推移

　明治初頭は最大の重点課題であった初等教育の普遍化が積極的に実施されたため、初等教育費の占める比率が1885年(明治18年)で84.3%という高い比率を占めていたが、普遍化が達成されるにつれ徐々に低くなり、中等以上の教育段階の教育費の占める比率が増加している。中等教育費の比率は1885年(明治18年)には2.8%にすぎなかったが、1899年(明治32年)の「中学校令」改正などの中等教育振興策により、1900年(明治33年)には大幅に上昇して16.5%となり、その後も徐々に増加し、戦後の新制中学校の義務化後は戦前の倍以上の40%を超えるようになった。高等教育費の占める比率は、明治以降しばらくは10%近くを上下していたが、高等教育の拡充期であった1930年（昭和5年）には21.5%に増加した。戦後は中等教育の拡充に重点が置かれたために、高等教育費の比率は相対的に減少したが、近年の高等教育の大衆化に伴って漸増傾向にある。

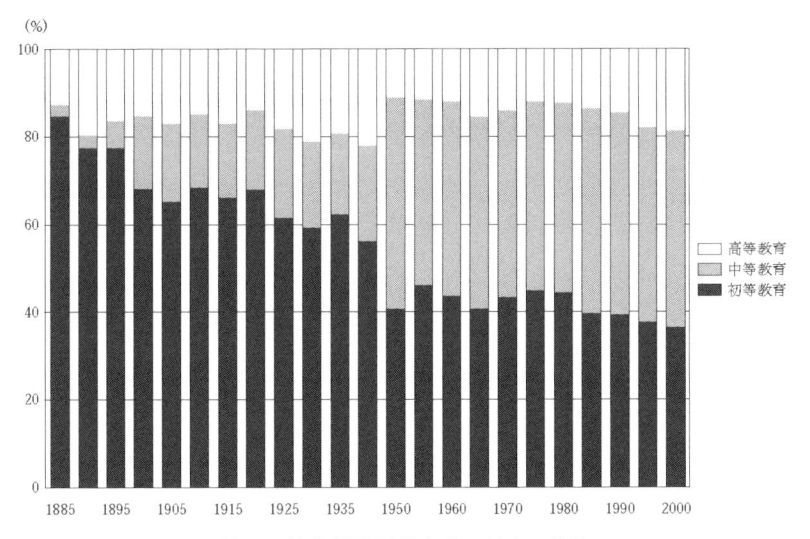

**図付-9　教育段階別教育費の割合の推移**

注1) 1940年以前の「中等教育」は新制中学を含む。
注2) 1940年以前の「高等教育」は教員養成を含む。
注3) 1950年以降の「中等教育」は、中学校、盲・聾・養護学校、高等学校を含む。
注4) 1950年以降の「高等教育」は、大学・短期大学、専修学校、各種学校を含む。
出所) 1885〜1940年　文部省「日本の成長と教育」(昭和37年度)：http://wwwwp.mext.go.jp/jky1962/index-32.html
　　　1950〜2000年　文部科学省（2001）『2001 我が国の教育統計—明治・大正・昭和・平成—』財務省印刷局。

## 2-2 国・地方の負担別公教育費の推移

国は明治初頭から補助金などの支給を行っていたが、増加傾向にあった市町村の教育費負担を軽減した。全国的に教育の水準の向上を図ることを目的として制定された「市町村義務教育費国庫負担法」が1918年(大正7年)に制定されて以降、小学校教員の俸給の一部を国が負担することとなり、国の負担率は1881年(明治14年)の7.8％から1921年(大正10年)には24.3％に上昇した。その後、1940年(昭和15年)には「義務教育費国庫負担法」が新たに制定され、市町村立小学校教員の給与費の2分の1は国が負担することとなり、それ以降の国の負担率は30％程度となっている。県の負担する教育費の増加率は戦前を通して緩やかであったが、1940年(昭和15年)から市町村立小学校の教員給与が県費負担とされたことにより、県の負担率は20％前後から40％へと2倍になった。国及び県が教育費の負担額を増大するに従って市町村の教育費負担率は1881年(明治14年)の76％から1935年(昭和10年)には49％、1955年(昭和30年)には25％へと減少しており、1980年代以降は30％程度となっている。

表付-1 国・地方の負担別公教育費の推移
(千円)

|  | 年 | 国 | 県 | 市町村 |
|---|---|---|---|---|
| 戦前 | 1885 | 1,036 | 1,222 | 8,643 |
|  | 1890 | 931 | 1,188 | 7,487 |
|  | 1895 | 1,598 | 1,874 | 10,772 |
|  | 1900 | 5,834 | 8,845 | 26,347 |
|  | 1905 | 5,666 | 9,012 | 28,143 |
|  | 1910 | 9,010 | 15,835 | 60,472 |
|  | 1915 | 10,566 | 17,158 | 62,437 |
|  | 1920 | 44,066 | 55,783 | 200,558 |
|  | 1925 | 100,388 | 92,582 | 249,458 |
|  | 1930 | 143,320 | 105,612 | 204,010 |
|  | 1935 | 151,100 | 103,102 | 242,878 |
|  | 1940 | 270,673 | 199,697 | 201,540 |
| 戦後 | 1955 | 126,668,000 | 151,670,000 | 93,668,000 |
|  | 1960 | 208,954,000 | 250,578,000 | 152,960,000 |
|  | 1965 | 499,465,000 | 549,865,000 | 335,681,000 |
|  | 1970 | 951,513,000 | 1,095,098,000 | 837,756,000 |
|  | 1975 | 2,664,905,000 | 3,075,362,000 | 2,378,647,000 |
|  | 1980 | 4,744,756,000 | 4,927,083,000 | 4,333,881,000 |
|  | 1985 | 5,201,696,000 | 6,270,114,000 | 5,096,369,000 |

出所) 1885年～1939年 文部省「日本の成長と教育 (昭和37年度)」。
(http://wwwwp.mext.go.jp/jky1962/imdex-32.html)
1950年～1985年 細谷俊夫他 (1990)『新教育学大事典』第一法規出版。

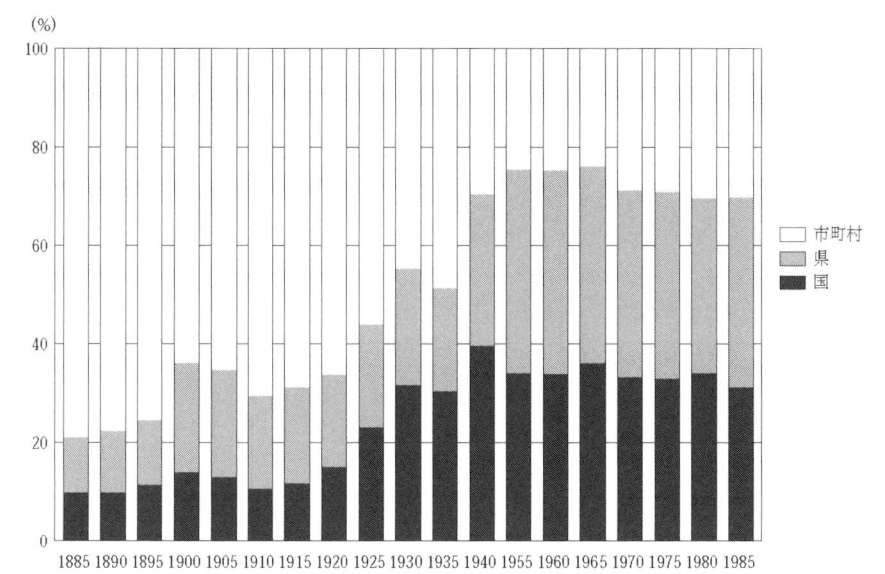

**図付-10　国・地方の教育負担の割合の推移**

出所）1885～1939　文部省「日本の成長と教育」（昭和37年度）。（http://wwwwp.mext.go.jp/jky1962/index-32.html）
　　　1950～1985　細谷俊夫他（1990『新教育学大事典』第一法規出版。

## 2-3　国・地方の歳出総額に対する教育費の割合の推移

　国の歳出総額に占める教育費の比率は国の教育費負担率の増大につれて増加し、1885年（明治18年）には1.8％にすぎなかったものが、1950年（昭和25年）には4.7％に上昇している。戦後、国の負担率が増大した理由として、戦災復旧施設費や新制中学校の施設整備に対する国の負担が大きかったこと、へき地教育の振興、産業教育・理科教育の振興など、各種の教育の振興を目的とした補助金が増大していることなどが挙げられる。

　地方においては、戦前の義務教育の普及に力を入れていた時期は、かなりの予算を教育に充てていたが、徐々に減少し、近年は約20％が教育に充てられている。地方の教育費の内訳の特徴として、都道府県では教職員の人件費、市町村では小・中学校の建設費が多くを占める。

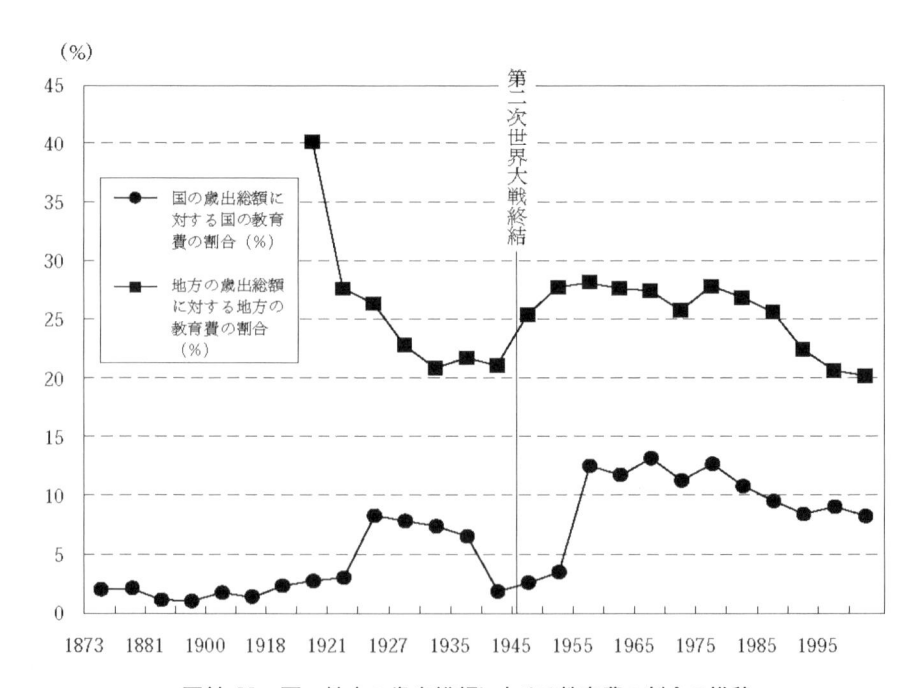

図付-11　国・地方の歳出総額に占める教育費の割合の推移

出所）1873～1945年　細谷俊夫他（1990）『新教育学大事典』第一法規出版。
　　　1950～1998年　文部科学省（2001）『2001　我が国の教育統計―明治・大正・昭和・平成―』財務省印刷局。

# 3 教育行財政

## 3-1 教育行政

　1871年（明治4年）に文部省が設置されて後、1880年代には中央で内閣制が、地方では市制町村制など地方自治制度が、導入・整備されるようになった。そして、今日のような中央・都道府県・市町村というピラミッド型の教育行政機構の基本的骨格が作り上げられた。

　国は教育法令の整備、教育課程基準の作成、教科書の検定など、教育の目的と方法に直接関連する事項に権限を有し、地方自治体は初等教育・中等教育段階の教育の管理運営が委ねられている。地方分権の観点からは限界が存在するものの、日本は極めて効率的な教育行政制度を構築しているといえる。

　教育の地方分権と民主化を課題とした戦後の教育行政改革では、米国モデルの地方教育委員会制度が導入された。その後、日本の実情に合わせて修正が繰り返され、現在では教育行政制度として完全に定着している。しかし、最近では国と地方の役割分担の見直しや教育委員会の活性化などに関して活発な議論が行われている。

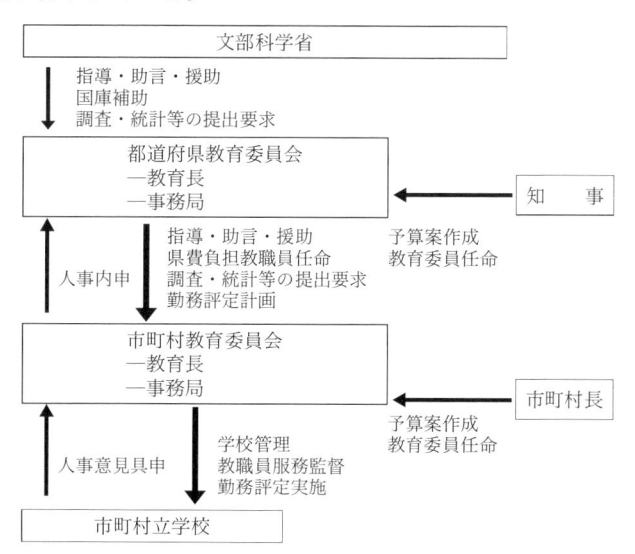

**図付-12　現行の教育行政システム(1)：主な行政機構・権限**

出所）森隆夫編(2002)を参考に筆者作成。

表付-2　現行の教育行政システム（2）：教育行政機構・権限一覧表

| 教育行政機構 | 権 | 限 |
|---|---|---|
| 文部科学省　文部科学大臣 | ・指導、助言、援助<br>・調査、統計等の提出要求<br>・国庫補助 | ・学校設置基準<br>・教科書検定<br>・教育課程基準<br>・就学監督基準<br>・教員免許授与等の監督<br>・省令、訓令、通達、告示<br>・国立大学、国立学校所轄<br>・私立大学助成<br>・公私立大学の所轄及び設置認可 |
| 都道府県教育委員会 | ・指導、助言、援助<br>・県費負担教職員任命<br>・調査、統計等の提出要求<br>・勤務評定計画 | ・教科書展示会<br>・就学義務免除の認可<br>・教員免許状授与<br>・学校管理規則準則 |
| 市町村教育委員会 | ・学校管理<br>・教職員服務監督<br>・勤務評定実施 | ・教科書採択<br>・教育計画基準設定、届出、承認<br>・教育計画作成<br>・就学義務履行強制、就学義務免除<br>・学校管理規則 |
| 市町村立学校 | | ・教育計画作成<br>・教育委員会への出席不良児童の通知 |

出所）図付-12と同じ。

## 3-2　教育財政

　中央集権的な性格が強かった教育行政とは対照的に、教育財政においては近代教育制度の導入当初から、分権化された体制で教育資金の調達と配分を行ってきたことが日本の大きな特色である。原則として高等教育は国が、中等教育は各県が、そして義務教育の段階では市町村がその財政を負担するという体制が採用されてきた。国は義務教育の財政に関与せず、例外的な補助金の支出という形で国庫支出を拡大してきたが、第二次世界大戦中に義務教育経費を県が負担し、さらにその半額を国家が負担する法律が制定され、この体制が戦後も維持されている。こうした一般経常費の調達を地方に大きく依存した体制のもとで、国は政策の優先分野に国庫助成を集中させていくことが可能になった。

　なお、平成14年度を例にとれば、文部科学省の予算額は国の一般会計予算額の8.1％（一般歳出の13.8％）に当たり、その内の約半分が教職員の給与（義務教育費国庫負担金）に当てられている。このほか、教育施設の整備、科学技

術・学術の振興、私立学校への助成、奨学金事業など、教育、科学技術・学術、スポーツ、文化の充実・振興のために使われている。

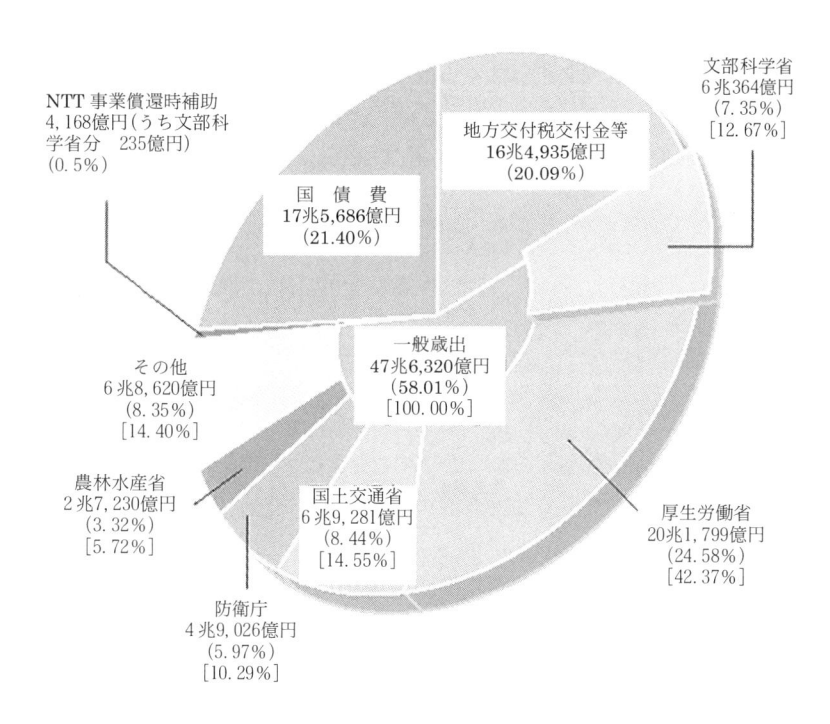

**図付-13　国の予算内訳（2004年（平成16年）度）**

注1)　（　）は、国の予算全体に対する割合である。
注2)　［　］は、一般歳出に対する割合である。
出所)　文部科学省（2005）。http://www.mext.go.jp/b_menu/soshiki2/06.htm

円グラフ内の数値：
- 文部科学省　6兆364億円（7.35%）［12.67%］
- 地方交付税交付金等　16兆4,935億円（20.09%）
- 国債費　17兆5,686億円（21.40%）
- NTT事業償還時補助　4,168億円（うち文部科学省分　235億円）（0.5%）
- その他　6兆8,620億円（8.35%）［14.40%］
- 農林水産省　2兆7,230億円（3.32%）［5.72%］
- 防衛庁　4兆9,026億円（5.97%）［10.29%］
- 国土交通省　6兆9,281億円（8.44%）［14.55%］
- 厚生労働省　20兆1,799億円（24.58%）［42.37%］
- 一般歳出　47兆6,320億円（58.01%）［100.00%］

育英奨学事業
1,117億円（1.8%）

教科書購入費
403億円（0.7%）

私立高等学校等経常費助成費等補助
2兆7,230億円

市立大学等
経常費補助
3,263億円
(5.4%)

公立学校施設費
1,311億円（2.1%）

NTT無利子貸付
償還時補助金等
235億円（0.4%）

生涯学習・文化・
スポーツ等
1,124億円（8.4%）

エネルギー
対策費
1,020億円
(1.7%)

6兆599億円
(100%)

義務教育費
国庫負担金
2兆5,128億円
(41.5%)

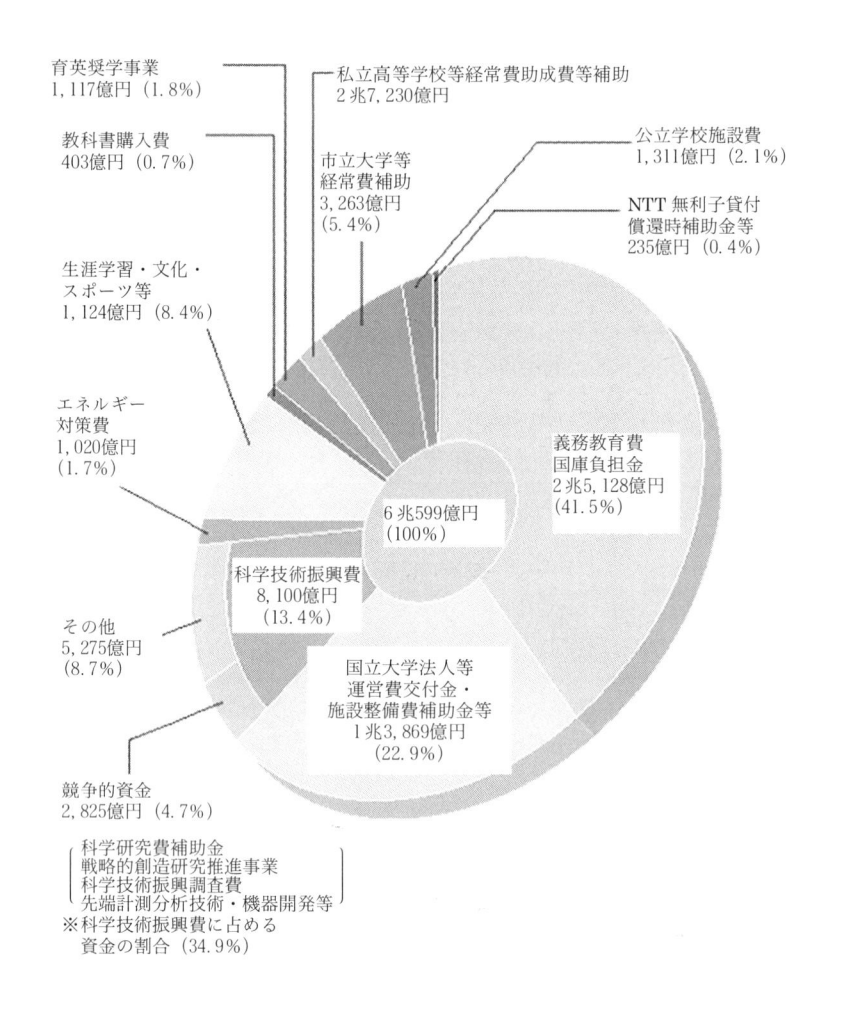

科学技術振興費
8,100億円
(13.4%)

その他
5,275億円
(8.7%)

国立大学法人等
運営費交付金・
施設整備費補助金等
1兆3,869億円
(22.9%)

競争的資金
2,825億円（4.7%）

科学研究費補助金
戦略的創造研究推進事業
科学技術振興調査費
先端計測分析技術・機器開発等
※科学技術振興費に占める
　資金の割合（34.9%）

**図付-14　文部科学省一般会計予算の構成（2004年（平成16年）度）**

注）「義務教育費国庫負担金」は、義務教育無償の原則に基づき、国が公立義務教育諸学校の教職員の給与費等の2分の1を負担しているものである。
出所）図付-13に同じ。

〈山口直子〉

# 索　引

(1) （　）内は略語、別称、追加語句、説明等である。
(2) ／の後に併記されている語句は、同義、同種の別表現を示す。
(3) 複数の同種見出し語がある場合などは、→で示す見出し語の方に該当頁を記し、必要と思われる場合は、もう一方を〔　〕内に記している。

## 〔欧字〕

Basic Human Needs：BHN　　　　　9
Chalk & Talk　　　　　　　　　223
Education for All:EFA（すべての人に教育を）　　　　　10, 125, 137, 161
Information and Communication Technology (ICT)　　　　　189
PTA (Parent-Teacher Association)　　93, 98-101, 103, 107-109, 291

## 〔ア行〕

愛校心　　　　　　　　　　　　287
新しい学力観　　　　　　　217, 220
天野貞祐　　　　　　　　　　　 38
生きる力　　　　　　57, 184, 217, 220
一斉教授（法）　　　166, 167, 200, 273
伊藤博文　　　　　　　　　　　 26
岩井八郎　　　　　　　　　　　290
援助モダリティの変化　　　　　312
欧化政策／主義　　　　126, 135, 179
応用可能性　　　308, 309, 312, 313-320
オープンエンドアプローチ　　　279
落ちこぼれ　　　　　49, 182, 205, 216
お雇い外国人　　　　　　21, 195, 302

## 〔カ行〕

開発途上国　　3-13, 64, 65, 83, 93, 109, 112, 113, 125, 126, 134, 135, 137, 145, 146, 149, 159, 161, 173, 177, 191, 193, 206, 221, 223, 224, 233, 247, 267, 271, 272, 282, 283, 288, 295-313 (14章)
開放性の原則／開放システム　36, 254, 268
科学的思考法　　　　　　　219, 221

学資支給制　　　　　　　　　　252
学習活動　　　　　　　　　　　224
拡充期（教育制度の）　　　　　299
学習形態　　　　　　　　　　　230
学習指導案〔授業案〕　225, 227, 233, 275, 276
学習指導要領　　36, 40, 59, 60, 73, 76, 178, 181-191, 202, 204, 205, 213, 215, 216, 218, 220, 223, 271, 273, 278, 300
――作成協力者会議　　186-188, 191
学習到達度　　　　　　　　　　162
学制（1872年）　　20, 94, 113-115, 126, 129, 138, 150, 167, 179, 210, 249, 252, 272, 295, 299
学年制→等級制
学務委員　　　　　　　　67, 94, 169
学力低下論　　　　　　　　218, 220
学齢簿　　　　　　　　　　131, 132
学歴　　　　　　　　　　　　　 18
――社会　　　　　　　　　　　 18
――主義　　　　　　　　　　　 43
学級委員　　　　　　　　　　　 97
学区　　　　　　　　　　　 66, 167
――制　　　　　　　　　　 20, 167
学校運営組織→校務分掌組織
学校活動／行事〔年間行事〕　95, 103
学校観　　　　　　　　　　　　171
学校管理　　　　　　　　　 94, 96
学校基本調査　　　　　　　　　105
学校給食　　　　　　　　　40, 300
――法（1954年）　　　　40, 87, 145
学校教育／学校経営診断　　105, 106
学校教育法（1947年）　35, 72, 138, 142, 202, 225

| | | | |
|---|---|---|---|
| 学校経営 | 8, 93-111 (第4章) | 教育刷新委員会 | 35, 254 |
| 学校後援会 | 99 | 教育実習 | 262 |
| 学校週5日制 | 59, 183, 218 | 教育職員免許法(1949年) | 254, 256, 258-260 |
| 学校体系 | 50 | 教育振興法 | 87, 91 |
| 学校評議員制度 | 93, 100, 108, 109 | 教育審議会 | 181 |
| 学校文化 | 163, 285-292 (補章) | 教育セクター分析 | 312 |
| 学校保健 | 300 | 教育内容の精選 | 216 |
| ——法 (1958年) | 40, 87, 145 | 教育ニ関スル勅語 (教育勅語) (1890年) | 28, 35, 68, 171, 180 |
| 学校要覧 | 102 | 教育の機会均等 | 50, 90, 138, 139, 143, 145, 152, 300 |
| 活字文化 | 286, 289, 291 | 教育の荒廃 | 54 |
| カナナスキス・サミット | 11 | 教育の質的向上 | 6, 176, 177, 299-301 |
| カリキュラム→教育課程 | | 教育の量的拡大 | 4, 112, 177, 299, 300 |
| 官僚 (制) | 70, 71, 305 | 教育扶助 | 140 |
| 基礎・基本の重視 | 56 | 教育マネジメントの改善 | 7, 64, 177, 299, 301 |
| 帰属意識 | 287 | 教育目標 | 101, 178, 191 |
| 基本的人権 | 3 | 教育令 (1879年) | 25, 67, 130, 273 |
| 義務教育 | 27, 30, 32, 42, 45, 77, 98, 99, 135, 142, 161, 169, 210 | 教員採用試験 | 88, 257 |
| ——諸学校の教科用図書の無償に関する法律 (1963年) | 43 | 教員像 | 247-249, 258, 267, 279 |
| ——費国庫負担法 (1940年) | 86, 254 | 教員の社会的地位 | 250, 267 |
| 級長 | 97 | 教員の地位に関する勧告(1973年) | 256 |
| 教育委員会 | 25, 35, 37, 73-75, 81, 101, 157, 225, 226 | 教員免許制度 | 29, 247-252, 257 |
| ——制度 | 40, 72, 73, 75, 79, 80, 305 | 教員養成 | 7, 29, 35, 80, 247-270 (第12章) |
| ——法 (1948年) | 35, 72, 73, 76 | 教員養成大学・学部 | 254, 258-260 |
| 教育改善 | 304, 305, 310 | 教学聖旨 (1879年) | 25, 171 |
| 教育課程〔カリキュラム〕 | 6, 41, 69, 76, 169, 177-221 (第10章) | 教科書 | 22, 42, 70, 180, 196, 201, 273, 279 |
| ——実施状況調査 | 188, 189 | ——(教科用図書)検定制度 | 37, 77, 180, 185, 186 |
| ——審議会 | 56, 59, 76, 183, 186-188, 191, 205 | ——無償制 | 42, 43, 77 |
| ——の統制 | 185, 186 | 教材観 | 227-229, 276, 306 |
| 教育基本法 (1947年) | 35, 72, 74, 138, 202, 300 | 教材研究 | 228, 274, 275 |
| 教育行政 | 7, 65-81 (第2章), 301, 305 | 教師教育 | 258, 267 |
| 教育協力→国際教育協力 | | 教授技術 | 224 |
| 教育計画 | 178 | 教授用語 | 17 |
| 教育系大学・大学院 | 52 | 教職 | 30, 247 |
| 教育公務員特例法 (1949年) | 255 | ——経験者研修会 | 263 |
| 教育財政 | 8, 83-91 (第3章), 301, 305 | 教則綱領 (1881年) | 67, 69 |
| | | 教則大綱 | 197 |
| | | 教頭 | 102, 103 |
| | | 共同体 | 290, 291 |

| | | | |
|---|---:|---|---:|
| 規律 | 286, 287, 291 | 国家重点政策 | 303, 304 |
| 近代化 | 18, 80 | 国庫負担 | 83, 86, 300 |
| 軍隊的訓練 | 252 | 国庫補助 | 83, 130, 253 |
| 経験主義 | 182 | 子守学校／学級 | 131 |
| 経済協力開発機構（OECD） | 109, 189, 218 | | |
| ——日本教育調査団報告書 | 48, 49 | 〔サ行〕 | |
| 系統学習 | 40, 204, 215, 219, 221 | 最後の／Last 5～10% | 112, 134, 137, 149 |
| 系統性 | 182 | 最低基準 | 183, 220 |
| 研究開発学校 | 188, 189 | 斉藤喜博 | 278 |
| 研究授業 | 274, 275, 279 | 裁量権 | 98, 177 |
| 現級留置→留年 | | 澤柳政太郎 | 278 |
| 現職教員研修 | 7, 247, 248, 258, 261, 263, 267, 268 | 産業教育振興法（1951年） | 42, 87 |
| | | 算数・数学教育→数学教育 | |
| コア・カリキュラム運動 | 38 | 視学（官） | 68, 69, 169 |
| 広域人事政策 | 151, 156 | ——制度 | 72 |
| 公開研究会 | 275 | 私学助成 | 47 |
| 公開授業 | 268 | 時間割 | 178 |
| 校則 | 288 | 識字率 | 30, 31 |
| 校長 | 95, 96, 101–103, 106 | 試験進級制度 | 30, 161, 162, 166, 168, 170, 172, 173 |
| 高等教育の大衆化 | 46 | 試験の時代 | 163 |
| 高等師範学校 | 28 | 自主活動 | 286, 288, 289, 291 |
| 高等女学校 | 29 | 私塾 | 17, 19 |
| ——令（1899年） | 29 | 自主編成 | 183 |
| 高等専門学校 | 45, 46 | 自助努力 | 109 |
| 高度経済成長 | 43, 88, 255, 256 | 市町村義務教育費国庫負担法（1919年） | 32, 85 |
| 校内研修 | 40, 105, 234, 266, 267, 276, 310 | 実業学校令（1899年） | 29 |
| 校務 | 96 | しつけ | 288 |
| ——分掌組織〔学校運営組織〕 | 97 | 児童会 | 98 |
| 国際教育協力 | 311, 312 | 児童観 | 227–229, 276, 306 |
| ——懇談会 | 11 | 指導技術 | 224 |
| 国際教育到達度評価学会（IEA） | 48, 189, 218, 220 | 指導計画 | 7, 223–245（第11章） |
| 国際数学・理科教育調査 | 48, 189, 204 | 指導主事 | 189 |
| 国定教科書 | 33, 197, 198, 201, 212 | 指導資料 | 189 |
| ——制度 | 37, 70, 73, 181, 212 | 自動進級制／方式 | 30, 161, 168, 170–172, 299 |
| 国民皆学 | 115, 166 | 指導体制 | 230 |
| 国民学校 | 34, 69, 201 | 児童中心主義 | 33, 38, 181 |
| ——令（1941年） | 34, 201 | 指導内容 | 178, 191 |
| 国民教育 | 27, 171 | 指導方法 | 7, 230, 231 |
| 個性重視の原則 | 56 | 指導要録 | 185, 186, 191 |
| 国家基準 | 182 | | |

師範学校　　　　　　　24, 27, 31, 35, 167,
　　　　　　　　　　　169, 299, 250-253, 277
　　──令（1886年）　　　　　27, 169, 251
師範教育令（1897年）　29, 169, 250-253, 277
清水甚吾　　　　　　　　　　　　　　199
社会教育法（1949年）　　　　　　　35, 72
社会の文化　　　　　　　　　285, 290, 291
社会配慮　　　　　　　　　　　　　　312
社会文化的環境　　　　　　　　　　　303
就学期間　　　　　　　　　　　　　　22
就学困難　　　　　　　　　　　　　　140
　　──児童・生徒　　4, 141, 145, 146, 300
就学奨励　　　　　　　　　　　　141, 143
　　──旗　　　　　　　　　　　　　132
就学促進　　　　　　4, 118, 120-122, 129, 130
就学督促方策／体制　　　　　116, 117, 119
就学免除／猶予　　　　　　　　　　　138
就学率　　　　　　　　　　4, 23, 30, 45, 113,
　　　　　116-118, 128, 129, 132, 135, 138, 145,
　　　　　149, 150, 169, 196, 211, 299, 300, 302
充実期（教育の）　　　　　　　　299, 300
習熟度別授業　　　　　　　　　　　　220
修身　　　　　　　　　　　26, 179, 191, 210
集団意識　　　　　　　　　　286, 287, 291
自由民権運動　　　　　　　　　26, 68, 179
修了率　　　　　　　　　　　　　　　6
受益者負担　　　　　　　　　50, 99, 300, 303
授業　　　　　　　　　　　　　　272, 273
　　──改善　　　　　　　　　271, 272, 281
　　──研究　　　　　　　　7, 190, 193, 234,
　　　　　　　　　　268, 271-283（第13章）
　　──検討会　　　　　　　　274-276, 279
　　──参観　　　　　　　　　　　273, 291
　　──時数　　　　　　　　　　183, 184, 191
　　──設計　　　　　　　　　　　224, 225
　　──の構造化　　　　　　　　223, 224, 231
塾　　　　　　　　　　　　　　　　　49
受験地獄　　　　　　　　　　　　　48, 163
出席率　　　　　　　　　　　　　　　169
主任　　　　　　　　　　　　　52, 102-105
　　──制度　　　　　　　　　　　　52, 104

受容能力　　　　　　　　　　　　　　304
障害児　　　　　　　　　　142, 143, 145, 300
奨学金　　　　　　　　　　　　　144, 145
小学校令（1886年）　　　　　27, 129, 161,
　　　　　　　　　　　169, 180, 210, 251
小集団活動　　　　　　　　　　　287, 289
情報の発信　　　　　　　　　　　　　311
初期条件　　　　　　　　　　　　　　303
職員会議　　　　　　　　　　　94, 103, 106
職能成長　　　　　　　　　　　　247, 267
女子教育　　　　　　　4, 125-135（第6章）
女性教員　　　　　　　　　　　　　　130
初任者研修　　　　　　　　　　　　50, 263
私立学校　　　　　　　　　　　　47, 72, 87
　　──法（1949年）　　　　　　35, 47, 72, 74
新課程〔ゼロ免課程〕　　　　　　　　258
新教育　　　　　　　　　　　32, 40, 180, 181
　　──運動　　　　　　　　　　　　32
人材確保法（人確法）（1974年）　　51, 78,
　　　　　　　　　　　　　　　88, 91, 256
人的資本の開発（Human Resources Devel-
　opment）　　　　　　　　　　　　　9
数学教育〔算数・数学教育〕　　193-207
　　　　　　　　　　　　（第10章補章1）
　　──改良運動　　　　　　　　198, 201
　　──の現代化　　204, 205, 215, 219, 221
数学的な考え方　　　　　　　　　204, 205
スーパー・サイエンス・ハイスクール　220
スクール・クラスター制　　　　　　　7
スコット，マリオン　　　　　　　24, 195
生活科　　　　　　　　　　　　　　　217
生活算術　　　　　　　　　　　　199, 200
　　──運動　　　　　　　　　　　　201
生活単元学習　　　　　40, 182, 204, 213, 215
生活保護法（1946年）　　　　　　140, 143
生活理科　　　　　　　　　　212, 213, 219
聖職（者）　　　　　　　　　　30, 248, 249
成長のための基礎教育イニシアティブ
　（BEGIN）　　　　　　　　　　　11, 12
生徒の学習到達度調査　　　　　　　　189
政府開発援助に関する中期政策　　　　11

索　引　349

| | |
|---|---|
| 西洋数学〔洋算〕 | 194, 195 |
| 世界教育フォーラム（WEF） | 10, 271 |
| ゼロ免課程→新課程 | |
| 全国へき地教育研究連盟（全へき連） | 153 |
| 全国へき地教育振興促進期成会（全へき振） | 153 |
| 戦後の教育改革 | 50, 300 |
| 前提条件 | 308 |
| 専門学校 | 29 |
| ──令（1903年） | 29 |
| 専門職 | 193, 249, 267 |
| 創意工夫 | 303, 305, 306 |
| 総合的な学習の時間 | 59, 184, 217, 219 |
| そろばん | 194, 195 |

〔タ行〕

| | |
|---|---|
| 大学設置基準 | 56 |
| 大学のレジャーランド化 | 49 |
| 大学令（1918年） | 31 |
| 待遇改善 | 249 |
| 第三の教育改革 | 49, 50, 54 |
| 大正自由教育 | 33, 180, 200 |
| 対日米国教育使節団〔米国教育使節団〕 | 34, 38, 71 |
| 大日本帝国憲法（1889年） | 68 |
| 代用教員 | 251, 253 |
| ダカール行動の枠組み（Dakar Framework for Action） | 10 |
| 確かな学力 | 184 |
| 短期大学 | 45 |
| 探求学習 | 215, 219 |
| 単級学校 | 160 |
| 単元学習 | 38, 213, 219, 221 |
| 単元指導計画 | 224-227, 237 |
| 男女格差 | 4, 117, 183 |
| 男女共通教育 | 125, 127, 130, 132 |
| 男女別学 | 127, 130, 132 |
| 地方教育行政の組織及び運営に関する法律（地教行法）（1956年） | 40, 75, 76, 157 |
| 地方自治制度 | 67 |
| 地方分権 | 7, 67, 80, 303, 305 |

| | |
|---|---|
| 中央教育審議会（中教審） | 50, 56, 57, 59, 183, 187, 185, 191 |
| 中央集権 | 20, 305 |
| 中学校令（1886年） | 27, 251 |
| 中途退学（者） | 3, 6, 112, 161, 163, 164, 170, 172, 173, 211 |
| 長期欠席 | 138, 139 |
| 通級 | 143 |
| ティーチャー・プルーフ | 277 |
| 帝国大学 | 27, 29, 80 |
| ──令（1886年） | 27, 251 |
| デモ・シカ先生 | 52 |
| デューイ，ジョン | 32, 198 |
| 寺子屋 | 19, 21, 68, 115, 167, 194, 209, 248, 277 |
| 伝達講習会 | 187, 189 |
| 等級制〔学年制〕 | 162, 166, 167 |
| 導入期（近代学校教育の） | 299, 303 |
| 特修免許状 | 255 |
| 特殊学級 | 143 |
| 特殊教育 | 50, 139, 142, 144, 300 |
| 特別活動 | 103 |
| 特別支援教育 | 144 |
| 途上国→開発途上国 | |
| トップダウン | 178, 187, 189-191 |

〔ナ行〕

| | |
|---|---|
| 内閣制 | 68, 80 |
| 日本育英会 | 144 |
| ──法（1984年） | 144 |
| 日本教職員組合（日教組） | 38, 39, 50-52, 77 |
| 人間の開発（Human Development） | 10 |
| 年間（学校）行事→学校行事 | |
| 年間指導計画 | 178, 224-226, 236 |

〔ハ行〕

| | |
|---|---|
| 発展的な学習 | 60, 220 |
| 藩校 | 17, 19 |
| 板書 | 231 |
| 万人のための教育世界会議（WCEFA） | 10, 112, 125, 149 |

| | | | |
|---|---|---|---|
| 非公式的規範 | 290 | 盲学校 | 142, 143 |
| 福沢諭吉 | 209 | 盲学校、聾学校及び養護学校への就学奨励に関する法律（1954年） | 143 |
| 複式学級／学校 | 156, 157, 160 | | |
| 不就学 | 138, 139 | 森有礼 | 27, 28, 68, 251 |
| ——児童／者 | 3, 118, 138, 139 | モルレー，デビッド | 67 |
| ——督促法（1875年） | 118 | 問題解決型学習／指導 | 199, 203, 205, 279 |
| ——女子 | 128 | 文部省の設置 | 20, 66, 249 |
| 不受験 | 163 | | |

〔ヤ行〕

| | | | |
|---|---|---|---|
| 復興期（教育制度の） | 299, 300 | ゆとり（教育） | 57, 60, 182, 184, 216, 217, 219 |
| 米国教育使節団→対日米国教育使節団 | | ——の時間 | 183 |
| へき地 | 4, 40, 141, 142, 149-152, 155-159, 300 | 養護学校 | 142, 143 |
| | | 用語・訳語統一問題 | 196 |
| ——学校 | 150 | 洋算→西洋数学 | |
| ——教育 | 149-160（第8章） | 幼稚園 | 46, 302 |
| ——教育振興法（1954年） | 40, 87, 141, 142, 149, 153-156 | 読み書き（算） | 179, 180, 191 |

〔ラ行〕

| | | | |
|---|---|---|---|
| ペスタロッチ, J.ハインリッヒ | 170 | 理科教育 | 208-221（第10章補章2） |
| ペスタロッチ主義 | 195, 197 | ——振興法（1953年） | 42, 87, 213 |
| ヘルバルト, J.F. | 170 | 留年〔原級留置〕 | 6, 112, 161-164, 170, 172, 173 |
| 保育所 | 46, 302 | | |
| 法的拘束力 | 182 | 良妻賢母主義 | 126, 130, 135 |
| 保護者 | 88, 104 | 臨時教育会議 | 31 |
| ボトムアップ | 178, 187, 189-191 | 臨時教育審議会（臨教審） | 54-56, 78, 88, 256 |

〔マ行〕

| | | | |
|---|---|---|---|
| 身分的階級制度 | 17 | レッド・パージ | 38 |
| ミレニアム開発目標（MDGs） | 10 | 連合国軍総司令部（GHQ） | 34, 181 |
| 民間情報教育部（CIE） | 181 | 聾学校 | 142, 143 |
| 民主化 | 67, 70, 80, 97, 300 | | |

〔ワ行〕

| | | | |
|---|---|---|---|
| 無資格教員 | 7, 157, 169, 251 | 和算 | 194, 195, 197 |
| 明治維新 | 18, 220 | | |
| 明治初年の教育改革 | 50 | | |

*The History of Japan's Educational Development:*
*What implications can be drawn for developing countries today*

---

日本の教育経験——途上国の教育開発を考える——

| 2005年3月31日　　初　版第1刷発行 | 〔検印省略〕 |
|---|---|

＊定価はカバーに表示してあります

編著者Ⓒ独立行政法人国際協力機構／発行者　下田勝司　　印刷・製本／中央精版印刷

東京都文京区向丘1-20-6　　郵便振替00110-6-37828
〒113-0023　TEL(03)3818-5521　FAX(03)3818-5514

発　行　所
株式会社　東　信　堂

Published by **TOSHINDO PUBLISHING CO., LTD.**
1-20-6, Mukougaoka, Bunkyo-ku, Tokyo, 113-0023, Japan
E-mail : tk203444@fsinet.or.jp　　http://www.toshindo-pub.com

ISBN4-88713-599-8　C3037　Ⓒ Japan International Cooperation Agency

## 東信堂

| 書名 | 副題・編著者 | 価格 |
|---|---|---|
| 比較・国際教育学〔補正版〕 | 石附 実編 | 三五〇〇円 |
| 比較教育学の理論と方法 | J・シュリーバー編著／馬越徹・今井重孝監訳 | 二八〇〇円 |
| 教育改革への提言集1〜3 | 日本教育制度学会編 | 各二八〇〇円 |
| 世界の公教育と宗教 | 江原武一編著 | 五四二九円 |
| 世界の外国語教育政策——日本の外国語教育の再構築にむけて | 大谷泰照他編著 | 六五七一円 |
| アメリカの才能教育——多様な学習ニーズに応える特別支援 | 松村暢隆 | 二五〇〇円 |
| アメリカの女性大学：危機の構造 | 坂本辰朗 | 二四〇〇円 |
| アメリカ大学史とジェンダー | 坂本辰朗 | 五四〇〇円 |
| アメリカ教育史の中の女性たち | 坂本辰朗 | 三八〇〇円 |
| 教育は「国家」を救えるか——質・均等・選択の自由〔現代アメリカ教育1巻〕 | 今村令子 | 三五〇〇円 |
| 永遠の「双子の目標」——多文化共生の社会と教育〔現代アメリカ教育2巻〕 | 今村令子 | 二八〇〇円 |
| アメリカのバイリンガル教育——新しい社会の構築をめざして | 末藤美津子 | 三三〇〇円 |
| ボストン公共放送局と市民教育——マサチューセッツ州産業エリートと大学の連携 | 赤堀正宜 | 四七〇〇円 |
| はばたくカナダの教育〔カナダの教育2〕 | 小林順子他編著 | 二八〇〇円 |
| 現代英国の宗教教育と人格教育(PSE) | 柴沼晶子・新井浅浩編著 | 五二〇〇円 |
| 21世紀を展望するフランス教育改革 | 天野正治／結城忠／別府昭郎編著 | 四六〇〇円 |
| ドイツの教育 | 小林順子編 | 八六四〇円 |
| フィリピンの公教育と宗教——成立と展開過程 | 市川誠 | 四六〇〇円 |
| 一九八九年教育基本法の論理と展開 | 小川佳万 | 五〇四八円 |
| 社会主義中国における少数民族教育——「民族平等」理念の展開 | 劉文君 | 四四〇〇円 |
| 中国の職業教育拡大政策——背景・実現過程・帰結 | 村田翼夫編著 | 五〇〇〇円 |
| 東南アジア諸国の国民統合と教育——多民族社会における葛藤 | 森附健実編 | 二八〇〇円 |
| オーストラリア・ニュージーランドの教育 | 笹森健編 | 二八〇〇円 |

〒113-0023 東京都文京区向丘1-20-6
☎03(3818)5521　FAX 03(3818)5514　振替 00110-6-37828
E-mail:tk203444@fsinet.or.jp

※定価：表示価格(本体)＋税

東信堂

|  |  |  |
|---|---|---|
| 大学の自己変革とオートノミー ―点検から創造へ | 寺崎昌男 | 二五〇〇円 |
| 大学教育の創造 ―歴史・システム・カリキュラム | 寺崎昌男 | 二五〇〇円 |
| 大学教育の可能性 ―教養教育・評価・実践 | 寺崎昌男 | 二五〇〇円 |
| 大学の授業 | 宇佐美寛 | 二五〇〇円 |
| 大学授業の病理 ―FD批判 | 宇佐美寛 | 二五〇〇円 |
| 作文の論理 ―〈わかる文章〉の仕組み | 宇佐美寛編著 | 一九〇〇円 |
| 大学の指導法 ―学生の自己発見のために | 児玉・別府・川島編 | 二八〇〇円 |
| 大学授業研究の構想 ―過去から未来へ | 京都大学高等教育教授システム開発センター編 | 二四〇〇円 |
| 学生の学びを支援する大学教育 | 溝上慎一編 | 二四〇〇円 |
| 戦後オーストラリアの高等教育改革研究 | 杉本和弘 | 五八〇〇円 |
| 私立大学の財務と進学者 | 丸山文裕 | 三六〇〇円 |
| 私立大学の経営と教育 | 丸山文裕 | 三八〇〇円 |
| 公設民営大学設立事情 | 高橋寛人編著 | 二八〇〇円 |
| 校長の資格・養成と大学院の役割 | 小島弘道編著 | 六八〇〇円 |
| 短大ファーストステージ論 | 舘昭編著 | 二五〇〇円 |
| 短大からコミュニティ・カレッジへ ―飛躍する世界の短期高等教育と日本の課題 | 舘昭著 | 二八〇〇円 |
| 〔シリーズ大学改革ドキュメント・監修寺崎昌男・絹川正吉〕 | | |
| 立教大学〈全カリ〉のすべて ―リベラル・アーツの再構築 | 全カリの記録編集委員会編 | 二一〇〇円 |
| ICUへリベラル・アーツ〉のすべて | 絹川正吉編著 | 二三八一円 |
| 〔講座「21世紀の大学・高等教育を考える」〕 | | |
| 大学改革の現在〔第1巻〕 | 山本眞一編著 | 三三〇〇円 |
| 大学評価の展開〔第2巻〕 | 山野井敦徳編著 | 三三〇〇円 |
| 学士課程教育の改革〔第3巻〕 | 清水一彦編著 | 三三〇〇円 |
| 大学院の改革〔第4巻〕 | 舘昭編著 | 三三〇〇円 |
| | 絹川正吉編著 | |
| | 馬越徹編著 | 三三〇〇円 |

〒113-0023 東京都文京区向丘1-20-6　☎03(3818)5521　FAX 03(3818)5514　振替 00110-6-37828
E-mail:tk203444@fsinet.or.jp

※定価：表示価格(本体)＋税

東信堂

| 書名 | 著者・訳者 | 価格 |
|---|---|---|
| グローバル化と知的様式 ―社会科学方法論についての七つのエッセー | J・ガルトゥング 矢澤修次郎・大重光太郎訳 | 二八〇〇円 |
| 現代資本制社会はマルクスを超えたか ―マルクスと現代の社会理論 | A・スウィンジウッド 矢澤修次郎・井上孝夫訳 | 四〇七八円 |
| 階級・ジェンダー・再生産 ―現代資本主義社会の存続メカニズム | 橋本健二 | 三二〇〇円 |
| 現代日本の階級構造 ―理論・方法・計量分析 | 橋本健二 | 四五〇〇円 |
| 「伝統的ジェンダー観」の神話を超えて ―アメリカ駐在員夫人の意識変容 | 山田礼子 | 三八〇〇円 |
| 現代社会と権威主義 ―フランクフルト学派権威論の再構成 | 保坂稔 | 三六〇〇円 |
| 共生社会とマイノリティへの支援 ―日本人ムスリマの社会的対応から | 寺田貴美代 | 三六〇〇円 |
| 社会福祉とコミュニティ ―共生・共同・ネットワーク | 園田恭一編 | 三八〇〇円 |
| 現代環境問題論 ―理論と方法の再定置のために | 井上孝夫 | 三二〇〇円 |
| 日本の環境保護運動 | 長谷川公一 | 二五〇〇円 |
| 環境と国土の価値構造 | 桑子敏雄編 | 三五〇〇円 |
| 環境のための教育 ―批判的カリキュラム理論と環境教育 | J・フィエン 石川聡子他訳 | 三二〇〇円 |
| イギリスにおける住居管理 ―オクタヴィア・ヒルからサッチャーへ | 中島明子 | 七四五三円 |
| 情報・メディア・教育の社会学 ―カルチュラル・スタディーズしてみませんか? | 井口博充 | 二三〇〇円 |
| BBCイギリス放送協会(第二版) ―パブリック・サービス放送の伝統 | 簑葉信弘 | 二五〇〇円 |
| サウンド・バイト:思考と感性が止まるとき ―メディアの病理に教育は何ができるか | 小田玲子 | 二五〇〇円 |
| ホームレス ウーマン ―知ってますか、わたしたちのこと | E・リーボウ 吉川徹・轟里香訳 | 三二〇〇円 |
| タリーズ コーナー ―黒人下層階級のエスノグラフィー | E・リーボウ 松川徹・河合美樹訳 | 二三〇〇円 |

〒113-0023 東京都文京区向丘1-20-6　☎03(3818)5521　FAX 03(3818)5514　振替 00110-6-37828
E-mail:tk203444@fsinet.or.jp

※定価：表示価格(本体)+税

― 東信堂 ―

|  |  |  |
|---|---|---|
| 責任という原理――科学技術文明のための倫理学の試み『心身問題から「責任という原理」へ』 | H・ヨナス／加藤尚武監訳 | 四八〇〇円 |
| 主観性の復権――『心身問題から「責任という原理」へ』 | H・ヨナス／宇佐美・滝口訳 | 二〇〇〇円 |
| テクノシステム時代の人間の責任と良心 | Ｈ・レンク／山本・盛永訳 | 三五〇〇円 |
| 空間と身体――新しい哲学への出発 | 桑子敏雄 | 三五〇〇円 |
| 環境と国土の価値構造 | 桑子敏雄編 | 四三八一円 |
| 森と建築の空間史――近代日本 | 千田智子 | 一六〇〇円 |
| 感性哲学1〜4 | 日本感性工学会感性哲学部会編 | |
| メルロ＝ポンティとレヴィナス――他者への覚醒 | 屋良朝彦 | 三八〇〇円 |
| 思想史のなかのエルンスト・マッハ――科学と哲学のあいだ | 今井道夫 | 三八〇〇円 |
| バイオエシックス入門［第三版］ | 今井道夫・香川知晶編 | 二三八一円 |
| 堕天使の倫理――スピノザとサド | 佐藤拓司 | 二八〇〇円 |
| 三島由紀夫の沈黙――その死と江藤淳・石原慎太郎 | 澤田愛子 | 二〇〇〇円 |
| 洞察＝想像力――知の解放とポストモダンの教育 | 伊藤勝彦 | 二五〇〇円 |
| ダンテ研究Ⅰ　Vita Nuova――構造と引用 | Ｄ・スローン／市村尚久監訳 | 三八〇〇円 |
| ルネサンスの知の饗宴〈ルネサンス叢書1〉 | 浦一章 | 七五七三円 |
| ヒューマニスト・ペトラルカ〈ルネサンス叢書2〉――ヒューマニズムとプラトン主義 | 佐藤三夫編 | 四四六六円 |
| 東西ルネサンスの邂逅〈ルネサンス叢書3〉――南蛮と稲葉氏の歴史的世界を求めて | 佐藤三夫 | 四八〇〇円 |
| カンデライオ〈ジョルダーノ・ブルーノ著作集1〉 | 根占献一 | 三六〇〇円 |
| 原因・原理・一者について〈ジョルダーノ・ブルーノ著作集3〉 | 加藤守通訳 | 三二〇〇円 |
| ロバのカバラ――ジョルダーノ・ブルーノにおける文学と哲学 | 加藤守通訳 | 三二〇〇円 |
| 食を料理する――哲学的考察 | Ｎ・オルディネ／加藤守通訳 | 三六〇〇円 |
| イタリア・ルネサンス事典 | 松永澄夫 | 二〇〇〇円 |
| | Ｊ・Ｒ・ヘイル編／中森義宗監訳 | 一七八〇〇円 |

〒113-0023　東京都文京区向丘1-20-6　☎03(3818)5521　FAX 03(3818)5514　振替 00110-6-37828
E-mail:tk203444@fsinet.or.jp

※定価：表示価格（本体）＋税

――――― 東信堂 ―――――

【世界美術双書】

|  |  |  |
|---|---|---|
| バルビゾン派 | 井出洋一郎 | 二〇〇〇円 |
| キリスト教シンボル図典 | 中森義宗 | 二三〇〇円 |
| パルテノンとギリシア陶器 | 関 隆志 | 二三〇〇円 |
| 中国の版画――唐代から清代まで | 小林宏光 | 二三〇〇円 |
| 象徴主義――モダニズムへの警鐘 | 中村隆夫 | 二三〇〇円 |
| 中国の仏教美術――後漢代から元代まで | 久野美樹 | 二三〇〇円 |
| セザンヌとその時代 | 浅野春男 | 二三〇〇円 |
| 日本の南画 | 武田光一 | 二三〇〇円 |
| 画家とふるさと | 小林 忠 | 二三〇〇円 |
| ドイツの国民記念碑――一八一三年－一九一三年 | 大原まゆみ | 二三〇〇円 |

【芸術学叢書】

|  |  |  |
|---|---|---|
| 芸術理論の現在――モダニズムから | 谷川渥編著 | 三八〇〇円 |
| 絵画論を超えて | 藤枝晃雄編著 | 三八〇〇円 |
| 幻影としての空間――図学からみた東西の絵画 | 尾崎信一郎 | 四六〇〇円 |

|  |  |  |
|---|---|---|
| イタリア・ルネサンス事典 | J・R・ヘイル編 中森義宗監訳 | 七八〇〇円 |
| 美術史の辞典 | P・デューロ他 中森義宗・清水忠訳 | 三六〇〇円 |
| 都市と文化財――アテネと大阪 | 関 隆志編 | 三八〇〇円 |
| 図像の世界――時・空を超えて | 中森義宗 | 二五〇〇円 |
| 美学と現代美術の距離――アメリカにおけるその乖離と接近をめぐって | 金 悠美 | 三八〇〇円 |
| アメリカ映画における子どものイメージ――社会文化的分析 | K・M・ジャクソン 牛渡 淳訳 | 二六〇〇円 |
| キリスト教美術・建築事典 | P・マレー/L・マレー 中森義宗監訳 | 続刊 |
| 芸術/批評 0号・1号 | 責任編集 藤枝晃雄 | 各一九〇〇円 |

〒113-0023 東京都文京区向丘1－20－6　☎03(3818)5521　FAX 03(3818)5514　振替 00110-6-37828
E-mail:tk203444@fsinet.or.jp

※定価：表示価格(本体)＋税